きちんと知っておきたい

大人の冠婚葬祭マナー新事典

岩下宣子 監修

出版

はじめに

　マナーは時代とともに変わるといわれ、実際に今と昔とでは、結婚式も葬式も形式が違ってきています。加えて、人が多く集まることの場に大きな影響を与える、感染症の流行も私たちは経験しました。

　しかし、人の心そのものは、今も昔も大きくは変わっていないのではないでしょうか。だれもがお互い、幸せになるようなお付き合いをしたいと考えていると思います。

　マナーの神髄は、「自分がされてうれしいことをする」「自分がされて嫌なことをしない」という思いやりの気持ちの表現です。しかしながら、されてうれしいことや嫌なことは、人によって違います。10人いたら10の思いやりがあります。そこで役立つのが、先人たちが作ってくれた、いろいろな思いを持った多くの人が集まる冠婚葬祭の場でのマナーとルールなのです。

この本では、冠婚葬祭におけるさまざまな場面でのマナーと基本ルールを紹介・解説しています。増補改訂にあたり、感染症が流行しているときに、どう対応すればいいのかというアドバイスも新たに加えました。本書を読んでいただき、まわりの人たちに思いやりの気持ちを持ってお付き合いいただければ大変ありがたく思います。

岩下宣子

Contents

2章 結婚のマナー

3章 節目のお祝い

4章 弔事のマナー

お見舞い・贈り物のマナー

おもてなし・食事のマナー

表書きの書き方

金品を贈るときに紙で包むという習慣は、真心を伝えるための美しい文化でもあります。お祝いやお悔み、お見舞いの心を伝える祝儀袋や不祝儀袋の表書きをはじめ、金品を贈るときのマナーなど、基本的な決まりごとを覚えておくと便利です。

祝儀・不祝儀袋の基本

祝儀袋と不祝儀袋では表書きに使用する墨やお金の入れ方などマナーが異なるので気をつけましょう。

金品を贈るときは体裁を整える

古くから、慶事や弔事などで現金や品物を贈る場合は、白い紙で包むことで「けがれ」のないものを贈ることが重要とされてきました。

現金を贈る場合は、奉書紙（ほうしょがみ）で中包みをしてから上包みをし、水引で結んでのしを添えるのが正式ですが、上包み（外包み）と中包み（中袋）がセットされ、水引がかかり、のしがついている市販ののし袋を使うことが一般的です。用途に応じて、水引の結び方や色、のしの種類などが異なるので、注意して選びましょう。

用途に合わせてのし袋を選ぶ

結婚以外の、出産や入学などの慶事には、赤白や金銀の蝶結びの水引とのしがついた祝儀袋を使います。結婚は、二度と繰り返さないという願いを込めて、結びきり（真結び・あわじ結び）の水引にします。

弔事には不祝儀袋（ぶしゅうぎぶくろ）を使います。宗教により表書きや袋が異なります。水引は黒白、双銀、双白、黄白などの結びきりにし、のしなしが基本です。お見舞いには、赤白の結びきりの水引がついたのしなしの祝儀袋か、祝儀袋を使いたくない場合は、左側に赤い線が入った水引とのしなしの封筒を使います。

基本マナー

●郵送する場合は現金書留で

目的に合ったのし袋にお金を入れ、表書きや氏名を書き、現金書留で送ります。あいさつの言葉をひと言添えるとよいでしょう。

●祝儀袋は相手によって選ぶ

市販の祝儀袋は、カラフルな色合いや個性的なデザインなど、バリエーションが豊富。正式ではありませんが、親しい間柄の人へのお祝いなら、よいでしょう。

●できるだけ早く渡す

祝儀は、知らせを受けたら、早く渡すのがマナー。持参するのが正式ですが、遠方などの理由で持参できない場合は郵送します。弔事は早く渡さないように気をつけます。

●ふくさに包んで持ち歩く

先方に持参するときにはむき出しにせず、必ず目的に応じたふくさで包みましょう。名刺盆などにのせて、小風呂敷で包むこともあります。

祝儀袋

上包み

水引がかかっている袋。上半分に表書きを、下半分に贈り主の氏名を書く。慶事と弔事では折り返しの上下が異なる。

表書き

「御祝」「寿」「御礼」など、贈る目的を表す言葉を書く。上書きともいう。

のし

本来は、あわびを薄く伸ばして干した「のしあわび」のこと。慶事や普段の贈り物に使い、弔事には使わない。

水引

蝶結びと結びきりがあり、用途に応じて結び方が変わる。また、慶事と弔事では色や本数も異なる。印刷されたものは略式になるので注意。

中包み

現金は中包みに入れ、住所・氏名・金額などを記入する。

贈り主の氏名

表書きより小さくなるように、フルネームを書く。お返しなどの場合は姓のみにすることもある。

正式な品物の贈り方

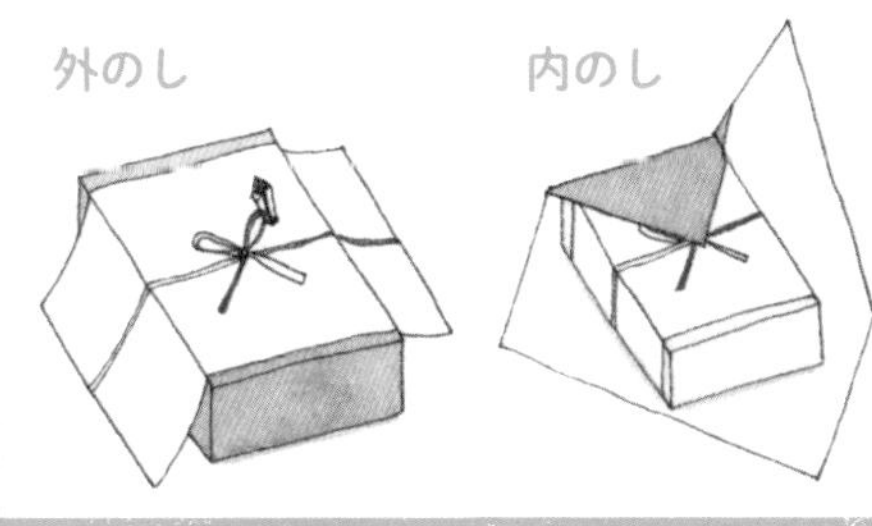

正式には品物に奉書紙をかけ、水引で結んでのしを添えます。品物を手配した場所（売り場）でかけることが多いので、あらかじめ印刷されたかけ紙が用いられることが多く、かけ紙をかけてから包装する「内のし」と、包装した上からかける「外のし」があります。表書き、水引、のしは、現金を贈るときと同様に。

表書きの基本

贈る目的を表す表書き。毛筆か筆ペンで、心を込めて丁寧に書くことが大切です。

毛筆か筆ペンで丁寧に書く

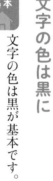

基本

市販ののし袋には、あらかじめ表書きが書かれているものもありますが、表書きを自分で書く場合は、毛筆と墨を使って書くのが正式です。毛筆がない場合は、筆ペンでもかまいませんが、万年筆やボールペンは無作法にあたるため避けましょう。ちょっとしたお礼やお年玉などの表書きは黒いサインペンでもかまいません。

書体は楷書で、丁寧に読みやすく書くように心がけましょう。字に自信がなくても、心を込めて書くことが大切です。

弔事以外は文字の色は黒に

文字の色は黒が基本です。とくに結婚祝いなどの慶事には、「お祝いの気持ちを込めて硯で墨を丁寧にする」ことから、濃い黒を使います。

葬式や法事などの弔事には、「悲しみの涙で墨が薄まる」「突然のことで墨をする時間がない」という意味を込めて、薄墨で書くのがならわしです。薄墨タイプの筆ペンもあるので、持っておくと便利でしょう。

表書きや氏名は上包みに書くのが通常ですが、短冊がついているのし袋の場合は、短冊に記入しましょう。

書き方の注意点

●表書きの文字が多い場合は２行に

「御就職御祝」など５文字の場合は２行に分けても OK。その場合は「御就職」を小さく、「御祝」を大きく書いてもよい。

●氏名は表書きより小さめに

水引の結び目の下に、表書きよりやや小さな文字で書く。姓を上から書きすぎると水引にかかるので注意。

●表書きは中央にバランスよく

水引の結び目の上に書く。水引をかけたときに文字が隠れないように注意。スペースを５等分にして文字を配置すると書きやすい。

●上下に適度な余白を取る

表書きの上と氏名の下に同じくらいの余白を取ると、全体的な見栄えがよくなる。

さまざまな氏名の書き方

個人で贈るほか、連名や職場で贈る場合など、さまざまなケースがあります。
氏名の書き方にも決まりがあるので、注意しましょう。

【会社やグループ】

「総務部一同」「同窓会一同」などに。別紙（奉書紙や半紙）に各人の名前を書き、中包みに入れる。

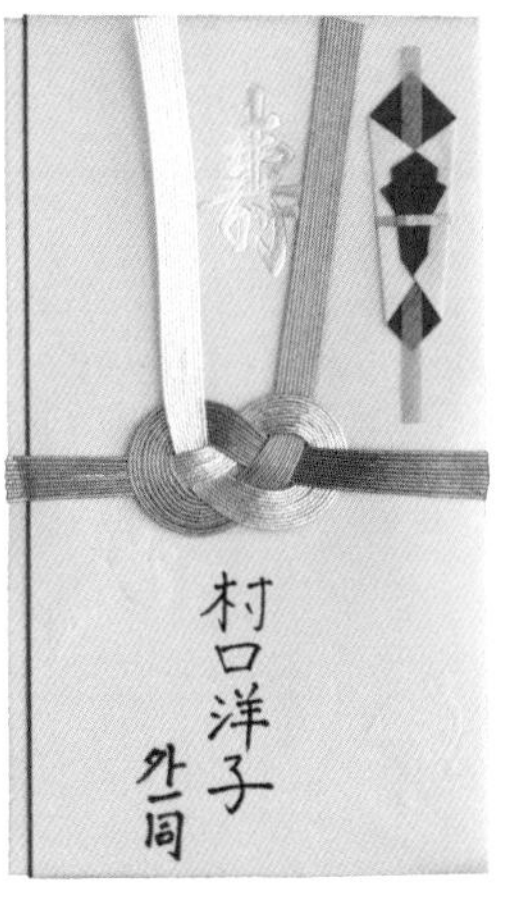

【４人以上の連名】

代表者の氏名を書き、その左に少し小さく「外一同」と書く。代表者以外の氏名は別紙（奉書紙や半紙）に目上の人順に右から書き、中包みに入れる。

【３人の連名】

右から左へ、目上の人から順に並べる。とくに役職などの区別がない場合は、右から五十音順に書く。

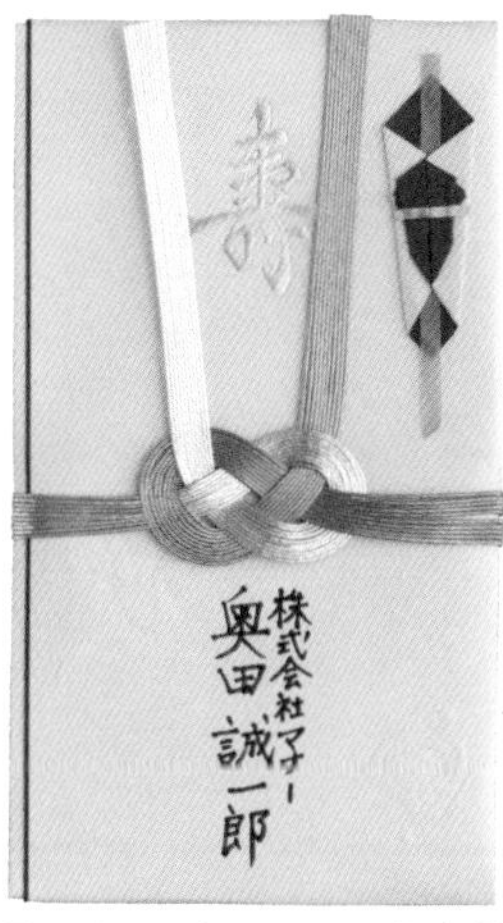

【社名・肩書を入れる場合】

自分の氏名だけでは、相手が判断できない可能性があるときは、氏名の右横に小さめに社名や肩書を入れる。

【宛名を入れる場合】

左上に書き入れる。宛名に近いほうが格上にあたるので、連名の場合は左から右へ目上の順に並べる。

【夫婦連名】

中央に、夫の氏名をフルネームで書き、左に妻の名前だけを夫の名前の位置にそろえて書く。

中包みの書き方

祝儀袋、不祝儀袋ともに、住所や金額は中包み（中袋）に書きます。書く場所を印刷してあるものも市販されています。

慶事と弔事では書き方が異なる

基本

慶事の場合は、中包みの表面の中央にたて書きで金額を書きます。最初に「金」と書き、少し空けてから金額を書きましょう。上下左右にスペースを持たせることでバランスを取ります。住所氏名はたて書きの小さめの文字で裏面の左下に書きます。受け取った側が整理するときのことを考え、郵便番号も忘れずに書き入れましょう。

市販の祝儀袋には、あらかじめ住所や氏名の欄が印刷されている場合が多いので、その場所に従って書きます。

弔事は裏面に金額を

基本

弔事の場合は、裏面の右上に金額を、左下に住所氏名を書きますが、慶事と同じように表面に書くのでも問題ありません。金額の書き方は、慶事の場合と同様です。また、文字の色は表書きと同様に、慶事は濃い墨を、弔事は薄い墨を使いましょう。

“金額の書き方”

中包みに金額を記入するときは旧字体（大字）が正式ですが、漢数字でもかまいません。

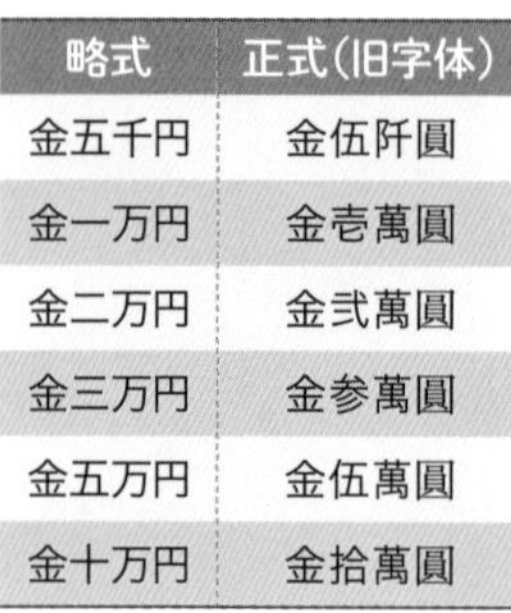

略式	正式（旧字体）
金五千円	金伍阡圓
金一万円	金壱萬圓
金二万円	金弐萬圓
金三万円	金参萬圓
金五万円	金伍萬圓
金十万円	金拾萬圓

【慶事の場合】

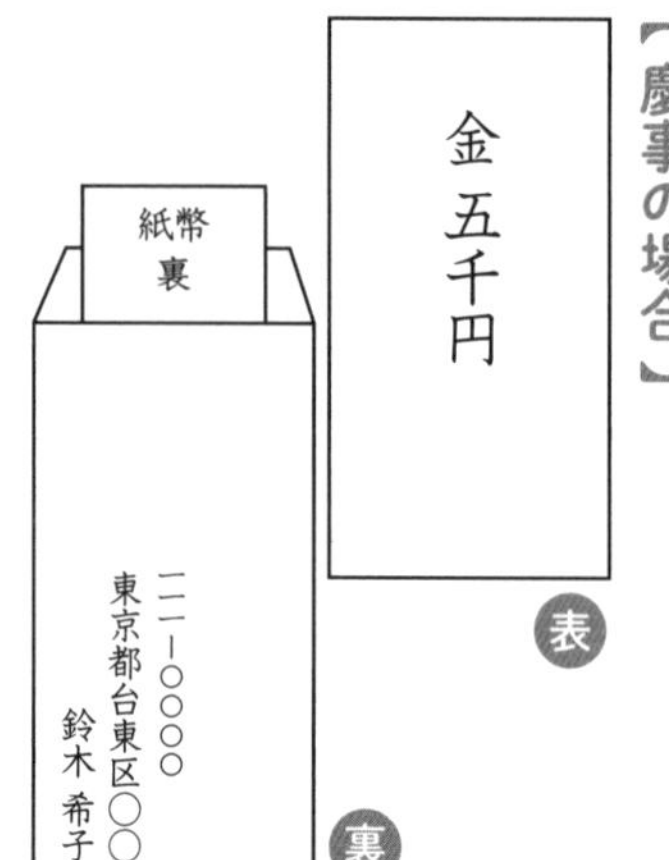

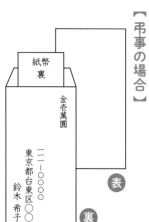

【弔事の場合】

表
紙幣
裏
金壱萬圓
一一一-〇〇〇〇
東京都台東区〇〇
鈴木 希子
裏

お金の包み方

慶事では新札、弔事では古札を用意します。金封はふくさに包んで持ち歩くのがマナー。準備しておきましょう。

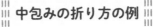

上包みの折り方

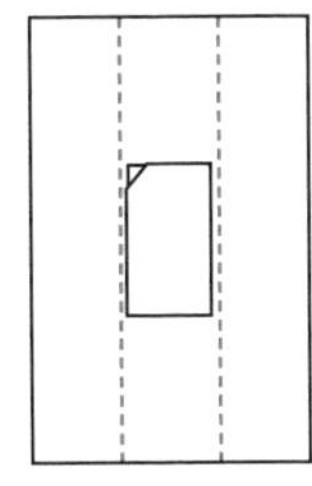

❶ 奉書紙の裏側を上にして置き、中央に中包みを置く。

❷ 慶事は左、右の順に、弔事は右、左の順に折る。

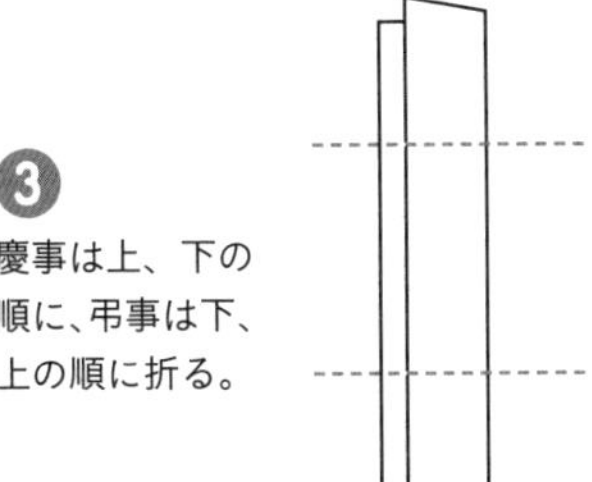

❸ 慶事は上、下の順に、弔事は下、上の順に折る。

上包みの上下の折り返し方

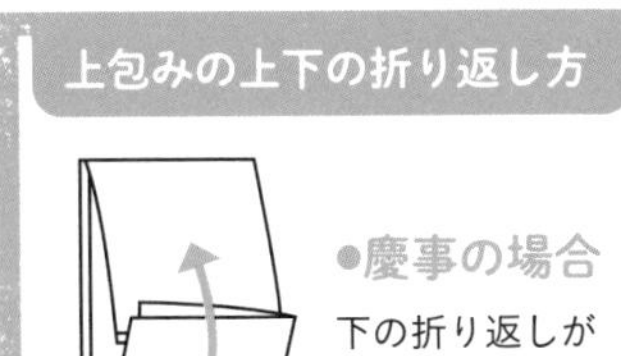

●慶事の場合
下の折り返しが上にくる。

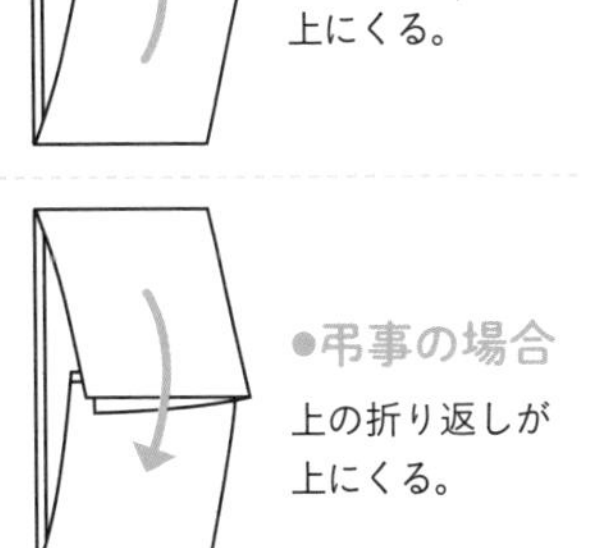

●弔事の場合
上の折り返しが上にくる。

中包みの折り方の例

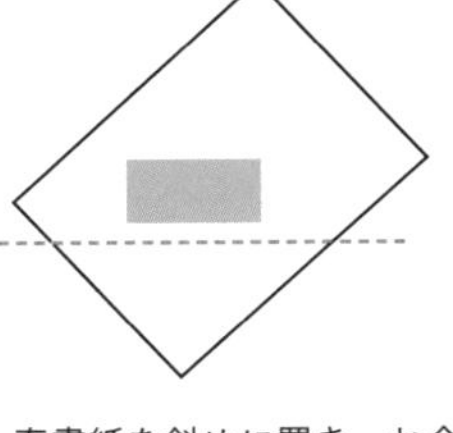

❶ 奉書紙を斜めに置き、お金を表側にして真ん中に置く。

❷ 手前を上に折り、左、右の順で折る。

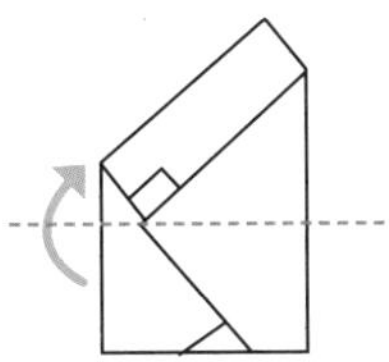

❸ 紙幣の幅に合わせて折り返す。

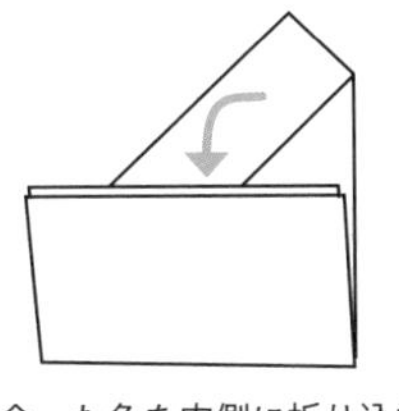

❹ 余った角を内側に折り込む。

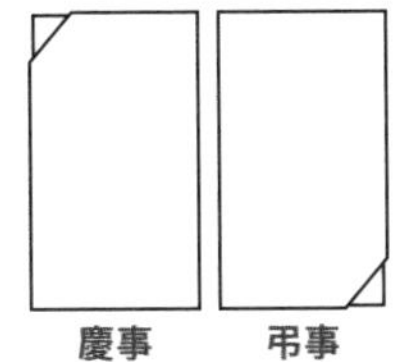

表から見て、慶事は三角の部分が左上、弔事は右下にくるように包む。

水引の基礎知識

水引の色や結び方は用途によってさまざまです。とくに色は地方によって異なることもあります。

水引は用途によって結び方が異なる

水引は古来、奉書紙で包んだ贈り物をひもでしっかりと結んだことが始まりとされ、当初は白一色でした。時代を経るとともに用途に応じて色つきのものを用いるようになり、結び方も変えるようになりました。

結び方には「蝶結び」と「結びきり」があり、何度あってもよいお祝い事には蝶結びを、繰り返しを嫌う弔事や病気見舞いには、結びきりを使います。結びきりには、あわじ結びや老いの波、飾り結びなどの変形があり、結婚祝い用に使われます。

慶弔によって色を使い分ける

基本

水引の色も用途によって異なるので注意しましょう。

結婚祝いには金銀の華やかな水引を、そのほか一般的なお祝いやお見舞には赤白の水引を使います。弔事の場合は、黒白、双銀（銀一色）、双白（白一色）、黄白にします。

市販の結婚祝い用の祝儀袋には、カラフルな水引を使っている華やかなデザインのものもありますが、正式ではありません。親しい人へ贈る場合のみに使い、目上の人には正式な祝儀袋を使いましょう。

本数は慶弔ともに5本が主流

基本

水引の本数は、慶事は奇数、弔事は偶数がしきたりです。しかし、市販されている結婚祝い用の祝儀袋は、夫婦二人ということから、5本の水引を2束使っていることが多く、弔事用も5本になっていることがほとんどです。

水引の色の組み合わせと用途

赤白	慶事一般に使える。
赤金	赤白と同格。 関西地方で使われる。
金銀	結納や婚礼用。 格式が高い。
黒白	弔事一般に使える。
双銀	黒白より格式が高い。
黄白	仏事やお布施用。 関西地方で使われる。
双白	神式の葬式に使う。

水引の種類

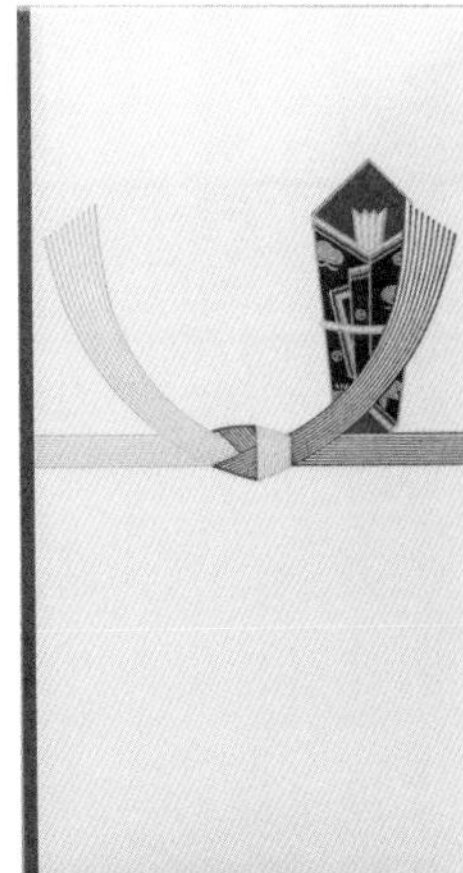

【結びきり】

固く結んでほどけないことから、弔事（黒白）や病気見舞い（赤白）のほか、結婚の内祝い（赤白）などに用いられる。

【蝶結び（はな結び）】

結び目が何度も結び直せることから、婚礼以外の一般的なお祝い事、お礼、あいさつ、記念行事などに用いられる。

結びきりの変形

【飾り結び１】

慶事用。日の出と鶴をデザインしたおめでたい結び方。

【あわじ結び】

水引の色を変えることで慶弔どちらにも用いられる。

【飾り結び２】

慶事用。あわじ結びを華やかにしたもの。高額を入れるときに使う。

【日の出結び・老いの波】

慶事用。老いの波は目尻のシワを表し、末永く添い遂げるという意味がある。結び切りの「切れる」結び方を嫌い、先をカールさせている。

のしの基礎知識

慶事に使われるのし。弔事や、肉や魚などの生ものを贈るときは、のしをつけないのがマナーです。

のしは慶事のみに使う

基本

祝儀袋の右上についているものを「のし」といいます。元来祝い事に海産物のあわびを贈るという習慣が、やがてのしたあわびを添える形になり、さらに紙で代用されるようになったものです。のしには「伸ばす」という言葉もかさねられ、相手の繁栄を祝うという意味合いがあります。

のしは慶事に使われるもので、弔事には用いません。正式な贈り物には包み紙に水引をかけて「折のし」をつけますが、略式のときはのしと水引が印刷されているのし紙（かけ紙）を使ってもよいことになっています。

のしの種類

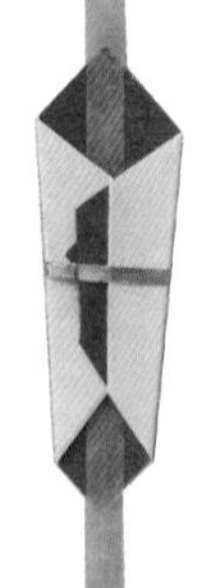

【片折のし】

慶事にだけ用いられる。

【飾りのし】

結婚祝い、お礼など、金額が多いときに用いられる。

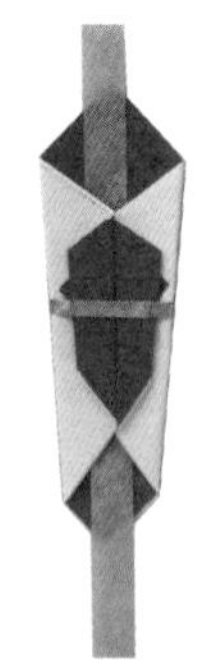

【両折のし】

慶事一般に用いられる。市販の祝儀袋に使われるのはこのタイプ。

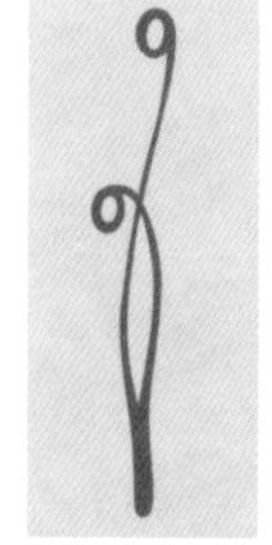

【わらびのし】

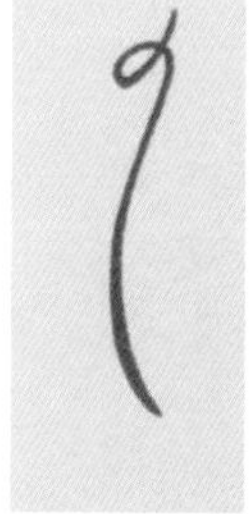

【文字のし】

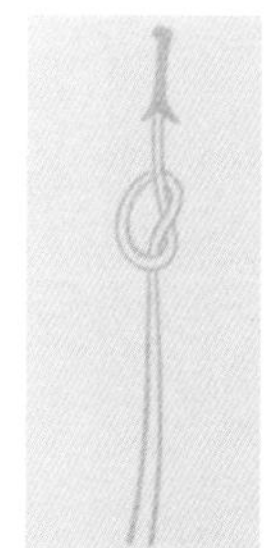

【松の葉のし】

いずれも簡略化されたのしで、印刷物に使われる。お年玉や心づけ、粗品やちょっとしたご進物などののし紙に使用する。

ふくさの基礎知識

金封を持ち歩くときは、必ずふくさに包みます。慶弔で色や包み方が異なるので注意。

持参するときはふくさに包んで

祝儀袋や不祝儀袋などの金封はふくさに包んで持参するのが正式なマナーです。渡すときは、一礼してお祝いやお悔やみの言葉を述べてから、ふくさから金封を取り出し、表書きを先方に向けて渡します。ふくさの色は用途によって異なります。慶事用には赤系の明るい色、弔事用にはグレーや紺などの地味な色に。高貴な色とされる紫は両方に使えます。ふくさがない場合は、小さい風呂敷で代用。また、慶事と弔事とではふくさの包み方が異なるので注意しましょう。

ふくさの包み方

慶事

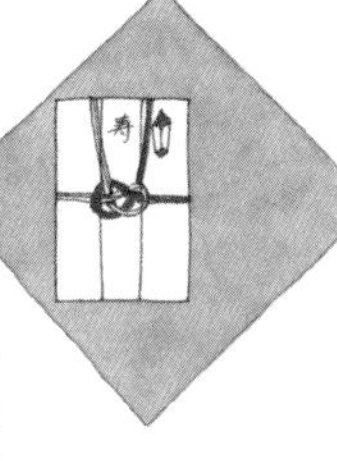

1 裏側を広げ、斜めにする。中央より少し左に袋を置く。

2 左側を袋にかぶせ、上、下の順に折る。

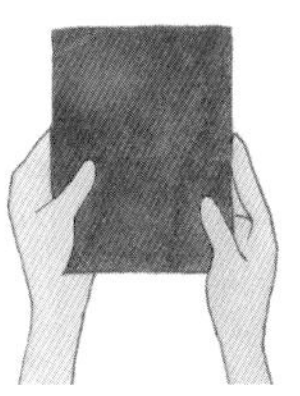

3 最後に右側をかぶせ、裏に折る。

弔事

1 裏側を広げ、斜めにする。中央より少し右に袋を置く。

2 右側を袋にかぶせ、下、上の順に折る。

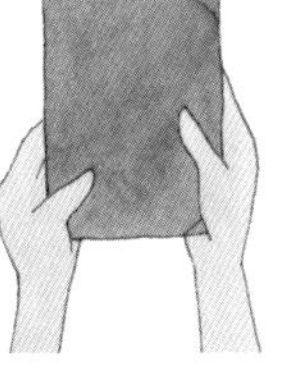

3 最後に左側をかぶせ、裏に折る。

結婚祝いの表書き

おめでたい席にふさわしい金銀や、赤白のあわじ結びなどの水引がついた祝儀袋を用意しましょう。

結婚祝いの祝儀袋

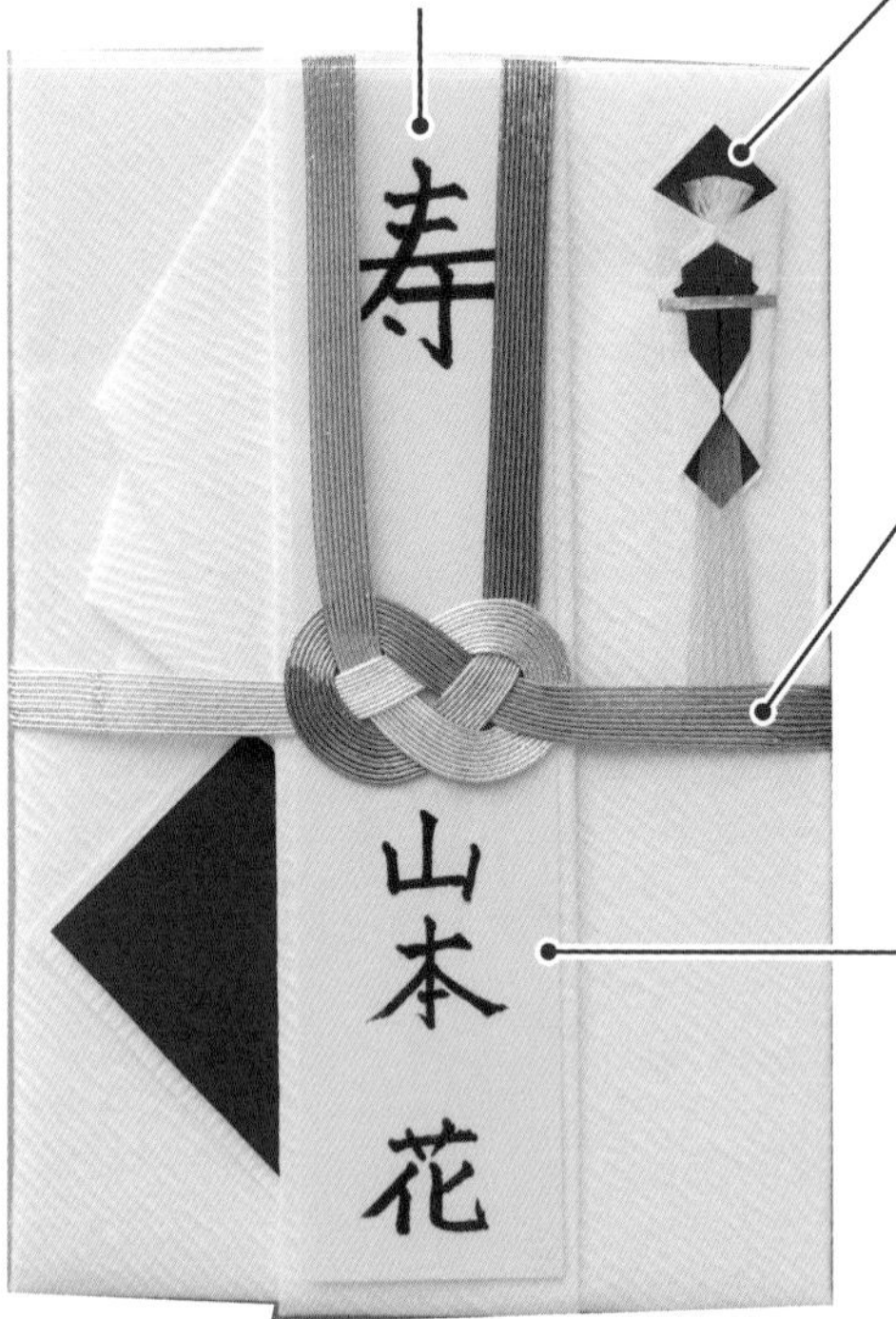

表書き
「寿」または「壽」が一般的。旧字体の「壽」にすると格調高く見える。そのほか、「御結婚御祝」「御歓」（目下の人に）など。

のし
結婚祝いでは、必ずのしをつける。「飾りのし」「両折のし」「片折のし」など。

水引
金銀もしくは赤白のあわじ結び。結婚祝いにはさまざまな飾り結びが使われる。金額に応じて豪華な水引にする。

氏名
毛筆または筆ペンの濃い墨で、表書きの文字より小さめに、丁寧に楷書で書く。

イマドキ　デザインは披露宴の形式に合わせて

☑ホテルや結婚式場の場合

あらたまった披露宴なので、基本にのっとって選びましょう。ただし、豪華な祝儀袋に少額を包むのは、相手に失礼にあたるので注意を。

☑レストランウエディングの場合

レストランウエディングなどのカジュアルな披露宴でも、デザイン性の高い華やかな祝儀袋で包みましょう。

☑会費制の披露宴の場合

会費がご祝儀の代わりになるので、お祝いは不要です。受付で会費を支払う際は、そのままでも、会費を封筒に入れて持参し数えて渡すのでもかまいません。別にお祝いを渡したい場合は、当日受付で渡すのではなく、事前に新郎新婦に届けるのがよいです。

金額による祝儀袋の違い

金額が低いときはシンプルに、高額のときは格調高くするのが基本。友人や同僚の場合は、3万円が相場です。祝儀袋の色は白が正式で、デザインされたのしやカラフルな祝儀袋はカジュアルな印象に、檀紙（楮を原料に漉かれた高級和紙）の祝儀袋は格調が高いとされています。

1万〜2万円

金銀の水引にあわじ結びの一般的なもの。上包みは奉書紙。

3万円

金銀の水引にあわじ結びの一般的なもの。上包みは奉書紙。

5万円

日の出結びと老いの波の組み合わせに豪華なのしがついたもの。上包みは檀紙。

10万円

上包みは檀紙と赤い紙の２枚重ね。豪華な飾り結びがついた大きめのもの。

表書きは文字数に注意

割り切れる偶数は「別れる」を連想させるため、結婚祝いの表書きは奇数にするのが基本です。「祝御結婚」など偶数になる場合は、「祝」と「御結婚」の間に１字分のスペースを空けましょう。

結納金を贈る場合は

のしつき、水引は赤白や金銀のあわじ結びに。表書きは「御帯料」「御帯地料」とし、贈り主の男性の氏名を書きます。女性側の半返しの場合は、「御袴料」「御袴地料」とし、女性の氏名を書きます。

式場へのお礼（神前式）

表書き
「初穂料」「玉串料」など

水引
金銀または赤白のあわじ結び

氏名
両家の姓（新郎の姓が右側）

金額
5万～10万円

媒酌人へのお礼

表書き
「御礼」「寿」など

水引
金銀または赤白の日の出結び

氏名
両家の姓（新郎の姓が右側）

金額
10万～30万円（いただいたお祝いの倍額か結納金の1割）

式場へのお礼（仏前式）

表書き
「御布施」など

水引
金銀または赤白のあわじ結び

氏名
両家の姓（新郎の姓が右側）

金額
5万～10万円

媒酌人への交通費

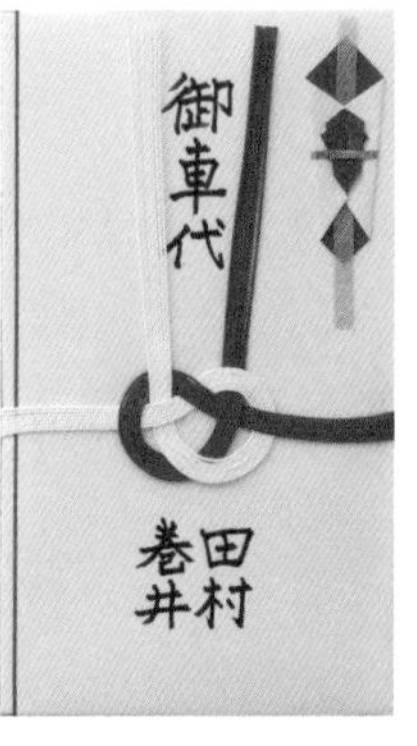

表書き
「御車代」など

水引
赤白のあわじ結び。水引が印刷された略式の祝儀袋で渡してもかまわない

氏名
両家の姓（新郎の姓が右側）

金額
1万～3万円（送迎車などを手配した場合は不要）

式場へのお礼（教会式）

表書き
「献金」

水引
金銀または赤白のあわじ結び

氏名
両家の姓（新郎の姓が右側）

金額
5万～10万円

引き出物

表書き
「寿」が一般的

水引
赤白の結びきり。のし紙をかける

氏名
両家の姓（新郎の姓が右側）か新郎新婦の名前を書く

金額
5千円程度

※金額は目安です。

友人へのお礼（司会者）

表書き

「寿」「御礼」など

水引

赤白のあわじ結び。水引が印刷された略式の祝儀袋で渡してもかまわない

氏名

両家の姓（新郎の姓が右側）

金額

2万～3万円

主賓への交通費

表書き

「御車代」など

水引

赤白のあわじ結び。水引が印刷された略式の祝儀袋で渡してもかまわない

氏名

招待した側の姓

金額

1万～3万円（送迎車などを手配した場合は不要）

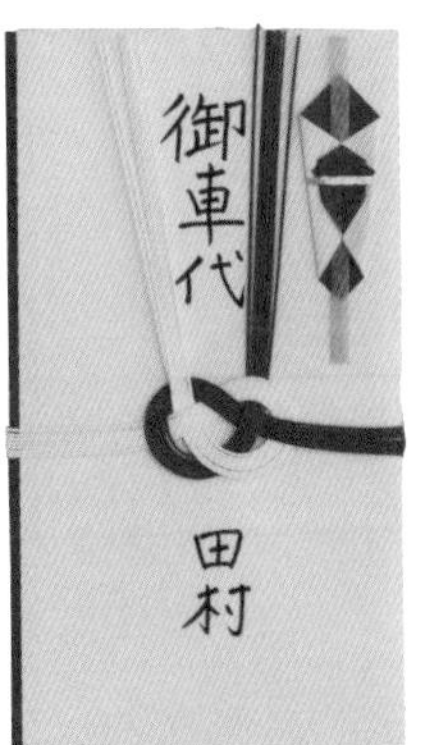

新郎新婦へのお祝いの品

表書き

「寿」が一般的

水引

赤白のあわじ結び。のし紙をかける

氏名

贈り主の氏名

金額

1万～3万円

スタッフへのお礼

表書き

「寿」「御祝儀」など

水引

赤白の結びきり。水引が印刷された略式の祝儀袋で渡してもかまわない

氏名

両家の姓（新郎の姓が右側）

金額

3千円程度

お祝い返し（内祝い）

披露宴に出席していない人からのお祝いには内祝いを贈る

表書き

「内祝」

水引

赤白の結びきり。のし紙をかける

氏名

新郎新婦の名前か結婚後の名前を書く

金額

いただいた金額の3分の1から半額程度

友人へのお礼（受付、撮影係）

表書き

「寿」「御礼」など

水引

赤白のあわじ結び。水引が印刷された略式の祝儀袋で渡してもかまわない

氏名

受付は頼んだ側の姓、撮影は両家の姓

金額

3千～3万円（当日だけお願いした場合は数千円、プロに頼まずに友人に手間をかけた場合は高額に）

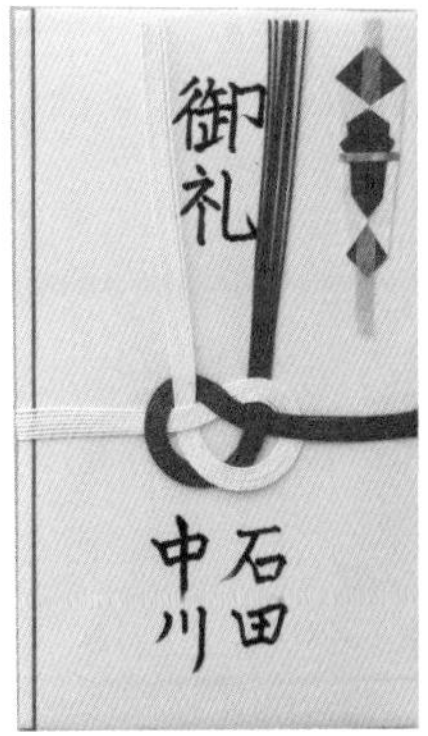

人生のお祝いの表書き

お祝いには赤白蝶結びの水引にのしつきの祝儀袋かかけ紙を使います。贈る時期も気をつけましょう。

お祝い

※祝儀袋は、赤白の蝶結びの水引とのしがついたものを使う。
※贈り主の氏名を、毛筆または筆ペンの濃い墨の楷書で書く。

赤ちゃんのお祝い

初節句・初誕生祝い

時期
満１歳の誕生日や初めての節句に贈る

表書き
「初誕生御祝」「初雛御祝」（女児）、「初幟御祝」（男児）など

金額
3千～1万円。満１歳の記念品や衣類、おもちゃなどの品物でもよい

出産祝い

時期
出産後１週間～１カ月以内に贈る

表書き
「御出産祝」「御出産御祝」「御祝」など

金額
5千～1万円。成長したら使える衣類やおもちゃ、日用品などの品物でもよい

帯祝い

時期
妊娠５カ月目の戌の日に安産祈願で岩田帯を巻くときに親族がお祝いをする

表書き
「御祝」「御帯祝」「着帯祝」など。妊婦の実家から岩田帯を贈る場合は「帯祝」「祝の帯」に

金額
3千～5千円

お礼・お返し

※表書きを「内祝」にした、赤白の蝶結びの水引とのしが印刷されたのし紙をかける。

祝いの席を設けておもてなしをするか、参加できなかった人へはいただいたお祝いの３分の１～半額程度の品物とお礼状を、１カ月以内に贈る。表書きを「内祝」とし、子どもの名前を書く

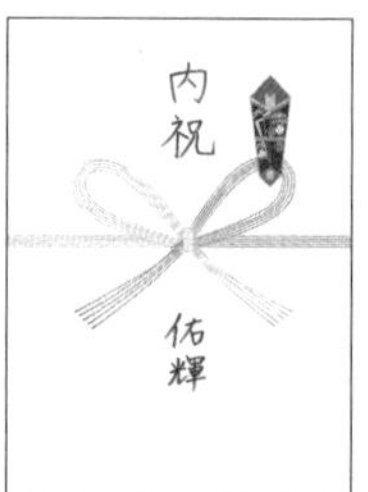

お返しは内祝いとして贈るのが一般的。お祝いをいただいてから１カ月以内に、いただいたお祝いの半額程度の日用品や食品などを贈る。表書きを「内祝」とし、のし紙には子どもの名前を書く

内輪のお祝いなので、基本的にお返しは不要。お祝いの席を設けて、おもてなしをする場合も。お祝いの席に参加できなかった親族へは、妊婦の氏名でお菓子などを贈る

※金額は目安です。

子どものお祝い

卒業・就職祝い

時期
卒業時期の3月中に贈る

表書き
「御祝」「御卒業御祝」「御就職御祝」「賀社会人」など

金額
5千〜3万円。卒業と就職が重なる場合は、新しい門出を祝う意味を込めて、就職祝いを優先する

基本的にお返しは不要だが、必ずお礼状を送ること。お祝いをいただいてから、あまり時間をおかずに届けること。就職祝いの場合は、初月給で菓子折りなどを贈ってもよい

成人祝い

時期
成人式の1週間前までに贈る

表書き
「御成人御祝」「成人式御祝」「御祝」など

金額
5千〜3万円。身内や、ごく親しい知人・友人からお祝いを贈るのが一般的。商品券などでもよい

基本的にお返しは不要だが、必ずお礼状を送ること。本人がお礼の気持ちを伝えることが大切。品物を贈る場合は、いただいた金額の3分の1から半額程度のものにする

入園・入学祝い

時期
入園・入学の1週間前までに贈る

表書き
「御入学御祝」「祝御入学」。幼稚園の場合は「祝ご入園」

金額
5千〜2万円。商品カードや図書カードなどでもよい

基本的にお返しは不要だが、必ずお礼状を送ること。子どもが書いたお礼状や入園・入学式の写真も同封すると喜ばれる。品物を贈る場合は、いただいた金額の3分の1から半額程度のものにする

七五三祝い

時期
10月中旬〜11月15日までに贈る

表書き
「祝七五三」「御祝」「七五三御祝」など

金額
5千〜1万円。図書カード、商品券などでもよい

祝いの席を設けておもてなしをするか、参加できなかった人へはいただいたお祝いの3分の1〜半額程度の品物とお礼状を、1カ月以内に贈る。表書きを「内祝」とし、子どもの名前を書く

一般的なお祝い

お祝い

※祝儀袋は、赤白の蝶結びの水引とのしがついたものを使う。
※贈り主の氏名を、毛筆または筆ペンの濃い墨の楷書で書く。

開店・開業祝い

時期

開店(開業)当日に持参するか、持ち運べないものは前日までに送る

表書き

「御祝」「祝御開店」「祝御開業」など

金額

5千～1万円。親しい間柄なら、本人の希望の品を贈るのもよい

受章(受賞)のお祝い

時期

受章(受章)から1～2週間以内に贈る

表書き

「御祝」「御受章(受賞)御祝」など

金額

5千～1万円。シャンパンなどのお酒や花、趣味の品などでもよい

長寿のお祝い

時期

誕生日までに贈るか、祝いの席で渡す

表書き

「寿」「祝御長寿」「寿福」など

金額

5千～3万円。趣味の品を贈るほうが喜ばれる

金婚式・銀婚式のお祝い

時期

当日までに贈るか、祝いの席で渡す

表書き

「寿」「金婚式(銀婚式)御祝」など

金額

1万～2万円。食事や旅行に招待したり、金銀でできた記念品を贈るのも喜ばれる

お礼・お返し

※表書きを「内祝」にした、赤白の蝶結びの水引とのしが印刷されたのし紙をかける。

披露パーティーを開き、おもてなしをする。表書きを「開店(開業)記念」などにし、店や会社の名前を入れた記念品を配る。参加できなかった人にもお礼状や記念品を贈る

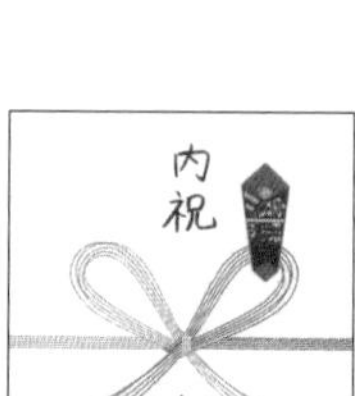

祝いの席を設けておもてなしを。章(賞)の名前を入れた記念品を配る。表書きは「内祝」や「○○受章(受賞)記念」に。参加できなかった人にもお礼状や記念品を贈る

親子の場合は、お返しは基本的に不要。祝宴を開いてもらった場合は、記念品を用意する。食器や小物、祝い菓子などのお返しが一般的。表書きは「内祝」に

親子の場合は、お返しは基本的に不要。祝宴を開いてもらった場合は、記念品を用意する。食器や小物、祝い菓子などのお返しが一般的。表書きは「内祝」に

※金額は目安です。

そのほか

個展のお祝い

表書きは「祝個展」などにし、オープニングパーティーなどに持参する

発表会のお祝い

楽屋にあいさつをしにいくときは、表書きを「楽屋御見舞」(目上の人には「楽屋御伺」)にしたお祝いを持参する

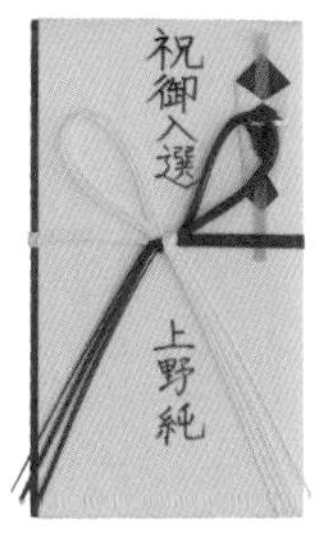

入選祝い

表書きは「祝御入選」など。スポーツやコンクールで優勝した場合には「祝御栄冠」に

一般的なお祝い

定年退職のお祝い

時期

退職日または退職する1週間前までに贈る

表書き

「御礼」「感謝」など。部署で贈る場合の氏名は「総務部一同」などに

金額

千～5千円(1人あたり)。趣味の品や記念になる品なども喜ばれる

基本的にお返しは不要だが、必ずお礼状を出すこと。職場などにお返しをする場合は、あいさつ状を添えて菓子折などを贈るとよい。表書きは「粗品」や「松の葉」にする

昇進・栄転祝い

時期

昇進(栄転)後1週間以内に贈る

表書き

「御祝」「御昇進御祝」「祝御昇進(栄転)」。社長に就任した人には「御就任御祝」など

金額

3千～5千円。目上の人には現金ではなく、商品券や品物を贈る

基本的にお返しは不要だが、必ずお礼状を出すこと。転勤の場合は、あいさつ状にお礼の言葉を添えてもよい。表書きを「御礼」にして、その地方の特産物を贈っても喜ばれる

新築・新居祝い

時期

新築を披露するパーティーなどで渡すか、新居の場合は1カ月以内に贈る

表書き

「御新築御祝」「祝御新築」「祝御新居」など

金額

5千～1万円。火事を連想させる品物はNG(222ページ参照)

新築披露に招待しておもてなしをするのがお礼になる。品物を贈る場合は、表書きを「内祝」や「新築内祝」にし、いただいたお祝いの半額程度の品物を2～3週間以内に贈る

不幸は繰り返したくないことなので、弔事の場合、水引は結びきりを使用し、金額に応じて使い分けましょう。

香典袋

［宗教を問わない］

表書き

「御霊前」は、宗教を問わず使用できる（ただし浄土真宗を除く）。氏名とともに薄墨の毛筆または筆ペンを使って楷書で書く。
※「御霊前」の「霊」の字は、新字体でも旧字体でも可。

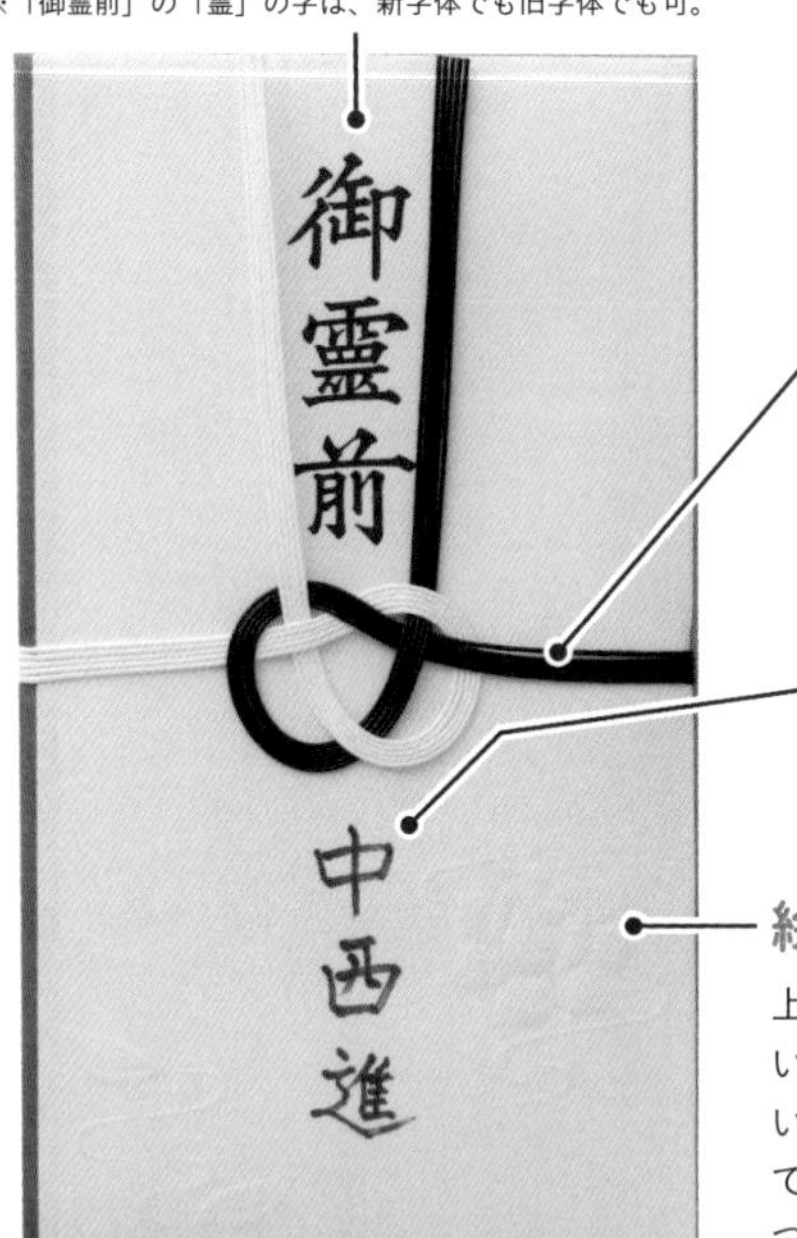

水引

弔事には黒白、双銀、双白、黄白を用いる。繰り返しを嫌うため結びきりかあわじ結びに。

氏名

表書きよりも小さめに楷書で書く。

絵柄

上包みに菊や蓮の花がついているものは仏式、十字架がついているものはキリスト教式で使う。神式の袋には絵柄はつかない。

お供え物の表書き

黒白の結びきりの水引か、青白のかけ紙を用いる。お供え物は仏式神式問わず「御供物」「御供」にする。キリスト教では、お供え物は贈らない。

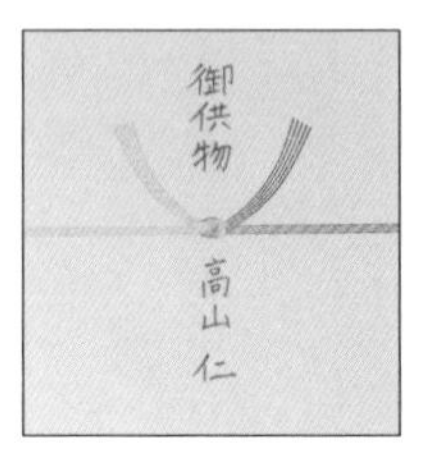

香典返し

黒白・黄白（関西）の結びきりの水引のかけ紙を用いる。一般的な表書きは「志」。喪主の氏名または姓のみを入れる。仏式では「忌明志（きあけし）」、神式は「偲草（しのびぐさ）」、キリスト教では、「召天記念（しょうてんきねん）」「感謝」など。金額は香典の３分の１～半額程度。

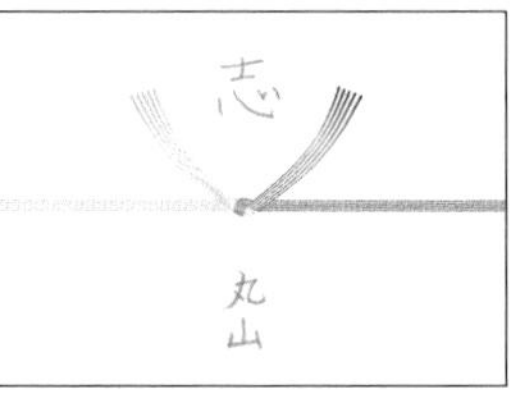

※金額は目安です。

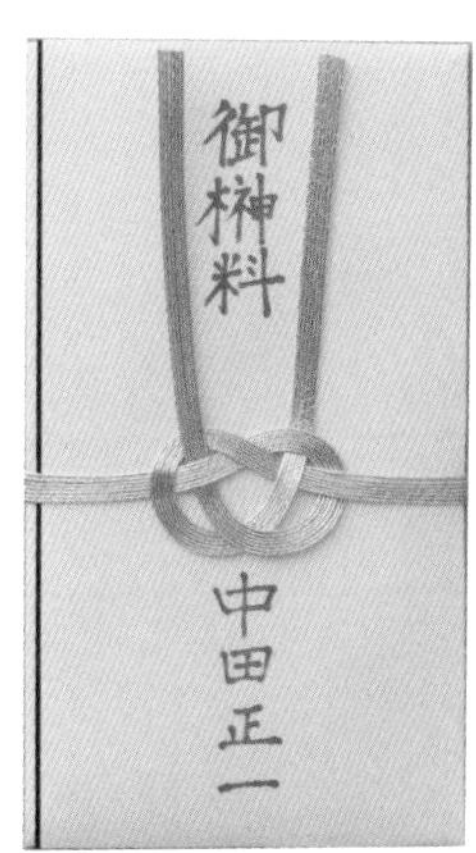

神式

通夜または葬式に持参する

表書き　「御榊料」「玉串料」「神饌料」「供物料」「御神前」など
水引　双白、黒白、双銀いずれかの結びきり
金額　3千〜1万円

仏式（浄土真宗系）

通夜または葬式に持参する

表書き　「御仏前」「御佛前」「御香料」など
水引　黒白または双銀の結びきり
金額　3千〜1万円

仏式

通夜または葬式に持参する

表書き　「御霊前」「御香料」「御供料」など
水引　黒白、双銀、黄白（関西）いずれかの結びきり
金額　3千〜1万円

会費制のとき

当日に持参。白い封筒を使い、薄墨でなくてよい

表書き　「志」
水引　つけない
金額　会費に従う

お別れ会

当日に持参。密葬から時間が経っていることが多いので、薄墨でなくてもよい

表書き　「御花料」「志」
水引　双白、黒白、双銀いずれかの結びきり
金額　3千〜1万円

キリスト教式

通夜または葬式に持参する

表書き　宗派を問わない表書きは、「お花料」「御日花料」。プロテスタントは「忌慰料」、カトリックは「御ミサ料」
水引　黒白、双銀、黄白（関西）いずれかの結びきり
金額　3千〜1万円

お礼

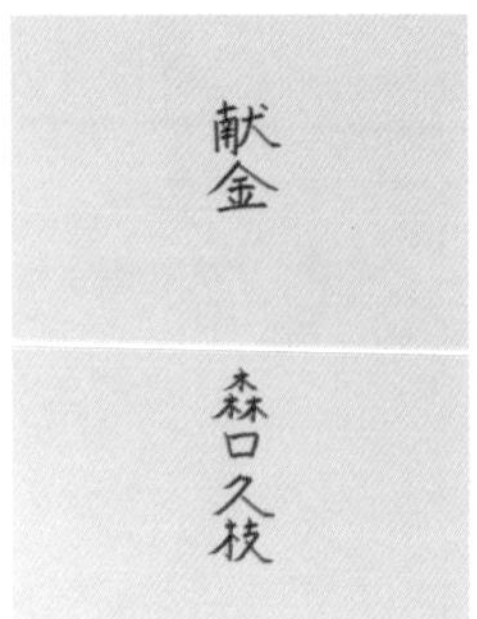

キリスト教式 教会へのお礼

通夜または葬式当日に持参

表書き
「献金」や「記念献金」に。神父・牧師へのお礼は「御礼」

水引
つけない。白封筒を使う

金額
10万円～。教会の規定に従うか葬儀社と相談

御祭祀料
平山太一

神式 神社（神官）へのお礼

通夜または葬式当日に持参

表書き
「御祭祀料（おんさいしりょう）」や「御礼」など

水引
つけない。奉書紙を折った上包みか白封筒を使う

金額
10万円～。神社の規定に従うか葬儀社と相談

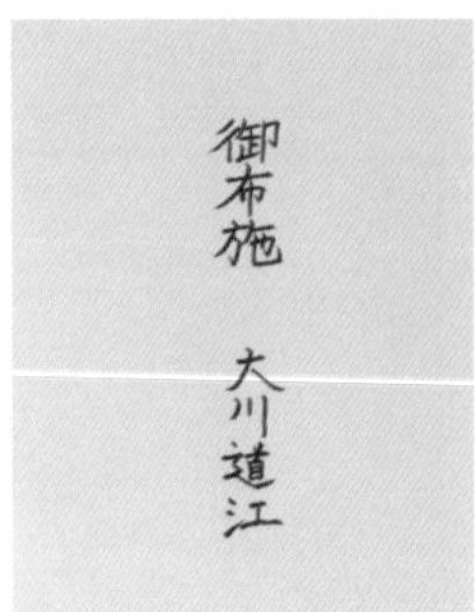

仏式 寺院（僧侶）へのお礼

葬儀後のお礼に持参

表書き
「御布施」や「御礼」など

水引
白封筒を使う

金額
10万円～。寺院の規定に従うか葬儀社と相談

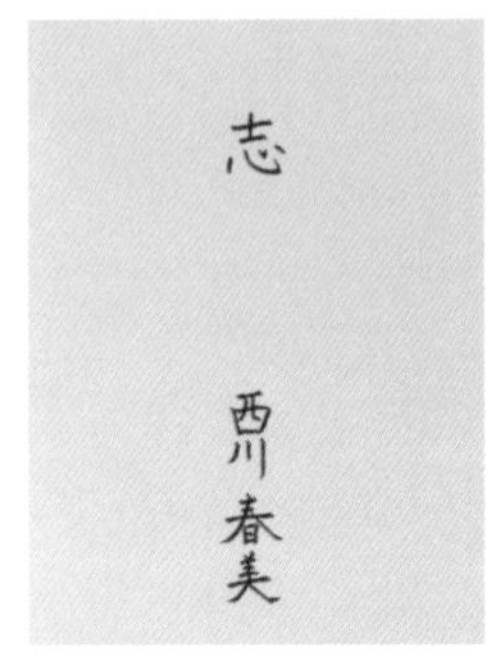

霊柩車の運転手や葬儀社の人などへのお礼

通夜または葬式当日に持参

表書き
「志」、仏式や神式では「白菊一重」、キリスト教式では「百合一重」

水引
つけない。白封筒を使う

金額
2千～1万円

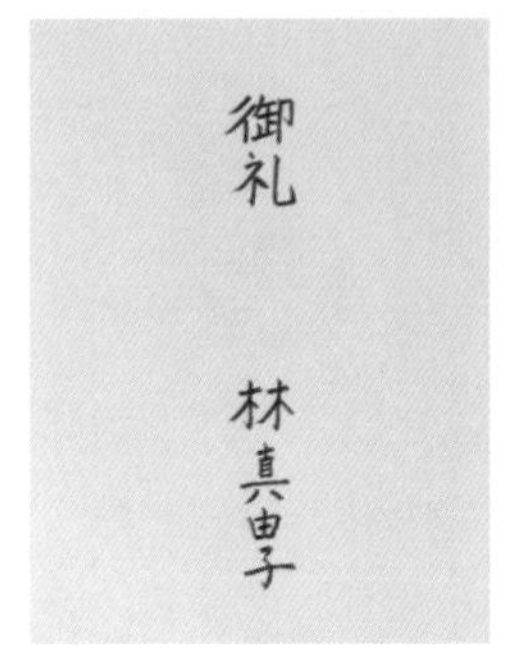

お世話になった人へのお礼

通夜または葬式当日に持参

表書き
「御礼」「感謝を込めて」など

水引
つけない。白封筒を使う

金額
5千～2万円

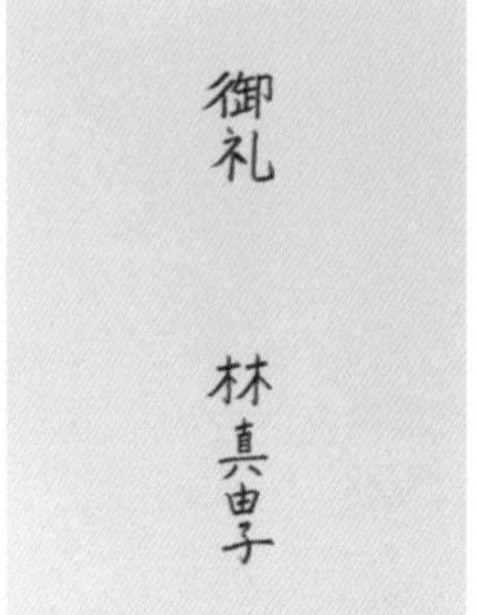

葬儀委員長や会計係へのお礼

通夜または葬式当日に持参

表書き
「御礼」「志」など

水引
つけない。白封筒を使う

金額
5千～2万円

※表書き・氏名は薄墨または普通の墨で書きます。喪家の氏名は姓のみ、または「◯◯家」とする場合もあります。金額は目安です。

法要

キリスト教式のミサ

ミサ当日に持参する

表書き

「お花料」に

水引

つけない

金額

5千～1万円

神式の法要

法要当日に持参する

表書き

「玉串料」「神饌料（しんせんりょう）」

水引

双白の結びきりに

金額

5千～1万円

仏式の法要

法要当日に持参する

表書き

「御仏前」「御供物料」。四十九日、納骨式のときも同様

水引

黒白、双銀いずれかの結びきりに。三回忌からは、黄白、青白など淡い水引でも

金額

5千～5万円

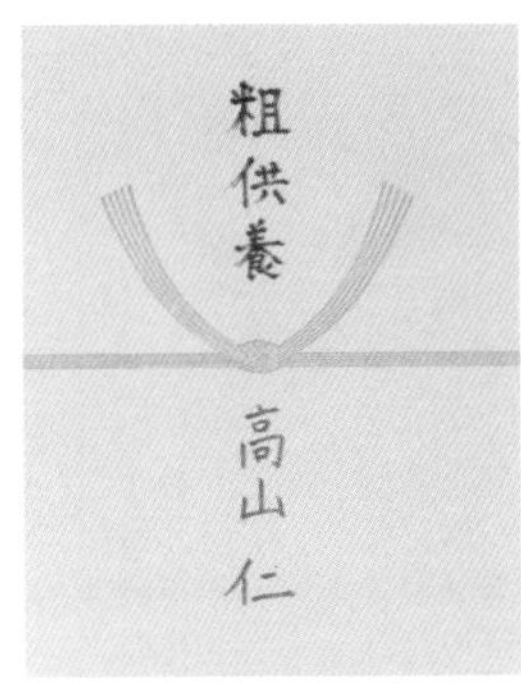

法要の返礼品（引き物）

仏式では四十九日の忌明け後、神式では五十日祭後、キリスト教式では1カ月目の命日後に贈る

表書き

「粗供養」「志」、神式は「しのび草」

水引

双銀、黄白（関西）などの結びきりに、のしなしのかけ紙をかける

金額

3千～5千円

偲ぶ会に招かれたとき

偲ぶ会当日に持参する

表書き

「御花料」「志」

水引

双銀、黒白いずれかの結びきり

金額

1万円

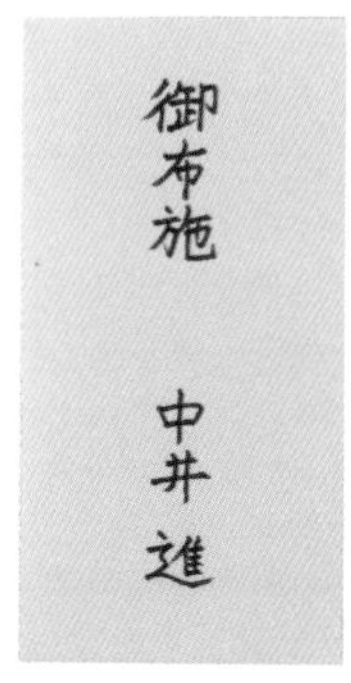

開眼供養（法要）のお礼

法要当日に持参する

表書き

「御布施」「御礼」

水引

つけない。白封筒を使う

金額

寺院の規定に従う

※表書き・氏名は薄墨または普通の墨で書きます。

あいさつの表書き

季節の贈答やお年賀の手土産などでは、赤白の水引が一般的です。贈る時期を外さないようにしましょう。

お礼・餞別

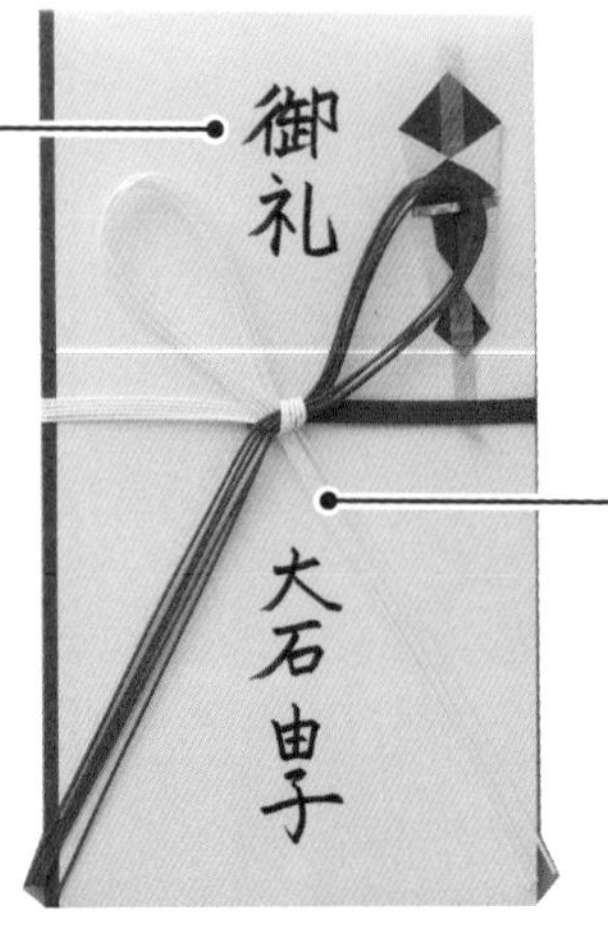

表書き

お世話になった習い事の先生などへ、日頃の感謝の気持ちを伝えるときは、表書きを「御礼」に。「御礼」は、目上、目下にかかわらず使えるので、最も一般的。

水引

赤白の蝶結びの水引を用いる。のしと水引が印刷された略式の祝儀袋でもよい。

餞別

旅行や引越しをする人に贈る

表書き

「御餞別」「一路平安」「すてきな旅を」「おはなむけ」（女性の場合）など

金額

5千～1万円

目下の人へ

先方の都合を伺い、早く持参する

表書き

「寸志（すんし）」「ありがとうございました」など、感謝の言葉を表書きに入れてもよい

金額

5千～1万円

目上の人へ

先方の都合を伺い、持参する

表書き

「松の葉」「花一重」「花一枝」「薄謝」「謝礼」「謹謝」など。謙遜の意味を込める

金額

5千～1万円

少額を包むのに便利なポチ袋

旅先で旅館の仲居さんへ心づけを渡すなど、少額のお礼を入れるのに便利なポチ袋。お年玉を渡すときも使えるので、常備していると便利。

※金額は目安です。

季節の贈り物

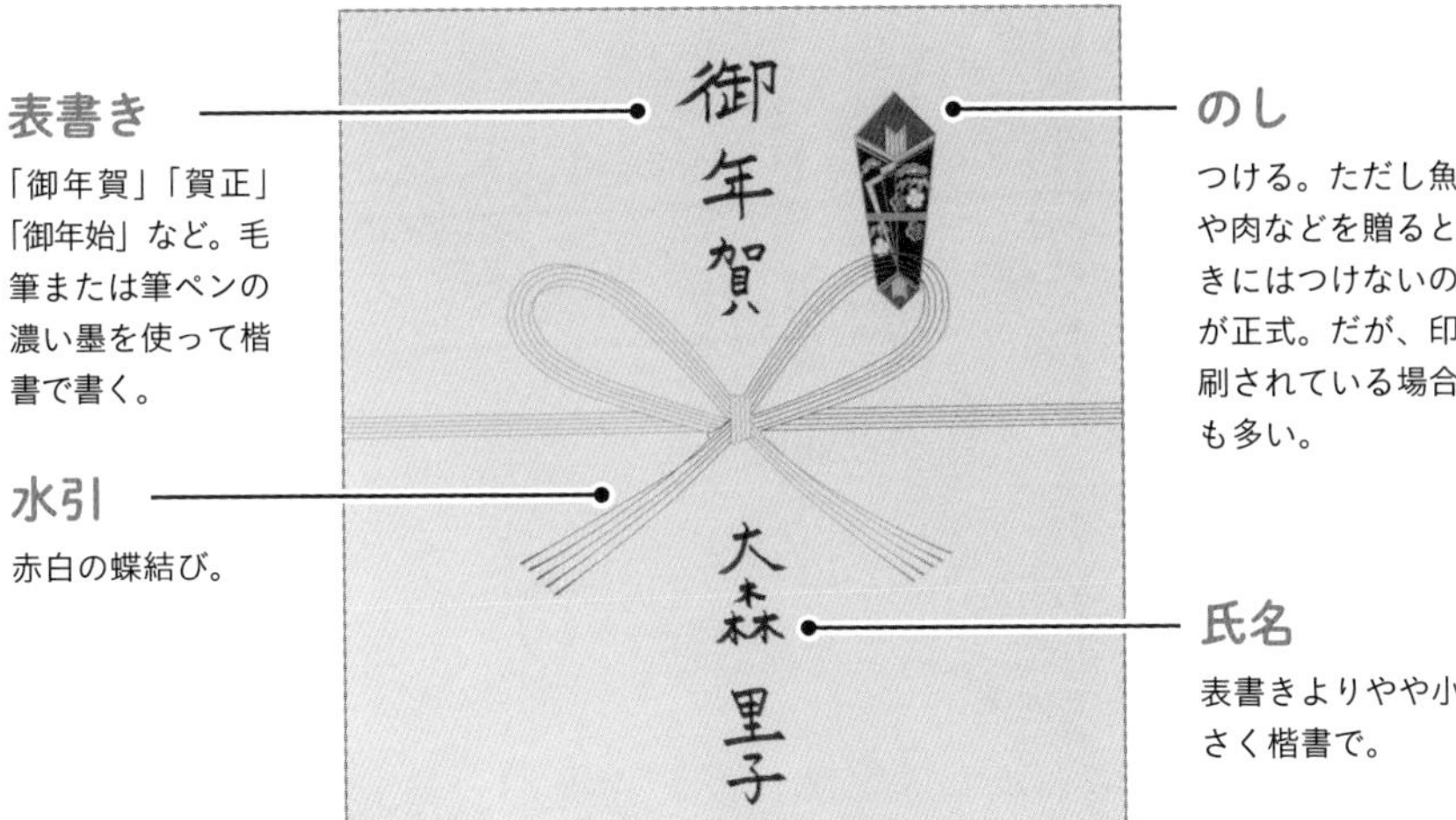

表書き

「御年賀」「賀正」「御年始」など。毛筆または筆ペンの濃い墨を使って楷書で書く。

水引

赤白の蝶結び。

のし

つける。ただし魚や肉などを贈るときにはつけないのが正式。だが、印刷されている場合も多い。

氏名

表書きよりやや小さく楷書で。

お歳暮

表書き

「御歳暮」「お歳暮」「年末の御挨拶」など。時期が遅れた場合は、「御年賀」「寒中御伺」(目上の人へ)など

水引

赤白の蝶結び。のし紙をかけて贈る

金額

3千～5千円

お中元

表書き

「御中元」「感謝をこめて」など。7月15日を過ぎたら「暑中御見舞」「暑中御伺」、立秋を過ぎたら「残暑御見舞」(目上の人には「残暑御伺」)にして贈る

水引

赤白の蝶結び。のし紙をかけて贈る

金額

3千～5千円

お年玉

表書き

「お年玉」と書くが、渡す相手の名前を入れることもある。目上の人へのお年玉の場合は、表書きを「新年御挨拶」「御慶」にする

水引

帯紙が印刷されたポチ袋が一般的。年始のあいさつのときに持参する

金額

千～1万円

お中元やお歳暮のお返しは？

お返しをする必要はありませんが、すぐにお礼状を出すこと。親しい間柄なら、電話やメールでお礼を伝えてもよいでしょう。

お見舞いの表書き

すぐに駆けつけるのではなく、状況が落ち着いてから、相手に確認を取って現金または品物を選びましょう。

病気のお見舞い

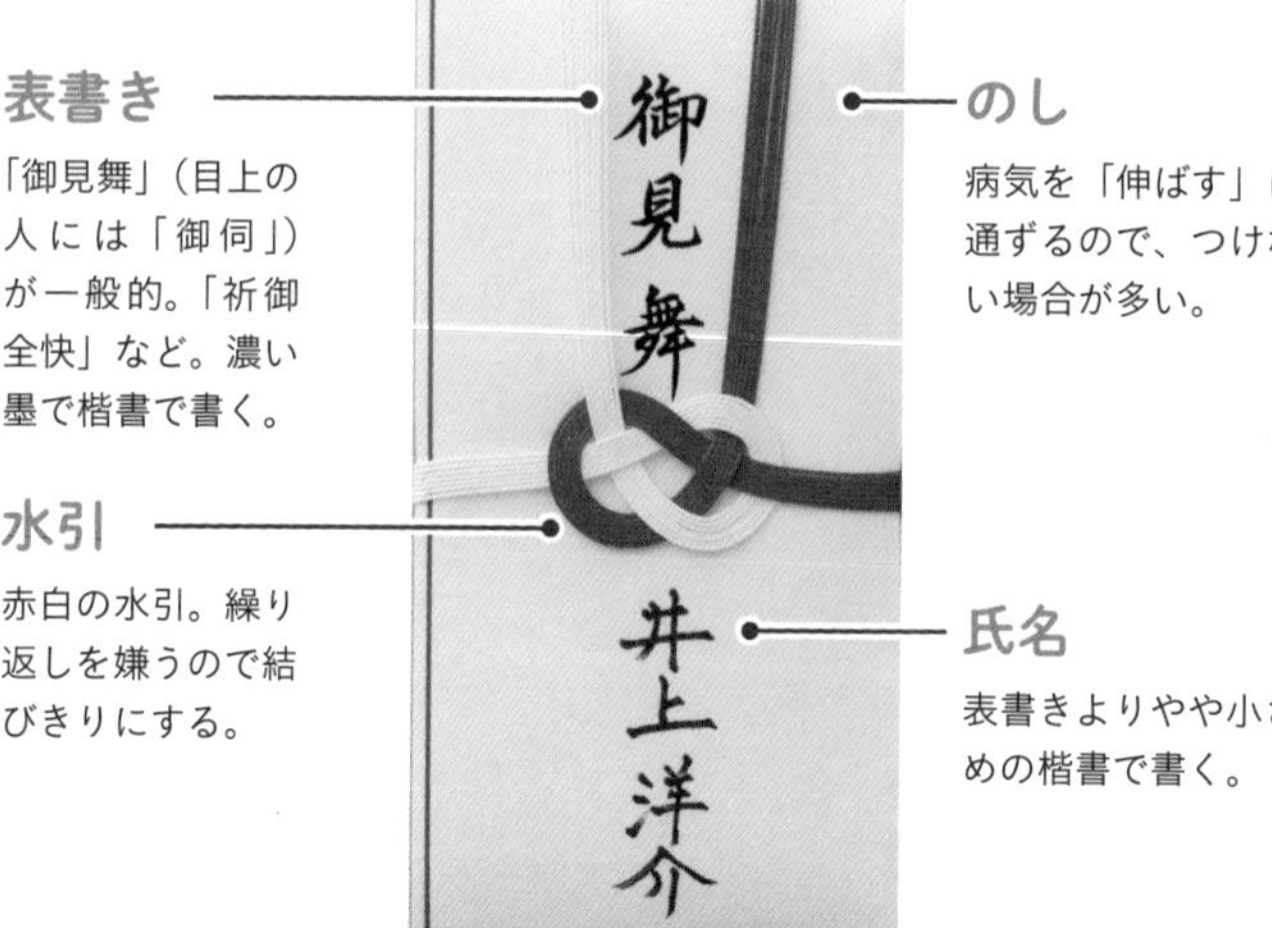

表書き
「御見舞」（目上の人には「御伺」）が一般的。「祈御全快」など。濃い墨で楷書で書く。
水引
赤白の水引。繰り返しを嫌うので結びきりにする。
御見舞
井上洋介
のし
病気を「伸ばす」に通ずるので、つけない場合が多い。
氏名
表書きよりやや小さめの楷書で書く。

御見舞

藤原 一平

水引とのしなしの祝儀袋

左側に赤い線が入った、お見舞い専用の袋。赤白の水引や、のしつきの祝儀袋を使いたくないときに使う。

謝御見舞
石橋裕太

病気見舞いのお返し

表書き

「謝御見舞」「快気内祝」「本復内祝」など。氏名は姓だけでもよい

水引

赤白の結びきり

金額

お見舞いの金額の3分の1から半額程度

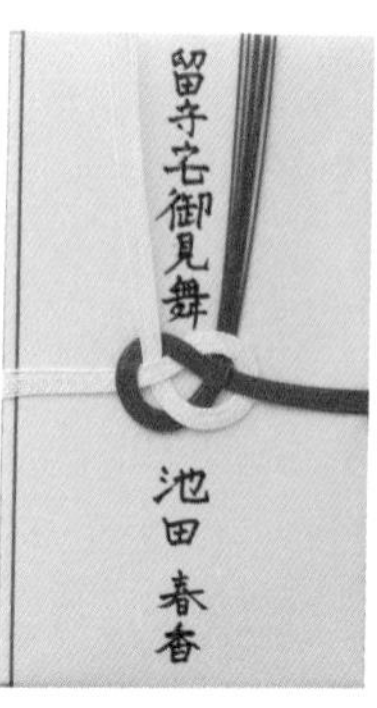

留守宅御見舞
池田春香

病人の家族のお見舞い

表書き

病人の家族を見舞うときは、留守を預かることから「留守宅御見舞」（目上の人には「留守宅御伺」）に

水引

赤白の結びきり

金額

5千～1万円

※金額は目安です。

災害のお見舞い

水害のお見舞い

白の封筒を用い、水引とのしはつけない

表書き

濃い墨の楷書で「水害御見舞」「災害御見舞」「御見舞」など

金額

5千～1万円

水害御見舞　小野佳子

火災のお見舞い

白の封筒を用い、水引とのしはつけない

表書き

濃い墨の楷書で「災害御見舞」「御見舞」など。火災の火元になった場合は「火災御見舞」、近所で家事があった場合は「近火御見舞」、類焼で損害を受けた場合は「類焼御見舞」になる

金額

5千～1万円

災害御見舞　山口和代

地震のお見舞い

白の封筒を用い、水引とのしはつけない

表書き

濃い墨の楷書で「震災御見舞」「災害御見舞」「御見舞」など

金額

5千～1万円

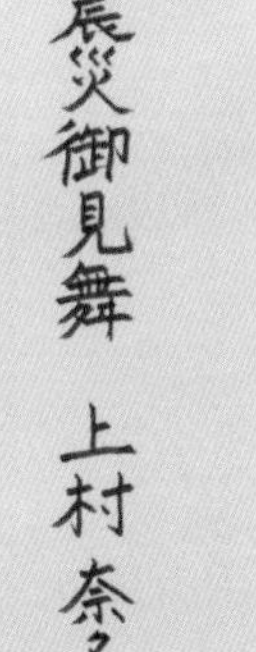

災害見舞いのお礼は？

お礼をする必要はありませんが、状況が落ち着いてきたら電話やメールで近況報告をすると、相手が安心します。

アドバイス　災害のお見舞いは現金が基本

当面の生活費が必要な場合が多いので、現金を贈ると喜ばれます。目上の人に贈る場合は、「当座の費用の足しにお使いください」というひと言を添えて。災害になったことをあとで知った場合でも、現金を贈ってかまいません。金額の目安は５千円～１万円。

相手の状況が落ち着いて連絡が取れたら、日常生活に必要なものを聞いて贈るのもよいでしょう。相手を待たせないよう、できる限り早く贈ることも大切です。

Q&A 表書き

Q 封筒タイプの中包みをよく見ます。この場合、お札の向きはどうなりますか？

A 肖像が印刷されているほうが、お札の表面です。慶事の場合は、お札の表面が中包みの表側にくるようにし、肖像を上にして入れます。弔事の場合も、お札の表面が表側にくるようにします。

お年玉などを入れるポチ袋の場合は、広げたときにお札の表面が見えるように表面を内側にして左・右の順に三つ折りにし、ポチ袋の表側を上にして入れます。

Q 目上の人からいただいた「寸志（すんし）」。もらった側も「寸志」と言っていいのですか？

A ちょっとしたお礼や心づけを送るときに使う「寸志」は、かなりへりくだった表現です。目上の人に送る場合には避けましょう。代わりに「御礼」「松の葉」を使います。

上司から「寸志」をいただき、そのことにスピーチなどで触れる場合は、親切な心づかいや思いやりを意味する「ご芳志（ほうし）」「ご厚志（こうし）」と必ず言い換えます。

Q 「のし紙」と「かけ紙」はどう違うのですか？「内のし」と「外のし」の違いは？

A 「のし紙」は、水引とのしがあらかじめ印刷してある奉書紙のことで、主に慶事に用いられます。のしなしで水引のみ印刷された「かけ紙」は、弔事やお見舞いの場合に使われます。

「内のし」は、贈答品に直接のし紙をかけ、その上から包装する方式。「外のし」は、包装した上からのし紙をかける方式です。

季節の行事

日本では古くから季節の移ろいとともに、さまざまな行事が行われてきました。それは、季節ならではの風情を味わい、ときには家族の絆を深めてくれる、大切な節目でもあります。それぞれの行事に込められた思いや決まりごとを紹介します。

季節の行事と二十四節気

旧暦で用いられた二十四節気や雑節は、季節の目安や年中行事として、日々の生活に根づいています。

季節の節目を表す二十四節気

基本

現在の暦は明治6年に採用されたものです。それ以前の日本では長い間、〝月日〟を月の満ち欠けをひと月とする太陰暦で、〝季節〟を太陽の動きを基にした太陽暦で示す旧暦を用いてきました。旧暦には、四季に加えて、1年を24等分した二十四節気、72等分した七十二候があり、季節の変化をこまやかに表すことで農作業などの目安としていました。

このうち二十四節気は、現在でも季節の節目としてよく用いられるので、ぜひ覚えておきましょう。

二十四節気の目安

1月

小寒（しょうかん）／1月6日頃
本格的に寒くなる少し手前。小寒は「寒の入り」ともいわれ、立春までの約1カ月が「寒の内」です。

大寒（だいかん）／1月20日頃
二十四節気最後の節で、一年でもっとも寒い時期。一方で少しずつ日が長くなり、春に近づきます。

2月

立春（りっしゅん）／2月4日頃
しだいに春めいてくる頃。二十四節気最初の節で、八十八夜や二百十日などは立春から数えます。

雨水（うすい）／2月19日頃
まだ雪は残るものの、氷は解け、雨が雪に変わる頃で、農耕の準備を始める目安となります。

3月

啓蟄（けいちつ）／3月6日頃
冬眠していた虫たちが、春の気配を感じて地表に現れ始める頃。日ごとに陽気がよくなります。

春分（しゅんぶん）／3月21日頃
昼夜が同じ長さになる日です。春分を境に、本格的な春が訪れます。

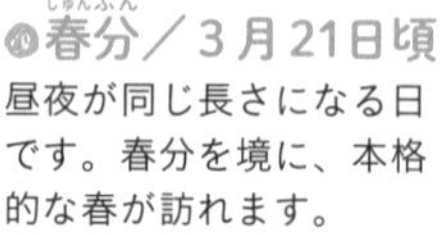

4月

清明（せいめい）／4月5日頃
花が咲き、蝶が飛び、鳥がさえずる頃。すべてのものが生き生きとする季節の訪れを表しています。

穀雨（こくう）／4月20日頃
穀物を潤す春の雨が降る頃。降雨の終わりには茶摘みや種まきの目安となる八十八夜が訪れます。

5月

立夏（りっか）／5月6日頃
草木がぐんぐん成長し、夏の気配が漂い始めます。子どもの成長を祝う端午の節句もこの頃。

小満（しょうまん）／5月21日頃
日に日に暖かく、いのちが満ちていく頃。秋にまいた麦に穂がつき、梅の実が膨らみ始めます。

6月

芒種（ぼうしゅ）／6月6日頃
日差しが十分に暖かくなる頃で、昔から稲や麦など、穂の出る作物の種をまく目安とされています。

夏至（げし）／6月22日頃
一年で最も日が長くなる頃。以降、日に日に暑くなります。

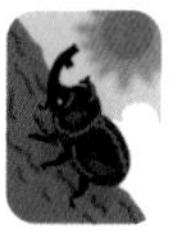

年中行事としての五節句と雑節

基本 旧暦には、二十四節気・七十二候のほかにも、季節の節目を表す五節句と雑節があります。

五節句は、もともとは邪気を払うための儀式でした。雑節は農作業の目安として、より正確な季節の変化を知るために用いられていました。現在ではどちらも年中行事として親しまれています。

五節句

- 人日（じんじつ）の節句（1月7日）・上巳（じょうし）の節句（3月3日）・端午（たんご）の節句（5月5日）・七夕（しちせき）の節句（7月7日）・重陽（ちょうよう）の節句（9月9日）

雑節

- 節分・八十八夜・入梅・半夏生・二百十日・土用・彼岸

7月

小暑（しょうしょ）／7月7日頃
梅雨が明けて本格的な夏を迎える頃で、日差しが強くなります。暑中見舞いを出し始める時期。

大暑（たいしょ）／7月23日頃
1年で最も暑い時期。花火や風鈴、土用のうなぎなどの夏の風物詩が、暑さを和らげてくれます。

8月

立秋（りっしゅう）／8月8日頃
暑さの中にも、ほんの少し秋の気配が垣間見える頃。暑中見舞いは立秋の前日までに出します。

処暑（しょしょ）／8月23日頃
暑さが少しずつ和らぎ始め、明け方や夕方などに秋の気配を感じます。作物の収穫も間近に。

9月

白露（はくろ）／9月8日頃
朝夕に大気が冷えて、草木に露がつく頃。ようやく残暑も終わり、本格的な秋が始まります。

秋分（しゅうぶん）／9月23日頃
秋のお彼岸の中日。昼と夜の長さが同じになり、以降は夜長に。

10月

寒露（かんろ）／10月8日頃
空気に寒さが混ざり始めて、草露が冷たく感じられる頃。空気が澄んで空が高く見えます。

霜降（そうこう）／10月24日頃
秋が終わる頃。朝方や夕方などはぐっと冷え込むようになり、山では霜が降り始めます。

11月

立冬（りっとう）／11月8日頃
山里に冬の寒さが忍び寄る頃。日はいよいよ短くなり、木々は葉を落として寒々と見えます。

小雪（しょうせつ）／11月22日頃
本格的な寒さはまだ訪れないものの、少しずつ冷え込みが厳しくなり、北国や山の頂に雪が降り始めます。

12月

大雪（たいせつ）／12月7日頃
北風が吹いて寒さが厳しくなり始める頃。山々に降る雪もだんだんと多くなります。

冬至（とうじ）／12月22日頃
一年で一番昼が短い日。かぼちゃを食べる、ゆず湯に入るなどの習慣も。

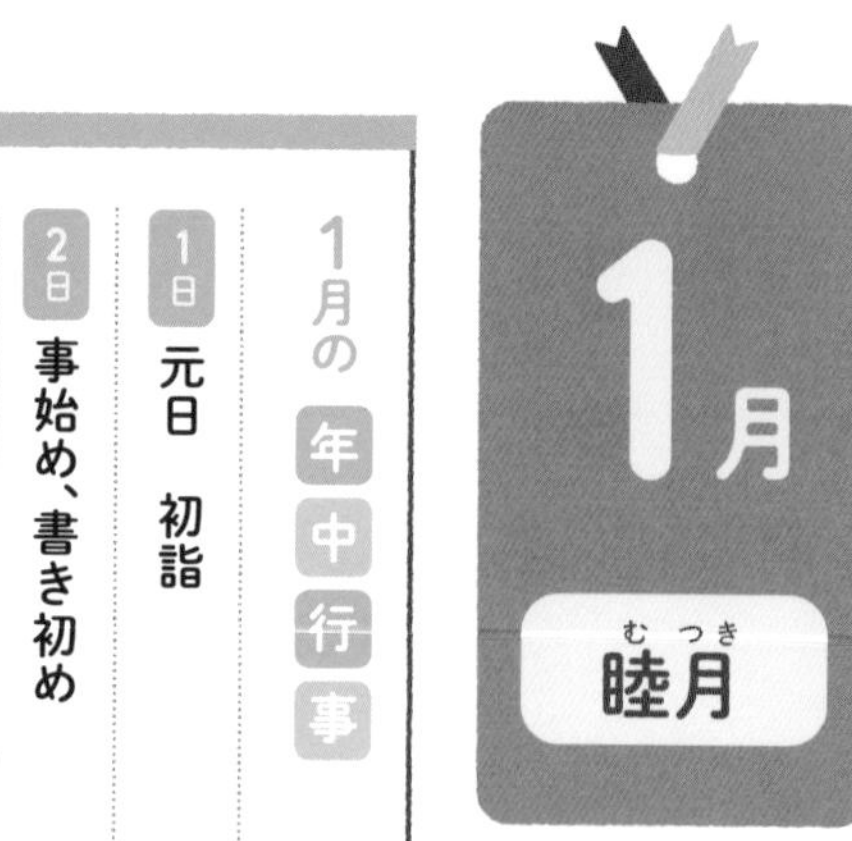

睦月の睦むには、一年の始まりを祝うお正月に、親族一同が集まり、親しみを深めるという意味が込められています。

1月の年中行事

- 1日 元日　初詣
- 2日 事始め、書き初め
- 6日 小寒（しょうかん）
- 7日 七草
- 11日 鏡開き
- 第2月曜日 成人の日
- 15日 小正月
- 20日 二十日正月
- 20日頃 大寒（だいかん）

お正月

新しい年になると、年神様が家々を訪れ、一年の健康や幸福を授けるという言い伝えがあります。お飾りや鏡餅などのお正月特有の風習はすべて、年神様を迎えるための儀式として行われてきたものです。

● お飾り

12月26日以降に飾りつけますが、二重苦を連想させる29日、一夜飾りといわれて縁起の悪い31日は避け、松の内（関東では1月7日、関西では15日）まで飾ります。

門松：年神様が訪れるときの目印。左右一対にし、玄関や門に飾ります。

服装マナー　一年の始まりは少しあらたまった装いで

元旦は一年の幸せを願う特別な日。少しあらたまった装いをして、おせちをいただいたり、初詣に出かけたりしましょう。普段の服装にコサージュやブローチ、スカーフなどの小物をプラスするだけでも華やかな印象になりますし、着物なら訪問着や色無地がよいでしょう。

OK

普段着とは違う特別感のある装いをすると、身も引き締まるはず。

NG

ジャージや着古した部屋着など、だらしのない服装は避けましょう。

しめ飾り：玄関の軒下に飾る、しめ縄の飾り。神をまつる神聖な場所であることを示します。

鏡餅：年神様へのお供え物。床の間に飾るのが正式。1月11日の鏡開きで、おしるこなどにしていただきます。

床飾り：床の間がある場合は、正面の壁に縁起のよい初日の出や富士山が描かれた掛け軸などの掛けものを、中央に鏡餅、左側に屠蘇器など、右側に生花を飾ります。

●おせち料理

もともとは年神様に供えた料理のこと。家族そろっていただくことで幸福を願います。また、年神様を迎えている間は、煮炊きを慎むという意味もあります。黒豆は無病息災、数の子は子孫繁栄など、縁起のよい意味が込められた料理をいただきます。

正式には四段重ねの重箱につめますが、最近では三段重ねが一般的。一の重には口取り（昆布巻き、紅白かまぼこ、伊達巻、栗きんとん）と祝い肴（数の子、田作り、黒豆）、二の重には焼き物（鯛、ぶり、エビ）と酢の物（紅白なます）、三の重には煮物（八つ頭、里芋、蓮根など）をつめます。

●お屠蘇

日本酒やみりんに山椒や肉桂などの薬草を配合した屠蘇散をひと晩浸して作る薬草酒が本来のお屠蘇。無病息災の願いを込めて元日の朝にいただきます。新年のあいさつが済んだら、年少者から口をつけるのが習わしです。

●お雑煮

地域によって出汁や具の種類、餅の形が異なります。一説には、大みそかに年神様にお供えした料理を元旦に下ろし、ひとつの鍋で煮て食べたのが始まりといわれています。

正月のお飾り

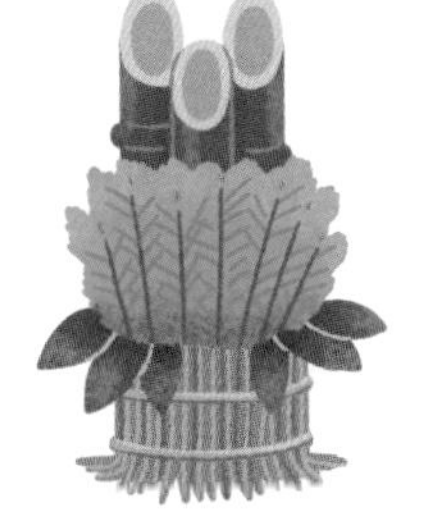

【門松】

三本の竹を松で囲み、縄で結んだものが基本。門や玄関の左側に雄松、右側に雌松を飾る。

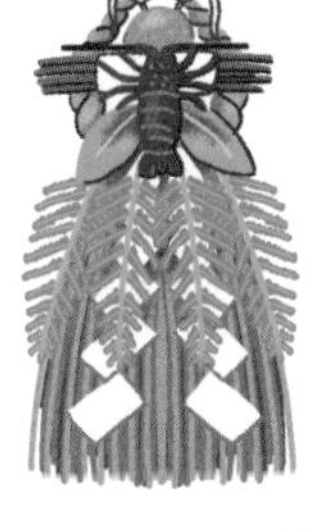

【しめ飾り】

玄関には、だいだい、末広、ゆずり葉、昆布などの縁起物をあしらった、豪華な「玉飾り」を。

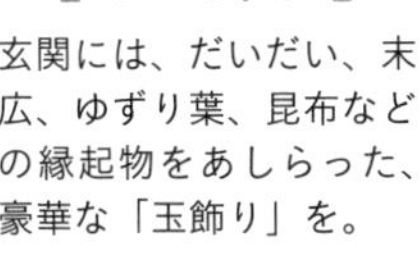

【鏡餅】

三方の上に奉書紙（半紙）とうらじろ（シダ科の植物）を敷き、餅を重ね、だいだいや昆布をのせる。

初詣

一年の無事を祈る初詣。昔は大みそかの夜から元旦にかけて神社にお参りするのが習慣でしたが、現在では1月7日の松の内までにお参りするのが一般的です。

参拝をするときは、まず左手、右手の順に手水を使って水をかけて清め、左手で受けた水で口をすすぎます。そして、さい銭を入れ、鈴を鳴らします。鈴は右手で綱を持って振りましょう。最後に、二礼二拍手一礼をしてお祈りをします。

七草

1月7日の朝に春の七草と呼ばれる野菜を一緒に炊いたお粥を食べ、一年の無病息災を願います。

七草はせり、なずな、ごぎょう、はこべら、ほとけのざ、すずな（かぶ）、すずしろ（大根）。七草がすべてそろわないときは、季節の野菜で代用してかまいません。消化がよいお粥で、お正月のごちそうで疲れた胃腸をいたわりましょう。

鏡開き

お供えしていた鏡餅は1月11日に下げます。縁起をかついで、切腹を連想させる刃物で「切る」のではなく、木槌や手で「開く」ようにしましょう。鏡餅は一年の健康をもたらす縁起のよいものなので、おしるこやお雑煮などにし、残さずいただきましょう。

小正月

旧暦の正月にあたる1月15日は「小正月」と呼ばれ、開いた鏡餅を小豆粥にし、無病息災を願いながらいただくのが習わしです。神社では正月飾りや書き初めを焼く「どんと焼き」が行われ、その火で餅を焼いて食べると健康をもたらすといわれています。

年始まわり

仲人などのお世話になっている人の自宅や仕事の取引先を訪問し、新年のあいさつをする年始まわり。元旦は避け、必ず相手の都合を確認してから訪れるようにしましょう。

現在では簡単に済ませるのが主流で、家に上がるようにすすめられても、丁寧に断り、玄関先であいさつを済ませましょう。

成人の日

奈良時代から行われていた、男子の成年を祝う「元服」に由来しています。小正月に行われていたので、1月15日が成人の日となりましたが、2000年からは第2月曜日に改定されました。2022年4月1日から、成人年齢が20歳から18歳となり、自治体ごとに対象年齢を決めて記念式典が行われます。

2月の年中行事

- 3日頃 節分、豆まき
- 4日頃 立春
- 6日頃 初午
- 8日 針供養（事はじめ）
- 11日 建国記念日
- 14日 バレンタインデー
- 15日 雨水
- 23日 天皇誕生日

如月の由来には諸説あり、寒さが厳しくなる時期なので、さらに衣を重ねて着る「衣更着」となったともいわれています。

節分

立春の前日を節分といいますが、以前は立春、立夏、立秋、立冬の前日を節分と表現していました。

季節の変わりめに起こりやすい病気や災害を追い払い、福を招き入れる「豆まき」を行います。家中の窓や戸を開け放ち、「鬼は外」と言いながら外に向かって2回、「福は内」と言いながら家の中に向かって2回豆を投げます。まき終わったら、自分の年の数もしくはそれよりひとつ多く豆を食べ、一年の健康を願います。ヒイラギの枝にいわしの頭を刺したものを軒先につるし、魔除けにする場合もあります。

針供養

折れたりして使えない針を仏前に供え、仕事道具の針に感謝し、裁縫の上達を祈る行事。12月8日（事納め）にも行われることがあります。

バレンタインデー

3世紀のローマ時代、恋愛を禁止されていた兵士たちは、バレンチヌス司教の元で密かに結婚式を挙げていました。ところが、皇帝の怒りを買った司教は2月14日に処刑されてしまいます。のちに司教の命日は「愛の日」とされ、司教へ感謝を捧げるようになったのが、バレンタインデーの始まりだといわれています。

女性から男性にチョコレートを贈るのは、日本独自の習慣。海外では、男女問わずプレゼントを贈り合います。

3月 弥生(やよい)

弥生には、草木がますます生い茂るという意味があります。夢見月(ゆめみづき)という異名で呼ばれることもあります。

3月の年中行事

- 3日 ひなまつり
- 5日頃 啓蟄(けいちつ)
- 13日 お水とり
- 14日 ホワイトデー
- 18日 お彼岸入り
- 21日 彼岸の中日
- 21日頃 春分の日
- 24日 お彼岸明け

ひなまつり

女の子の健やかな成長と幸せを願う桃の節句。ひな人形を飾り、ちらし寿司やはまぐりのお吸い物など、ひなまつりにちなんだ料理で祝います。祖父母、親類、友人を招待する場合もあります。

●ひな人形

ひな人形には、桃の花、白酒、ひなあられなどを供えます。七段飾りが一般的ですが、親王飾りのみのコンパクトなひな人形を飾ることもあります。

飾る時期は、3月3日の1週間から2週間前の吉日とされています。ひなまつりの前日に飾るのは「一夜飾り」といわれ、縁起が悪いので避けましょう。片づけはひなまつりの翌日に行います。はたきなどで軽くほこりを払い、人形と小物類を別にして、やわらかい紙に包んでしまいましょう。

服装マナー　卒業式と入学式は装いを変えて

卒業式は学業を終えたことを祝う場なので、男性はスーツにカフスやチーフを合わせたり、女性はパステルカラーのスーツなど、少し華やかな装いで出席しましょう。入学式は厳粛な場なので、男女共に華美な服装は避けます。

入社式はリクルートスーツに、男性は上質なネクタイを、女性は華やかなブラウスなどを合わせるとよいです。

【卒業式】

男性は小物で華やかさを、女性はパステルカラーで上品に。

【入学式】

男女共に濃紺やグレーなどの、落ち着いた印象のデザインを。

【入社式】

男性はネクタイ、女性はブラウスで、個性を演出してもOK。

ひな人形の飾り方（七段飾り）

最上段 親王びな

左に男びな、右に女びなを置く（関西では逆）。奥に屏風を広げ、ぼんぼりは両脇、お神酒は中央。

二段目 三人官女

向かって左から、加えの銚子持ち、三方持ち、長柄の銚子持ちの順に置く。高坏は官女の間に。

三段目 五人囃子

向かって左から、太鼓、大鼓、小鼓、笛、謡の順に置く。

四段目 随身（護衛役）

向かって左側に右大臣、右側に左大臣を置く。菱台は中央に。

五段目 仕丁（雑用係）

向かって左から、台笠持ち、沓台持ち、立傘持ちの順に置く。右近の橘を左端、左近の桜を右端に。

六段目 嫁入り道具❶

向かって左から、箪笥、鋏箱、長持、鏡台、針箱、火鉢、衣裳袋、茶道具の順に置く。

七段目 嫁入り道具❷

向かって左から、御駕籠、重箱、御所車を置く。

※飾り方は地域によって異なります。

春のお彼岸

昼夜の長さが同じになり、極楽浄土の方角とされる真西に太陽が沈む春分の日は、仏の住む世界と現世が交流できる日とされています。春分の日の前後3日間をお彼岸と呼び、祖先の霊を供養します。

彼岸入りの前日に仏壇を掃除し、お彼岸の期間中にはお墓参りに行きましょう。お墓を掃除し、故人の好物やぼた餅を供えます。

ホワイトデー

日本独自のイベントで、バレンタインデーに女性からプレゼントを受け取った男性が、女性にお返しをする日です。お返しの品は、キャンディなどのお菓子や、アクセサリーなどが主流です。

4月

卯月(うづき)

うつぎの花が咲く季節なので、卯月といわれるようになったという説が一般的。夏初月(なつはづき)や花残月(はなのこりつき)という異名もあります。

4月の年中行事
1日 エイプリルフール
5日頃 清明(せいめい)
8日 花祭り
13日 十三参り(じゅうさんまいり)
中旬頃 イースター(復活祭)
20日頃 穀雨(こくう)
29日 昭和の日
入学式

エイプリルフール

4月1日の午前中に「罪のないうそをついて人をかつぐ」という、欧米発祥の風習。日本には大正時代に伝えられ、現代では新聞やテレビがうそのニュースを流すこともあります。

由来には諸説あり、キリストの命日にユダの裏切りを忘れないようにするためという説が主流です。そのほか、16世紀のフランスで、グレゴリオ暦の採用に伴い、新年が4月1日から1月1日に変更することになり、そのことに反発した市民が、4月1日にうその新年を祝うようになった、という説もあります。

服装マナー　花粉症予防のマスクはどうする？

初対面の人にあいさつするときはマスクを取り、「花粉症なものですから、マスクを失礼いたします」と述べてからマスクをつけます。
葬儀に列席する場合、お焼香以外はつけていても失礼にはあたりません。
いずれの場合も、感染症の流行時などは、マスクをしたままのほうが相手や関係者への配慮になります。

OK
お焼香は故人との最後のお別れなので、本来はマスクを取る。

NG
マスクをつけたままのあいさつは、本来失礼にあたる。

花祭り

仏教の開祖である釈迦の誕生日を祝う仏事。各地のお寺では「潅仏会（かんぶつえ）」あるいは「仏生会（ぶっしょうえ）」が行われ、広く一般的には「花祭り」と呼ばれています（地域によっては、5月に行われる場合もあります）。

潅仏会では、中央に釈迦誕生仏像が安置されている御堂を花で飾り、参拝者は釈迦誕生仏像に甘茶（あまちゃ）をかけてお祝いをします。花の下で生まれて、9頭の竜が天から降らせた香湯を産湯に使ったという釈迦にまつわる伝説にちなんでいます。

十三参り

数え年で13歳になる男女が、知恵の菩薩といわれる虚空蔵菩薩（こくうぞうぼさつ）にお参りし、心身ともに健やかに成長したことに感謝し、知恵や福徳を授けてもらうという、江戸時代から続く慣習。13歳（満12歳）は子どもの厄年にあたるため、厄除けの意味も込められています。

参拝をするときには、知や美など、自分が授かりたいものを象徴する漢字1文字を半紙に書いて供えます。

とくに関西地方でさかんに行われ、女の子は華やかな晴れ着を着ることも。虚空蔵菩薩を本尊とする京都嵐山の法輪寺が有名です。

イースター

十字架にかけられたイエス・キリストの復活を祝う、キリスト教最大のお祭り。春分の日のあとの、満月直後の日曜日に祝うため、その年によって日付が異なります。

イースターには、子どもたちが生命の象徴である卵に色や絵をつけてイースター・エッグを作ります。また、イースター・エッグを隠して探すというエッグハンティングという遊びをすることもあります。

昭和の日

4月29日は、以前は昭和天皇の誕生日を祝う祝日でしたが、1989年に現在の上皇が天皇に即位した際に「みどりの日」と名称を変更し、新たな祝日に制定されました。さらに2007年からは、三連休になるように「みどりの日」を5月4日に移動し、4月29日は「昭和の日」と呼ばれるようになりました。

田植えが盛んな時期で、早苗を植えることから「早苗月」と呼ばれていましたが、「さつき」と略されるようになりました。

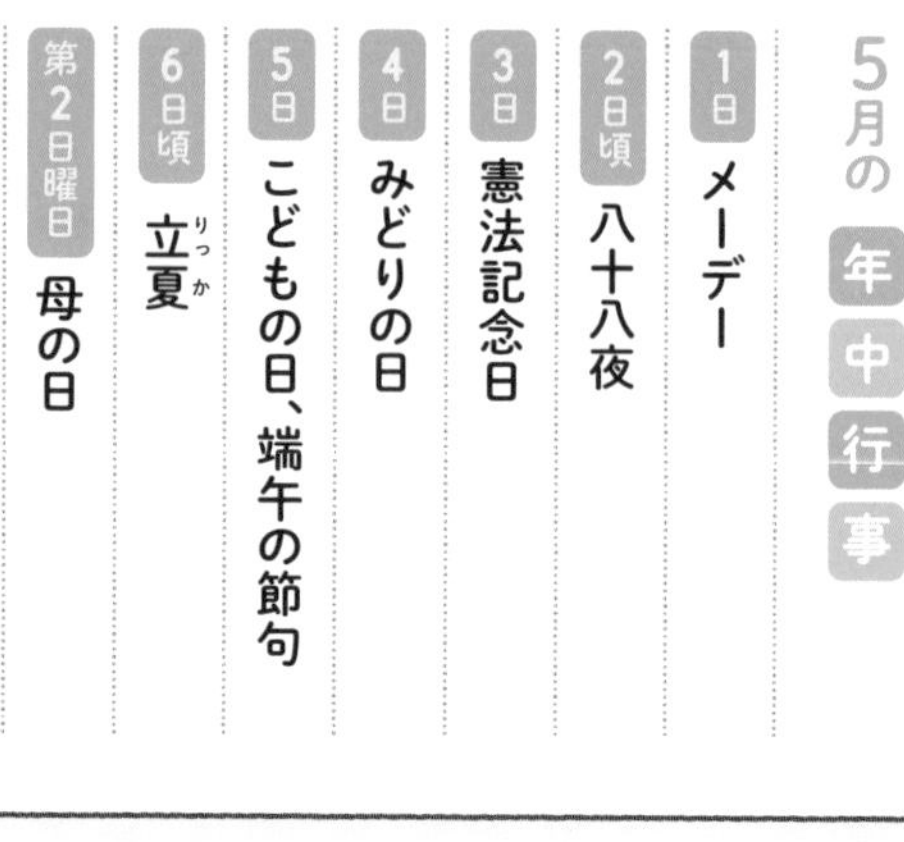

5月の年中行事

1日	メーデー
2日頃	八十八夜
3日	憲法記念日
4日	みどりの日
5日	こどもの日、端午の節句
6日頃	立夏
第2日曜日	母の日
15日	葵祭
中旬頃	三社祭
21日頃	小満

八十八夜

立春から数えて88日めにあたる八十八夜。気候がよくなり、米や野菜を育てるのにちょうどよい時期に入ります。また、やわらかく質が高い茶葉が採れる時期でもあり、八十八夜に摘み取られた茶葉は、末広がりの「八」が重なる縁起物とされています。

端午の節句

季節の変わり目である五節句のひとつで、菖蒲で邪気を払うなど、さまざまな厄除けの行事が行われていました。鎌倉時代に入ると、「菖蒲」と「尚武（武道を重んじること）」をかけて、男の子の節句として祝われるようになりました。

現在では「こどもの日」として、男女問わず子どもの健やかな成長を願います。男の子のいる家庭では、こいのぼりを立て、五月人形を飾るのが一般的です。

● 菖蒲湯

端午の節句には、子どもの無病息災を願って、菖蒲湯で沐浴をするのが昔からの風習です。さわやかな香りのする菖蒲は効能にも優れ、抗菌作用があるため風邪予防にもなり、血行を促進して疲労回復を促したり、腰痛や神経痛を和らげたりする働きもあります。

● 五月人形

江戸時代に、武家が鎧兜の人形を飾ったのが、始まりとされています。鎧兜は命を守る象徴でもあり、男の子を事故や災害から守るという意味も込められています。
一夜飾りは避け、4月半ばまでの大安や友引に飾りましょう。片づけは端午の節句後の、天気のよい日を選んで。男の子のお守りとして、一年を通して飾っておいてもかまいません。三段飾りが基本ですが、家のスペースの関係で、コンパクトな平飾りが人気です。

●こいのぼり

滝をのぼる鯉のように、たくましく育つようにとの願いが込められたこいのぼりは、江戸時代の庶民の間で広まりました。上から順に、矢車(やぐるま)、吹き流し、真鯉(まごい)(黒)、緋鯉(ひごい)(赤)、子鯉(こごい)(青など)を飾ります。

●柏餅とちまき

端午の節句の祝い菓子。新芽が出てから古い葉が落ちる柏は家系が途絶えない縁起のよい木とされ、子孫繁栄を願いながら柏餅を食べるのが習わしです。関西地方では、笹や竹の皮でもち米などを巻いたちまきを食べるのが一般的です。

母の日

日頃の感謝の気持ちを込めて、母親に赤いカーネーションやプレゼントを贈ります。アメリカ人女性が母親の命日に白いカーネーションを飾ったのが始まりとされています。

五月人形の飾り方(三段飾りの一例)

上段
中央に鎧や兜、脇に弓や太刀。

中段
向かって左から、陣笠、太鼓、軍扇(ぐんせん)。

下段
ちまき、菖蒲酒、柏餅、両脇に吹き流しとこいのぼり。

6月 水無月（みなづき）

農作業をすべて終えた月という意味の「みなしつく月」が略され「みなづき」になったという説や、暑さで水が無いといういわれも。

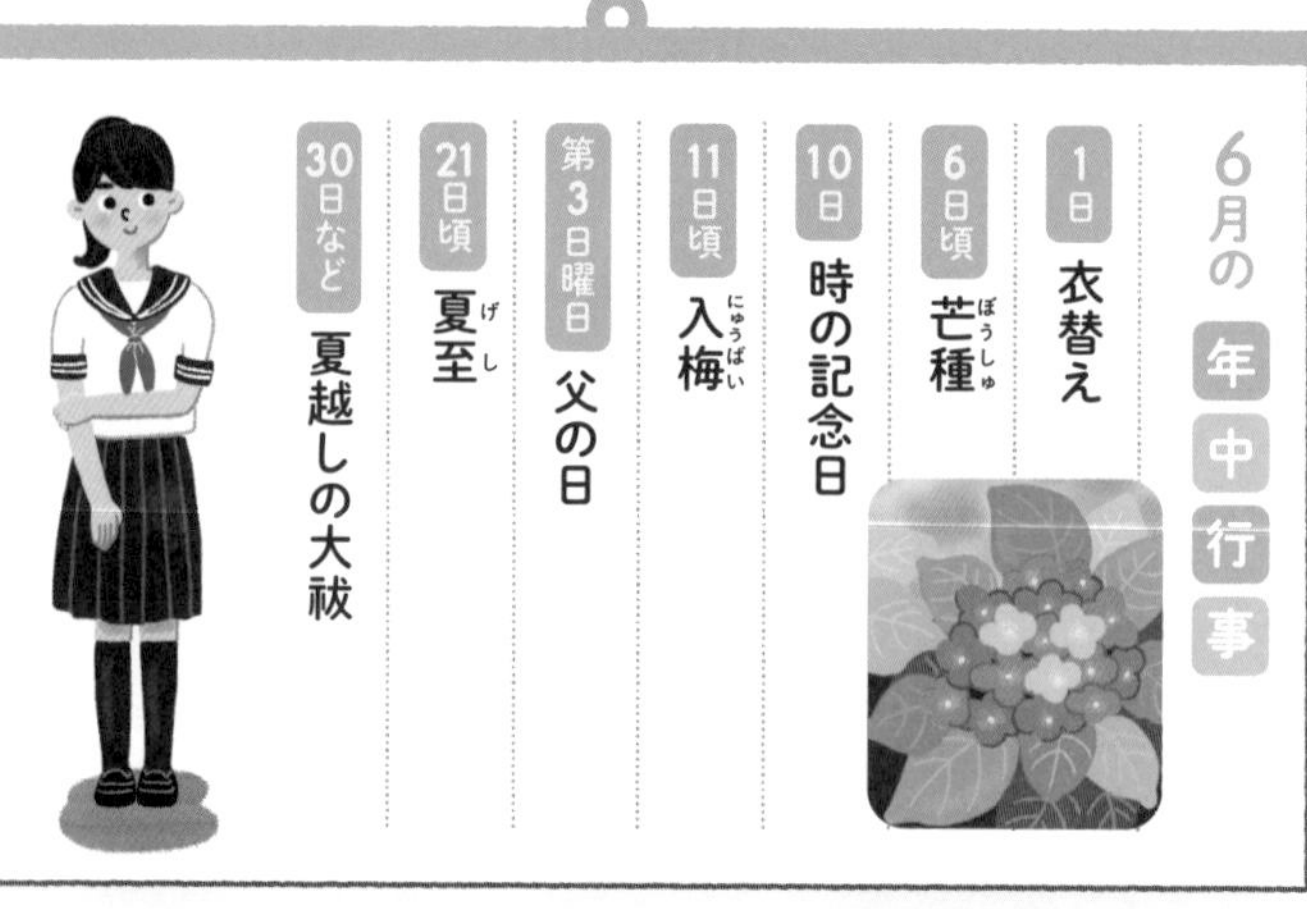

6月の年中行事

- 1日　衣替え
- 6日頃　芒種（ぼうしゅ）
- 10日　時の記念日
- 11日頃　入梅（にゅうばい）
- 第3日曜日　父の日
- 21日頃　夏至（げし）
- 30日など　夏越しの大祓

衣替え

学校や会社の制服は、6月1日に夏服に切り替わり、10月1日に冬服に切り替わります。衣替えの始まりは平安時代。中国の風習にちなんで、宮中では旧暦の4月1日に綿入りの着物から綿を抜く「綿貫」を、10月1日に再び綿を入れる「更衣」を行うようになりました。衣替えの風習が庶民に広まったのは江戸時代になってからです。

最近では冷房にかかる電気を節約するため、軽装で出社するクールビズが多くの官公庁や企業で導入されています。クールビズは5月1日から行われることもあります。

服装マナー　冠婚葬祭でのレインシューズはどうする？

梅雨時期に活躍するレインシューズ。ただし、そのままお祝いの席やお悔やみの席に出るのは失礼にあたるので、現地に着いたら靴を履き替えましょう。お悔やみの場合は黒い袋など、脱いだレインシューズを入れておく袋を持参するとスマートです。
黒のレインシューズなら、デザインによってはフォーマルにも使えます。その際は、パンツスーツに合わせるのがよいでしょう。

OK

ローファーやパンプスタイプのレインシューズならフォーマルな場面でも使えて便利。

入梅

立春から135日めにあたる6月11日頃を入梅といい、入梅から30日間が梅雨の時期になります。ただし、実際の梅雨入りや梅雨明けの時期とは異なります。

一説では、ちょうど梅の実が熟す季節に雨が降ることから「梅雨」と呼ばれるようになったといわれています。また、湿気が高くカビが生えやすい時期であることから「黴雨」と書くこともあります。

父の日

20世紀初頭、アメリカ・ワシントン州に住む女性が、母の日と同じように父親にも感謝する日を設けることを提唱したのが、父の日の始まりです。日本には1950年頃に伝わりました。

アメリカでは父の日にバラを贈るのが風習ですが、日本ではネクタイや小物などの実用品を贈ることのほうが一般的です。

夏至

二十四節気のひとつです。太陽が最も北にくるため、北半球では一年の中で最も昼が長くなります。夏至を過ぎると、本格的な夏が始まるとされています。

一年の中で最も昼が短くなる冬至にはかぼちゃを食べたり、ゆず湯に入るという慣習がありますが、夏至の場合は地方によって異なります。関西地方では、八本足のタコのように稲が深く根を張ることを祈願して、タコを食べる慣習があります。

夏越しの大祓(おおはらえ)

大祓とは、知らず知らずに犯してしまう罪やけがれを取り除くために、6月と12月の末日に各地の神社で行われる、奈良時代から始められた厄除けのことです。

6月の祓では、鋭利な葉を持つ茅(ちがや)で作った輪をくぐり、心身のけがれを落とす「茅の輪くぐり」という神事が行われます。その際、紙を人の形に切り抜いた「人形(ひとがた)」に名前と年齢を書き、その人形で体をなでてから息を吹きかけ、海や川などに流すことで、身を清めます。

7月 文月（ふづき）

詩や歌などの文を笹に飾って七夕様をまつるという七夕の風習から「文月」と呼ばれるようになったという説もあります。

7月の年中行事

- 1日　山開き・海開き
- 2日頃　半夏生（はんげしょう）
- 7日　七夕
- 7日頃　小暑（しょうしょ）
- 15日〜　中元
- 17日　祇園祭
- 第3月曜日　海の日
- 20日頃　土用
- 20日頃〜立秋の前　暑中見舞い
- 23日頃　大暑（たいしょ）

山開き・海開き

かつて登山は神聖な行事だったため、一般庶民が自由に山を登ることは禁じられていました。しかし、夏になると「山開き」という神事を行い、夏の一定期間だけは登山を解禁していました。

その風習が現在にも伝えられ、夏休み前の7月1日に、行楽中の無事を願い、安全を祈願するために、各地の山で山開きが行われています。

また、山開きにならい、海や川でも、「海開き」「川開き」が行われるようになりました。

服装マナー　真夏のフォーマルは露出を控えて

お祝いの席の正装は昼と夜で異なり、昼は肌の露出を控えるのがルール。とくに女性はノースリーブや素足で列席するのはＮＧです。また、お悔やみの席では、男性はスーツですが、女性は七分袖なら大丈夫です。

OK

喪服は、男性はスーツが基本。女性は長袖か七分袖のワンピース。

NG

昼のパーティーでは、ノーネクタイのラフな服装や、露出度の高いドレスは、失礼にあたる。

七夕

五節句のひとつである七夕は中国の星伝説に由来しています。天帝の娘、織女（しょくじょ）（織姫）は卓越した機織りの技を持っていましたが、天の川の向こうにいる牽牛（けんぎゅう）（彦星）と恋に落ち、機織りをやめてしまいました。しかし二人は天帝の怒りを買い、7月7日の夜だけ会うことを許されたのです。

この伝説から、古代中国の宮廷では7月7日に女性の裁縫や手芸の上達を願って牽牛星と織女星を祀る「乞巧奠（きこうでん）」という行事を行うようになりました。日本に伝わった時期は定かではありませんが、『万葉集』には牽牛星と織女星の伝説を元にした歌が残されています。

また、日本には、村で選ばれた女性が水辺の機屋にこもり、神の訪れを願いながら着物を織るという「棚機女（たなばたつめ）」という風習があり、「七夕」の語源とされています。

●願い事の仕方

青・黄・赤・白・紫の5色の折り紙で短冊や飾りを作り、短冊には願い事を書きます。前日の夜に笹竹につけてベランダなどに飾り、7日の夜には片づけましょう。

土用

もともと土用は、立春、立夏、立秋、立冬の18日前のことを指していましたが、現在では立秋前の土用だけが残り、夏の土用といわれています。

暑さが厳しい時期にうなぎを食べるのは、夏バテ防止のほかに、土用の18日間にある丑（うし）の日（凶日）に、「う」のつくものを食べて邪気を払うという江戸時代からの習慣に由来しています。

お中元

お世話になっている人や仕事の取引先に、日頃の感謝の気持ちを伝える贈り物をする習慣です。相手の自宅に持参するのが正式ですが、最近ではデパートなどから配送するのが一般的になっています。

贈る時期は7月初旬から15日までとされていますが、地域によっては月遅れの8月に贈る場合もあります（詳細は376ページを参照）。

暑中見舞い

猛暑の時期に、相手の健康を気づかい、自分の近況を知らせるために、はがきを送ります。送るのが立秋のあとになる場合は「残暑見舞い」になります。8月末までに届くように送りましょう（文例は460ページを参照）。

木々の葉が落ちる「葉落月」が略され、「葉月」になったという説が有力です。異名は旧暦なので、秋に由来しています。

8月の年中行事

- 2日～7日　青森ねぶた祭
- 6日　広島原爆の日
- 6日～8日　仙台七夕祭
- 8日頃　立秋
- 9日　長崎原爆の日
- 13日　迎え盆、終戦記念日
- 16日　送り盆、精霊（しょうりょう）流し
- 23日頃　処暑（しょしょ）

お盆

先祖や亡くなった人たちの霊を供養するための、日本を代表する風習のひとつ。期間は地域によって異なりますが、8月13日～16日が一般的です。13日は祖先の霊を迎える「迎え盆」、16日は祖先の霊を送りだす「送り盆」といいます。

●由来

お盆は仏教語の「盂蘭盆会（うらぼんえ）」の略語です。盂蘭盆会はサンスクリット語の「ウランバナ」の音訳で、ウランバナには「逆さまにつるされた苦しみ」という意味があり、盂蘭盆会では先祖の霊をその苦しみから救うために供養をします。

これは、お釈迦様の弟子である目連が、餓鬼道に落ちて苦しむ亡くなった母親を救うために、お釈迦様の教えに従って供養したところ、母親の霊を救うことができた、という仏教の故事に由来しています。

●盆棚（精霊棚）

13日の朝に、祖先の霊を迎える準備をします。仏壇がある場合は掃除をし、盆棚（精霊棚）をととのえます。

正式には四隅に青竹を立て、ほおずきをつるした棚を作りますが、仏壇の前に小さな机を置いて作る略式の方法が主流です。

●新盆

故人が亡くなって初めてのお盆を新盆といいます。家族全員が集まり、僧侶に読経をしてもらうなど、故人を偲んで丁寧に供養をしましょう。

迎え火

13日の夕方に、庭先や玄関先で迎え火を焚き、祖先の霊を迎えます。迎え火は、焙烙(ほうろく)(素焼きの皿)の上に麻幹(おがら)を折って「井」の形に組んで火をつけます。マンションなどで火を焚くのが難しい場合は、玄関灯をともすだけでもかまいません。

送り火

16日の「送り盆」では、迎え火と同じように火を焚き、先祖の霊を送りだします。送り火の風習は地域によって特色があり、京都の東山如意ヶ嶽などに点火される「五山送り火」、供物をのせた盆舟に灯をともして海に流す長崎の「精霊流し」などが有名です。

盆踊り

帰ってきた先祖の霊を供養するために行われる仏教行事。念仏踊りと盂蘭盆会が結びついたとされています。

盆棚の飾り方(略式)

1. 小さな机を仏壇の前に置き、その上にまこもで編んだ「盆ござ」を敷く
2. 中央に位牌・香炉・灯明を並べる
3. お供えを置く(果物、餅、だんご、そうめんなど)
4. 野菜で作った馬や牛を供える

野菜で作る馬と牛

きゅうりとなすに折った割り箸や麻幹をさし、先祖の霊が乗る馬や牛を作ります。先祖の霊が馬に乗って早く帰り、牛に乗ってゆっくり戻っていくように、という願いが込められています。

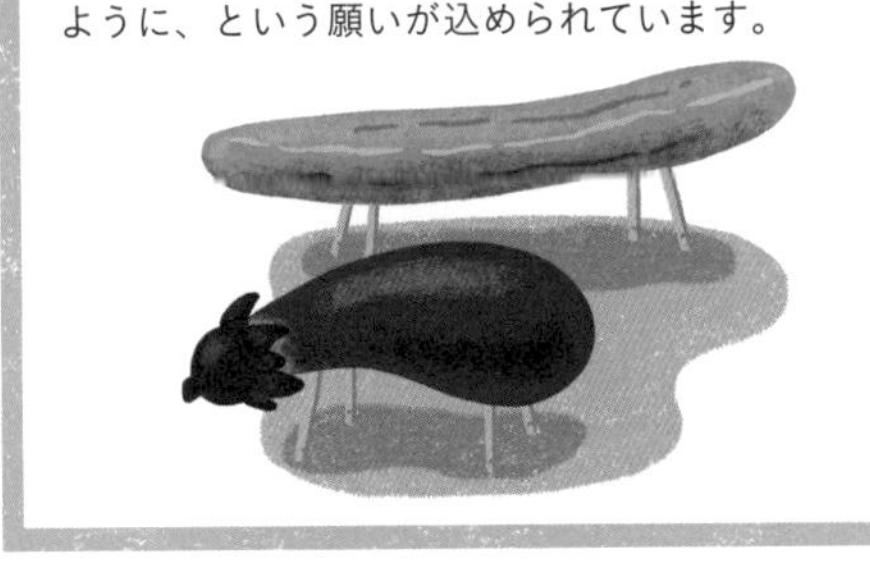

終戦記念日

1945年8月15日、日本の敗戦を伝える昭和天皇の終戦詔書がNHKラジオで流され、太平洋戦争(第二次世界大戦)が終結しました。終戦記念日には日本武道館で全国戦没者追悼式が行われています。

日ごとに夜が長くなる時期なので「夜長月」が語源。菊が美しい季節であることから、菊咲月という異名もあります。

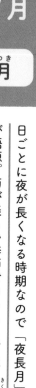

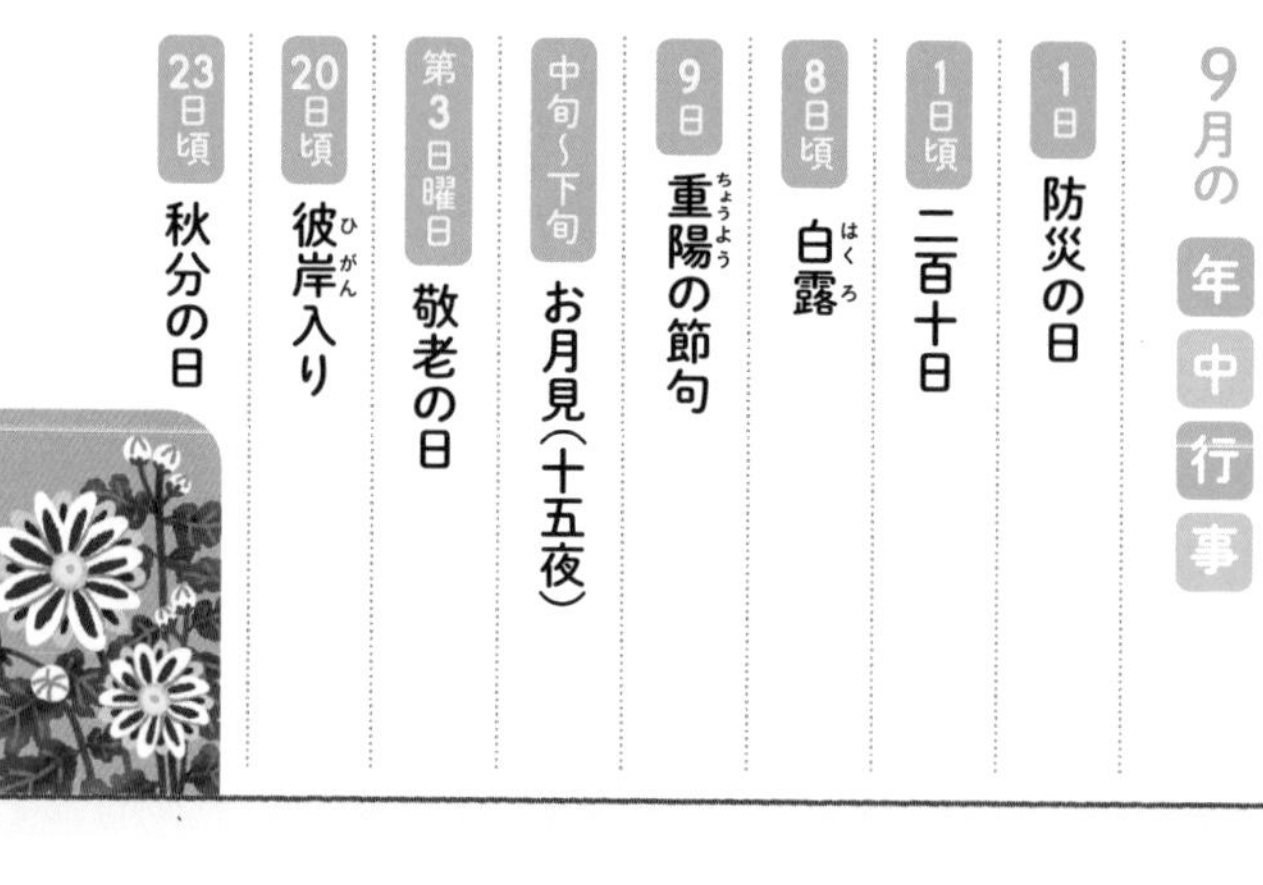

9月の年中行事
1日 防災の日
1日頃 二百十日
8日頃 白露
9日 重陽の節句
中旬～下旬 お月見(十五夜)
第3日曜日 敬老の日
20日頃 彼岸入り
23日頃 秋分の日

防災の日

1923年（大正12年）9月1日に関東大震災が起こりました。死者・行方不明者が14万人以上という甚大な被害をもたらし、その多くは地震後の火災による被害だったといいます。また、9月1日頃は、立春から数えて210日めにあたる「二百十日」とされ、台風が来襲する厄日でもあることから、国民の防災に対する意識を喚起するために、1960年に「防災の日」として制定されました。防災の日を含む1週間を「防災週間」とし、各地で防災知識普及のためのイベントなどが行われます。

重陽の節句

古代中国から伝わった五節句のひとつ。別名「菊の節句」。中国では奇数を縁起のよい陽の数字と考え、とくに最高の陽数である9が重なる9月9日はとてもおめでたい日として、不老長寿の薬として珍重されていた菊の香りを移した菊酒を飲むなどして、厄を祓い長寿を願う風習がありました。

この風習が日本に伝わったのは平安時代。宮中では詩を詠んだり菊酒を飲んだりする「菊花宴」が行われるようになりました。庶民の間では栗ご飯を炊いて無病息災を祝ったことから「栗節句」という異名もあります。

重陽の節句は、以前は「お九日」として広く親しまれていました。「長崎くんち」など、九州の有名な秋祭りはその名残とされています。

敬老の日

１９６６年に国民の祝日として制定された「敬老の日」は、社会のために貢献してきた高齢者への感謝を込めて、長寿をお祝いする日です。２００２年までは9月15日でしたが、ハッピーマンデー制度の実施により、２００３年から第3月曜日になりました。また、9月15日から1週間は「老人週間」とされています。

お月見（十五夜）

旧暦の8月15日にあたる9月中旬から下旬は、一年で最も美しい月が見られる時期。日本では古くから満月を愛でる行事が行われてきました。

お月見の起源は、家族が集まって月餅を食べ、満月を祝うという中国の「中秋節」といわれています。平安時代には、貴族の間で「観月の宴」が行われるようになりました。

さらに、日本独自の風習として、旧暦の9月13日にあたる10月中旬～下旬にもお月見（十三夜）をします。

●お供え物

ちょうど秋の収穫期にあたることから、農作物や月見だんごを供えて、豊作を祈願します。地域によってお供えものは異なりますが、月見だんごやおはぎ、秋の七草（はぎ・すすき・くず・なでしこ・おみなえし・ふじばかま・ききょう）のほか、その時期に採れた作物を供えることもあります。

月見だんごは、15個供える。秋の七草はすすきだけでもよい。野菜は里芋や枝豆など。

秋のお彼岸

昼夜の長さが同じになる秋分の日（9月23日頃）を中日に、前後3日間ずつの1週間が秋のお彼岸です。春のお彼岸と同様に、お墓参りをして先祖の霊を供養します（「春のお彼岸」は51ページ参照）。お墓や仏壇には、花やおはぎ、彼岸だんごなどを供えます。

お墓参りには、なるべく家族そろって出かけ、墓前で手を合わせて、近況報告や見守ってくれていることへの感謝を、心を込めて伝えましょう。

お寺では読経や法話などを行う「彼岸会」という法要が営まれています。できれば彼岸会にも参加し、先祖の霊の供養をお願いしましょう。参加できなくても、ご本尊様にお参りをし、お寺の住職にあいさつをするのを忘れないようにしましょう。

旧暦の10月には、全国の神々が出雲大社に集まり、各地の神様が留守になるといわれていたことから、「神無月」になりました。

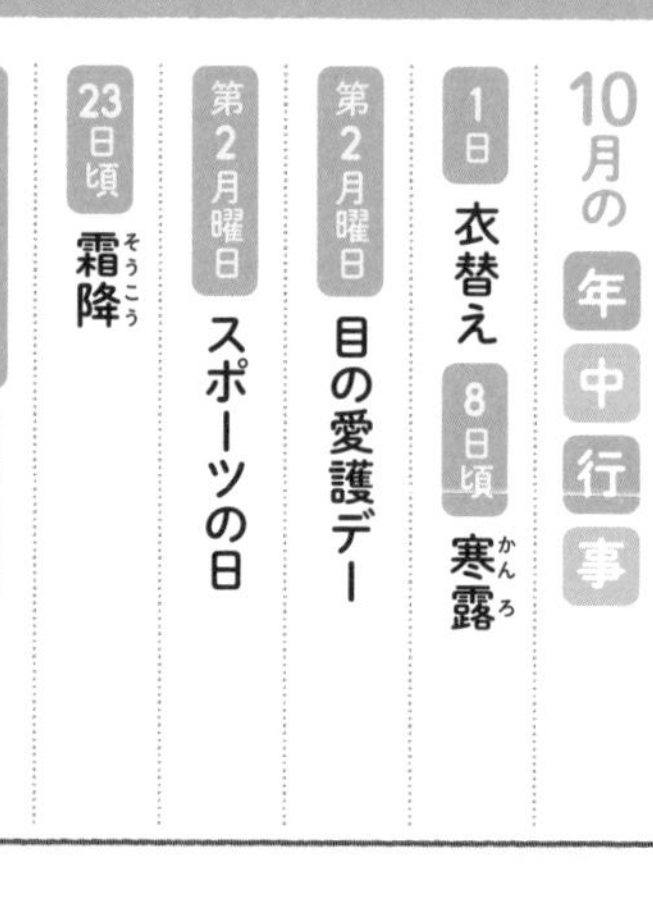

10月の年中行事
1日 衣替え
8日頃 寒露
第2月曜日 目の愛護デー
第2月曜日 スポーツの日
23日頃 霜降
27日～11月9日 読書週間
31日 ハロウィン

スポーツの日

10月10日は1964年に東京オリンピックの開会式が行われた日。それを記念し、スポーツに親しむ日として「体育の日」が制定されました。2000年からはハッピーマンデー制度導入により、10月の第2月曜日が「体育の日」に。2020年からは東京五輪を機に「スポーツの日」と名称変更になりました。

ハロウィン

11月1日のキリスト万聖節の前夜祭として、亡くなった人たちを偲ぶために行われるのがハロウィンです。もともと古代ケルト民族の儀式で、悪霊から身を守るために仮面をかぶり、魔除けの焚き火をしたのがハロウィンの始まりといわれています。

その伝説から、ジャック・オ・ランタンというかぼちゃで作った提灯を置いたり、お化けに仮装した子どもたちが、「トリック・オア・トリート（お菓子をくれないといたずらをするよ）！」と言いながら近所の家々を訪ね、お菓子をもらったりする風習が生まれました。

服装マナー 子どもの運動会には動きやすい服装で

子どもの運動会を見に行くときは、体を動かしやすいカジュアルな服装で。いくら運動会だからといって、上下ジャージなどのだらしのない服装は避けましょう。

OK

親の服装は意外とチェックされているので、清潔感のある服装を。

11月 霜月（しもつき）

本格的に霜が降り、寒さが厳しくなる時期なので、「霜月」あるいは「霜降月（しもふりづき）」と呼ばれています。

11月の年中行事

- 3日 文化の日
- 7日頃 立冬（りっとう）
- 酉（とり）の日 酉の市
- 15日 七五三
- 22日頃 小雪（しょうせつ）
- 23日 勤労感謝の日

酉の市

江戸時代から続く年中行事。毎年11月の酉の日に、開運や商売繁盛の神とされる鷲（おおとり）明神を祀る各地の鷲（大鳥）神社で行われます。酉の日は年によって2～3回あり、最初の酉の日を「一の酉」、次を「二の酉」、3回目を「三の酉」と呼びます。三の酉まである年は火事や災いが多いという故事も残されています。

酉の市を代表する縁起物は、熊手です。熊手には、「運をかき集める」という意味があり、七福神や宝船、鶴亀、大判小判など、縁起のよい飾りが施された、豪華な熊手が露店で売られています。さらなる招福を願い、毎年少しずつ大きいものに買い替えていくのがよいとされています。店主と客が露店の店先で値切りをし、折り合いがつくと威勢のよい手締めが行われるのも、酉の市ならではの光景です。

● 熊手の飾り方

熊手は、神棚の上などの高い場所に飾り、手を南か東に向けます。神棚がない場合は玄関に。その場合は、外から福をかき込むよう、手をドアに向けますが、北向きは避けます。

露店で売られる熊手のほかに、神社では、小さな竹熊手に神札と稲穂などをつけた「開運熊手御守」を授与している。

文化の日

もともとは明治天皇の誕生日で、明治天皇が亡くなって以降は「明治節」として、明治天皇の偉業をたたえる祝日になりました。その後、1946年11月3日に日本国憲法が公布され、平和と文化を重んじた憲法を記念し、1948年に「文化の日」として制定されました。

毎年この日には、皇居で科学技術や芸術などの文化の発展に貢献した人々へ文化勲章や各褒章を授与する、親授式が執り行われます。

七五三

男女ともに3歳になると髪を伸ばし始める「髪置き」の儀式など、武家や宮中の儀式が江戸時代に広く一般に広まり、子どもの健やかな成長に感謝して、氏神様をお参りする風習となりました。以前は数え年で祝っていましたが、現在では満年齢を迎える年に行われるのが主流です。男の子は3歳と5歳、女の子は3歳と7歳に祝います（206ページ参照）。

勤労感謝の日

「勤労を尊び、生産を祝い、国民が互いに感謝し合う」ことを目的として、1948年に制定された国民の祝日。それ以前は「新嘗祭（にいなめさい）」と呼ばれ、その年の収穫に感謝する行事が行われていました。

「新嘗祭」の歴史は飛鳥時代から始まったといわれ、天皇がその年に収穫した五穀を供え、それを食する宮中行事が行われてきました。その宮中行事は現在でも続けられ、全国の神社でも同様の行事が行われています。

服装マナー　七五三では親や祖父母も正装で

子どもの正装に合わせて、親や祖父母も格式の高い装いをしましょう。男性ならダークスーツ、女性ならワンピースやアンサンブルなどで、なるべく肌の露出は控えます。着物なら、訪問着やつけさげがよいでしょう。子どもに、特別な日にはあらたまった服装をすることを知ってもらうのも大切です（207ページ参照）。

家族全員であらたまった装いをし、七五三のお参りを。

12月の年中行事

- 7日頃 大雪（たいせつ）
- 上旬～20日頃 お歳暮
- 13日 正月事始め
- 15日 年賀状の受付
- 中旬～下旬 歳の市
- 21日頃 冬至（とうじ）
- 25日 クリスマス
- 28日 官庁御用納め
- 31日 大みそか

一年の終わりはあわただしく、僧（師）でさえも走り回るので、「師走」と呼ばれるようになったといわれています。

正月事始め

12月13日は古くから正月の準備を始める日とされ、昔は年神様を迎える神棚などのすすを、竹竿の先にわらをつけたすす梵天（ぼんてん）という道具で払う「すす払い」から始めるのがしきたりでした。現在でも神社や寺では「すす払い」が行われていますが、一般家庭では12月13日という日取りにとらわれずに、大掃除が行われています。

年末に近づくにしたがって、おせちの準備や買い物などで忙しくなるため、大掃除は一度にやろうとせず、日頃手がまわらない場所の掃除から徐々に始めましょう。スケジュールを立てるときは、年末のゴミ収集日も考慮し、無理のないように設定することも大切です。

また、換気扇や窓拭きなどの力仕事は男性にお願いするなど、家族それぞれに役割を分担すると、効率よく終えることができるだけでなく、家族そろって新年を迎える準備をすることの大切さも感じられるでしょう。

お歳暮

日頃お世話になっている人や仕事の取引先などに、贈り物とともに感謝の気持ちを伝えるお歳暮。12月初旬から20日頃にかけて贈るのが一般的ですが、昔は年神様へのお供え物を持って親元などへ出向き、年末のあいさつをしていたため、正月事始めの13日以降に行われていました（376ページ参照）。

冬至

二十四節気のひとつ。太陽が最も南に位置するため、北半球では一年で一番昼の時間が短くなります。また、冬至を過ぎると日照時間がだんだん長くなるため、昔は太陽の力が最も弱い陰が極まる日から、再び陽に転じる「一陽来復」と呼ばれ、冬至を境に運気が上昇するとされていました。

● 冬至の習慣

ちょうど寒さが本格的になる時期であることから、健康維持のための習慣が現在にも伝えられています。

代表的なものがゆず湯です。本来は「一陽来復」にそなえて体を清めるための禊でした。ゆずには血行促進や冷え症の緩和、風邪予防などの効果があるとされ、美肌効果も期待できます。また、ゆずの芳香は気持ちをリラックスさせてくれます。

また、冬至にはなんきん（かぼちゃ）、れんこん、にんじんなど、「ん」のつくものを食べると幸運が訪れるといわれています。これは縁起かつぎだけでなく、厳しい冬を乗り切るために必要な栄養を摂るための知恵でもあります。とくにかぼちゃはビタミンAやカロテンが豊富。保存もきくため、風邪予防に役立つ食材のひとつです。

ゆずは丸ごとでも輪切りにして入れてもかまわないが、肌が弱い人は少なめに入れよう。

服装マナー　正しいコートのたたみ方

訪問先に到着したら、コートは玄関に入る前に脱ぎ、きれいにたたんで腕にかけましょう。たたんだコートは客間に持ち込まず、玄関の隅に置かせてもらいます。通夜や葬儀には黒いトートバッグを用意し、たたんだコートを入れておくとよいでしょう。

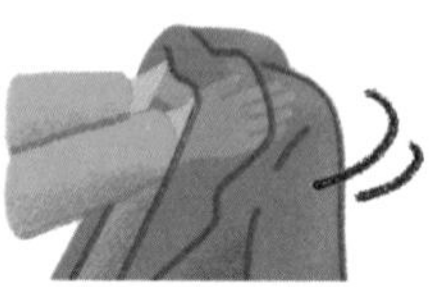

❶ 両肩の部分に手を入れ、手のひらを合わせる。

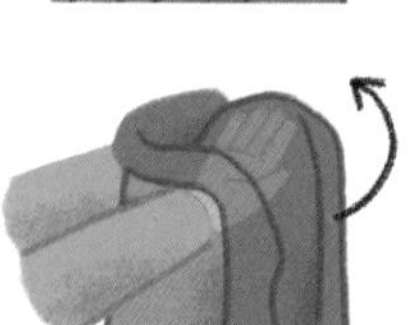

❷ 右手首を上向きにひねって、左肩を裏返し、右肩に重ねる。

❸ 左手を入れたまま、右手で襟をつまんで、コートを２～３回上下させる。

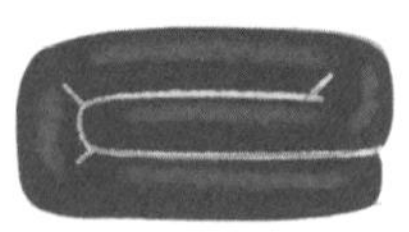

❹ 半分か三つ折りにし、玄関の隅に置く。

クリスマス

イエス・キリストの誕生を祝う記念日。欧米諸国などでは、前日のクリスマス・イブに教会でクリスマス礼拝が行われます。日本では宗教色は薄く、家族や友人、恋人などと過ごす年に一度の楽しいイベントとして親しまれています。

● クリスマスツリー

クリスマスの飾りで街中や家々が彩られますが、その代表であるクリスマスツリーは、古代ゲルマン人が生命力の象徴として常緑樹であるモミの木を飾ったのが始まりとされています。

● サンタクロース

子どもたちが楽しみにしているサンタクロースは、4世紀頃の聖人セントニコラウスが、夜中に貧しい少女たちが住む家の煙突に金貨を投げ入れたところ、暖炉にぶら下げてあった靴下に入り、少女たちが救われたという伝説から生まれました。赤い服はキリスト教の司祭服が元になっていますが、国によっては色が異なります。

大みそか

毎月最後の日を「晦日（みそか）」といいますが、12月31日は「大みそか」と呼ばれ、一年を締めくくるためのさまざまなしきたりがあります。

● 年越しそば

大みそかに縁起をかついでそばを食べる風習は江戸時代から始まりました。細く長いそばに、健康長寿や家運長命などの願いが込められています。食べる時間は地方によって異なり、大みそかの夕食や日付が変わる深夜に食べることもあります。

● 除夜の鐘

深夜0時近くから、各地の寺院で鐘をつき始めます。鐘を仏教で人間が持つ煩悩の数といわれる１０８回つくことで煩悩が追い払われるとされています。１０７回までを年内に、最後の１回を新しい年につきます。

「除夜」とは眠らない夜という意味で、かつて大みそかの晩に神社にこもり夜を明かすという「年籠（としこもり）」という風習から、大みそかを「除夜」と呼ぶようになりました。

Q&A 季節の行事

Q お正月に実家に帰省し、両親にもお年玉を渡したいのですが、気をつけることは？

A お年玉という言葉は、あくまでも目下の人に渡すためのものを表します。両親など自分よりも目上の人に渡す場合は、表書きを「お年賀」とします。

帰省時だけではなく、年始まわりに出かけるときも、2～3枚ポチ袋を持って出ると便利です。もし出先でお子さんを連れた先客に会ったら、このポチ袋に入れて、スマートにお年玉を渡しましょう。

Q ひな人形の飾り方。関西でも、男びなと女びなの位置は、関東と同じですか？

A 一般的なひな人形は、向かって左側に男びな、右側に女びなを置きます。しかし関西地方の一部では、古くからの慣習で、向かって右側が男びな、左側が女びなとなります。

現在の一般的な並び方が浸透したのは、大正天皇が即位されたとき、西洋式に左に立たれたことがきっかけといわれています。

Q バレンタインにはチョコレートですが、和菓子が活躍する季節の行事はありますか？

A 日本の行事に、季節を豊かに表す和菓子は欠かせません。成人の日には「紅白まんじゅう」、ひなまつりには「桜餅」、端午の節句には「柏餅」、お彼岸には「おはぎ」、十五夜には「月見だんご」、七五三には「千歳飴」などさまざまです。また、6月16日は、健康招福を願う行事「嘉祥（かじょう）の祝」にちなみ、「和菓子の日」となりました。

2章

結婚のマナー

二人の新たな門出である結婚。晴れて挙式の日を迎えるまでには、さまざまな準備が必要になります。また、挙式や披露宴に列席するときに大切なのは、心からのお祝いの気持ち。ぜひ知っておきたい基本マナーを紹介します。

婚約のスタイル

二人の結婚の意思を周囲に公表する婚約儀式

婚約とは、結婚を心に決めた二人が、お互いの気持ちを確かめて結婚の約束をすることです。

口約束や婚約指輪の交換だけでも、婚約は成立します。しかし結婚となれば、社会と関わる人生の大きな節目。親戚や会社の上司、友人には公表しておきたいものです。公表することで、万一の一方的な婚約不履行などのトラブル防止にもなります。

婚約儀式のスタイルはよく話し合って選ぶ

かつては婚約の儀式といえば、結納(ゆいのう)が一般的でした。しかし今では、その形もさまざまです。

大切なのは、お互いの家族の考え方や自分たちの希望、経済状況を考慮して、よく話し合ったうえで、気持ちよく祝ってもらえる形を選ぶこと。

婚約を終えれば、周囲は二人を正式なカップルとみなします。婚約後から結婚までの期間は、挙式や結婚後の生活の大切な準備期間といえるでしょう。

婚約指輪を贈るタイミング

【 婚約指輪はよく確認して購入を 】

婚約指輪を正式に渡すのは、結納や両家顔合わせの席上です。ダイヤモンドが人気ですが、誕生石を選ぶカップルも増えています。相手に秘密で指輪を準備し、驚かせたいと考えても、相手に相談なく指輪を選ぶと、サイズや好みを見誤る場合も。二人そろって選ぶのがおすすめです。

“ 誕生石と宝石の持つ意味 ”

月	誕生石／意味	月	誕生石／意味
1月	ガーネット／貞操・誠実	7月	ルビー／情熱・自由
2月	アメシスト／真心・純真	8月	サードニクス／和合・幸福
3月	アクアマリン／英知・聡明	9月	サファイア／真実・正直
4月	ダイヤモンド／永遠・純潔	10月	オパール／希望・幸福
5月	エメラルド／愛・幸福	11月	トパーズ／忠実・友愛
6月	真珠／健康・富・長寿	12月	トルコ石／成功・不屈

婚約のスタイルの選び方

婚約のスタイルを決めるには、チェックすべきいくつかのポイントがあります。親戚の意向や社会的立場により、自由に選べない場合もありますが、無理なく納得できるスタイルを選びましょう。

婚約式を行う

現代では、婚約式を行わないことも増えました。その場合も、婚約通知状を出す場合があります。

- 婚約通知状を送る ▶p.76

- 婚約記念品を交換する ▶p.90
- 婚約通知状を送る ▶p.76

結納を行う

伝統を重んじる結納ですが、略式も選べます。結納はせず、食事会のみという形も増えてきました。

仲人を立てないと、すべて略式になります。地域や家の伝統、家庭の事情に十分配慮しましょう。

仲人を立てる

両家が集まって行う場合
（仲人を立てる）
▶p.78

両家が集まって行う場合
（仲人を立てない）
▶p.80

招待客を呼ぶ

婚約パーティー・婚約式
▶p.89

両家食事会
▶p.87

結納セットとともに交換　「家族書」と「親族書」

「家族書」「親族書」は、結納の際にお互いの家族をよく知るために交換されるものです。家族書には、同じ戸籍内の家族の名前を並べて書き、親族書には、戸籍から出た既婚の兄弟姉妹とその配偶者、祖父母、叔父、叔母など三親等までの名を、住所とともに並べて書きます。年齢や職業を記す場合も。奉書紙に毛筆か、白い便せんに万年筆で書き、「家族書・親族書」と表書きをした封筒に入れます。

親へのあいさつ

お互いの親への結婚のあいさつは、「報告する」のではなく、「承諾を求める」形にしましょう。

結婚の意思が固まったら双方の家へあいさつに

結婚を決めたら、まずはお互いの家にあいさつに行くのが主流です。親が慣習を重視するタイプなら、女性側の家から訪問します。日取りは親の都合にあわせて決め、時間は午後の早めに設定し、夕食の前に終わるようにするとよいでしょう。

それぞれが自分の親に、相手がどんな人なのか、名前や年齢、職業のほか、人柄を事前に伝えておくと当日もスムーズです。相手にも親の情報を伝えておきましょう。菓子折りなど、手土産を持っていくことも忘れずに。

事前に二人で流れを確認

基本

訪問当日は、準備の都合を考えて約束の時刻より5分ほど遅れて到着するようにします。5分以上遅れるときには連絡を。玄関で簡単にあいさつをして、部屋に通されてからあらためて正式なあいさつと自己紹介をします。手土産もこのとき渡します。すぐ本題に入らず、少し歓談してから居住まいを正して、男性から「○○さんとの結婚をお許しいただけますでしょうか」と言います。

あいさつが終わったあとは、お礼を伝えて辞去しましょう。長居は避け、訪問時間は1～2時間に留めます。

あいさつ時の服装

服装に決まりはありませんが、女性はワンピースかツーピース、男性はスーツを選ぶとよいでしょう。

オンラインの相談も

二人の実家が遠かったり、感染症が流行して心配があったりするときには、お互いの家を訪問しあうのではなく、オンラインでのあいさつも検討しましょう。慣習を重んじる人もいますが、オンラインでかまわないという人もいます。状況を鑑みて、まずは相談して希望を聞いてみましょう。

婚約

現代では婚約の形もさまざまですが、本人同士が結婚を決意するけじめとして、大切にしたい習慣です。

両家の理解を深め結婚へと導くセレモニー

基本　婚約は、本人同士が結婚の意思を確認し合うための大切な儀式です。婚約には決まった形式はなく、さまざまなスタイルがあるので、自分たちのポリシーやライフスタイルに合ったものを選びましょう。

アドバイス　婚約は法的に認められた契約です。もし、婚約を一方的に解消されるなどの問題が起こった場合、仲人などの第三者に立ち会ってもらったり、婚約通知状を第三者に送ったりしていれば、それが証拠となり、相手を訴えることもできます。

婚約のさまざまなスタイル

両家の食事会

最近主流になっているスタイル。結納は行わず、ホテルや料亭、レストランなどで、両家の顔合わせを兼ねて食事をします。

婚約パーティー

レストランやホテルなどでパーティーを開き、親族や友人の前でカジュアルに婚約を発表するスタイル。とくに決まりはありません。

婚約記念品の交換

結納のほか、婚約パーティーなどで記念品を交換したり、婚約披露の場を設けなくても記念に交換したりするカップルが増えています。この場合も、家族や友人などの第三者に立ち会ってもらうとよいでしょう。男性から女性には婚約指輪、女性から男性には腕時計などが一般的です。

結納

婚約の成立を両家で確認する、室町時代から始まった日本独特の儀式で、伝統的な作法にのっとって、執り行われます。親族になる証しとして、両家がお祝いの品を交換するのが一般的です。

婚約式

教会で行われるキリスト教の儀式。聖職者の前で婚約を誓い合い、参列者が証人になるのが本来の形です。最近では、ホテルやレストランで両親や友人の前で誓約書への署名を行う人も増えています。

婚約のトレンド

昔ながらの結納をするカップルは少数で、結納の代わりに、食事会を開いて婚約記念品を交換するカップルが増えています。
結納や食事会の場合でも、感染症の流行時には広めの会場を選び、両家が遠方ならオンラインであいさつするなど両家の意向を確認し無理をさせないことが重要です。

婚約の報告

結婚を予定していることを、親族や友人をはじめ、会社の上司など日頃お世話になっている人に伝えましょう。

親しい人には婚約通知状を送る

無事に婚約を済ませたら、親戚や友人など、披露宴に招待する予定のある人に婚約通知状を送り、婚約した事実を伝えましょう。結納や食事会などを行わなくても、婚約通知状を送ることで、正式な婚約の証しにもなります。書面の形式にとくに決まりはありませんが、印刷されたはがきやカードを使うのが一般的です。

アドバイス　結婚式を予定している場合は、「○月頃に結婚式を挙げる予定です」と書き、出席してほしい旨も自筆で書き添えましょう。

会社の上司にはまず口頭で報告を

直属の上司には、婚約通知状を郵送する前に、口頭で婚約したことを報告するのがマナー。上司に媒酌人をお願いしたいと考えているなら打診をしておくとスムーズです。また、結婚を機に退職を考えている人は、このタイミングで伝えます。

婚約通知状の文例

拝啓
　やわらかい春の日ざしが心地よい季節となりました
皆様にはますますご清祥のこととお喜び申し上げます
平素は格別のご厚情を賜り　心より御礼申し上げます
　さて　このたび私たち二人は　鈴木一郎氏ご夫妻の
お立会いのもと　正式に婚約いたしました
なお　挙式は今年の九月頃を予定しております
今後とも何かとお世話になるかと存じますが何卒よ
ろしくお願い申し上げます
　取り急ぎ　婚約のごあいさつとさせていただきます
敬具

　令和○○年　四月吉日

新井敏弘
渡辺典子

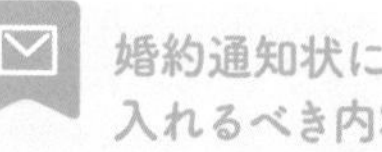

- 婚約したという報告
- 仲人の氏名（いる場合のみ）
- 挙式予定の有無（予定がある場合は、だいたいの日程も入れる）
- 日付（○月吉日とする）
- 署名（連名にする）

※お祝い事には終止符を打たないという理由で、句読点を使わない。

結納の基本

脈々と受け継がれてきた婚礼を祝う儀式。地域ごとの風習も根強く残っているので、両家で調整しましょう。

古くから続く伝統的な婚約の儀式

結納の起源には諸説あり、一説には西暦400年頃の仁徳天皇の時代にまでさかのぼるともいわれています。宮中で行われていた儀式が、室町時代には武家にも広がり、庶民に広く行われるようになったのは大正時代になってから。男性側から女性側「帯料（帯地料）」に縁起物の昆布やかつお節などを添えて贈るのが一般的になりました。関東式では女性側から「袴料（袴地料）」や品物を返すのに対し、関西式では返さない場合が多いなど、地域によって形式が異なります。

仲人を立てるなら二人が尊敬できる人を

基本

もともと仲人とは、お見合いから結婚まで一貫して世話をする人のことでしたが、最近ではお見合い結婚が減ったこともあり、仲人を立てないケースが増えています。

従来通り仲人を立てる場合は、男性の勤務先の上司や恩師、親戚などにお願いをするのが一般的ですが、二人が尊敬できる、ずっとお付き合いをしたい人に依頼することが大切です。仲人を依頼するときは、手紙や電話で連絡をし、承諾の返事をいただいたら仲人宅を訪れ、正式にお願いをします。

プロに任せるのもおすすめ

ホテルや結婚式場によっては、結納品の準備、結納に必要な備品のセッティング、結納式の祝宴の手配などをプロにお任せできるプランを提供しています。ある程度、格式を重んじて執り行いたい場合に利用するのもおすすめ。内容や料金は会場によって異なるので、必ず確認を。

結納のチェックリスト

- □ 仲人を頼むか（頼む場合は、結納だけか、挙式・披露宴だけか、両方かも決めておく）
- □ 日取りの調整
- □ 会場の手配
- □ 結納品の準備
- □ 結納返しの準備（行う場合は）
- □ 女性宅で行う場合は、結納後の食事の手配
- □ 当日の服装の準備
- □ 相手の親の仕事や趣味などを自分の親に伝えたか

結納のスタイル

時代とともに結納のスタイルも変化しています。両家の考え方などを考慮して、スタイルを選びましょう。

結納には正式結納と略式結納がある

基本

正式結納とは、仲人が両家を往復し、結納品や結納返しを届けるというもの。それ以外の形はすべて略式結納になり、ホテルや料亭、女性宅などで両家が一堂に会する席を設けるなどの、さまざまなスタイルがあります。男性宅が遠方の場合は、男性が一人で女性宅に出向くこともあります。

アドバイス

結納の形式はさまざまで、地域や家によって考え方が異なる場合が多いので、両家で歩み寄り、お互いが納得できる形で行いましょう。

さまざまな結納のスタイル

両家のみで集まる

仲人は立てず、本人同士と双方の両親が集まるスタイル。ホテルや結婚式場、料亭、女性宅などで行う。

正式結納

仲人が両家を訪問し、男性宅からは結納品を女性宅からは受書と結納返しを預かり、相手の家に届ける。

男性側が女性宅に出向く

礼儀や格式を大切にできるとして広く行われている。男性の両親が同行できない場合は、本人のみでもよい。

両家と仲人が集まる

仲人の立ち会いのもと、女性宅や料亭、ホテルなどで集まるスタイル。女性宅で行うのが正式に近い。

結納の進め方

さまざまなしきたりはありますが、本人たちの都合を優先して、両家に負担のないように計画を。

吉日にこだわらず出席者の都合を優先して

基本

結納は挙式の3カ月〜半年前を目安に執り行います。日取りは、大安、先勝、友引など吉日の午前中がよいとされていましたが、本人、双方の両親、仲人の都合を確認し、全員が出席できる土曜・日曜・祝日に行うことが多くなってきました。

時間帯は、夜は避けること。10〜11時頃の午前中が基本ですが、両親などが遠方から出向く場合や、レストランなどに両家が一堂に会する略式結納の場合は、午後早めの時間から始めても問題ありません。

結納の装いは両家の格をそろえて

結納は婚約の儀式なので、格式高い装いを。ホテルや結婚式場などのあらたまった場所では準礼装、自宅やレストランでは略礼装でもかまいませんが、両家の格を合わせます。

気をつけたいポイント

- 結納式の最中は、口上以外は口を開かない。
- 会食では、「切れる」「別れる」、再婚を連想させる重ね言葉などの縁起の悪い言葉は使わない。
- 祝い膳でもてなす場合、お茶は「お茶をにごす」という意味があるので初めに出さずに桜湯や昆布茶を出す。

【男性】

ブラックスーツかダークスーツ。ネクタイは白や銀などの礼装用に。

【女性】

本人は、洋装ならワンピースかツーピース。和装なら振袖や訪問着、付下げ。母親や仲人夫人は、洋装ならワンピースかツーピース、和装なら色留袖や色無地など。母親は仲人夫人の装いに合わせる(仲人を立てる場合)。

両家が集まって行う場合（仲人を立てない）

進行や服装は両家の間で事前に相談をしておく

基本

仲人を立てず、両家だけで顔合わせを兼ねた略式の結納を行う場合、男性の父親などが仲人の代わりに進行を担当します。

結納品は結納台にのせ、和室の場合は床の間に、洋室の場合はテーブルの上にあらかじめ飾っておきます。結納パックを利用する場合は、飾りつけを代行してくれることも。両家が着席したら、桜湯をいただき、式を始めます。

事前に本人を通して進行や服装などの打ち合わせをしておくと、当日スムーズに進めることができます。

席次の例（関東式）

【洋室】

上座にあたる位置に結納品を飾り、上座から本人、父親、母親の順に並ぶ。結納品に向かって左が男性側、右が女性側になる（和室の場合と逆）。

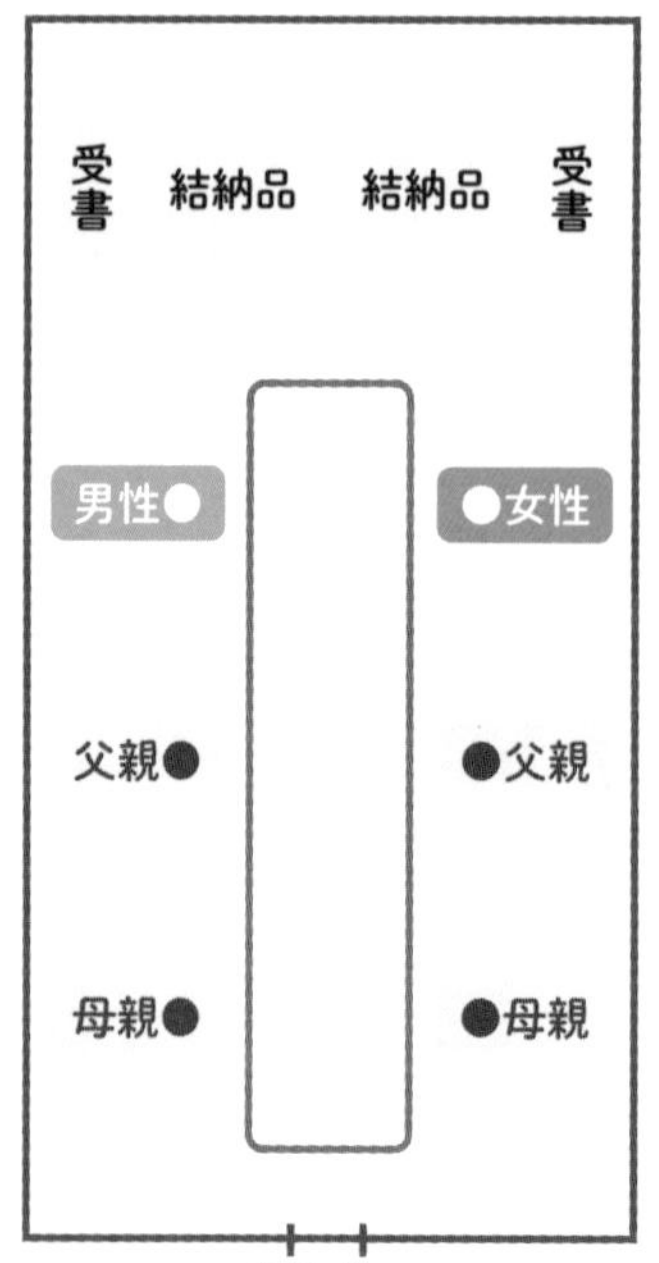

【和室】

床の間に結納品を置き、上座（床の間の前の席）に本人が向き合い、父親、母親の順に並ぶ。床の間に向かって右が男性側、左が女性側になる。

両家が集まって行う形式の流れ（仲人を立てない・関東式）

① 入室する

男性側から入室し、上座に結納品を置いて着席する。続いて女性側も同様に入室する。

② 男性側の父親から女性側にあいさつをする

洋室の場合は、一同起立する。

男性父親「このたびは、△△様ご長女○○様（女性の名前）と私どもの長男□□（男性の名前）によいご縁をいただき、まことにありがとうございます。本日はお日柄もよく、□□からの結納をお持ちいたしました。略式ではございますが、この席で結納を取り交わさせていただきます」

女性父親「何とぞよろしくお願い申し上げます」

③ 男性側から女性に結納品を差し出す

男性側の母親が進み出て一礼し、結納品をのせた結納台を取り、さらに一礼して女性本人の前に差し出す。

男性父親「こちらは私どもからの結納でございます。幾久しくお納めください」

④ 女性側が目録に目を通す

女性本人は一礼し、結納品を受け取る。本人、父親、母親の順に目録に目を通したら、元に戻し、お礼を述べる。

女性父親（または本人）「ありがとうございます。幾久しくお受けいたします」

⑤ 女性側が結納品を飾り受書（うけしょ）を渡す

女性の母親が、上座から女性側の結納品をいったん下ろし、男性側からの結納品を飾る。受書を男性本人の前に置き、一礼して席に戻る。

女性父親「こちらは私どもからの受書でございます。幾久しくお納めください」

男性父親「ありがとうございます。幾久しくお受けいたします」

⑥ 女性側から男性側に結納返しを差し出す

女性側の母親が進み出て一礼し、結納返しをのせた結納台を取り、さらに一礼して男性本人の前に差し出す。

女性父親「こちらは私どもからの結納でございます。幾久しくお納めください」

⑦ 男性側が目録に目を通す

男性本人は一礼し、結納返しを受け取る。本人、父親、母親の順に目録に目を通したら、元に戻し、お礼を述べる。

男性父親（または本人）「ありがとうございます。幾久しくお受けいたします」

⑧ 男性側が結納品を飾り受書を渡す

男性の母親が女性側からの結納品を上座に飾り、受書を女性本人の前に置き、一礼して席に戻る。

男性父親「こちらは私どもからの受書でございます。幾久しくお納めください」

女性父親「ありがとうございます。幾久しくお受けいたします」

⑨ 男性側の父親が結びのあいさつをする

男性側の父親が結びのあいさつをし、一同起立して結納式を終える。

男性父親「本日はおかげさまで、とどこおりなく結納を取り交わすことができ、めでたく婚約成立の運びとなりました。今後とも末長くよろしくお願い申し上げます」

女性父親「こちらこそよろしくお願い申し上げます。本日はありがとうございました」

その後、全員で祝い膳を囲む。お互いに記念品を披露したり、記念写真を撮ったりしてもよい。

※父親が口上を言い、母親が結納台を持って動きます。

結納品

正式な結納品は9品目を準備する

基本

男性側が女性側への誠意を表現するためにそろえる結納品。しきたりは地域によって異なりますが、7つの縁起の品に、目録（結納品の明細書）と結納金（金包）を加えた9品目が正式。略式にする場合は、7品目、5品目というように奇数にします。結納品は百貨店やブライダルサロン、結納品専門店などで購入できます。

結納品の受領書にあたる受書も必要です。関東式では双方が目録と受書を、関西式は男性が目録、女性側が受書を用意します。

結納品の正式な9品目

① **目録**（もくろく）
結納の品目と数を箇条書きで記した明細書。

② **金包**（きんぽう）
結納金。目録には、男性は「御帯料」、女性は「御袴料」と記す。

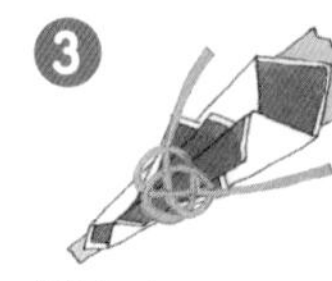

③ **長熨斗**（ながのし）
あわびを長くのしたもの。長寿や不老への願いが込められている。

④ **末広**（すえひろ）
2本の白無地の扇。末広がりの繁栄と、純白無垢の意味がある。

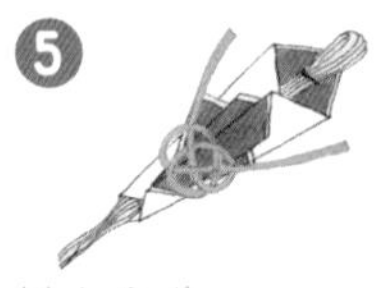

⑤ **友志良賀**（ともしらが）
白の麻糸を束ねたもの。白髪になるまで仲よく生きることへの願いが込められている。

⑥ **子生婦**（こんぶ）
2枚の昆布。繁殖力のある昆布に子孫繁栄を願う。「よろこぶ」の意味もある。

⑦ **寿留女**（するめ）
日持ちするするめを、末永い縁と強い生命力になぞらえたもの。

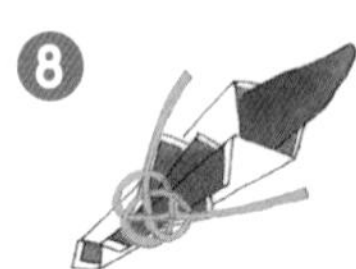

⑧ **勝男武士**（かつおぶし）
男性の力強さの象徴。するめと同様の意味合いもある。

⑨ **家内喜多留**（やなぎだる）
「柳樽」とも書き、穏やかな、家内円満を願う。本来は清酒（酒樽）だが現金を包むことも多い。

結納の品を準備するときは、地域によって異なる場合が多いので、専門店などに相談を。

結納品の飾り方

●関東式

まとめてひとつの白木の台にのせる

関東で一般的なのは、結納品一式をひとつの白木の台にのせる「一台飾り」。また、男性側からの結納金（帯料）と女性側からの結納金（袴料）を同時に交換します。女性側の結納品が男性側より多いと失礼にあたるので、同じか少なくします。

●関西式

一品ずつ別々の台にのせる

関西では、結納品を一品ずつ白木の台にのせて納めます。また、それぞれの品に松・竹・梅・鶴・亀というおめでたい飾りをつけます。結納返しは行わないのが一般的ですが、嫁入りのときに結納金の一割程度の土産物を用意することもあります。

関東式

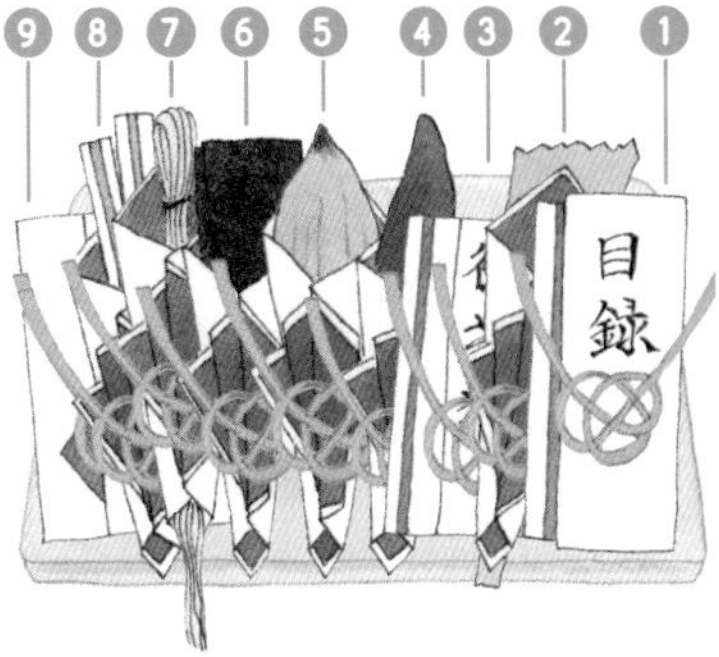

❻子生婦
❼友志良賀
❽末広
❾家内喜多留
❶目録
❷長熨斗
❸金包
❹勝男武士
❺寿留女

ポイント

- それぞれに赤白（紅白、金銀）の水引をかけ、結納品一式とする。
- 7品目は目録、長熨斗、金包、末広、友志良賀、子生婦、寿留女、5品目は目録、長熨斗、金包、末広、友志良賀。

関西式

❶子生婦
❷結美和（ゆびわ）（婚約指輪）
❸寿留女
❹熨斗
❺高砂（たかさご）（老夫婦の人形。白髪になるまで夫婦仲よくの意味が込められている）
❻寿恵広（末広）
❼松魚料（まつうおりょう）（かつお節の代わりに贈る現金）
❽柳樽料（やなぎだるりょう）（清酒の代わりに贈る現金）
❾小袖料（こそでりょう）（結納金）

ポイント

- 結納品の名称は関東とは異なる品もある。
- 関西では目録は品目に数えないので、結納品とは別に置く。
- 小袖料は松、柳樽料は竹、松魚料は梅、熨斗は鶴、寿恵広は亀の飾りをつける。
- 婚約指輪は「結美和」として品目に数える場合も。

婚約指輪は専用の飾り台に

婚約指輪がある場合は、白木盆か片木盆など、専用の飾り台にのせます。目録には「御帯料　結美和付壱封」と記載を。

結納金と結納返し

地域によってしきたりの違いはありますが、両家でよく話し合い、お互い納得できる形にしましょう。

結納金

帯と袴を贈り合ったのが結納金と結納返しの始まり

結納金は男性から女性に結婚の支度金として贈られるもので、結納品では「金包（きんぽう）」と呼ばれます。その結納金に対し、女性から男性にお礼として贈るのが結納返しです。結納返しは、結納品の数を減らすなど、男性側より一段控えめに用意しましょう。

古くは、婚約の記念に男性から女性に帯を、女性から男性に袴を贈っていたことから、結納金を「御帯料」や「小袖料」、結納返しを「御袴料」と呼ぶこともあります。

結納金は無理のない範囲で

結納金の金額は、一般的に男性の1カ月の給料の約3倍分にあたる50万～100万円が相場ですが、地域や家の考え方によって変わります。大切なのは、今後の生活に支障がないように、無理のない範囲で用意すること。最近では結納金を省略するケースも増えていますので、両家でよく話し合いましょう。

結納金は、めでたい数とされる奇数の金額を包むのがしきたりです。50万円、70万円、100万円など、頭の数字が奇数の金額を包みます。

ポイント　婚約記念品を結納金に代える場合も

婚約指輪などの婚約記念品を結納金の代わりに贈ったり、記念品の代金を結納品の一部として考えたりする場合もあります。結納金をどうするか、お互いによく話し合って決めることが大切です。

関東と関西では習慣の違いがある

基本

結納金と結納返しの習慣は、地域によって異なります。

関東では、男性側が納めた結納金（御帯料）の半分を御袴料として返す「半返し」が一般的です。最近の傾向として、最初から結納金を半額にして結納返しを省いたり、現金ではなく腕時計などの品物で返したりするケースも増えています。これに対し、関西では、女性側から男性側に結納返しをしないのが一般的ですが、結納金の一割程度を嫁入りのときの土産物として贈る場合もあります。

双方の親の意見も取り入れながら、お互いが納得できる方法をよく話し合って決めましょう。

結納金だけを贈り合う場合も

結納品を省き、結納金だけを贈るというケースも。その場合は、赤白の結びきりの水引とのしがついた祝儀袋に結納金を入れます。表書きは、男性から贈る場合は「小袖料」「御帯地料」「御帯料」、女性からの結納返しは「御袴地料」「御袴料」にし、それぞれ自分の名前を入れます。

ポイント　結納の費用は両家で折半が理想

結納品を両家で贈り合う場合の費用は、それぞれ負担しますが、それ以外の結納でかかる会場代や食事代などの費用は、両家で折半するのが理想的です。

ただ、どちらかの家族が遠方から出向いた場合は、交通費や宿泊費がかかるため、もう一方の家族が負担する場合もあります。あとでトラブルにならないように、事前に取り決めておきましょう。

男性が一人で女性宅へおもむく場合

男性本人が進行役を務める

基本

仲人ではなく、男性側が女性宅を訪れるスタイルは、正式結納ではありませんが、礼儀や格式を重んじる場合によく行われています。

ただ、男性側の両親が遠方などの理由で同行できず、男性一人でおもむく場合も。そのときは、男性本人が進行役を務め、女性からの結納返しや受書は省略します。

当日の流れ

1 男性があいさつをする

男性は部屋に入ったら、結納品を床の間に置いてから、女性側にあいさつをする。

男性本人「このたびはご長女○○様との結婚をお許しいただき、ありがとうございます」

2 女性に結納品を差し出す

男性本人は一礼し、結納品をのせた結納台（または白木の台）を取り、再び一礼して正面を向けて女性本人に差し出す。

男性本人「結納の品を持参いたしました。幾久しくお納めください」

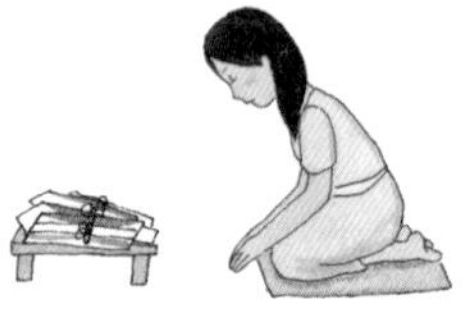

3 女性が結納品を受け取る

女性本人は一礼し、結納品を受け取る。本人、父親、母親の順に目録に目を通す。

女性本人「ありがとうございます。幾久しくお受けいたします」

母親が結納品を床の間に飾る。

4 男性が結びのあいさつをする

男性本人が結納式を終えるあいさつをしたら、全員で祝い膳を囲む。

男性本人「本日はありがとうございました。おかげさまで無事に結納を納めることができました。今後とも末長くよろしくお願いいたします」

両家食事会

初めての顔合わせの場なので、一般的な流れに沿って執り行うと、スムーズ。両家の親睦を深めましょう。

人気が高まっている婚約のスタイル

結納という形式にこだわりたくない、というカップルも多くいます。そういった理由から、主流になってきているのが、両家が一堂に会する食事会です。騒がしい場所は避け、料亭やレストラン（ホテルの中のものも含む）などの、落ち着いて話をできるような個室を予約するのが基本です。

場所が決まったら、予約時に、両家の顔合わせが目的である旨をお店に伝えておくと当日スムーズです。また、なるべくお日柄のよい日を選ぶようにしましょう。

アドバイス

食事会では、両家の親睦を深めるのはもちろん、挙式・披露宴はどうするかなど、今後のことを確認し合います。服装は、本人、両親、仲人など全員の装いの格を合わせるのが基本。男性はダークスーツやブラックスーツにネクタイ、女性はドレッシーなワンピースなどの、準礼装や略礼装で出席しましょう。

食事会の費用は、一般的には両家で折半します。本人たちが両家を招待し、費用を負担するケースも多くなっています。その場合は事前に両親に伝えておきましょう。どちらか一方が遠方から参加する場合は、もう一方が費用を負担することもあります。

両家の親の希望を確認

感染症流行時は、予防を考慮して、広めの店を選ぶようにしましょう。食事なしの顔合わせや、オンラインでの顔合わせも選択肢に入れて、両家の親の希望を充分に聞くことが重要です。無理に話を進めないように気をつけましょう。

食事会のチェックリスト

- ▢ 食事会の会場は、両家からちょうどいい距離にあるか
- ▢ 食事会の費用の分担はどうするか
- ▢ 婚約記念品の準備はしたか
- ▢ 相手の親の仕事や趣味などの基本情報を自分の親に伝えたか

話がはずむ席次で和やかな食事会に

アドバイス

食事会の席次には厳格な決まりがあるわけではありません。話がはずみやすいよう、上座、下座を気にせず座ってかまいませんが、基本的には両家の親が上座で、そのとなりに男性本人または女性本人が座ります。兄弟姉妹は年長から順に座ることが多いです。本人たちは、長テーブルの場合は下座に向き合うように座り、円卓の場合は隣り合うように座ると話がはずみやすく和やかな雰囲気に。

兄弟姉妹が出席するかどうかも決まりはないので、事前に両家で話し合って、招待するなら必ず両家の兄弟姉妹を招待します。どちらか一方だけ招待するのは基本的にNGです。

どちらか一方の親が新郎新婦に引越し代などを渡す場合、帰り際などにさりげなく渡しましょう。

食事会の流れ

1 進行役があいさつをする

進行役は、男性本人か男性の父親が務めるのが一般的。

2 乾杯し、親族を紹介する

男性本人が自分の家族の紹介をし、次に女性本人が自分の家族の紹介をする。

3 婚約記念品の交換

まず男性本人から「婚約の印として、記念品を贈らせていただきます」などと述べ、女性に婚約記念品を手渡す。次に女性本人がお返しを渡す。

↓

4 会食

男性本人か男性の父親が乾杯のあいさつをして（進行役の場合もそうでない場合も）、食事スタート。両家の親睦を深めながら、挙式までに決めておくべきことなどを確認し合う。話題に困らないよう、本人を通して事前に双方の両親のプロフィールを交換しておく。

↓

5 進行役がお礼とあいさつをする

席次の例

上座から、父親、母親、本人の順に座る。兄弟姉妹が出席する場合は、本人よりも下座側に座る。

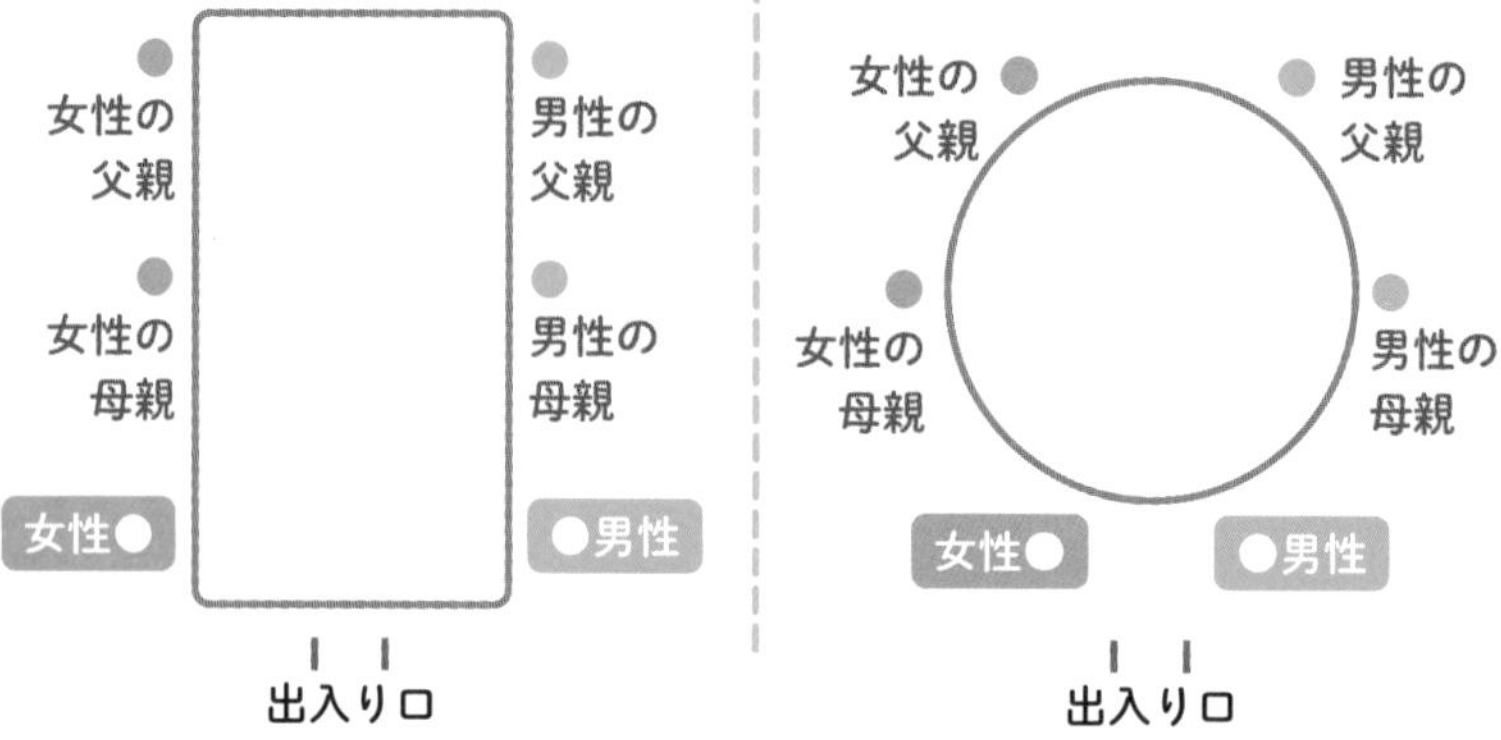

婚約パーティー・婚約式

友人・知人に囲まれたカジュアルな雰囲気を望むなら、婚約パーティーや婚約式を計画しましょう。

婚約パーティー

自由な形式でカジュアルに祝う

基本

欧米では、教会での厳粛な婚約式のあとに婚約パーティーが広く行われており、日本でも行うケースが少しずつ増えています。

主催するのは、本人でも友人でもかまいません。会場はホテルやレストランが一般的。披露宴に招待できない友人や知人も大勢参加し、にぎやかに祝うカジュアルなパーティーです。

アドバイス

婚約パーティーには形式はありませんが、司会進行は友人などに依頼し、婚約発表や婚約記念品の交換などのセレモニー的な要素を盛り込むとよいでしょう。

婚約パーティーの流れ

【司会者の開会の言葉】
↓
【婚約発表】
↓
【婚約記念品の交換】
↓
【本人からのあいさつ】
↓
【乾杯】
↓
【食事・歓談】

※出席者が歓談し、場が和やかになったら、婚約発表やあいさつを行うのもよい。

婚約式

家族や友人が証人になる人前婚約式が人気

基本

婚約式は、キリスト教徒が神の前で婚約を誓う儀式ですが、最近では無宗教の人前婚約式を行うケースが増えています。ホテルや結婚式場などを会場に、家族や友人が立会人となり、友人や知人が見守る中、婚約誓約書への証明や婚約記念品の交換をします。

人前婚約式には、とくに決まった形式はありません。自分たちでアイデアを出し合って、心に残る婚約式にしましょう。

婚約記念品の交換

結婚をするという意思表明として、記念品を贈り合います。思い出に残る品を選びましょう。

結婚を決意した記念に贈り合う

婚約パーティーや両家の食事会などの席で交換する婚約記念品。必ず贈らなくてはならないものではありませんが、婚約の席を特別設けない場合も、結婚を決意したという証しに贈り物の交換をするカップルが増えています。また、結納品や結納金の代わりに、婚約記念品の交換をするという場合もあります。

アドバイス

婚約記念品を交換するだけでも婚約の証しになります。家族や友人など、第三者に立ち会いをお願いし証人になってもらいましょう。

男性からの定番はエンゲージリング

男性から女性に贈る婚約記念品は、ダイヤモンドのついたエンゲージリング（婚約指輪）が主流です。リングのデザインはオーソドックスなソリテール（中央にダイヤを一粒配したデザイン）が人気が高く、そのほかダイヤをアーム一連に配したエタニティなど、デザインも幅広くなっています。セミオーダー、フルオーダーで注文するケースもあります。エンゲージリング以外では、時計、ネックレス、ピアス・イヤリングなどを贈ってもよいでしょう。

金額ではなく気持ちが大事

男性が婚約記念品にかける一般的な金額は、30万~40万円程度。しかし、大切なのは金額ではなく、記念品を交換して結婚に対する自覚を持つこと。無理のない金額で、心に残る品を贈り合いましょう。

女性から男性には時計などの実用的な品を

基本

男性へ贈る婚約記念品は、時計や洋服など、実用的な品が主流ですが、本人の希望を聞いて選ぶと喜ばれます。最近では、パソコンやオーディオ製品なども増えています。

婚約解消の仕方

何らかの原因で婚約を解消することになったら、金銭にまつわるものはすべて返却するなど冷静な対応を。

結論を出す前にじっくりと話し合いを

基本

婚約を交わしてから、人生観や結婚観などの相違が明らかになることも。まずは冷静に話し合い、それでも解決しない場合は、仲人などの第三者に間に入ってもらい、婚約解消を申し入れます。

明確な理由なしに一方的に婚約破棄を申し入れるなど、解消の原因が明らかに一方にある場合は、非のある側が損失のすべてを負担します。また、被害を受けた側は、慰謝料や損害賠償を請求したり、家庭裁判所に調停を申し立てることも可能です。

取り交わしたものは返し費用は折半に

婚約解消が決まったら、結納金、結納品、婚約記念品、交際中のプレゼントなど、相手からいただいたものはすべて返却をしましょう。

現金でいただいた場合は現金で返し、品物でいただいた場合は、相応の品物か現金、商品券で返すのが一般的です。もし、すでに式場や披露宴会場を予約してしまっている場合は、キャンセル料やそのほかにかかった費用を折半するのがルール。明らかにどちらかに非がある場合は、非のある側が負担をします。

ポイント　婚約解消の通知状を出す

【婚約解消通知状の例】

婚約通知状を送った人には、連名か本人の名前で、婚約を解消した旨を知らせる通知状を速やかに送ります。詳細な理由は書かず、婚約解消した事実とお詫びを兼ねた内容に。お祝いをいただいた人には、同額程度の商品券を添えて送りましょう。

拝啓
初夏の候、皆様にはますますご清祥のことと存じます。
晩冬の頃婚約成立の通知を差し上げておりましたが、やむをえない理由により、このたび婚約を解消することになりました。
ここに謹んでご報告するとともに、皆様にご迷惑をおかけしましたことを、心よりお詫び申し上げます。
敬具
令和〇〇年六月〇日
鈴木和也

Q&A 婚約

Q 結納での仲人夫妻へのお礼は、どのタイミングで渡すべきですか？

A 仲人と媒酌人が別の場合は、結納を終えて祝い膳を囲んだあと、両家連名の「御礼」として、引き出物とともにお渡しします。祝宴がないなら、表書きは「酒肴料」に。相場は、結納金の1〜2割ほどです。

結納に続き、仲人夫妻が挙式と披露宴の媒酌人も兼ねる場合には、挙式後に「御礼」として結納金の1割ほどを包みます。

Q 普段の生活では、あまり見かけない結納品。どこで買うことができますか？

A 結納品一式がそろうのは、百貨店やブライダルサロン、結納品専門店などです。

結納品や飾りつけすべてがセットになった「結納パック」を備えるホテルやレストラン、料亭もあります。

インターネット販売も便利ですが、店舗に足を運ぶと相談したうえで購入することができます。

仲人・媒酌人の依頼の例

- 「兼ねてより結婚するときは、○○様に仲人をお願いしたいと思っておりました」
- 「これまで公私にわたりご指導いただいております○○様に、ご媒酌をお願いしたいと思っております」
- 「ご承諾くださるようでしたら、あらためて席を設けさせていただき、両親から正式にご依頼を申し上げたく存じます」

依頼を断られたら 仲人や媒酌人を頼まれるのは、うれしい反面、負担が大きいのも事実です。状況によっては、断られることもあるでしょう。候補はあらかじめ、数人立てておきます。しかし数人同時に声をかけるのは大変失礼なこと。ほかに候補がいることをほのめかしたり、○○さんに断られたからと口を滑らすようなことは、絶対に避けましょう。

Q 二人の出身地が関東と関西。結納の慣習も違います。どちらに合わせるべきですか？

A 二人の出身地の違いによって慣習が異なる場合、女性が男性に合わせる傾向がありますが、結納品を飾っておくのは女性側です。お互いの環境や心情に十分配慮し、双方が納得いくまで、よく話し合いましょう。

また一般的には、関西式は関東式よりしきたりが複雑です。簡略化したいから関東式という選び方もあります。近年では、女性側から男性側に結納を行う習慣がない関西地域でも、結納返しをする場合が増えてきたようです。

Q 男性が女性側へ婿養子に入ることになりました。結納の形に変わりはありますか？

A 男性が女性側の姓を名乗ることに加えて、女性の両親と養子縁組する場合、男女すべてを逆にして結納を行います。

女性が結納品を贈り、結納返しは男性から。自宅で結納を行う場合、女性が男性宅を訪れます。

結納金は月収の3カ月分といわれ、結婚記念品も女性側で用意します。男性に贈る記念品は、腕時計やスーツ、最近ではパソコンなども人気です。女性が多く負担した結婚式の費用は、現代では折半することが増えました。

Q 会費制婚約パーティーに出席します。会費のほかにご祝儀が必要ですか？

A 会費制の婚約パーティーや婚約式には、重ねてのご祝儀は不要です。それとは別にお祝いの気持ちを伝えたいなら、祝いの品をあとから贈ります。ただし、荷物になる祝いの品を、当日持参するのは避けましょう。

封筒などに入れてしまうと、会費と別にご祝儀かと勘違いされることもあるので、会費は祝儀袋に入れず、そのまま渡してかまいません。この場合、むき出しになるので、できるだけ新しく折り目のないお札を使います。

スケジュールの目安

準備だけで疲れてしまわないように、二人でよく話し合いながら、余裕を持って進めましょう。

6カ月前

挙式・披露宴のスタイルを決める
キリスト教式や神前式など、二人に合ったスタイルを決める。

日取りを決める
二人の予定だけでなく、媒酌人や招待客が来やすい日時を選ぶ。

予算を立てる
二人の貯蓄などをふまえ、結婚式に使える資金の総額を出し、分配する。

会場を決める
ブライダルフェアやインターネットなどを利用して下見し、比較・検討する。人気の会場は1年前からうまっている場合もあるので、早めに行動を。

2～3カ月前

衣装を決める
予算の範囲内で、自分たちに似合うデザインを選ぶ。

招待客を決め、招待状を作り発送する
客層や人数を両家でそろえると、席次が決めやすい。
発送は2カ月前までに。

引き出物を選ぶ
一人分の引き出物の品数は奇数に。
お礼の気持ちを表現できる品を。

新生活の準備をする
新婚旅行や新居選びは、挙式準備と同時進行するとスムーズ。

1カ月前

スタッフの依頼と打ち合わせ
司会進行や受付を友人などにお願いする場合は、直接会って打ち合わせを。

披露宴の席次を決める
全員から出欠の返事が届いたら最終決定。遠方からの招待客には宿泊・交通の手配をする。

2週間前～前日

挙式・披露宴の最終打ち合わせ
媒酌人には前日に電話であいさつし、挙式・披露宴会場への支払いも済ませる。

媒酌人などへのお礼、お車代を用意する
必要な人数分より余分に用意をしておくと安心。

日取りの決め方

現代では、大安吉日よりも、本人や列席者の都合を優先するのが主流。早めに決めることも大切です。

招待客が来やすい日を選ぶ

基本

本人たちの都合はもちろん、媒酌人や招待客の都合も考慮しましょう。媒酌人にはあらかじめ都合のよい日を聞き、職場関係の招待客が多い場合は繁忙期を避けるなどの配慮が必要です。

以前は大安吉日に行うものでしたが、最近ではこだわらないカップルも増えています。ホテルや式場によっては、オフシーズンや仏滅の日に料金割引を設定している場合もあるので、日取りを決めるときに何を優先させるのかよく相談しましょう。

避けたい日取り

真夏や真冬

猛暑日に礼装で出かけるのはとくに年配の招待客にとっては負担。また、お正月や夏休みなどで出費がかさむので、避けたほうが無難です。

連休の中日

出かける予定を立てる場合も多いので、連休の中日はNG。ゴールデンウィーク中も避けましょう。

平日ナイトウエディングにも注目

土曜・日曜・祝日に休みが取れないカップルに人気なのが、平日の夜6時頃から行うナイトウエディング。会場によっては夜景を望むことができ、ロマンチックな雰囲気を演出できます。また、土曜・日曜・祝日に行う披露宴より価格も割安なことが多いのも魅力。ただし、遠方からの親戚や小さな子ども、年配の方は参列できない場合が多いので、友人中心のカジュアルな披露宴を開く場合に向いています。

六曜（ろくよう）とは？

冠婚葬祭の日取りを決める目安。六輝（ろっき）とも呼ばれ、中国古来の吉凶占いが原型です。現代では、本人や列席者の予定を優先し、日柄を重要視することは減ってきています。

先負（せんぶ・せんまけ）
静かに待つのが吉。午前は凶、午後は吉。

赤口（しゃっこう・しゃっく）
祝い事は大凶。新規のことも避けて何事も慎む日。正午は吉、朝夕は凶。

仏滅（ぶつめつ）
万事が凶。葬儀や法事は行ってもかまわない。

大安（たいあん）
結婚や開店など、すべてにおいて大吉の日。

先勝（せんしょう・せんかち）
早めに事を運ぶとよい日。午前は吉、午後は凶。

友引（ともびき）
大安の次に結婚によい日。朝夕は吉、昼は凶。弔事は避ける。

予算の立て方

二人の資金を算出して、優先順位を決めて使いましょう。今後の結婚生活に負担がかからないように注意を。

結婚資金の総額を出して予算を調達する

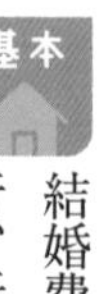

結婚費用には、結婚式や新婚旅行、新生活の準備までもが含まれます。まず、二人の貯金のほか、予想されるお祝い金、親からの援助を含め、費用の総額を計算します。お祝い金は、披露宴の招待客数×2万円を目安にしましょう。

料理・飲み物代、衣装代など細かく内訳された見積もりを早めにもらい、予算の調整をしましょう。また、見積もりより多く支払うことがあるので、予算には余裕を持たせておくと安心です。

割安な婚礼パックは内容をしっかりチェック

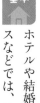

ホテルや結婚式場、ゲストハウスなどでは、料理・飲み物、招待状やメニュー表、写真撮影など、結婚式に必要なものをセットにしたプランを提供している場合があります。料金も割安なことから、人気が高まっています。

プランはそれぞれ異なるので細かくチェックを。また、プランに含まれているものはキャンセルすることができないので、注意しましょう。項目ごとに選べるセミオーダープランもあります。

内訳を細かくチェック！

ホテルや結婚式場の見積もりは基本的に無料。「料理・飲み物代」と「そのほかの費用の合計」がほぼ同額なら、信頼できる見積書といえます。そのほかが大幅に高い場合は確認を。

“挙式・披露宴費用の平均”

挙式、披露宴・披露パーティー総額	362.3万円
料理と飲み物の総額	119.4万円
ご祝儀の総額	227.8万円
衣装代（新婦）	48.8万円
衣装代（新郎）	17.0万円
ブーケ	4.6万円
婚約指輪	35.7万円
結婚指輪（２人分）	25.1万円
会場装花	17.9万円
引き出物（1人あたり）	6.1千円
写真撮影代	21.8万円
ビデオ撮影代	20.3万円
新婚旅行	65.1万円
見積もりより上がった金額	102.7万円

・招待客人数の平均は66.3人。
・見積もりより上がった理由の上位３位は、「料理を追加またはランクアップしたから」（65.2％）、「衣装を追加またはランクアップしたから」（62.4％）、「写真・ビデオを追加またはランクアップしたから」（50.1％）。

「ゼクシィ結婚トレンド調査2020」調べ
※データはあくまでも参考です。社会情勢により結果が大きく変動することがあります。

挙式・披露宴費用の両家の分担

以前は男性側が６割、女性側が４割を負担するのが一般的でしたが、最近ではそれぞれの招待客の人数分を支払うのが主流です。お互いに関係する費用は折半し、一方にしかかかっていない衣装代などは自己負担を。

挙式料……………………折半
宴席料……………………折半
料理・飲食代…………招待客の人数分
控室料……………………折半
衣装代……………………各自
美容・着つけ代………各自
写真・DVD代…………折半
引き出物代……………招待客の人数分
招待状……………………招待客の人数分
ウエディングケーキ……折半
装花・花束代…………折半
結婚指輪………………相手のものを負担
媒酌人へのお礼………折半

結婚にかかる主な出費項目

- **婚約・結納の費用**
- **婚約記念品（贈る場合は）**
- **結婚指輪**
- **挙式**
- **披露宴**
  会場使用料／料理・飲み物代／衣装・小物代／衣装などの持ち込み代／司会者・演奏家費用／ウエディングケーキ代／ブーケ・ブートニア代／会場装花・装飾代／引き出物代／写真・ビデオ撮影代／写真焼き増し代／媒酌人へのお礼・お車代（立てる場合は）／心づけ代／遠方客の宿泊・交通費
- **二次会**
- **新婚旅行（お土産代も含む）**
- **新生活準備（引越し代も含む）**

挙式のスタイル

オーソドックスなスタイルから個性的な演出までさまざま。自分たちらしいスタイルを選びましょう。

キリスト教式

最も人気のスタイル

キリスト教のしきたりに沿って行います。結婚式場やホテルに併設されているチャペルで行うのが主流。街の教会で行う場合、キリスト教信者でないと、結婚講座の受講などが使用条件に。

神前式

和にこだわるのなら

神道の作法にのっとった、古式ゆかしい挙式スタイル。結婚式場やホテルの神殿のほか、披露宴会場を併設している神社も増えています。

人前式

自分たちらしさを表現

無宗教の挙式スタイル。列席者全員が結婚の証人になること以外は、自由にアレンジできます。親の世代には理解を得にくいので、きちんと説明を。

仏前式

墓のある菩提寺で行う

先祖へ感謝し、仏前に来世まで連れ添うことを誓うスタイル。両家どちらかの先祖代々の墓がある菩提寺で行うのが基本ですが、自宅の仏間に僧侶を招いて行うこともあります。

海外挙式

新婚旅行を兼ねた特別感のあるスタイル

海の見える教会や由緒正しい聖堂など、新婚旅行も兼ねて、海外ならではのロケーションで式を挙げるカップルも増えています。以前は二人だけで挙式をするのが主流でしたが、親族や親しい友人を招く場合もあります。

手配は海外挙式を得意とする旅行代理店などに依頼をするのが安心。渡航手続きが必要なので、3~5カ月前には申し込みましょう。同行者に旅費を負担してもらう場合は必ず本人に相談し、ご祝儀は遠慮しましょう。

●オリジナル

会場自体も楽しめる個性あふれるスタイル

結婚への価値観の多様化に伴い、挙式のスタイルも既存の枠にとらわれないカップルが増えています。

代表的なのが、北海道、軽井沢、信州、箱根、沖縄といった国内有数の観光地で行うリゾートウエディング。その土地ならではの風景や食を楽しめるのが人気の理由です。ほかにも、テーマパークや美術館などの個性的な会場なら、ゲストの心に残る印象的な挙式にできます。

施設によってはブライダルプランが用意されていることもあるので、ホームページなどを確認しましょう。また、プロデュース会社などにアレンジを依頼するのもよいでしょう。

挙式を行えるさまざまな施設

【文化遺産】

世界文化遺産に登録されている神社や歴史的な建造物などでは、ブライダルプランを提案していることも。ほかにはない厳かな雰囲気が魅力。

【アウトドア】

キャンプ場や山岳リゾートなど、大自然に囲まれながら行うスタイルも人気。挙式後は全員でバーベキューを楽しむなど、カジュアルな雰囲気。

【テーマパーク】

独自のブライダルプランを用意しているテーマパークも。披露宴後にテーマパークで遊べる場合もあり、大人も子どもも楽しめる。

【美術館】

ホールやガーデン、敷地内にあるチャペル、併設されたレストランなどで挙式を行う。美しい景観でのフォトウエディングプランを用意している施設もある。

食事のスタイルの例

●和風

料亭などで会席をいただく。親族が中心の少人数での披露宴に向いている。

●シッティング・ブッフェ

バイキング料理を、決められた自分の席でいただく。料理のコストが抑えられるのが利点。

●立食パーティー

バイキング形式の料理を立食でいただく。自由に歓談できるので、カジュアルな披露宴向き。

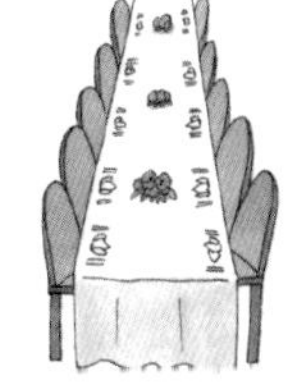

●正餐（せいさん）形式

決められた席に座り、コース料理をいただく一般的なスタイル。フランス料理が多い。

ブライダルフェア

会場選びには、実際の雰囲気を知るのが一番。各会場で行われるブライダルフェアに参加しましょう。

ブライダルフェアで実際の雰囲気を体験する

基本 披露宴の会場を決める前には、必ず下見を。結婚情報誌やインターネットなどで情報を集め、その中から3～4軒に絞って足を運びましょう。会場によってはブライダルフェアを開催している場合も。模擬挙式や模擬披露宴、テーブルコーディネートなども見学できるので、実際の雰囲気を把握することができます。

アドバイス 会場の雰囲気と二人のイメージが合っているか、会場までのアクセス、チャペルなどの雰囲気をチェックしてノートにまとめておきます。

気に入った会場は仮予約をする

自分たちが希望する条件に合う会場が見つかったら、念のため仮予約をしておくと安心です。仮予約の前に会場に見積もりを取り、じっくり検討しましょう。また、仮予約期間は一週間程度なので、その間に両家の親と相談したり、ほかの会場と比較をしたりしましょう。

最終的に会場を決めたら、内金を納めて正式な予約をします。仮予約期間中ならキャンセルしてもかまいませんが、正式予約後はキャンセル料がかかるので注意を。

会場下見はオンラインでも

感染症流行時には、感染症予防対策として、オンラインでの相談サービスを行う会場も増えています。プランナーが動画で会場を案内してくれるなど、実際に会場を見て歩いているように雰囲気などを確認することができるサービスです。事前に二人で披露宴のイメージなどを共有してから参加するようにしましょう。

キャンセルや延期の費用

感染症の感染拡大状況などによって、予定していた挙式や披露宴を延期しなければならない場合もあります。会場を正式予約する前に、延期やキャンセル、人数変更をしなければならなくなった場合に発生する料金を確認しておきましょう。会場の規約を確認し、不安要素は担当者にあらかじめ相談を。

ブライダルフェアでのデモンストレーション

【模擬披露宴】

実際の披露宴と同様にセッティングされた会場で、コーディネート、演出、スタッフなどを確認できる。

【模擬挙式】

新郎新婦役のモデルが挙式を行うのを、参列席で見る。新郎新婦の見え方や演出、式の進行を確認できる。

【試食会】

無料の場合は婚礼料理の一部を、有料の場合はフルコースを試食できる場合が多い。

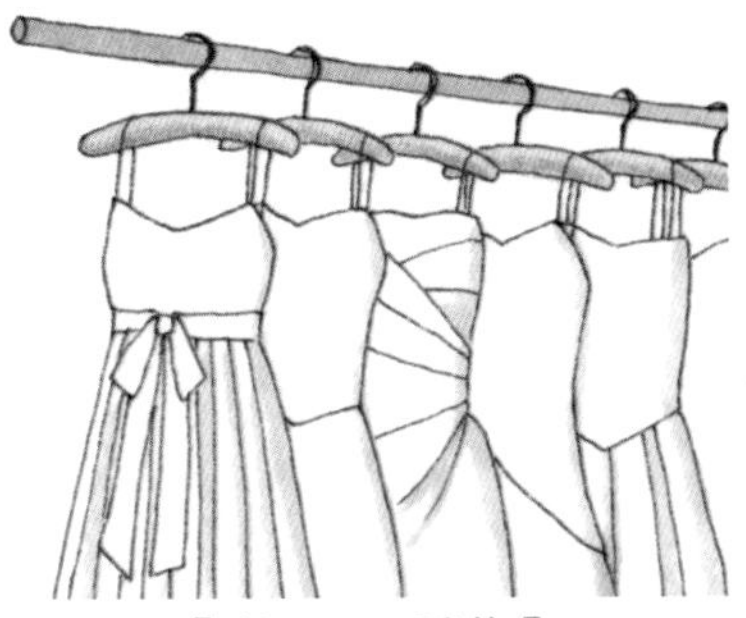

【ドレスの試着】

各式場でそろえているレンタル衣装を試着できる場合も。人気が高いので事前予約が必要。

《 ブライダルフェアでチェックしたいポイント 》

【挙式・披露宴】

- ▢希望のスタイルで挙式・披露宴ができるか
- ▢会場の雰囲気が自分たちに合っているか
- ▢会場の装飾・装花のセンス
- ▢テーブルや座席間の間隔は十分か
- ▢挙式・披露宴会場の収容人数

【料理】

- ▢料理の種類・味・盛りつけ
- ▢フリードリンクの内容
- ▢子ども向け・年配者向けのメニューの有無

【そのほか】

- ▢衣装・引き出物の品ぞろえ
- ▢持ち込みできるものとできないもの
- ▢ヘアメイク・ブーケのセンス
- ▢交通の便はよいか（駐車場の有無など）
- ▢照明・音響設備はどうか
- ▢披露宴で希望の演出はできるか
- ▢希望の日取りの空き状況
- ▢一日の挙式組数は多すぎないか
- ▢見積もりの金額は予算内でおさまるか
- ▢スタッフの印象はどうか
- ▢列席者用の着つけ・美容室・更衣室はあるか

新婦の衣装〈洋装〉

自分のイメージに合うドレスを選ぶ

基本 新婦の衣装には洋装と和装がありますが、挙式・披露宴のスタイルに合うものを選びましょう。圧倒的に人気なのがウエディングドレス。デザインは多種多様ですが、基本のシルエットは6種類なので、自分の好みのイメージをある程度固めてから、ドレス選びをするとスムーズです。

アドバイス 厳粛な教会での挙式には、肌を露出したドレスは不向き。テーブルの間隔があまり広くないレストランなどでは、動きやすいAラインやスレンダーラインを選びましょう。

ウエディングドレスのシルエット

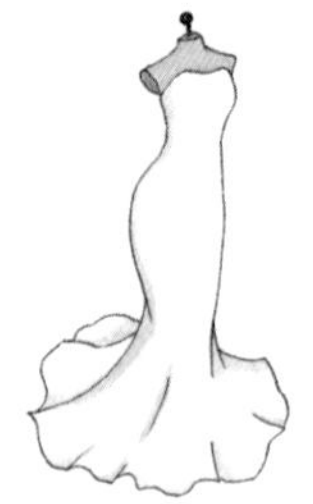

マーメイドライン
上半身から腰、膝あたりまでをフィットさせ、膝下から広がるエレガントなドレス。

ベルライン
ウエストを細く絞り、裾にかけてベルのようにふくらませた、可愛らしい印象のドレス。

プリンセスライン
上半身はフィットしたデザインで、腰からふんわりと広がりのある正統派のドレス。

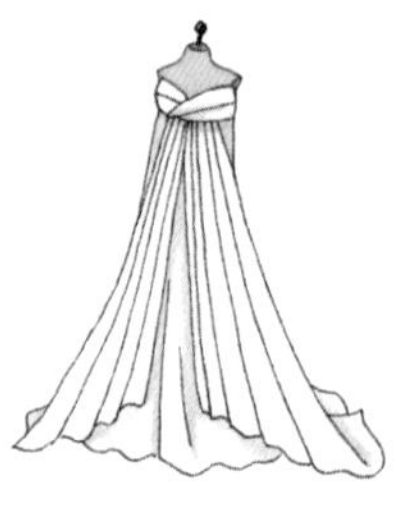

エンパイアライン
胸のすぐ下に切り替えがある、ボディラインが目立たないデザイン。おめでた婚にも。

Aライン
体型をあまり選ばない、アルファベットのAのように裾に向けて広がったデザイン。

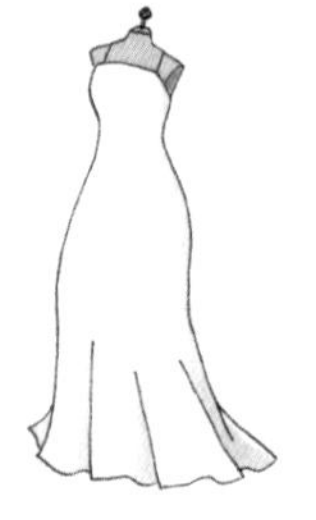

スレンダーライン
背の高い人向きの、たてのラインを強調したシンプルなドレス。大人っぽい印象に。

自分に似合うデザインであるのはもちろん、会場の雰囲気にふさわしいデザインを選びましょう。

ブーケ選びでドレスの印象が左右する

基本

ブーケはドレスと調和したデザインにし、挙式用と披露宴用の2パターン用意するのが一般的。白系やピンク系などの生花を使ったものが主流ですが、造花やプリザーブドフラワーを使う場合も。

花の種類や色、デザインを選ぶときは、まずドレスとの相性を考えるとよいです。会場の装花と同じ花や色にしてそろえると、全体のバランスが取れます。

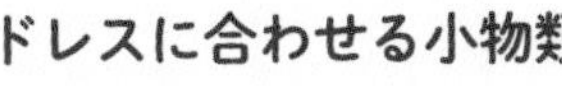

ドレスに合わせる小物類

●靴
ドレスと共布が正式。ヒールの高さは新郎の背丈に合わせる。

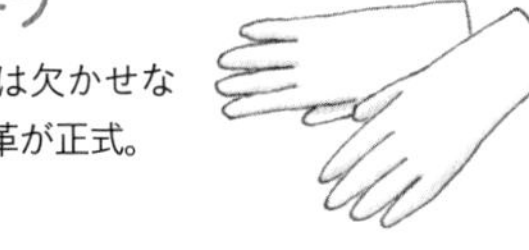

●グローブ
正礼装には欠かせない。白い革が正式。

●ヘッドドレス
ティアラ、クラウン、ボンネ、ブーケと同じ生花など。

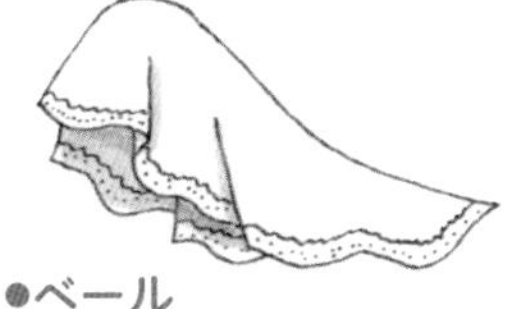

●ベール
丈が長いほど格式が高くなる。

●パニエ
スカートのボリュームを出すための下着。

●アクセサリー
ドレスを引き立てるものを選ぶ。清楚なパールが一般的。

ウエディングブーケの種類

ラウンド
オーソドックスなデザイン。

クラッチ
野の花を束ねたイメージの、可憐なデザイン。

キャスケード
逆三角形のエレガントなデザイン。

オーバル
楕円形のボリュームのあるデザイン。

ハンドバッグブーケ
ハンドバッグ型のカジュアルなデザイン。

クレッセント
優雅なカーブが特徴の気品のあるデザイン。

新婦の衣装〈和装〉

気品ある伝統的な装いは、神前式ではもちろん、ホテルでの披露宴などでも選ばれることが増えています。

伝統的な和装は格調高い雰囲気に

神前式などで選ばれることの多い和装は、日本ならではの伝統を感じさせる、格式高い衣装です。

中でも最も格式が高いのが、着物や小物すべてを白で統一した白無垢（しろむく）。また、白無垢と同様に格式のある色打掛（いろうちかけ）は、華やかな印象なので披露宴の衣装として人気があります。

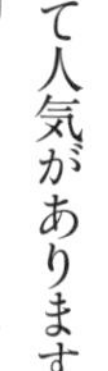

そのほか、裾を打ち掛けのように引いた引き振袖も正装です。最近では、江戸時代の武家の正式な婚礼衣装でもあった黒引き振袖の魅力が見直されています。

主な和装のスタイル

【白無垢】
打掛、掛下（打掛の下に着る着物）、帯、扇子など、すべてを白で統一した正礼装。

【色打掛】
鶴亀などの縁起のよい柄が金糸銀糸で刺しゅうされた、朱や紫などの色地の豪華なもの。

【黒引き振袖】
袖丈約120cmの本振袖。長身の女性は大きな図柄、小柄な女性は細かな柄が似合う。

洋装から和装へのお色直しは避けて

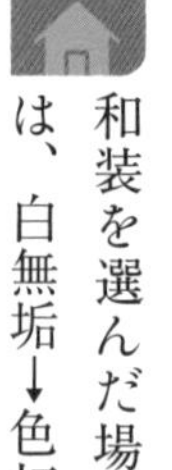

和装を選んだ場合のお色直しは、白無垢→色打掛→ドレス、もしくは、色打掛→振袖→ドレスなどのパターンがあります。ただし、洋装から和装にお色直しをすると、ヘアメイクに時間がかかるため、避けたほうが無難です。

挙式のときは角隠しか綿帽子を

基本

和装の場合、髪型は上品で優雅とされる文金高島田に結うか、文金高島田のかつらをかぶるのが基本です。かつらの場合は、自分の頭のサイズに合った、できるだけ軽いものを選びましょう。そして、挙式時には角隠しか綿帽子をかぶります。

白無垢なら角隠し、綿帽子どちらでもOKですが、色打掛なら角隠しにしましょう。いずれも、披露宴では外すのがルールです。

メイクもナチュラル志向に

伝統的な和装のお化粧は白、赤、黒の三色で仕上げます。肌は白塗りにし、唇は赤い口紅で小さめに描き、眉は笹眉に。最近では、ブラウン系のアイシャドウを使い、自然な肌色に仕上げるなど、よりナチュラルなメイクをする場合が増えています。

【文金高島田】

未婚女性の代表的な髪型。現代ではかつらを使用する場合が多い。

【綿帽子】

白無垢の際にやや深めにかぶる白い布。額まで覆うため、お色直ししやすいような髪型にする場合も。

【角隠し】

文金高島田の上にかぶる帯状の白い布。江戸時代に女性がほこりよけにかぶったものが由来。

和装に合わせる小物類

●扇子

白骨で、扇面は金銀無地のもの。「末広」とも呼ぶ。

●履物

白の草履に、白絹の足袋を合わせる。

●懐剣

帯にさす短剣。白の組み紐を胸に垂らす。

●掛下

打掛の下に着る、白羽二重の着物。

●はこせこ

化粧道具や懐紙を入れる袋。胸元の合わせにさしこむ。

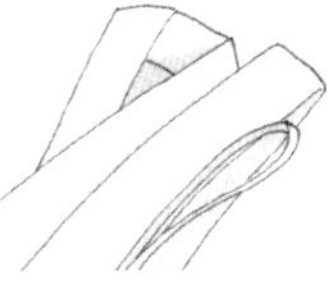

●半衿、帯揚げ、帯締め

着物に付随する小物はすべて白で統一する。

新郎の衣装

新郎の正装は、着る時間帯によって種類が分かれるのが基本ですが、新婦とのバランスを優先して選んで。

結婚式の時間帯で装いが変わる

新郎の正礼装は時間帯によって変わります。午前中や昼間ならモーニングを。夕方以降ならテールコートかタキシードが一般的です。

モーニングは、前裾が大きくカットされた丈の長い上着とたて縞のズボンを合わせます。テールコートは、上着の後ろ身ごろがツバメの尾のように長いのが特徴。タキシードは夜の正礼装で黒の蝶ネクタイとカマーバンド（幅広のベルト）をつけます。最近では、昼間の結婚式にタキシードを着るなど、自由に選ぶ人が増えています。

新郎のスタイル

【テールコート（夜の正礼装）】

上着、ズボンともに黒が正式。白のウィングカラーのシャツに、白のベスト、白の蝶ネクタイをつける。

【モーニング（昼の正礼装）】

上着は黒、ズボンはグレーと黒のストライプが基本。タイはシルバーグレーか白黒の結び下げなどを。

【黒五つ紋付羽織袴】

黒羽二重の五つ紋付羽織に、仙台平などの縞模様の袴を合わせる。帯はグレーかこげ茶の角帯。

【タキシード（夜の正礼装）】

ひだ胸のシャツに黒の蝶ネクタイ、黒のシルクサテンのカマーバンドをつける。

新婦とのバランスを優先して選ぶ

新郎の衣装は、新婦の衣装と格を合わせ、並んだときにバランスのよいものを選ぶのが基本です。新婦がウエディングドレスなら、新郎はモーニングやテールコートといった洋装の正礼装を、新婦が和装の白無垢なら、新郎は和装の正礼装である、黒五つ紋付羽織袴を選びます。

新婦がお色直しをしない場合は、新郎もお色直しの必要はありません。また、新婦がお色直しでカラードレスや振袖に衣装を変える場合は、新郎も正礼装のタキシードや色紋付羽織袴に衣装を変えてもよいでしょう。タイやチーフなどの小物類の色を新婦のドレスと合わせると、二人のバランスがよくなります。

ブートニアはブーケと同じ花を

ブートニアの歴史は中世のヨーロッパまでさかのぼります。恋人にプロポーズすることを決心した男性が、恋人の元に行く途中の道に咲く花を摘み、ブーケにして女性に贈り、結婚を申し込みました。女性は、結婚を承諾した証しとして贈られた花の一輪を男性の胸に返したことがブートニアの始まりとされています。

ブートニアは、新婦のブーケと同じ花で作るのが基本。上着の左襟に飾ります。

アイデア　お色直しは制服で印象的な演出を

ゲストを驚かせるような演出をしたいというカップルに人気なのが、新郎がお色直しのときにパティシエの格好をしてゲストにケーキをふるまうという演出。また、パイロットや看護師など、特徴的な制服を着る職業の場合は、お色直しで制服を着て登場することも。親戚や友人に普段の自分の姿を見せることができ、喜ばれます。

両親・媒酌人の衣装

両親・媒酌人は、新郎新婦と同格の正礼装が基本です。新郎新婦を引き立てる、気品ある装いを。

洋装

新郎新婦と格を合わせるのがマナー

基本　媒酌人夫妻は新郎新婦に、両親は媒酌人夫妻に格を合わせるのが基本。媒酌人がいない場合は、両親は新郎新婦に合わせます。洋装の場合は、男性は昼間ならモーニング、夕方以降ならタキシード、女性は昼間ならアフタヌーンドレス、夕方以降ならイブニングドレスがよいでしょう。

アドバイス　新郎新婦を引き立てる、格を合わせた装いをしましょう。とくに母親は、媒酌人夫人より派手にならないように気をつけます。

洋装のスタイル

夜

女性　イブニングドレス

男性　タキシード

女性の正礼装のイブニングドレスは、袖なしで肩や胸元が開いたロング丈のデザイン。上質なジュエリーなどで華やかに演出しましょう。

昼

女性　アフタヌーンドレス

男性　モーニング

女性は、昼間は肌の露出を控え、アクセサリーも控えめに。女性の場合、ツーピースよりワンピースのほうが、格が上がります。

柄や小物も正礼装にふさわしいものを

基本　和装の場合、男性は新郎と同じ黒五つ紋付羽織袴を着用します。女性は、既婚女性の正礼装である黒留袖(くろとめそで)が一般的です。

色留袖でも、五つ紋付なら正礼装として着用してもかまいません。その場合は、相手の母親と色留袖でそろえる必要があるので、事前に相談しておきましょう。その場合、媒酌人夫人より派手にならないよう、柄や帯の格に注意しましょう。

アドバイス　最近では媒酌人と父親が洋装、媒酌人夫人と母親が和装という組み合わせが多く見られます。お客様を迎えるという立場に合わせ、品格のある装いを心がけましょう。

和装のスタイル

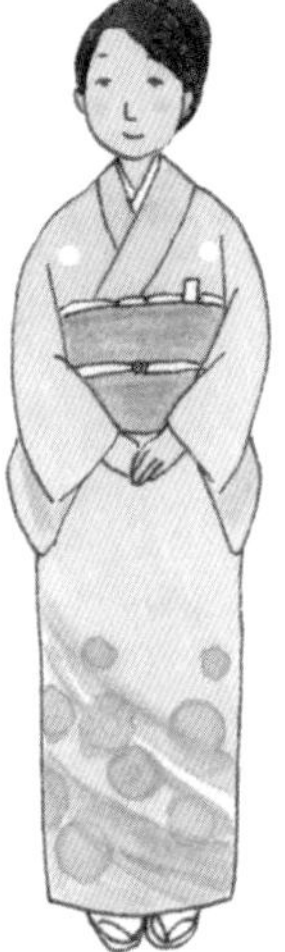

【色留袖】

色留袖の場合、五つ紋が入ると、正礼装として着用することができる。

女性

【黒留袖】

松竹梅などのおめでたい裾模様のある黒地の着物。帯は、金銀箔使いの吉祥紋織りの袋帯をしめる。

男性

【黒五つ紋付羽織袴】

新郎と同様か袴の縞が細かい地味なものを。足袋、扇子、鼻緒は白でそろえる。

カジュアルな式なら洋装のほうがベター

レストランウエディングやガーデンウエディングなどのカジュアルな結婚式の場合は、両親ともに洋装を選ぶケースが増えています。
会場が狭い場合や立食パーティーのときは洋装のほうが動きやすいでしょう。また、媒酌人夫人が和装でも、母親は洋装にして問題はありません。

親族・子どもの衣装

親族という立場で列席する場合は、格を大切にしながらも、少し控えめな装いを。子どもは制服が礼装です。

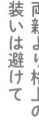

両親より格上の装いは避けて

基本

親族という立場上、格をわきまえながらも控えめな装いをするのがマナーです。祖父母は新郎新婦に近い間柄なので、新郎新婦の両親や媒酌人の装いに準じます。そのほかの男性親族は、昼夜兼用のブラックスーツが一般的です。年が若い場合は、ダークスーツでも失礼にはあたりません。

親戚の既婚女性は、黒留袖、色留袖やアフタヌーンドレスなどのややあらたまった装いが基本。未婚女性は、振袖が正礼装ですが、訪問着やセミアフタヌーンドレスでもよいでしょう。

親族のスタイル例

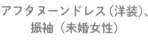

女性

アフタヌーンドレス（洋装）、振袖（未婚女性）

男性

ブラックスーツ

ポイント　女性はヘアスタイルもフォーマルに

せっかく衣装にこだわっても、普段通りの髪型では台なしです。フォーマルな場なので、きちんとした印象のあるアップスタイルやハーフアップスタイルにしましょう。また、ヘアアクセサリーは上品な印象のカチューシャやシュシュなどを選び、コサージュやティアラなど、新婦と同じようなヘアアクセサリーは避けましょう。

子どもは制服が礼装になる

基本 子どもの礼装には特別なルールはありませんが、小・中・高校生なら、学校の制服が礼装になります。制服を着る場合は、汚れていないかを確認し、スカートの丈を短くしたり、ズボンを下げてはいたりしないように注意しましょう。

制服がない場合は、男の子ならブレザーに蝶ネクタイをしたり、女の子ならワンピースにコサージュをつけたりして、普段より少しあらたまった、晴れの場にふさわしい装いを心がけましょう。

洋服を新しく用意しなくても、手持ちのお出かけ着で、また、家族全員で服装の雰囲気を合わせると、とても印象がよくなります。

子どものスタイル例

制服がない場合

男の子は蝶ネクタイをして髪をセットしたり、女の子は髪をパーティー用にアレンジしたり、少しの工夫でフォーマルな印象に。

制服の場合

小・中・高校生の礼装は制服。靴はスニーカーではなく、黒や茶色の革靴をはく。髪もまとめ、きちんとした印象になるように注意を。

アイデア フォーマルな装いで子どもならではの演出を

挙式・披露宴では、子どもが新郎新婦のお手伝いをすることも。フラワーガールやリングボーイを頼まれたら、専門店でフォーマルなスーツやドレスをレンタルするなどして、可愛らしい装いにすると場が明るくなります。

リングガール＆ボーイ

挙式のときに新郎新婦が交換する結婚指輪をのせたリングピローを運ぶ。

フラワーガール＆ボーイ

バージンロードを歩く新婦を、花びらをまいて清めながら先導する。

引き出物

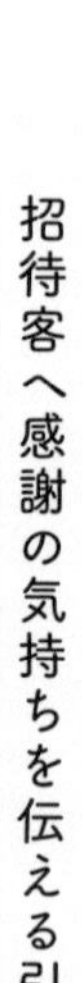

招待客へ感謝の気持ちを伝える引き出物。招待客に合わせて何種類か用意するなど、気配りも大切です。

引き出物の予算は飲食費の3分の1を目安に

披露宴に列席してくれた人へ贈る引き出物は、記念品や引き菓子などをセットにして渡すのが基本です。引き出物の数は割り切れない奇数が縁起がよいとされ、記念品、引き菓子、カットしたウエディングケーキを合わせた3品が主流。地域によっては、5品、7品の場合もあります。

お金

招待客1人あたりの引き出物の金額は、披露宴での1人あたりの飲食費の3分の1程度を目安に用意をしましょう。3千～5千円の記念品と、千円程度の引き菓子が一般的です。

招待客に合わせて何種類か用意する場合も

招待客全員に同じものを贈るのではなく、年齢や新郎新婦との関係性によって引き出物の内容や金額を変える場合もあります。

たとえば、夫婦で列席した方へ贈る場合は、夫人分に別のものを用意すると、とても喜ばれます。また、とくにお世話になった媒酌人夫妻などには、特別な品を贈り、感謝の気持ちを表現してもよいでしょう。

中身が異なっていても、同じ大きさの紙袋で用意をしておけば、受け取った側も気になりません。

引き出物は持ち込める?

引き出物は披露宴会場で購入するケースがほとんどですが、好みの品がなかったり、予算が折り合わなかったりした場合は、外部のショップで購入し、持ち込むことも可能です。ただし、持ち込み料を請求されることがあります。また、記念品か引き菓子のどちらかを会場でオーダーする場合は、持ち込み料がかからないことも。一品でも持ち込む場合は、必ず事前に会場に確認をしましょう。

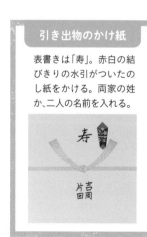

引き出物のかけ紙

表書きは「寿」。赤白の結びきりの水引がついたのし紙をかける。両家の姓か、二人の名前を入れる。

寿

吉岡
片田

定番は好きなものが選べるカタログギフト

基本 近年、とくに人気で定番となっているのが、招待客が自由に選べるカタログギフトです。かさばらないので持ち帰りやすく、何を選ぶかは招待客に委ねられるので、贈る側の手間も省くことができます。

カタログギフトに次いで人気なのが食器類です。利用した披露宴会場と提携しているショップで選ぶことが主流です。

ポイント カタログギフトは、招待客が手ぶらで帰るような印象があるため、両親があまり好ましく思わない場合も。地域によっては、品物を贈るのが当たり前ということもあるので、両親ともよく相談して決めることが大切です。

引き出物の二大トレンド

●**カタログギフト** 65.2%

実用品、食品、エステ、旅行など、幅広い品から選択できる。

●**食器類** 29.1%

実用的で、好き嫌いが分かれない、無難なデザインを選ぶことが多い。

そのほか、タオル・傘などの生活用品（21.2％）、キッチン用品・調理器具（6.9％）、インテリア用品・置物（2.2％）など。「ゼクシィ結婚トレンド調査2020」調べ

マリッジリングは3カ月前までに

結婚式直前になると準備に忙しくなるので、結婚指輪は半年前か、遅くとも3カ月前までには決めましょう。とくに、デザインから描き起こすオーダーや、何種類かのパターンから組み合わせを選ぶセミオーダーをする場合は、納品までに時間がかかるので、早めの行動が肝心です。

素材はプラチナを選ぶ人が全体の8割程度。また、結婚指輪は毎日するものなので、男性は石がついていないシンプルなデザインを、女性は控えめにダイヤがついたデザインを選ぶ人が多数を占めています。

購入価格の平均は二人分25.1万円で、男性は女性に、女性は男性に贈るのが主流です。

招待客の決定・招待状の作成

両家のバランスを考えて招待客を決めたら、挙式の2カ月前までには招待状を発送しましょう。

招待客をリストアップし優先順位をつける

披露宴の予算から招待客のおおよその人数を決めたら、双方で招待したい人をリストアップし、検討します。まずは①主賓（外せない人）、②親族、職場の上司、恩師、親友など必ず招待したい人、③友人など、できれば招待したい人に分類し、そのなかからさらにスピーチや受付などのスタッフをお願いしたい人にチェックをつけていきます。もし人数が多いときには、③でチェックのついていない人のなかで調整しましょう。式場から席次表を取り寄せ、席次を想定しながらリストアップするのもポイントです。

人数や顔ぶれは両家でそろえるのが基本ですが、どちらかの親戚が遠方に住んでいるなどの理由で、難しいこともあります。そのような場合は、席次を決めるときに、両家の境があいまいになるようにするなどして、うまく対応をしましょう。

招待状の差出人は新郎新婦の連名が主流に

本来、招待状の差出人は親の名前が一般的でしたが、最近では新郎新婦の連名で出すことが増えています。目上の人には親の名前で送るなど、相手によって差出人名を変えるのもよいでしょう。招待状は挙式の2カ月前までに発送し、1カ月前までに出欠を確認できるようにしましょう。

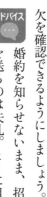

婚約を知らせないまま、招待状を送るのは失礼。とくに目上の人には電話や手紙、メール（「メールで失礼します」とひと言添えて）で報告をしてから送りましょう。

発送時の工夫で受付をスムーズに

招待状に芳名カードを同封し、記入して会場に持って来てもらうと、受付での記帳の手間が省けます。さらに、感染症流行時に記帳のペンの使いまわしや、受付に招待客が並ぶことを避けられます。最近では、タブレットなどに、スマートホンの画面に表示したQRコードをかざして記帳なしで受付ができるサービスもあります。

招待状の文例

【新郎新婦の連名で出す場合】

謹啓　初春の候　皆様にはますますご清栄のこととお慶び申し上げます
このたび　私たちは新しい人生をともに歩むことになりました
つきましては　私たちの門出に際し　日頃お世話になっている皆様に心よりの御挨拶を申し上げたくささやかな披露の宴を開かせていただきます
お忙しいところ誠に恐れ入りますが
ぜひご出席くださいますようお願い申し上げます
謹白

令和○年○月吉日

山崎　恭吾
小林みどり

記

日時　令和○年○月○日　午前十時開宴
場所　○○○○ホテル　○○○○の間
(同封の地図をご参照ください)

※お手数ながら○月○日までに同封の返信用はがきにてご返事をいただけますと幸いです

【親の名前で出す場合】

謹啓　初春の候　皆様にはますますご清栄のこととお慶び申し上げます
さて　このたび　島田毅様ご夫妻のご媒酌により
山崎三夫　長男　恭吾
小林　寛　次女　みどり
両名の婚約がととのい　挙式の運びとなりました
つきましては末永くご厚誼を賜りたく　ご披露かたがた心ばかりの粗宴をさしあげたく存じます
ご多用中誠に恐縮ですが　ご来臨くださいますよう
謹んでご案内申し上げます
謹白

令和○年○月吉日

山崎三夫
小林　寛

記

日時　令和○年○月○日　午前十時開宴
場所　○○○○ホテル　○○○○の間
(同封の地図をご参照ください)

※お手数ながら○月○日までに同封の返信用はがきにてご返事をいただけますと幸いです

招待状のポイント

- 招待状の封筒には、招待状、出欠の返信用はがき、会場までの地図を同封する。
- 招待状には、新郎新婦の氏名（または親の氏名、媒酌人がいる場合は媒酌人の氏名）、挙式・披露宴の日時と場所、出欠の返信のしめ切り日を明記する。
- お祝い事のフォーマルな手紙には、「区切る」を意味する句読点を使わない。また、文章は１文字下げで段落を作らず、頭ぞろえかセンターぞろえにする。
- 披露宴でスピーチや余興を依頼したい人には、その旨を記した手紙を同封する。

席次の決め方

序列を守ることはもちろん、面識のある人同士を同席にするなど、招待客が楽しめる配置にすることも大切。

序列に注意して失礼のない席次を

主賓は新郎新婦に最も近い上席に、両親と親族は出入り口に最も近い末席に座るのがルールです。上座から順番に、①主賓、②目上の人（上司や恩師）、③仕事の関係者、④友人や同僚、⑤親族、⑥兄弟姉妹となるように席次を決めていきましょう。

新郎新婦と媒酌人夫妻は、上座の高砂席に座り、高砂席に向かって左側に新郎側の招待客、右側に新婦側の招待客が座ります。とくに会社関係の席次には注意が必要で、上座から役職順に決めます。役職が同じで迷う場合は、会社の先輩に確認を。席次は序列を表すものとされているため、上座下座に注意を払い、慎重に決定します。

面識のある人同士が同じテーブルになるように配慮をしましょう。初対面同士になってしまう場合は、年齢や立場を合わせるようにします。

席次表は間違いのないよう何度も確認すること

席次を決めたら、席次表をつくります。これは、披露宴当日、招待客が受付で受け取り、自分の席を探して着席するためのものです。会場のレイアウトに、肩書きと名前を記したものが一般的で、会場や会場の提携業者に頼むケースが多いものの、外部の業者に頼んだり、自ら手作りしたりする人もいます。

席次表で名前や肩書きに間違いがあると、失礼にあたります。とくに肩書きは変わるものなので、自分が把握している肩書きが最新の肩書きなのか、よく確認する必要があります。新郎新婦だけではなく、両親や同僚、友人など何人かの人に確認をお願いするなど、細心の注意を払いましょう。名前の表記に間違いや抜けがないか、上座下座の配置に問題はないか、人間関係に配慮されているか、などもあわせて複数人でよく確認すると安心です。誤りがあると、修正にも費用がかかります。

一般的な席次の例

【丸テーブルの場合】

ホテルや結婚式場の一般的なスタイル。ゲスト同士が話しやすいので、和やかな雰囲気に。人数調整もしやすい。

媒酌人　新郎　新婦　媒酌人夫人

媒酌人を立てない場合は、メインテーブルに新郎・新婦のみが座る。

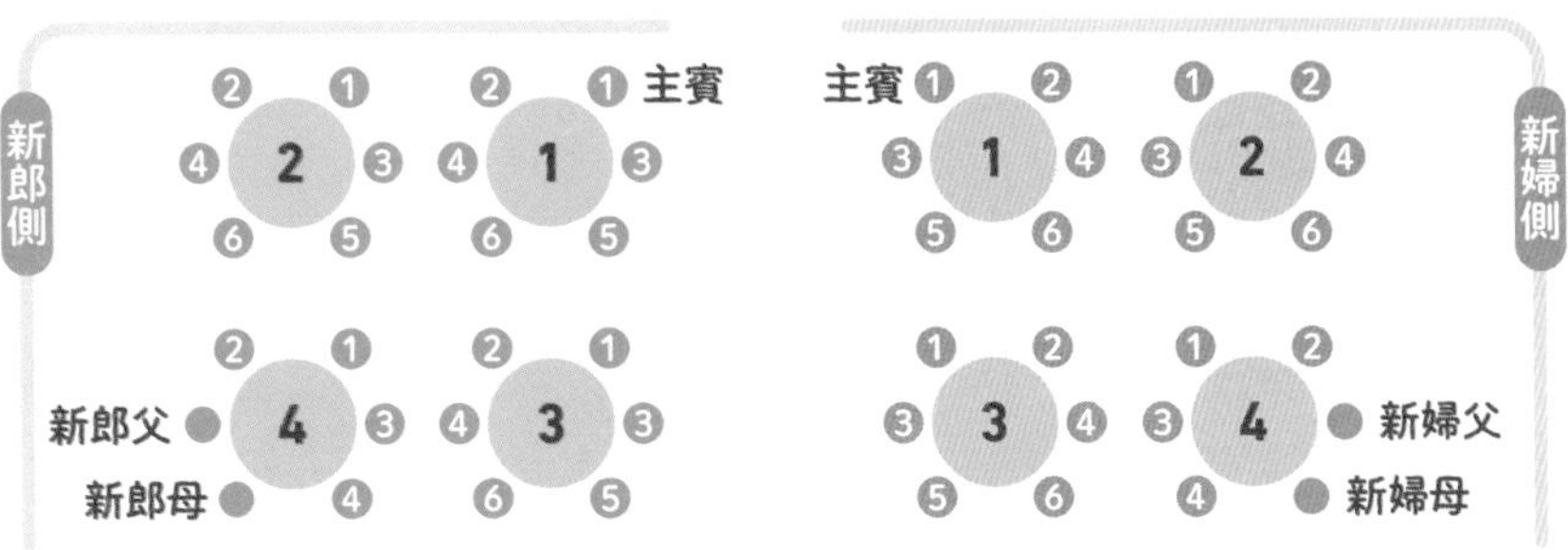

【長テーブルの場合】

格式高い雰囲気にしたい場合は、長テーブルでレイアウトを。

媒酌人　新郎　新婦　媒酌人夫人

媒酌人を立てない場合は、メインテーブルに新郎・新婦のみが座る。

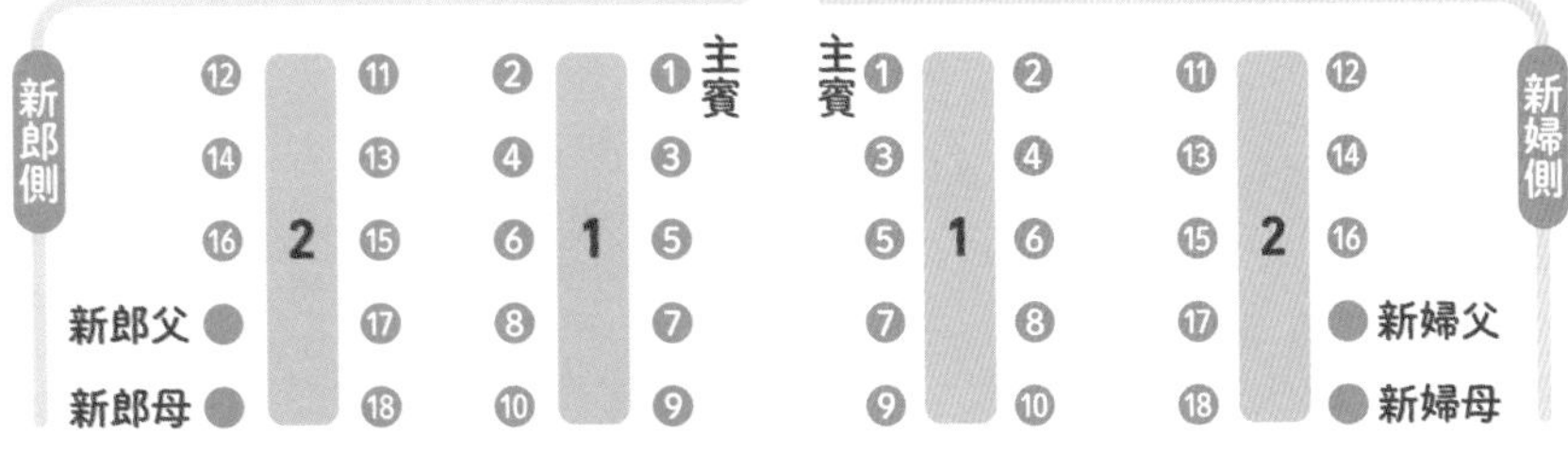

ソーシャルディスタンスに配慮した席次

感染症流行時に感染予防を配慮するなら、席次を決める時点で1卓あたりの着席人数を減らしたり、テーブル数を減らして間隔を広げたりして、ソーシャルディスタンスを保つようにレイアウトするとよいでしょう。ただし、そのぶん会場に収容できる招待客の人数が減ってしまうので、ひとつ上の広い会場を選ぶ必要がでてきます。

本来は80人の招待客が着席できる会場でも、余裕を持ったレイアウトにすると50人程度しか着席できなくなることもあります。広くなるほど会場費も上がるため、プランナーとよく相談して決めましょう。披露宴は食事をする場でもあるため、招待客が安心して出席できるよう配慮することが大切です。

演出の準備

披露宴の印象を左右する演出。招待客全員が楽しめるような、心温まる演出を用意しましょう。

招待客の心に残る楽しい演出を

基本

挙式・披露宴のスタイルと同様に、演出の方法も多岐にわたっています。キャンドルサービスやブーケトスなどの定番の演出に加え、招待客全員で参加できるものなど、さまざまな演出が行われるようになっています。また、ウエディングプランナーに演出を一任する場合もあります。

ポイントは、お祝いにかけつけてくれたすべての招待客が楽しめるような内容にすること。会場によってはできない演出もあるので、担当者に事前に確認をしましょう。

挙式の演出

新郎新婦が愛を誓う挙式は、最高に幸せな時間。招待客からの祝福を一身に受けられる、愛にあふれた演出を。

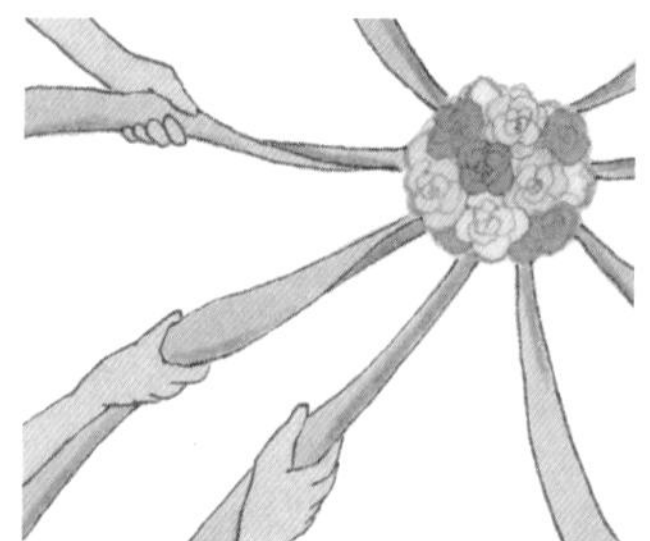

【ブーケプルズ】

新婦のブーケに何本かリボンをつけ（1本だけブーケとつなげる）、引き当てた人が次の花嫁になるというもの。

【フラワーシャワー】

挙式を終えた新郎新婦が教会の外に出てくるときに、列席者が花びらをかけて祝福する。

【ベールガール＆ボーイ】

新婦が入場するときに、子どもがベールを持つ可愛らしい演出は、会場が和やかな雰囲気に。

【ブーケトス】

新婦がブーケを後ろ向きに投げ、受け取った女性が次の花嫁になるという、定番の演出。

披露宴の演出

披露宴のさまざまな場面を彩る演出。
自分たちらしい方法で、招待客へ感謝の気持ちを伝えましょう。

☑ゲストを迎える演出

披露宴会場の入り口には、招待客への感謝の気持ちを表現するアレンジを。

【ペーパーアイテム】

席次表やメニュー表などをオリジナルで準備する場合も。手書きのメッセージを添えると喜ばれる。

【ウエルカムアイテム】

受付に新郎新婦に見立てたウエルカムドールを置くなど、招待客を出迎えるための心のこもった演出。

【ウエルカムボード】

新郎新婦の名前や結婚式の日付、メッセージなどを書いたボード。リボンや花など飾りつけは自由。

☑披露宴の最中の演出

招待客全員が楽しめる、顔ぶれや年齢層に合った演出を考えるのがポイント。

【生演奏】

ピアノ、ジャズバンド、弦楽四重奏、ゴスペルシンガーなど、歓談中のBGMをプロに依頼する場合も。

【映像・スライド上映】

新郎新婦の生い立ちや出会いを映像やスライドで紹介。招待客との写真を盛り込むなどの工夫を。

【キャンドルサービス】

お色直しのあと、新郎新婦が招待客の各テーブルをまわってキャンドルに火をともす、定番の演出。

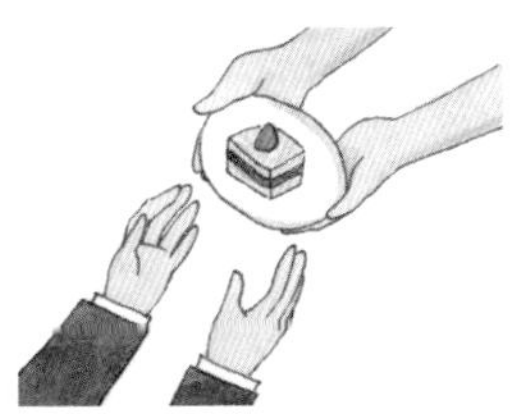

【ケーキサーブ】

切り分けたウエディングケーキを新郎新婦が招待客に配る。一人ひとりと短い会話ができるのも魅力。

【デザートブッフェ】

会場に併設された庭などを利用し、立食形式でデザートを楽しむ演出。披露宴の合間の息抜きにも。

【シャンパンタワー】

高く積み上げたシャンパングラスの上から新郎新婦が一緒にシャンパンを注ぐ、ゴージャスな演出。

☑披露宴を終えるときの演出

家族や招待客への感謝の気持ちをしっかり伝えることができる演出を。

【プチギフト】

新郎新婦が招待客を出口でお見送りするときに、お菓子や石けんなどのプチギフトとともにお礼を伝える。

【エンディングムービー】

招待客への感謝を込めて、映画のエンドロールのように、招待客全員の名前を紹介する映像を流す。

【新婦からの手紙】

これまで育ててくれた感謝を印象的なエピソードを交えながら文章にすれば、親はもちろん招待客の心にも届くはず。

☑ゲスト参加型の演出

招待客も一緒に楽しみながらお祝いの気持ちを共有できる、人気の演出。

【ドレスの色当てクイズ】

新婦のお色直しのドレスが何色かを当てるクイズ。正解の人には商品券などを贈る。

【キャンドルリレー】

招待客全員がキャンドルを持ち、新郎新婦からの灯をとなりの人へつないでいく。

【リングリレー】

バージンロードに沿って渡したリボンに結婚指輪を通し、招待客全員で協力して新郎新婦の元へ届ける。

☑サプライズ演出

感謝の気持ちをより印象的に伝えたいなら、相手が驚く演出が効果的です。

【招待客から新郎新婦へ】

招待客を思って準備を進めてきた新郎新婦へ、歌や演奏を披露するなど、招待客からもサプライズでお返しを。

【新郎新婦から両親へ】

ケーキカットに参加してもらったり、新郎から父親へ手紙を読んだり、両親への感謝を伝える演出もおすすめ。

【新郎から新婦へ／新婦から新郎へ】

面と向かって言えない言葉をメッセージビデオとして用意するなど、結婚式ならではの愛にあふれた演出。

マタニティウエディングの場合

妊娠が分かってから結婚を決めるカップルも増えています。新婦に負担がかからないように配慮しましょう。

新婦の体調を第一に考えて

基本

近年おめでた婚が急増していることから、通常よりもスピーディーに準備ができるようにサポートしてくれるプランを実施するホテルや結婚式場も増えています。マタニティウエディングで最も考慮したいのが、新婦の体調。妊娠初期に準備が重なると心身への負担がかかるので、つわりがおさまり、安定期に入る妊娠5カ月頃から準備を始め、8カ月頃までに式を挙げるのが理想です。妊娠を公にしたくない場合でも、式場の担当者には、必ず妊娠中であることを伝えましょう。

無理のないウエディングスタイルを選ぶ

基本

挙式・披露宴を行わずに記念写真だけを撮影したり、親しい身内だけのパーティーを開いたりなど、スタイルもさまざまです。両家で話し合い、納得のいく方法で結婚を祝いましょう。子どものお披露目も兼ねて、出産後にファミリーウエディングを選ぶカップルも増えています。

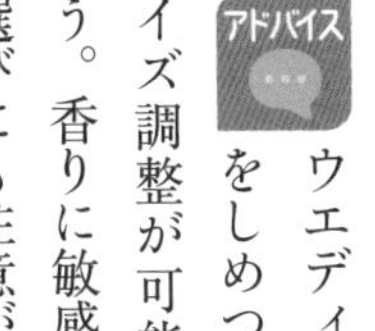

アドバイス

ウエディングドレスは、おなかをしめつけないデザインや、サイズ調整が可能なものを選びましょう。香りに敏感になる時期なので、花選びにも注意が必要です。

新婦に負担をかけないために

- □ マタニティウエディングのプランがある式場を選ぶ
- □ 式場の担当者に妊娠中だと伝える
- □ 主治医に挙式・披露宴を行う旨を相談する
- □ ドレスは1週間前に最終的な試着をする
- □ 挙式・披露宴は新婦に負担のないプログラムにする
- □ 挙式会場と披露宴会場の移動距離を短くする

係の依頼

親しい友人や親族へ受付などの仕事をお願いするときにも、マナーを守ることが大切です。

親しい間柄への依頼でもマナーを大切に

基本

披露宴では、プロのスタッフだけでなく、受付や撮影などの係を友人や親族にお願いする場合があります。たとえ親しくても、依頼をするときはきちんと礼儀を守りましょう。係を依頼するときは、招待状を送る前に、電話などで必ず確認を取ります。そして、招待状にあらためてお願いの手紙を同封するのがマナーです。

係を務めてくれた友人には披露宴後に謝礼を手渡したり、新居に招いておもてなしをするなどして、感謝の気持ちを丁寧に伝えましょう。

司会と撮影係はプロに依頼してリスク軽減

アドバイス

司会と撮影係は、負担が大きいのでプロに依頼するほうが賢明です。司会は事前の打ち合わせがあるばかりではなく、披露宴の最中は料理やお酒をほとんど口にできません。司会の話し方や進行によって、披露宴の雰囲気は大きく左右されるため、プロに任せるのが安心です。どのような雰囲気の披露宴にしたいのか、演出プランを事前に伝えておきましょう。

あとから撮り直しできない写真や動画の撮影も責任重大です。プロに任せてリスクを軽減しましょう。

スケジュールの目安

3カ月前

招待客をリストアップしたら、どの係を友人や親族にお願いするかを決め、お願いできそうな友人や親族に電話などで相談をする。

2カ月前

披露宴の演出を決定する。司会をプロに依頼する場合は、このタイミングで依頼するとスムーズ。

2週間前

スタッフをお願いしている人へ最終確認をする。司会者にはスピーチや余興をお願いしている人の詳細を伝え、当日の進行を確認する。撮影係にも当日の進行表を渡し、どのタイミングでの撮影が必要かを相談する。

披露宴に必要なスタッフ

☑司会者

プロに依頼することがほとんどで、会場が提携している司会者を紹介されることが多くあります。打ち合わせをして自分たちの披露宴とは合わないと感じたら、ほかの人に替えてもらえないか担当者に相談してみましょう。もし友人に依頼する場合は司会の経験があり、人前で話すのが得意な人にお願いしましょう。

☑撮影係

どの会場にも専属のプロカメラマンがいることがほとんどです。専属だと、その会場でどこから撮影するのがベストなのか把握していて、式の段取りも分かっているので、写真の仕上がりにも差がでてくる場合があります。どのタイミングでどういうカットを撮ってほしいのか、事前に打ち合わせしておくと間違いありません。

☑受付係

会場の受付で招待客を一番最初に迎える係です。ご祝儀を受け取って、芳名帳への記帳をお願いし、席次表を渡すことが仕事です。会場の案内をすることもあります。新郎、新婦それぞれから１～２名ずつ依頼しましょう。気心の知れた礼儀正しい友人や後輩、いとこなどに依頼するのが一般的です。

☑スピーチ、余興

招待客を代表して、披露宴中に祝辞を述べたり、芸を披露したりします。スピーチは本人たちのことをよく知っている近しい人に依頼します。余興を何組かに頼む場合は、内容が重複しないように打ち合わせをしておきます。新郎、新婦それぞれ、職場関係者や友人など異なる立場の人を２～３名選びましょう。

☑会計係

受付係がまとめたご祝儀を受け取って保管し、披露宴の追加料金などを精算して新郎新婦に報告する係です。大金を扱うため、家族や親族などの身内に任せることが多くなっています。責任感が強い人に依頼しましょう。

係の人に伝えておきたい感染予防対策

披露宴はたくさんの人が集まり、お祝いの雰囲気で気が緩みがちになります。けれども、感染症が流行しているときには注意が必要です。とくに係の人には、感染予防に配慮したふるまいをしてもらえるようお願いしておきましょう。

司会者にはどのようにアナウンスをしてほしいか事前に伝えておき、スピーチを依頼した人にも、大声を出しすぎないようお願いしておくと安心です。

余興をやる人同士や、余興をやる人と招待客の距離は近くなりがちなもの。招待客と保ってほしい距離などをプランナーと相談して、ソーシャルディスタンスを保ちながら余興ができる場所を確保し、余興をお願いする人とも注意点を共有しておきましょう。

謝辞の準備

披露宴の最後を飾る謝辞。形式はありますが、自分の言葉で、素直に感謝を伝えることが大切です。

最近では新郎が謝辞を述べるのが主流

基本

披露宴の最後に、挙式・披露宴に来ていただいた方へのお礼の気持ちを述べる謝辞。新郎の父親が両家を代表して述べるのが基本ですが、場合によっては、新婦の父親や新郎の親族が述べてもかまいません。

最近では、父親に続いて新郎が謝辞を述べたり、父親の代わりに新郎が代表で述べたりすることが一般的に。また、新郎新婦が並び、新郎に続いて新婦があいさつをすることも。自分たちらしい感謝の伝え方を選んでみてはいかがでしょうか。

素直な表現で感謝の気持ちを伝える

謝辞の表現には、ある程度の決まりはありますが、あまり堅苦しくならず、自分の言葉で素直に感謝の気持ちを表現しましょう。新郎の父親なら両家からのお礼、新郎なら本人たちからのお礼を込めて、簡潔にまとめることも大切です。また、新郎のあいさつに続けて、新婦が感謝の気持ちをひと言述べてもかまいません。

披露宴の最後を飾る大切な場面なので、緊張するのは当然です。事前に原稿を用意し、読む練習をしっかりしておきましょう。

謝辞で気をつけたいポイント

- 披露宴の終了間際なので、長々と述べるのは避ける。
- 背筋をすっと伸ばし、ゆっくりでもかまわないので、堂々と話すように心がける。
- 原稿はできれば見ずに、会場を見渡しながら話す。
- 両親へ手紙や花束を渡す演出をする場合は、招待客にお礼と断りを述べてから行う。

心に伝わる話し方のコツ

原稿を用意して、練習をしっかりしておくのが大切。本番では、要点を書いたメモを持っておくと安心できます。内容を暗記できなければ、原稿をチラチラ見るのではなく、堂々と出して読むほうが印象もアップ。また、下を向いていると表情が分からず、声も聞きづらいので、視線は上に向け、明るく、笑顔で話しましょう。

謝辞文例

【新郎の謝辞文例】

皆様、本日はお忙しいところ、
私たち二人のためにお集まりいただきまして、
ほんとうにありがとうございました。
また、皆様からのお心の込もったお祝いのお言葉や、
あたたかい激励のお言葉をいただき、
心より御礼申し上げます。
私たちは皆様の支えがあったからこそ、
晴れてこの日を迎えることができました。
皆様からいただいたお言葉を胸にとめ、
二人で力を合わせて幸せな家庭を築いていきたいと思います。
未熟な私たちですが、
皆様にはこれまで同様に、
温かく見守っていただきますよう、お願い申し上げます。
本日はまことにありがとうございました。

構成の基本

出だしで集まっていただいたことへの感謝を述べてから、新生活に対する決意を述べる。そして、今後のお付き合いをお願いし、最後に感謝を述べて結ぶ。職場関係の招待客が多い場合は、今後の引きたてを願う言葉を入れてもよい。

【新郎の父親の謝辞文例】

ただ今ご紹介にあずかりました、新郎の父・山崎三大でございます。
小林・山崎両家を代表いたしまして、
お礼のごあいさつを申し上げます。
本日はお忙しい中、大勢の皆様にご臨席を賜り、
まことにありがとうございました。
先ほどより新郎新婦に対し、温かい励ましの言葉をいただき、
感謝の気持ちでいっぱいでございます。
また、本日ご媒酌いただいた
○○ご夫妻には厚くお礼申し上げます。
なにぶん未熟な二人でございますが、
どうぞこれからも皆様のお力添えを賜りますよう、
お願い申し上げます。
簡単ではございますが、
皆様のご健康とご多幸をお祈りいたしまして、
お礼の言葉とさせていただきます。
本日はまことにありがとうございました。

構成の基本

出だしであいさつをし、列席者と媒酌人へ感謝を述べる。そして、今後も新郎新婦を支えてほしいとの願いを述べ、再度感謝の気持ちでしめくくる。列席者へのお礼と媒酌人へのお礼の順は、逆でもかまわない。

お礼の準備

披露宴を開くにあたり、お世話になった人たちへは謝礼を渡すのが礼儀です。しっかり用意をしましょう。

前日までに用意し渡し忘れないように注意

挙式・披露宴を執り行うには、さまざまな人のサポートが不可欠です。お世話になった方々には、挙式・披露宴当日に感謝の気持ちとともにお礼を渡しましょう。

媒酌人への謝礼や御車代、式場スタッフへの心づけ、司会や受付の係を依頼した友人への謝礼など、お礼にはさまざまな種類があり、手渡すタイミングや金額が異なるので、前日までにきちんと用意をしておきましょう。いずれも祝儀袋に入れ、表書きは「寿」や「御礼」などにします。

媒酌人以外のお礼は家族や親族から渡す

基本

媒酌人には、披露宴後に両家の両親と新郎新婦がそろってあいさつに伺い、お礼を渡すのがマナーです。そのほか、会場のスタッフや友人へは、家族や親族から手渡します。

新郎の友人に受付を依頼した場合は新郎の親から、新婦の美容スタッフには新婦の親からというように、それぞれお世話になった側からお礼を渡すのが基本。お礼は、それぞれの家族や親族で管理しましょう。両家でお世話になった人には、どちらから渡すかを事前に決めておくとスムーズです。

会場スタッフへの心づけは、サービス料が料金に含まれている場合は必要ありません。

また、当日急に仕事を友人にお願いすることもあるので、心づけは多めに用意をしておきましょう。

《お礼を渡す人リスト》

- □媒酌人
- □司会をお願いした友人
- □受付をお願いした友人
- □撮影をお願いした友人
- □式場スタッフ
- □遠方からの親戚
  （「御車代」として渡す）

お礼の渡し方

	表書き	金額の目安	いつ渡す？
媒酌人	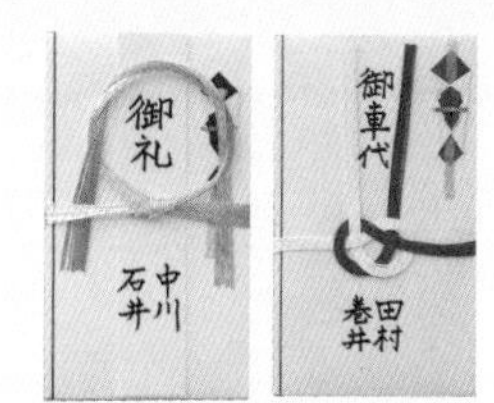 「御礼」または「御車代」に、両家の姓を書く。水引は金銀または赤白の日の出結びかあわじ結び。手渡すときは塗り盆か、菓子折りの上にのせる。	謝礼は10万～30万円（いただいたお祝いの1.5～2倍程度）。御車代は、遠方からの場合は実費の1.5倍、近距離の場合はタクシー代の3倍。	式場に用意してもらった別室で、両家の両親と新郎新婦がそろって手渡す。「本来ならば日をあらためてお伺いしなければならないところ、こちらで失礼いたします」とお礼を述べるのを忘れずに。手渡したら、全員で車寄せまで見送りを。
友人	「寿」「御礼」などに、両家の姓を書く。水引は赤白のあわじ結び（印刷されている祝儀袋でもよい）。	司会を頼んだ場合：2万～3万円／受付・撮影・配車を頼んだ場合：3千～1万円	披露宴終了後に渡す。スピーチや余興を頼んだ友人には謝礼は不要。現金の代わりに商品券でもよい。
宗教者へのお礼	   表書きは、教会へは「献金」、神社へは「初穂料」、寺院へは「御布施」などに（ともに水引は金銀または赤白のあわじ結び）。	5万～10万円	挙式料とは別の、宗教者へのお礼。式終了前かあとに、本人か両親、親族から手渡す。
式場スタッフ	 表書きは「御祝儀」などに。赤白の結びきりの水引が印刷された祝儀袋やポチ袋に入れてもよい。新婦がお世話になったスタッフには新婦の名を、双方がお世話になったスタッフには双方の名を書く。	美容師・着つけ係・介添人・会場係：3千円程度	「よろしくお願いします」とあいさつをし、披露宴が始まる前に渡す。ホテルや結婚式場によっては規則で受け取れない場合があるので、事前に確認を。

二次会の準備

幹事は親しい友人に依頼をして、新郎新婦はゲストとして参加するのが一般的です。

友人を中心に招くカジュアルなパーティー

基本

披露宴のあとに、挙式・披露宴に招待できなかった友人や知人が中心となり、二次会を開いてくれる場合もあります。二次会は決まり事のない自由なパーティー。カジュアルな雰囲気なので、新郎側、新婦側の友人同士の交流の場にもなります。

まず、ゲスト全員が参加できるゲームや余興などを取り入れたにぎやかな会にするのか、新郎新婦がゲストとゆっくり話せるような雰囲気にするのかなど、二次会のテーマを決めることから準備をスタートしましょう。

幹事やスタッフは3カ月前には決める

ポイント

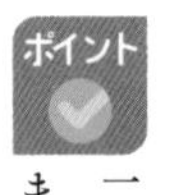

二次会も披露宴同様に、さまざまなスタッフを友人にお願いするのが一般的です。披露宴の2～3カ月前までには依頼をするようにしましょう。

二次会の中心的な役割となる幹事は親しい友人に依頼し、準備を進めてもらうのが一般的です。一人だと準備が大変なので、新郎側と新婦側それぞれに1名ずつ依頼するなど、複数人にお願いをしましょう。そのほか、司会、受付、スピーチ、余興などが必要な場合はお願いをします。

人気な二次会の会場

新郎新婦はもちろん、披露宴に列席した友人も二次会に参加することがあるので、移動の手間を極力省くため、披露宴会場と同じか近い場所を選ぶとよいでしょう。「二次会を行った」と回答したカップルは全体の41.2%。会場は、下記のTOP3のほか、居酒屋（12.5%）、パーティースペース（7.9%）、ホテル・式場のレストラン（2.8%）などを利用しています。

二次会会場の人気 TOP3

1位	カフェ・バー…30.2%
2位	レストラン…22.6%
3位	ホテルの式場・宴会場…16.5%

「ゼクシィ結婚トレンド調査 2020」調べ
※データはあくまでも参考です。社会情勢により結果が大きく変動することがあります。

スタッフへのお礼も忘れずに

アドバイス　二次会が終わったら、幹事や受付など、係を務めてくれた友人へ、プレゼントとともにお礼を伝えましょう。そのほか、出席してくれた参加者には、帰り際に500～千円程度の記念品を渡してもよいでしょう。

二次会の会費の目安

お金　二次会はほとんどが会費制で、7千～9千円が相場です。幹事や受付を務めてくれた友人からは会費をもらわないようにします。

会場への支払いは会費でまかない、ゲームの賞品代など準備の諸経費は新郎新婦が負担するのが一般的です。食事は、人数の調整がしやすいブッフェ形式が主流です。

二次会の進行の例

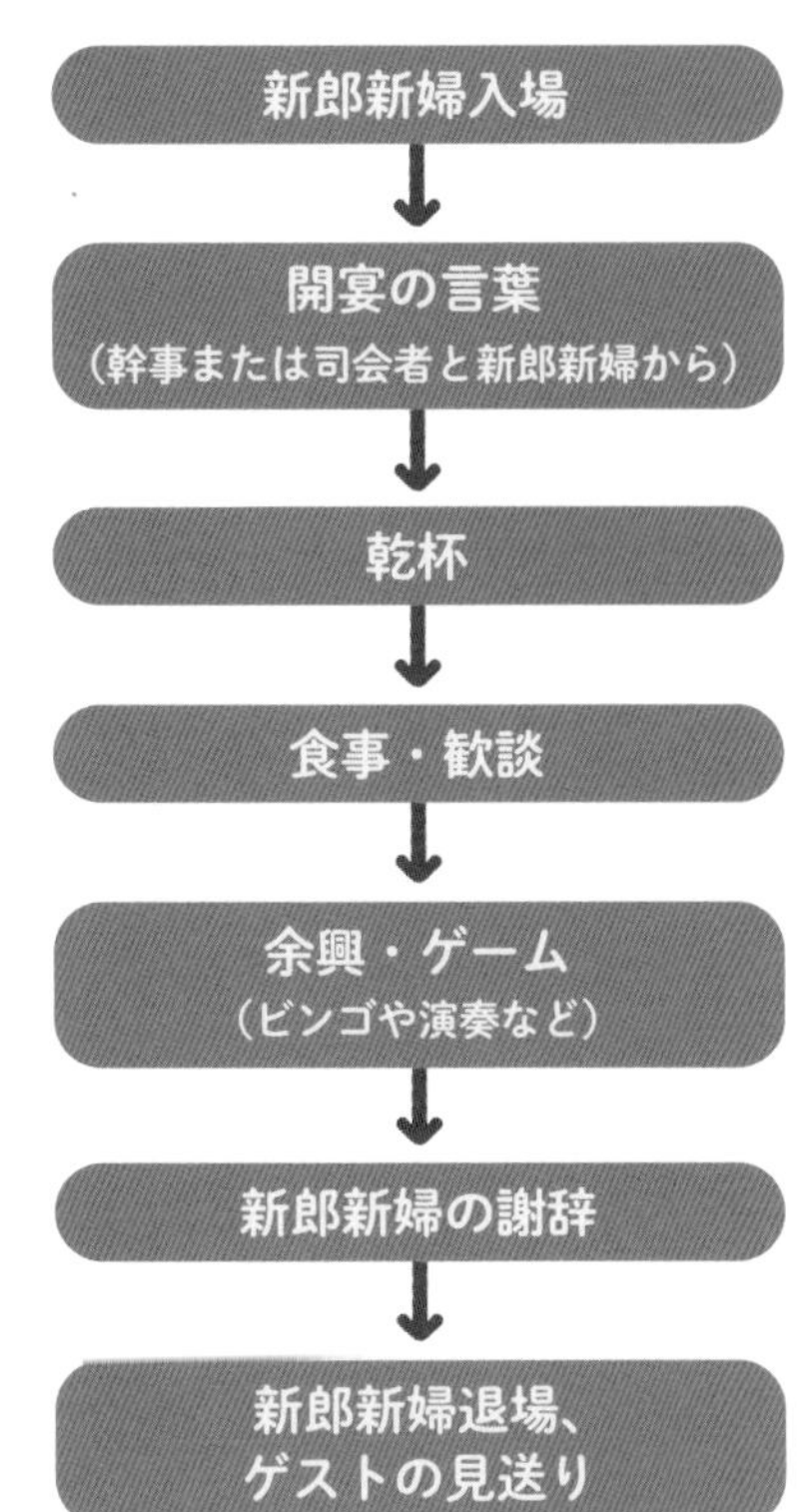

※幹事が中心となり、参加者全員で新郎新婦をもてなすスタイルが一般的。新郎新婦は、当日はゲストとしておもてなしを受ける。

二次会の服装マナー

新郎新婦は披露宴で着用した同じドレスやスーツのまま出席する場合が一般的ですが、着替えるなら、新郎はブラックスーツ、新婦はカクテルドレスに。
招待客は、披露宴ほどフォーマルである必要はありませんが、お祝いの席なので、きちんとした印象になるように気をつけましょう。

新生活の準備

披露宴の準備で忙しくなる前に、新居探しを終え、披露宴前に引越しを。各種手続きも忘れずに。

結婚式の2週間前までに新居への引越しを

新しい生活を始める住まい選びも大切な準備のひとつ。家を購入するのか、賃貸にするのか、どちらかの両親と同居するのかなど、将来のライフプランも含めてしっかり話し合い、決めましょう。

結婚式が終わったらすぐに新生活がスタートできるように、新居への引越しは、挙式の2週間前くらいまでに済ませておくのがベスト。家探しは、さらに半年くらい前から始め、2~3カ月前までに決めると、家具や電化製品なども購入できます。

引越しに伴う変更手続きを忘れずに

アドバイス

新居の場所を決めたら、地域の役所に婚姻届を出し、住民登録などの引越しに伴う変更手続きを済ませましょう。また、電気、ガス、水道、電話、郵便も、引越し前までに変更手続きをするのを忘れずに。

優先したいポイントを決めて物件を探す

子どもがすぐにほしいなら、近くに公園や学校がある物件を、趣味の時間を大切にしたいなら、都心から離れても広さに余裕のある物件を選ぶなど、自分たちの生活で大切にしたいポイントを基準に選びましょう。

- □駅までの便はよいか
- □通勤しやすい路線か
- □スーパーや商店街は近くにあるか
- □病院、銀行、郵便局は近くにあるか
- □夜間の通行量は多いか
- □近隣の家と接近しすぎていないか
- □騒音や公害の苦情が出ていないか
- □間取りが家族構成に合っているか
- □収納スペースは十分にあるか
- □日当たりや風通しの具合はどうか
- □駐車場や駐輪場の有無
- □家賃またはローンを無理なく支払えるか

新居への引越しに伴う変更手続き

		必要なもの	届け出の方法
市区町村に提出が必要なもの	婚姻届	婚姻届（役所の戸籍課で事前に入手する）、戸籍謄本、身分証明書、印鑑	二人そろって提出する（都合が悪い場合は、どちらか一人でもよい）。届出人の本籍地または所在地の市役所、区役所、または町村役場に出す（随時受けつけている）。
	住民登録	印鑑、身分証明書、転入届の場合は転出証明書（前に住んでいた市区町村が発行したもの）	ほかの市区町村から引越した場合は転入届を、同じ市区町村内で引越した場合は転居届を、引越してから14日以内に提出する。転出届は新しい住所が決まったらいつでも届け出可能だが、2週間前が目安。
	印鑑登録	登録する印鑑、身分証明書	届け出の期限はとくに決められていない。代理人が申請する場合は、本人が直筆で作成し押印した委任状が必要。
	国民健康保険	印鑑、身分証明書、転出証明書（転入する場合）、健康保険資格喪失証明書（会社を退職した場合）	転入・転居後14日以内。退職した場合は退職の翌日から14日以内。代理人が申請する場合は、本人が直筆で作成し押印した委任状、口座振替用の預金通帳や届け出印などが必要。
	国民年金	国民年金手帳、印鑑	転入後14日以内（同市区町村で引越した場合は手続きの必要はなし）。名字が変わる場合は氏名変更届も必要。
勤務先に提出するもの	結婚届（身上異動書）、休暇届、退職届など	勤務先の規定に従う	必要書類をもらったら、早めに提出する。
	被扶養者届	勤務先の規定に従う	女性が結婚退職をする場合は、男性が事業主に被扶養者届を提出する。
名義変更が必要なもの	運転免許証	免許証、運転免許証記載事項変更届、住民票（新しい住所のもの）	運転免許センターまたは警察署へ本人が届け出る。住所変更は転入後速やかに行う。
	パスポート	パスポート、一般旅券発給申請書、戸籍謄本（または抄本）、パスポート用の写真（6カ月以内に撮影したもの）、住民票（新しい住所のもの）	戸籍上の姓や本籍の都道府県を変更した場合に申請が必要。住所変更があっても、同じ都道府県内なら申請は不要。
	銀行、クレジットカード、携帯電話	各社の規定に従う	住所や氏名変更の方法は各社のHPなどを確認し、できるだけ早く届け出る。
住まいに関わる手続き	電気、ガス、水道	引越しの1週間前までに届け出る。領収書や検針票に記載されている営業所に直接連絡し（インターネットでも手続きができる）、転居する旨を知らせる。インターネットで変更手続きをするか、専用の書類（はがき）に必要事項を記入して郵送する。ガスは開詮時に立ち会いが必要。	
	電話	NTTの場合はHPから手続きをするか、116番に電話で問い合わせる。引越しの1週間前までに手続きをする。	
	携帯電話・スマートホン	利用している携帯電話会社に、インターネットまたは電話で変更を依頼する。請求書を郵送している場合は、とくに早めに連絡をする。	
	インターネット	利用しているプロバイダーに、引越し先でも続けて利用できるか確認し、できない場合は別のプロバイダーと契約を。電話回線を経由して利用している場合は、NTTに手続きを申し込む。引越しが決まったら、早めに手続きをする。	

挙式直前の準備

準備し忘れがないか、しっかり最終確認を。当日お世話になる人にもきちんとあいさつをしましょう。

2週間前から最終確認をスタート

招待客の席次、引き出物の数、挙式・披露宴のタイムスケジュールなどについて、変更や手違いがないか、2週間前頃に式場の担当者と最終的な打ち合わせをしましょう。

媒酌人や、スピーチを依頼している主賓や招待客の名前、肩書、プロフィールも再度確認しておくと安心です。

ドレスや引き出物、席次表などのペーパーアイテムを、式場ではなく外部に依頼している場合も、それぞれの担当者に連絡をし、納入時期や搬入場所などの確認をします。

前日には各方面にあいさつを

挙式の2～3日前までには準備を終わらせ、結婚式の前日には、媒酌人や主賓、スタッフをお願いしている友人、遠方からの親族などに電話をしてあいさつをしておきましょう。また、式場の担当者にも連絡をし、列席者の数や進行に変更がないかどうかなど、最終的な確認をしておきます。

すべての確認を終えたら、両親や家族との時間をゆっくりと過ごしましょう。そして、挙式に万全の体調でのぞめるよう、夜はなるべく早めに寝ることも大切です。

朝食をしっかり取り落ち着いて会場へ

基本

当日は余裕を持って準備ができるように、早起きをしましょう。披露宴の間、新郎新婦は食事を取ることが難しいので、朝食をしっかり食べておくことも大切です。

そして、出かける前には「これまでありがとうございました」と両親へ感謝の気持ちを伝えましょう。当日あわただしくなるようなら、前日にあいさつをしてもかまいません。

会場へは、新婦は2時間前、新郎は1時間前までに到着できるように、交通手段を考えておきましょう。

当日の持ち物リスト

- □結婚指輪
- □リングピロー
- □新郎の靴下（または足袋）
- □新婦のドレス用の下着とストッキング（必要に応じて靴、小物、アクセサリー）
- □新婦の和装用の下着と足袋
- □二次会用の衣装・靴・アクセサリー
- □二次会用のプチギフト
- □謝礼、心づけ
- □謝辞や両親への手紙の原稿
- □現金・クレジットカード
- □白いハンカチ
- □挙式当日の着替え
- □挙式・披露宴のタイムスケジュール
- □新婚旅行の荷物、パスポート（当日出発する場合）
- □携帯電話、スマートホン
- □メイク道具
- □カメラ
- □常備薬

前日までの確認リスト

- □お世話になる人へのあいさつ
  - 媒酌人
  - 主賓
  - 会場担当者
  - 司会者
  - 受付をお願いした人
  - スピーチや余興をお願いした人
  - 二次会の幹事
  - 遠方からの招待客
- □当日の媒酌人や主賓の車の手配
- □当日の自分や家族の車の手配
- □母親や媒酌人夫人、親族などの着つけ・ヘアメイクの予約確認
- □出席者数の変更の有無（ある場合は、式場の担当者に連絡をしたか）
- □外部に手配したものの確認（ドレス、ブーケ・ブートニア、引き出物、ペーパーアイテムなど）

Q&A 挙式・披露宴準備

Q 両家の出身地が違う場合、挙式・披露宴の会場はどこにすればよい？

A どちらか一方の出身地のほかに、リゾート婚や夫婦の新しい生活拠点なども会場候補として考えられます。大切なのは、新郎新婦の両親に相談し、本音を聞き出すこと。
意見を言うのではなく、「相談」しましょう。二人で話を進めるのはトラブルのもとです。もし両家で意見が合わなかったら、双方の出身地で式を挙げる決断を。

Q 招待客の人数バランスは、新郎側と新婦側で同じくらいが理想？

A 両家の招待客の人数は同程度が理想ですが、無理にそろえる必要はありません。一方の招待客が多い、あるいは少ない場合は多々あります。
しかし、招待客の数はいただくご祝儀の金額、もてなす食事の料金にも関係するため、披露宴費用の分担の問題にもつながります。大幅に異ならないよう、両家で調整しましょう。

Q 挙式にかかる費用を全面的に親側が出す場合、どのような注意が必要？

A 費用を出すと親側から申し出があったら、その厚意に甘える場合もあるでしょう。ただし、援助を受けるぶん、さまざまな干渉をされる可能性が高いので覚悟が必要です。
新郎新婦で会場やプランを勝手に決めずに、こまめに相談や経過報告をしましょう。費用を出してもらうということは、親の発言力が強くなるということです。

Q

少しでも費用を抑えたい。仏滅の日や真夏日は絶対に選んではダメ？

A

結婚式も十人十色。予算が限られているのに、形式にとらわれていては、負担が増えるばかりです。

費用が足りないのなら、本来は慶事に向かないとされる仏滅やオフシーズンの真夏に割引プランを実施している会場も多いので、利用するのもよいでしょう。親族の同意が得られなかったり、招待客の体調が心配だったりする場合は、お色直しの回数などで費用を抑えるなど、節約の方法を変えましょう。

Q

費用を抑えられることが魅力のナイトウエディング。でも、参列者の負担は？

A

平日の夜に行われるナイトウエディングは、通常の土曜日・日曜日・祝日のプランより割安だったり、夜ならではの幻想的な光の演出ができたりしますが、夜の外出が招待客の負担にならないかどうか配慮が必要です。

たとえば、小さい子どもを預けて参列してくれる人、家族の介護をしている人、夜遅くまで仕事をしなければならない人、遠方から来る人など、招待客それぞれにかかる負担の可能性を洗い出して考えましょう。

Q

ドレスやカメラマンを自分たちで用意したいとき、注意すべきことは何？

A

自分で購入もしくはレンタルしたウエディングドレスを持ち込む場合、「持ち込み料」がかかることがあります。外部のカメラマンなどに写真や動画の撮影を依頼した場合も同様です。

持ち込みを禁止している式場もありますが、「母が縫ってくれたドレスをぜひ着たい」「知り合いのカメラマンに撮ってもらいたい」など、式場の担当者に持ち込みをしたい理由を丁寧に説明すれば、理解を得られる可能性もあるので、まずは相談しましょう。

Q 神前式をすることに。本当はドレスを着たいけれど白無垢でないといけない？

A 神前式の場合、白無垢や色打掛、黒引き振袖などの和装でないといけないということはなく、ウエディングドレスを着ることは可能です。神前式であっても、自分たちらしい服装で式を挙げたいという希望があるなら、担当者に相談をしてみましょう。

白無垢の場合でも、洋髪で挙式ができる神社が増えてきています。「文金高島田のかつらを被るのはちょっと……」という人は、下見の際などに遠慮せず希望を伝えてみましょう。

Q あこがれの海外挙式。友人も招待したいけれど守るべきマナーは何？

A 海外挙式には渡航費などの費用がかかるため、親族ととくに親しい友人を招待するのがよいです。親族のみで海外挙式を行い、国内で友人向けの披露宴を行う、という方法も。

親族以外も招待する場合は、予定を数日空けてもらう必要があるので、事前に電話し、招待状も式の4カ月前には送付します。その際に航空券・宿泊費用を新郎新婦が全額負担するのか、一部（航空券のみなど）なのか、ゲストに負担をしてもらうのかを明確に伝えます。

Q 家族婚や、披露宴なし。「小さな結婚式」にして後悔しないか心配……。

A ごく親しい人のみを招待して、食事会のような形式でお祝いをする「小さな結婚式」を選ぶカップルが増えています。

だれを招待するか、どのような雰囲気の式を挙げたいのかを、新郎新婦でよく話し合って形式を決めることが大切です。話し合っているうちに、大きな会場で盛大に行いたい、招待客一人ひとりとしっかり話せるように小規模にしたいといった希望が出てくるはずです。費用面ともあわせて、後悔しないようにじっくり考えましょう。

Q 二次会の幹事を友人にお願いすることに。新郎新婦が準備することは？

A 友人たちに感謝を伝えるために、新郎新婦が主催者となって二次会を開くケースがありますが、それでも幹事は友人が務めるのが慣例。幹事の依頼は二次会の3～4カ月前に済ませましょう。招待客の選定や招待状の作成、郵送などは新郎新婦で行い、必要経費もおおまかに計算して先に渡せば幹事の負担を軽減できます。

二次会が終わったら、感謝を伝えるほか、食事をご馳走したり、商品券や現金（5千円～1万円程度）を渡したりするとよいです。

Q 遠方から来てくれる列席者の交通費や宿泊費は、新郎新婦が全額負担するべき？

A 遠方からの列席者の交通費・宿泊費は、新郎新婦が全額負担するのが理想。とはいうものの、大人数となると頭が痛い問題です。

親族がみな遠方であり、全員自己負担を了承していることはあります。そうでない場合、せめて半額だけは負担を。招待状送付前に、電話で「交通費・宿泊費は一部しか負担できず、大変申し訳ないのですが、ご出席いただけますでしょうか」と連絡しましょう。全額負担の場合も事前に伝えておきましょう。

花嫁の幸せを願う「サムシング・フォー」

約200年前からヨーロッパに伝わる花嫁のためのおまじない、サムシング・フォー。マザーグースの歌に由来する4つの「サムシング」を花嫁が身につけて、その幸せを願います。

① サムシング・ニュー

新生活の幸せを願って、新品のドレスや靴など何か新しいものを身につけます。

② サムシング・オールド

豊かな生活を願って、ジュエリーなど家に代々伝わる古いものを身につけます。

③ サムシング・ブルー

リボンなど、聖母マリアのシンボルカラーである青いものを身につけます。

④ サムシング・ボロウ

ハンカチなど、幸せな結婚生活を送っている人から借りたものを身につけます。

挙式・披露宴の当日

事前の役割分担で当日は落ち着いて進行を

しっかりと朝食を食べて、家を出る前に一日の流れを見返しながら荷物の最終確認をしましょう。また、会場ですぐヘアメイクを始められるように、自分でメイクや髪のスタイリングをして行かないこと。新郎新婦は当日の流れをシミュレーションし、自分たちでやりきれないところをカバーして欲しいと、事前に両親らに相談し、役割分担を明確にしておくと安心です。

当日の流れ

※あくまでも一例です。会場の都合、しきたりなどで細部は変わります。

新郎	新婦	新郎両親	新婦両親
朝食、荷物の確認		朝食、荷物の確認	
両親へのあいさつ		新郎・新婦からのあいさつ	
会場に到着 1〜2時間前	会場に到着 3〜4時間前	会場に到着 1〜2時間前	会場に到着 3〜4時間前
着替え、ヘアメイク		着つけ、ヘアメイク スタッフに心づけを渡す ※お世話になった側から渡す。式場によっては受け取れない場合がある。	

媒酌人にあいさつ

媒酌人が到着したらすぐにあいさつを。新婦の支度に時間がかかっている場合は、新郎・新婦の両親のみであいさつをします。

新郎	新婦	新郎両親	新婦両親
・会場スタッフと進行の確認 ・紹介する祝電の選定		控室で来賓や親族にあいさつ	
控室で来賓や親族にあいさつ			

挙式

親族紹介、親族記念写真の撮影

新郎・新婦	新郎両親・新婦両親
メイク直し、会場スタッフと進行の最終打ち合わせ	控室で来賓や親族と歓談

招待客の出迎え ※新郎・新婦の出迎えを省略する場合もある。

披露宴

招待客の見送り

媒酌人、主賓へのあいさつ

新郎・新婦	新郎両親・新婦両親
着替え、二次会の準備など	・スタッフ（友人など）にお礼、心づけを渡す ・追加料金の確認、支払 ・忘れ物の確認

退出

キリスト教式の挙式

チャペルならではのロマンチックな雰囲気の中で執り行われる、根強い人気のスタイルです。

挙式の定番スタイル

基本

神の前で永遠の愛を誓う、ロマンチックなキリスト教式の挙式。全体の5割程度のカップルが、「教会の厳かな雰囲気が気にいった」「ウエディングドレスでバージンロードを歩くことに憧れていた」などの理由で、キリスト教式を選んでいます（「ゼクシィ結婚トレンド調査2020」調べ）。また、友人など多くの人に列席してもらえるのも魅力のひとつです。

宗派によって違いがある

基本

キリスト教にはカトリックとプロテスタントという二大宗派があり、挙式のやり方が異なります。

カトリックはプロテスタントに比べて戒律が厳しく、信者以外の挙式を原則として認めていません。新郎新婦がカトリックの信者の場合は、聖体拝領（キリストの肉と血の象徴であるパンとぶどう酒を食すること）が行われるのが通例です。また、プロテスタントでは「牧師」と呼びますが、カトリックでは「神父」と呼ぶなど、呼称にも違いがあります。

プロテスタントは信者でなくても式を挙げることができるため、ホテルや結婚式場内のチャペルでは、プロテスタントの形式にのっとって行われることがほとんどです。

挙式の席次の例
（プロテスタントの場合）

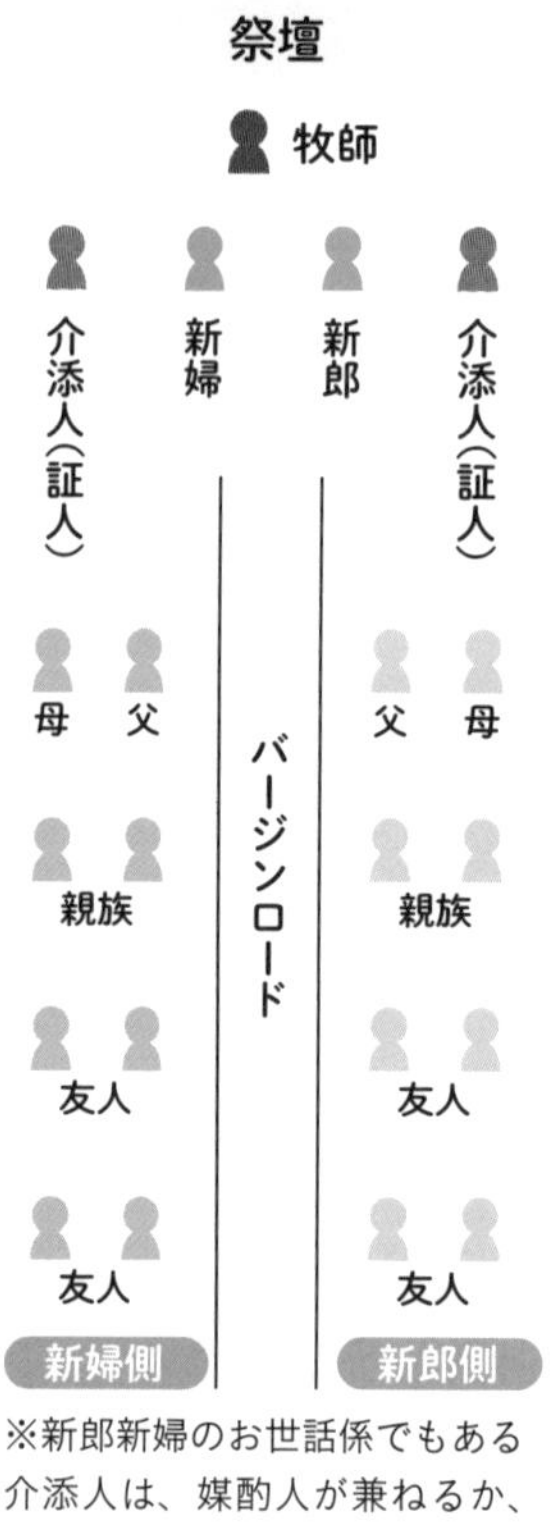

祭壇

牧師

介添人（証人）　新郎　新婦　介添人（証人）

バージンロード

新郎側		新婦側	
母	父	父	母
親族		親族	
友人		友人	
友人		友人	

※新郎新婦のお世話係でもある介添人は、媒酌人が兼ねるか、媒酌人を立てない場合は、友人や兄弟姉妹にお願いをします。

キリスト教式の進行の例（プロテスタントの場合）

1 新郎の入場

列席者の着席後、牧師（または介添人）と新郎が入場し、聖壇の右手前に立つ。続いて新婦の介添人が入場する。

2 新婦の入場

新婦が父親とともにバージンロードを歩いて入場する。聖壇の前にきたら、新婦を新郎に引き渡す。

3 讃美歌斉唱

列席者全員が起立して、二人を祝福する讃美歌を歌う。

4 聖書朗読・祈祷

牧師が聖書の一節を朗読し、神への祈りを捧げ、結婚の意義や愛についての教えを述べる。

5 誓約

牧師が新郎新婦に結婚の意思を確認する。「誓いますか？」という牧師の問いに、新郎、新婦の順で「誓います」と答えたら、新郎が新婦のベールを上げて誓いのキスをする。

6 指輪の交換

介添人が新婦の手袋やブーケを預かる。牧師が結婚指輪を差し出し、お互いの指に指輪をはめる。このあとに誓いのキスをする場合もある（省略してもよい）。

7 結婚誓約書の署名

新郎、新婦の順で誓約書に署名をする。

8 祈祷・宣言

牧師が二人の右手を重ねた上に手を置いて祝福の祈りを捧げ、結婚の成立を宣言する。

9 讃美歌斉唱・祝祷（しゅくとう）

列席者全員が起立し、讃美歌を斉唱する。牧師が再び祝福の祈りを捧げる。

10 退場

新郎新婦は腕を組み、バージンロードを歩いて退場する。介添人はそのあとに続く。列席者は起立したまま、拍手で見送る。

気をつけたい列席者のマナー

着席するときにバージンロードを踏んだり、聖壇をのぞいたりするのはNG。チャペルに入ったらバージンロード側から着席し、新郎新婦の入場まで心静かに待ちます。また、讃美歌が分からない場合は、小さな声で合わせるようにしましょう。歌詞は式次第などに書かれていることがほとんどです。

神前式の挙式

日本文化を見直すカップルも増え、人気が高まりつつある神前式。斎主や巫女の指示に従えば、作法も簡単です。

伝統を重んじる厳かなスタイル

家と家とを結びつけるという考えに基づいた、神社で行う日本の伝統的な挙式スタイル。家族や親族のみが列席するのが基本でしたが、神社によっては友人も列席できます。列席者の数が限られている場合もあるので、あらかじめ神社に席数を確認しておくと安心です。また、結婚式場やホテルに併設された館内神殿でも行えます。

三献の儀や玉串奉奠（たまぐしほうてん）などの神前式ならではの作法の仕方は、事前に斎主や巫女、係員から説明があるほか、式の最中も指示を出してくれるので安心を。

挙式の席次の例

新婦側		新郎側
巫女	神座	斎主
父	玉串案	父
母		母
祖父		祖父
祖母	新婦　新郎	祖母
兄・姉		兄・姉
弟・妹	媒酌人夫人　媒酌人	弟・妹
おじ		おじ
おば		おば

玉串奉奠の作法

1. 玉串の枝元を右手で上から持ち、左手で下から支える。

2. 右手を返し、玉串の葉を前方に向ける。

3. 左手を枝元のほうにすべらせたら、右手で葉元を持ち、玉串を時計まわりにまわす。

4. 枝元を神座のほうに向け、玉串案に供える。

※玉串奉奠とは、挙式が無事に行われたことへの感謝や幸せな家庭を築けるように祈りを込めて、玉串（榊の小枝に紙垂をつけたもの）を神前に供える儀式。

神前式の進行の例

① 入場

新郎新婦、媒酌人夫妻、新郎両親、新婦両親、新郎親族、新婦親族、友人・知人の順に入場する。

② 修祓の儀

神事の前のお清めの儀式。斎主が入場し、神座に拝礼する。全員が起立して頭を下げ、斎主がお祓いをする。

③ 祝詞奏上（そうじょう）

斎主が神に結婚を報告し、祝詞を読み上げる。参列者は頭を下げて拝聴する。

④ 三献（さんこん）の儀（三々九度の儀）

新郎新婦が三つの杯でお神酒を飲み交わし、縁を固める儀式。一番上の小の杯は新郎から新婦へ、中の杯は新婦から新郎へ、大の杯は新郎から新婦へ渡す。どの杯も必ず三口目で飲み干す。お酒が苦手な場合は、飲む真似をする。

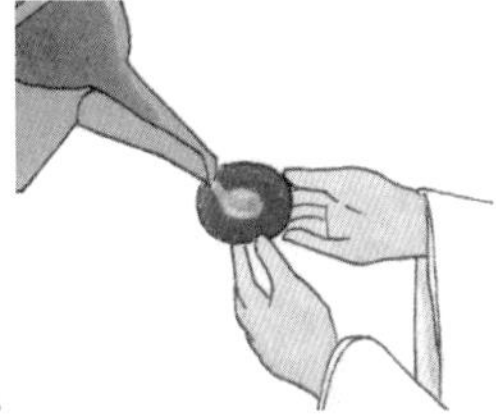

⑤ 誓詞（せいし）奏上

神前に新郎新婦が進み出て一礼し、誓詞（誓いの言葉）を新郎が読み上げる。最後に新郎が名前を名乗り、続けて新婦も自分の名前を名乗る。

⑥ 玉串奉奠

玉串を捧げたら（142ページ参照）、「二礼、二拍手、一礼」をする。お互いに背を向けないように内まわりで方向転換をし、席に戻る。続いて媒酌人が同様に玉串を捧げる。

⑦ 指輪の交換

キリスト教式と同様に、新郎、新婦の順に相手の左手薬指に指輪をはめる。

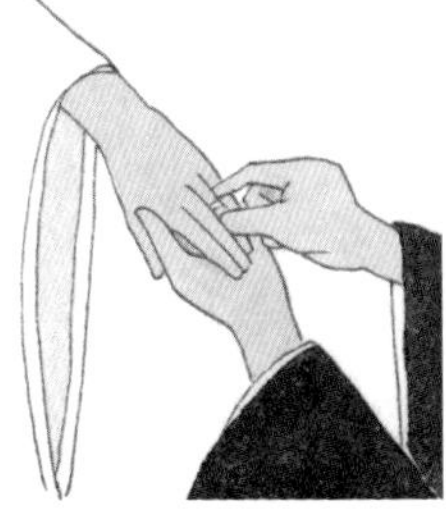

⑧ 親族固めの杯の儀

両家が親族となったつながりを固める儀式。巫女から列席者全員の杯にお神酒が注がれたら、起立して三口で飲み干す。

⑨ 退場

斎主が祝詞を述べたら、全員起立して神座に一礼する。斎主が退場したら、新郎新婦、媒酌人夫妻、新郎両親、新婦両親、新郎親族、新婦親族の順に退場する。

仏前式の挙式

ご先祖様に新郎新婦が出会った縁を感謝する仏前式は、家族の絆を深める温かい雰囲気のスタイルです。

仏の前で夫婦になることを誓う

基本

祖先に二人の結婚を報告するのが、仏教の結婚式の目的。先祖代々の菩提寺か、自宅の仏間に僧侶を招いて行います。最近では、式場を併設した寺院も増えています。

仏前式では、僧侶が新郎新婦に念珠（ねんじゅ）と呼ばれる赤白の房がついた数珠を授け、焼香し、杯を交わすのが主な流れです。宗派により式次第が異なるため、進め方は菩提寺に確認しましょう。また、列席するのは親族のみの場合がほとんど。列席者は全員数珠を持参しましょう。

仏前式の進行の例

1 入堂

両親、親族が入堂し、媒酌人とともに新郎新婦が入堂。最後に僧侶（司婚者）が入堂する。

2 啓白文（けいびゃくもん）朗読

参列者は起立し、新郎新婦が焼香台の前に進む。僧侶が焼香し、仏に向かって啓白文（仏と先祖に二人の結婚を報告するもの）を朗読する。

3 念珠授与

僧侶が、仏前に供えられている白い房のついた念珠を新郎に授け、赤い房のついた念珠を新婦に授ける。念珠を手にかけて合掌する。
※結婚指輪の交換をする場合は、このあとに行う。

4 司婚（しこん）の辞

僧侶が新郎新婦に結婚の誓いを求める。二人が答えたら、結婚の成立を僧侶が述べる。

5 新郎新婦の焼香

新郎新婦は焼香台の前で合掌し、新郎、新婦の順に焼香する。

6 式杯・親族杯の儀

新婦、新郎、新婦の順に杯を交わし、参列者のほうに向き直る。参列者は全員起立し、祝い酒が注がれたら乾杯する。

7 僧侶の法話

僧侶が新郎新婦に向けて祝福の言葉を贈る。

8 退堂

僧侶、新郎新婦、媒酌人、両親、親族の順に退堂する。

挙式の席次の例

新婦側	仏壇	新郎側
	司婚者（僧侶）	
父		父
母		母
親族	焼香台	親族
親族	新婦　新郎	親族
親族	媒酌人夫人　媒酌人	親族

人前式の挙式

宗教的な要素がまったくない、自由な形式で挙式を行える人前式。司会者選びが重要なポイントです。

自分たちらしさを大切にしたいなら

基本

列席者の前で結婚の誓いを述べ、列席者が証人となる人前式は、宗教にこだわらずに、自由なスタイルで行うことができるとして、人気が高まりつつあります。決められたルールはありませんが、挙式ならではの厳かな雰囲気を演出しながら、自分たちらしいスタイルを考えましょう。

ホテル、結婚式場、レストランなど会場もバリエーションに富んでいます。進行役は司会者が務めるため、プロに依頼するとスムーズに進行できるでしょう。

人前式の進行の例

1 入場

列席者が先に入場し、続いて新郎新婦が入場する。司会者が結婚式の開会を宣言し、新郎新婦の紹介をする。

2 誓約式

新郎新婦が列席者の前で、自分たちで考えた誓いの言葉を読み上げる。

3 結婚指輪の交換

新郎新婦がお互いの薬指に指輪をはめ、結婚の誓いの証しとする。

4 婚姻届に署名・捺印

婚姻届（または結婚誓約書）に新郎新婦が署名・捺印し、続いて証人の代表が署名・捺印する。

5 結婚の成立の宣言

司会者が、二人の結婚が成立したことを宣言し、列席者は拍手をして結婚を承認する。

6 退場

司会者が閉会を宣言したら、新郎新婦が退場。退場せずに、同じ会場で披露宴に移行することもある。

誓いの言葉の例

私たち二人は、本日ご列席いただいた皆様を証人として、結婚いたします。これから二人でともに喜び、励まし合いながら、生涯変わらぬ愛情と思いやりをもって、温かい家庭を築くことをここに誓います。
令和○年○月○日
新郎　前田雄一
新婦　平井由貴

披露宴の進行

披露宴の形式はさまざまですが、ホテルや結婚式場などで行う一般的な流れを把握しておきましょう。

一般的な進行

❶ 入場

まず招待客が入場し、着席する。続いて新郎新婦が入場。列席者は全員盛大な拍手で迎える。媒酌人がいる場合は、媒酌人も一緒に入場する。

❷ 開宴の辞

新郎新婦の着席後、司会者が開宴のあいさつをし、続いて列席者へのお礼と自己紹介をする。

❸ 媒酌人あいさつ

司会者が媒酌人を紹介したら、媒酌人から列席者へ新郎新婦の結婚を報告し、生い立ちやなれそめなどを紹介する。新郎新婦と両親は起立して聞く。媒酌人を立てない場合は、司会者が紹介する。

❹ 主賓祝辞

新郎側の主賓、新婦側の主賓の順に祝辞を述べる。新郎新婦は起立して聞く（着席をすすめられたら一礼して着席する）。

❺ 乾杯

乾杯の準備が整ったら、司会者の合図で全員起立する。列席者の代表が乾杯の音頭を取り、全員で乾杯する。

❻ ウエディングケーキ入刀

夫婦最初の共同作業。新郎新婦でナイフを持ち、ウエディングケーキに入刀する。列席者はまわりで写真を撮る。

❼ 食事・歓談

飲み物や料理が運ばれたら、しばらくの間食事と歓談の時間に。新郎新婦もなるべく食べるようにする。両親が列席者にあいさつをする場合は、この間に行う。

❽ お色直し

少しの間食事をしたら、お色直しのために新郎新婦が中座する。新婦だけお色直しをする場合は、準備が整った頃に新郎も中座する。この間に、二人の映像を流したり、司会者が祝電を披露することも多い。

⑨ キャンドルサービス

新郎新婦が再入場する。キャンドルサービスをしたり、プチギフトを手渡したりしながら、各テーブルをまわる。

⑩ スピーチ・余興

食事の合間に、新郎側、新婦側の友人や知人が交互にスピーチや余興を行う。新郎新婦や両親は、食事の手を止めて聞くようにする。

⑪ 花束贈呈

新郎から新婦の母親へ、新婦から新郎の母親へ花束を渡す。贈呈の前後に、新婦から両親への手紙を読むこともある。

⑫ 両家代表の謝辞

新郎があいさつするのが一般的。

⑬ 閉宴

司会者が宴のお開きを告げたら、新郎新婦、両親、媒酌人は招待客を見送るために退場する。出口に並び、招待客一人ひとりに短くお礼を述べて見送る。お菓子などのプチギフトを一緒に手渡すことも多い。

レストランでの披露宴の進行例（媒酌人を立てない場合）

- 入場（招待客→新郎新婦の順に）
- 開宴の辞・新郎新婦の紹介
- 主賓の祝辞・乾杯
- シェフによるメニューの紹介
- 食事・歓談
- スピーチ
- お色直し・再入場
- ウエディングケーキ入刀
- デザートブッフェ
- 余興・ゲーム
- 両家代表の謝辞
- 閉宴

新郎新婦の心得

新郎新婦は結婚式の主役ですが、終始おもてなしの心を忘れず、招待客と笑顔で幸せのひとときを楽しみましょう。

幸せを感じる笑顔が一番のおもてなし

基本 新郎新婦は披露宴の主役ですが、招待客をもてなす立場でもあります。いくら緊張しているからといって、こわばった表情をしていては、招待客に心配を与えかねません。幸せなひとときを楽しむ気持ちがあれば、自然と笑顔が生まれるでしょう。

アドバイス 媒酌人や主賓があいさつをするときは、起立して拝聴すること。友人・知人のスピーチや余興では立つ必要はありませんが、きちんと聞く姿勢を取ります。食事の手を休め、終わったら大きな拍手を送りましょう。

当日の披露宴までの流れ（新郎新婦）

【出発前の準備】

披露宴中はゆっくり食事ができないので、朝食はしっかり食べましょう。両親や家族へのあいさつを済ませたら、早めの出発を。新郎は挙式の１～２時間前、新婦は３～４時間前に式場に到着するようにしましょう。
とくに新婦はウエディングドレスや着物に着替えるとトイレに行くのが難しいため、必ず前もって済ませるようにします。

【式場担当者と最終チェック】

式場に着いたら、媒酌人を立てる場合は両親とともに媒酌人へのあいさつを済ませます。もし新婦がヘアメイクの最中で動けない場合は、新郎のみであいさつをしてもかまいません。そのあと、媒酌人、式場担当者、司会者などと進行を最終チェックしましょう。祝電が届いていたら、披露宴で紹介するものを選び、司会者に渡します。

【控室で来賓と親族にあいさつを】

新郎と新婦はそれぞれの控室で、来賓や親族へあいさつをします。新婦はヘアメイクや着つけが終わり次第、控室へ向かいます。着席したままでのあいさつで問題ありませんが、「座ったままで失礼いたします」とひと言断りましょう。

新郎新婦の美しい立ち居ふるまい

洋装の場合

立つとき

新郎

前を向いて背筋を伸ばし、堂々と立ちます。新婦と並ぶときは、お互いの内側の肩を少し引くとバランスがよくなります。

新婦

ドレスのボリュームで実際よりも大柄に見えてしまいがちなので、新郎より半歩後ろに立ちましょう。右足を少し後ろに引いて立つと安定します。また、肩甲骨を寄せるようにして胸を張り、背筋を伸ばします。ブーケはおへその少し下の位置にくるように持ち、頭からブーケまでのラインが楕円形を描くのが美しい持ち方。ひじを張りすぎないように注意しましょう。

歩くとき

新郎

新婦を気づかいながら、ゆっくりと進みます。新郎は右側、新婦は半歩下がった左側が定位置です。新婦と腕を組むときは、左手を軽く握っておへその下へ置きます。

新婦

左手でスカートを軽く持ち上げ、脚を前に蹴り出すようにして歩きます。新郎と腕を組むときは、正面から指先が見える程度に右手を軽く添えて。

座るとき

新郎
新婦

背もたれに寄り掛かるとだらしのない印象になるので避けましょう。椅子に浅く腰かけ、背筋をしっかり伸ばします。

おじぎをするとき

新郎　**新婦**

背筋を伸ばしたまま、腰から上体を30度程度の角度で前に倒します。視線は床に落としましょう（和装も同様に）。

和装の場合

立つとき

新郎

足を肩幅に広げ、少し胸を張り、堂々と立ちます。手は親指を中に入れないようにして軽く握り、扇は右手で持ちます。二人で並ぶときは洋装と同様に、八の字になるように内側の肩を少し引きます。

新婦

あごを引いて背筋をすっと伸ばし、肩を少し内側に入れます。末広は右手でかなめを持ち、末広の先に左手を下から軽く添えます。

座るとき

新郎 **新婦**

洋装と同様に座ります。新婦が座ったり立ったりするときは、介添人にサポートしてもらいます。

歩くとき

新郎

洋装とは違い、新婦の前を歩くのが基本。新婦のスピードに合わせて、ゆっくり進みましょう。視線は前方に定め、下腹部に力を入れ、上半身を揺らさないように歩きます。

新婦

左右の褄(つま)を重ねて右手で持ち、左手を添えます。膝を少し曲げて重心を低くし、頭が上下しないように、ハの字に歩くイメージで狭い歩幅で進みます。視線は新郎の背中の紋のあたりに定め、伏し目がちに。

華やかな場でもマスク着用を忘れずに

感染症流行時には、予防のために、飲食時以外はマスクを着用することが推奨されています。招待客がどうしたらいいか迷わないよう、披露宴が始まるときに司会者からアナウンスしてもらいましょう。

披露宴の最中に両親がテーブルをまわってお礼を伝えることがありますが、そのときもマスクをするよう伝えておきましょう。

最近では、新郎新婦が着けるおそろいの「ペアマスク」「ブライダルマスク」もあります。

両親・親族の心得

親族の中でも両親が担うべき役割はとても大切です。おもてなしをする側の心構えを忘れないように。

主催者の一員として新郎新婦をサポート

基本 両親や親族は、新郎新婦をお祝いするという立場と同時に、主催者側の一員でもあります。たとえば、挙式や披露宴の間、準備に忙しい新郎新婦に代わって、招待客の控室に出向き、お礼のあいさつをする場合もあります。そのときはまず主賓へあいさつをするのがマナーです。

また、来賓へお車代、スタッフをお願いした友人・知人へ謝礼を渡したり、ご祝儀を保管したりなど、金銭にまつわることをサポートするのも、両親や親族の役目です。

当日の披露宴までの流れ（両親）

【出発前の準備】

余裕を持って起床し、新郎新婦とともに朝食をしっかり取りましょう。衣装や小物類、媒酌人へのお礼やスタッフへの心づけなど、忘れ物がないか確認し、早めに出発します。式場には、新郎の両親は挙式の１～２時間前、新婦の両親は３～４時間前に到着するようにします。両親以外の親族は、遅くとも 30 分前には到着しましょう。

当日に予定外の人へ謝礼を渡す場合や、会場で精算金が発生する場合もあるので、祝儀袋と現金を多めに持っておくと安心です。

【式場に到着したら】

式場の担当者にあいさつを済ませ、新婦の両親は着つけや美容スタッフに心づけを渡します。渡すタイミングがなければ、披露宴後に渡してもかまいません。

両家の両親がそろったら、新郎新婦とともに媒酌人へあいさつをしましょう。そして、両親の知人から祝電が来ていたら、整理をします。

両親以外の親族は、控室に着いたらまず新郎新婦と両親にあいさつを。忙しい新郎新婦や両親に代わって、雑用を引き受けましょう。

親族紹介・記念撮影

挙式と披露宴の間に親族紹介と記念撮影を行うのが一般的。親族同士の絆を深める、最初の儀礼です。

親族紹介の進行は両家の代表者が務める

基本

挙式を終えたら、両家が親戚関係になったことへのあいさつを兼ねて、披露宴までの間に親族紹介をします。場所は親族の控室や、挙式会場、別途用意した部屋などで行います。以前は進行役を媒酌人が務めていましたが、両家の代表者（父親）が務めることが一般的です。

まず、新郎側から紹介を始めます。父親、母親、祖父、祖母、新郎の兄・姉、新郎の弟・妹というように、血縁が近い人から年齢順に紹介をします。紹介をするときは、氏名と新郎との関係を簡単に述べ、紹介された親族は頭を下げます。同じように新婦側も紹介を。最後に新郎の父親が結びの言葉を述べ、全員で一礼をして終了です。

一生の思い出になる幸せいっぱいの記念写真を

基本

親族紹介に続き、親族一同の記念写真を撮影するのが、一般的な流れです。親族以外にも、挙式に参列した親しい友人・知人に参加をお願いする場合もあります。

集合写真の並び順は、最前列の中央に新郎新婦、その両脇に媒酌人夫妻、両親、祖父母が並び、余裕があるなら兄弟姉妹が年齢順に並びます。後方の列では並び順は厳密には決められていないので、全員の顔がよく見えるようにカメラマンの指示に従いましょう。

感染症流行時には、密着したポーズは避けましょう。マスクはシャッターを切る直前まで着用し、カメラマンや係の人に指示されてから外します。

親族紹介の口上の例

新郎父：それでは、●●家（新婦）に□□家（新郎）のご紹介をいたします。私は新郎の父・□□□□でございます。よろしくお願いいたします。次に、新郎の母・□□です。新郎の祖父・□□です。……」（敬称は略す）

新婦側も同様に紹介をしたら、新郎の父親が「幾久しくよろしくお願いいたします」と結びのあいさつをし、全員で一礼する。

☑ 親族一同の集合写真の並び方

左側に新郎側、右側に新婦側の親族や友人・知人がくるように並ぶのが基本だが、最前列以外は厳密な決まりはない。最前列中央に新郎新婦が座り、媒酌人夫妻、両親、祖父母の順に座る。

美しい記念写真を残すために

- 二人で並んで撮影をするときは、八の字になるようにお互いに少しずつ内側を向くと美しく見えるだけでなく、寄り添っているような印象にもなります。和装の場合は、新婦のかつらにボリュームがあるので、新婦が椅子に座ると二人のバランスがよくなります。
- 緊張すると体や顔の表情に力が入ってしまいます。深呼吸をして肩の力を抜き、背筋をすっきりと伸ばし、あごを少し引きます。
- 座るときは、披露宴のときと同様に椅子に浅く腰かけると、ドレスや着物が綺麗に映えます。とくにドレスのときは体を少し斜めにして座ると、体のラインを美しく見せることができます。

記念写真は写っている人全員へ送る

基本

記念写真は、お礼の手紙とともに、写っている人全員に送るのがマナーです。両親や媒酌人夫妻、祖父母などには、新郎新婦二人の写真も同封しましょう。同居している家族にはまとめて1枚でかまいません。

「前撮り」や「あと撮り」で満足のいく1枚を

アドバイス

結婚式当日は忙しく、ゆっくりと新郎新婦二人の写真を撮ることができないことから、挙式前後の別の日に撮影をする「前撮り」や「あと撮り」をするカップルも増えています。

時間をかけてよい表情を撮ることができるだけでなく、衣装や場所を変えて撮れるのも人気の理由です。

媒酌人の心得

新郎新婦をサポートし、結婚の証人ともなる媒酌人。結婚式の印象を左右するような、大切な役割を担っています。

挙式を見届けるという大事な役割を担う

仲人のことを、挙式・披露宴では媒酌人と呼び、上司や恩師など、新郎新婦が尊敬する人に依頼するのが一般的ですが、結納時には立てずに当日のみ依頼する場合もあります。

挙式での媒酌人の大切な役割は、主催者側の代表として、挙式に立ち会い、無事に執り行われたことを見届けること。式場には1時間前には到着し、両家の控室に出向いてあいさつをします。キリスト教式では、介添人として新郎新婦の隣に立つ場合も。神前式では玉串奉奠（142ページ）を行います。

披露宴が終わるまで新郎新婦を見守る

披露宴では、つねに新郎新婦をそばで見守ります。まず、会場の入り口で、新郎新婦や両親とともに招待客を出迎えます。会場に入場するときは、新郎を媒酌人が先導し、洋装の場合は新婦のあとに媒酌人夫人が、和装の場合は新婦の手を取ってあとに続きます。

媒酌人の大きな仕事として、披露宴冒頭に行われるあいさつがあります。ここでは、列席のお礼、挙式の報告、新郎新婦の紹介が中心になります。ただし、あまり型にはまりすぎないよう、新郎新婦と事前に打ち合わせをして、二人の人柄がわかるエピソードなどを盛り込むようにしましょう。あいさつの長さは3～5分程度が目安とされています。

媒酌人夫人は新婦の母親代わり

挙式から披露宴の間、媒酌人夫人は新婦に寄り添います。リラックスできるよう緊張をほぐしたり、衣装や化粧の乱れに気を配ったりしましょう。

新婦が涙を流したときに差し出せるよう、白いハンカチを2枚用意しておくとよいでしょう。

披露宴での媒酌人あいさつの例

❶ 列席者への謝辞

本日はお忙しい中、新郎山田博君、新婦佐藤香さんの結婚披露宴にご来席賜り、誠にありがとうございます。ご両家ご両人に代わりまして、厚く御礼申し上げます。

❷ 自己紹介

このたび山田、佐藤ご両家より媒酌の大役を仰せつかりました小林孝雄でございます。新郎が卒業されました○○大学で教鞭をとっております。

❸ 結婚成立の報告

先ほど、当ホテルのチャペルにおきまして、お二人の結婚の儀がとどこおりなく執り行われましたことを、皆様方に謹んでご報告申し上げます。

❹ 新郎新婦の紹介

ここで新郎新婦の紹介をさせていただきます。

新郎の博君は、平成○○年○月○日、山田一郎・和江ご夫妻の次男として埼玉県で誕生し、本年 26 歳です（続いて、最終学歴、職業、人柄、趣味などを簡単に紹介する）。

新婦の香さんは……（新郎と同様に紹介する）。

❺ 結婚のいきさつ

お二人の出会いは大学 1 年生のとき、同じスキーサークルに所属したことが始まりだそうです。3 年生のときに部長を務めた博君を副部長として支えていたのが香さんでした。

❻ 新郎新婦へのはなむけの言葉

お二人は新たな人生の船出を迎えましたが、必ずしも順風満帆なときばかりではないでしょう。そんなときこそ、二人で力を合わせて支え合い、困難を乗り越え、温かい家庭を築いていただきたいと思います。

❼ 新郎新婦への支援のお願い

本日ご臨席の皆様には、お二人の門出を温かく見守り、いっそうのご支援を賜りますよう心よりお願い申し上げます。

❽ 結びのあいさつ

以上をもちまして、私からのあいさつとさせていただきます。

本日は誠におめでとうございます。

媒酌人あいさつで気をつけること

- ❶～❽の順序で組み立てるのが一般的。長くなりすぎないよう、全体で 3 ～ 5 分程度にまとめる。
- 新郎新婦の人柄が伝わるほほえましいエピソードを紹介する。
- 忌み言葉や、新郎新婦を必要以上に持ち上げるようなほめ言葉は避ける。
- おめでた婚や再婚の場合、どの程度まで話で触れてよいかを事前に新郎新婦に確認する。

披露宴後のお礼と精算

無事に挙式・披露宴を終えたら、媒酌人などお世話になった方々へきちんとあいさつをしましょう。

媒酌人へのあいさつは当日の最後に行う

基本　招待客の見送りが済んだら、新郎新婦、両親がそろって媒酌人にあいさつをします。本来では、披露宴の翌日以降にあらためて媒酌人の自宅に伺い、あいさつをしていましたが、多忙な中でまた時間を割いてもらうのは申し訳ないとの考えから、当日にあいさつを済ませることが一般的になっています。

あいさつをする際、謝礼と交通費（お車代）を渡します。また、あいさつをする場所は、式場に別室を用意してもらうとよいでしょう。

媒酌人へのあいさつの仕方

新郎新婦と両親がそろって媒酌人へあいさつの言葉を述べます。

お礼は金銀または赤白の結びきりの水引がついた祝儀袋に新札を包みます（表書きは「御礼」と両家の姓にします）。お車代（表書きは「御車代」）は必要に応じて用意しましょう。

無地の塗り盆（または白木の盆）に祝儀袋をのせ、相手に正面を向けて渡すのが正式。表書きに「松の葉」や「花一重」と記した菓子折りの上に祝儀袋をのせて渡す、略式の方法もあります。

あいさつが済んだら、媒酌人を車寄せに案内し、新郎新婦と両親がそろって見送ります。

媒酌人へは新郎からあいさつを。「本来なら日をあらためてお礼にお伺いしなければならないところですが、こちらで失礼させていただきます」というような言葉を丁寧に述べる。

【略式の渡し方】
略式の場合も、祝儀袋が相手に正面になるように渡す。

【正式な受け取り方】
塗り盆の場合は祝儀袋のみを受け取り、白木盆の場合は盆ごと受け取る。

主賓にはお祝いと同額のお車代を渡す

基本

主賓には、新郎新婦か家族が「本日は誠にありがとうございました」とお礼のあいさつをし、お車代を渡します。金額はいただいたお祝いと同額を包むのが基本ですが、自宅から会場までのタクシー代や新幹線代の1・5～3倍になるように換算して渡してもよいでしょう。

スタッフにもお礼と心づけを忘れずに

基本

受付係や司会など、披露宴のスタッフをお願いした友人・知人には、披露宴後に感謝の気持ちを伝え、心づけを渡します。当日急に用事をお願いすることもあるので、心づけは多めに用意しておくと安心です。

スピーチや余興をお願いした友人には、「お互い様」の精神でお礼は必要ないというのが通例。感謝の気持ちを表すために、新居に招くのがよいです。

追加料金の支払いはだれが行うかを決めておく

基本

挙式や披露宴会場への支払いはほとんどが事前に済ませていることがほとんどですが、予定時間を超過したり、飲み物代がオーバーしてしまったりした場合は、追加料金が発生することもあります。そのようなときに、だれが支払うのかを事前に決めておき、現金やクレジットカードを忘れないように持参しましょう。

退出は時間厳守で

基本

媒酌人へのお礼やお見送りが済んだら、次に婚礼がある場合も考え、速やかに帰る準備をするのがマナーです。忘れ物がないように気をつけ、お世話になった式場の担当者にもお礼のあいさつをしましょう。

忘れ物がないか最終確認を！

新郎新婦は着替えなければならないので、披露宴会場、親族や来賓の控室などに忘れ物がないか、親族で手分けをして確認しましょう。また、祝電や芳名帳など、増えた荷物を新郎新婦で持ち帰れない場合は、家族に預けるか、会場に頼んで宅配便で送ります。

新婚旅行のプランの立て方

二人の大切な思い出になる新婚旅行。早めに準備し、お互い納得のいく目的地を選ぶのが大切。

挙式の準備に追われる前に新婚旅行の計画を立てて

基本

結婚したカップルの約8割が、挙式・披露宴後に新婚旅行を計画しています。一生の思い出になるよう、二人でしっかり話し合って、旅行先や日程を決めましょう。

挙式が近くなると準備に追われてしまうため、できれば挙式の半年～4カ月前から新婚旅行の準備を進めましょう。とくに海外旅行の場合は、早めの手配が肝心です。パスポートを新しい姓で申請するには、手続きの時間が必要なので、最低1カ月前には入籍を済ませましょう。

日程も予算も無理のない範囲で

アドバイス

かつては披露宴直後に行くのが一般的でしたが、二人が休みを取りやすい時期や、旅行先の気候が穏やかな時期などに出かけるカップルも増えています。

お金

豪勢に楽しみたいのはもちろんですが、これからの新生活に負担がかからない程度に予算を設定しましょう。新婚旅行にかけるお金は平均65・1万円で、それとは別にお土産代に平均11・6万円をかけるという調査結果もあります（「ゼクシィ結婚トレンド調査2020」調べ）。

新婚旅行で人気のパッケージツアー

【個人で手配】

宿泊や交通手段など、すべてを自分で手配するというカップルも。現地で問題が起こったときには自分たちで対処しなくてはならないため、個人旅行を何度も経験しているようなカップル向き。

【フリープランのパッケージツアー】

宿泊と交通手段のみを旅行代理店が手配し、現地での観光は自分たちで好きなように動けるツアー。時間に追われないので、二人だけでゆっくりと旅を楽しみたい場合におすすめ。

【パッケージツアー】

宿泊や食事、観光地への交通手段など、すべての手配を旅行代理店が行う。さまざまなツアーを各社が用意しているので、チェックを。新婚旅行の準備に時間が割けない場合でも、安心して任せられる。

新婚旅行の手配スケジュール

2週間前〜前日	1カ月前	2〜3カ月前	6カ月前
☑持ち物リスト・お土産リストを作る ☑荷作りを始める	☑必要に応じてパスポートとビザを手配する ☑予約の最終確認と支払い	☑場所・予算・日程を決める ☑旅行代理店に相談し、予約する	☑旅のテーマを決める ☑インターネットや雑誌で情報を集める

《海外へ行く場合のチェックリスト》

- □パスポートの手配（有効期限の確認）
- □現地通貨への両替
- □海外旅行傷害保険への加入
- □国際免許証の手続き（必要に応じて）
- □旅行代理店から予約確認票を受け取ったか
- □携帯電話が現地で使えるか

お土産リストを用意

新婚旅行のお土産は結婚式でお世話になった人や身内に渡すのがマナーです。事前にリストを作り、いただいたお祝いの金額を書いておいたり、披露宴でスタッフを頼んだ人にマークをつけておいたりすると、お土産を買うときの目安になります。また、お土産を買う時間をあらかじめスケジュールに入れておくと安心です。
手荷物が増えてたいへんなときは、旅行代理店のお土産宅配サービスがおすすめ。旅行前にカタログで選んだものを、旅行後に届けてくれます。

イマドキ 新婚旅行の最新事情

【新婚旅行の実施状況】
新婚旅行に行った（行く予定で申し込み済み）…66.0%
行く予定だが申し込みはまだ…19.9%

【出発のタイミング】
1位 結婚式の翌々日から１カ月未満…24.6%
2位 結婚式のあと１カ月〜３カ月未満…22.4%
3位 結婚式の後３カ月〜半年未満…14.8%

【旅行先】 海外(77.9%)のうち
1位 ハワイ…29.7%
2位 ヨーロッパ…17.8%
3位 アメリカ…6.8%　※国内（22.9%）のうち、1位は沖縄周辺（8.6%）。

【日程】
1位 7日…29.1%
2位 8日…14.6%
3位 6日…13.8%

「ゼクシィ結婚トレンド調査2020」調べ　※データはあくまでも参考です。社会情勢により結果が大きく変動することがあります。

新婚旅行後のあいさつ

挙式後すぐに新婚旅行に行く場合は、帰ってきたらすぐにお世話になった人たちへあらためてお礼を伝えます。

双方の両親に最初に連絡をする

旅先に着いたときも、旅先から帰ったときも、まず双方の両親に連絡し、無事を知らせます。旅先からの電話が難しい場合はメールでもかまいません。そのあと、お土産と新婚旅行で撮った写真を持参し、双方の実家を訪ねてあいさつをしましょう。

　実家が近いならなるべく早く訪ね、遠方にある場合は週末や長期休暇を利用して、1～2カ月以内には足を運びましょう。男性の実家を優先するのが本来ですが、双方の都合で女性の実家を先に訪問してもかまいません。

媒酌人にはあらためてあいさつを

媒酌人へのあいさつを披露宴後に済ませている場合でも、新婚旅行後にあらためて訪問し、結婚式のお礼を伝えましょう。先方の都合を確認し、新婚旅行のお土産や写真を持参して、二人そろって訪問します。伺えない場合は、お礼状を送ります。

お世話になったすべての人へお礼を伝えるのがマナー

職場の上司や同僚には結婚後初めて出社するときにお礼を伝えましょう。とくに主賓をお願いした上司には、お土産を持参し、丁寧にあいさつを。すぐに会えない場合は、新婚旅行後すぐにお礼状を出します。

　親戚や友人にも直接会ってお礼をするのがベストですが、難しい場合は、お土産にお礼状を添えて送ります。

【媒酌人へのお礼状の例】

拝啓　初夏の候　ますますご清祥のこととお慶び申し上げます。昨日無事新婚旅行から戻ってまいりました。

　このたびは、私どものためにご尽力くださり、まことにありがとうございました。門出の際に頂戴しましたお言葉を胸に刻み、これから二人で明るい家庭を築いてまいります。

　今後とも変わらぬご指導のほど、どうぞよろしくお願いいたします。

　末筆ながら、皆様のご多幸をお祈り申し上げます。

敬具

贈る相手別のお土産の例

【媒酌人へ】

媒酌人夫妻の年齢に合う、上質なものを選ぶ。革製品、小物類、お酒など。きちんと包装してもらうのも忘れずに。

【両親へ】

両親の趣味を考えて、父親にはお酒などの嗜好品や洋服、母親には財布やバッグ、スカーフ、化粧品などが一般的。

【お世話になった友人へ】

受付や司会などを頼んだ友人は、新居に招待しお礼を伝える。そのほかの友人には千円程度のかさばらないものを。

【職場の上司・同僚へ】

大勢で分けられる個包装やお得サイズのお菓子を。主賓をお願いした上司には、別途お土産を用意しておく。

アドバイス ご近所へのあいさつは引越し後すぐに

新居のご近所へのあいさつまわりは、できれば、引越しの当日か翌日に済ませましょう。どちらかの親と同居する場合は、親と一緒にあいさつまわりをします。

戸建ての住宅なら、両隣と向かい3軒、マンションなら両隣・上下の部屋へ、500～千円程度の品を持って、あいさつに伺います。

また、引越しでは周囲の住人に迷惑をかけることになるので、管理人や大家には、引越し前にあいさつに行き、日程を伝えましょう。

赤白の結びきりののしをかけ、表書きは「寿」と姓にする。両親の家で同居する場合は、夫または妻の名前を入れます。

内祝いと結婚通知状

披露宴に招待していない人からお祝いをいただいたら、内祝いを必ず贈りましょう。結婚通知状も早めに郵送を。

披露宴に出席できなかった人へ内祝いでお礼を伝える

基本 披露宴に招待できなかった人や出席できなかった人から結婚祝いをいただいた場合、挙式1カ月以内にお返しを贈ることを内祝いといいます。贈るときは、必ずお礼状を添えましょう。

アドバイス 内祝いの品物は、相手に喜ばれそうなものを選びましょう。食器やタオルなどの日用品が一般的ですが、もらった人が自由に選べるカタログギフトも人気があります。

お金 金額は、いただいたお祝いの半額程度を目安にしましょう。

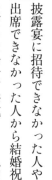

リスト作成で贈り忘れを防ぐ

アドバイス いろいろな人からいただく結婚祝い。内祝いを贈り忘れないようにするには、贈答リストが便利です。その都度、贈り主、住所、いただいた品物などをノートにまとめておくと、内祝いをスムーズに準備できます。また、贈ったものを控えておくと、今後のお付き合いでも役立ちます。

内祝いのかけ紙

赤白の結びきりの水引がついたのしをかける。表書きは「内祝」または「寿」と、二人の名前か結婚後の姓を書く。

内祝いのお礼状の例

【目上の人へ】

先日はお心の込もったお祝いの品をいただき、ありがとうございました。
素敵な写真立てに、早速披露宴の写真を入れて飾っております。
まだまだ未熟な二人ですが、今後ともご指導のほどよろしくお願いいたします。
心ばかりですが、内祝いの品をお礼に代えてお贈りいたします。

【知人へ】

いつもあたたかなお心づかいをありがとうございます。
いただいた素敵な食器は新しい人生が始まる記念として大切に使わせていただきます。
未熟な二人ですが、今後ともどうぞよろしくお願いいたします。

挙式1カ月以内に結婚通知状を送る

披露宴に招待できなかった友人・知人へは、結婚通知状を送り、結婚の報告を。披露宴に出席した人へもお礼を兼ねて送りましょう。

書く内容は、挙式の年月日、場所、媒酌人の名前、今後の支援のお願い、新居の住所が基本。とくにお世話になった人には、自筆でひと言メッセージを添えましょう。

結婚通知状は、披露宴での二人の写真を入れるのが定番。披露宴に出席した遠方の親戚や友人には、披露宴の写真を同封して郵送すると喜ばれます。

アドバイス　挙式後1カ月以内に送るのがマナーですが、10月以降の挙式なら年賀状と、夏前の挙式なら暑中見舞いと兼ねて送ってもかまいません。

結婚通知状の例

結婚しました

このたび私どもは、鈴木太郎様ご夫妻の
ご媒酌により、○月○日、ホテル○○にて
結婚式を挙げました。
未熟な二人ですが、お互いに助け合い
ながら楽しい家庭を築いていきたいと
思っております。今後ともご指導のほど、
よろしくお願いいたします。
下記に新居をかまえました。お近くに
お越しの際は、ぜひお立ち寄りください。

令和○年○月○日

〒000-0000
千葉県○○市○○町 1-2-3
佐藤裕也
みどり
(旧姓田中)

【年賀状と兼ねる場合】

謹んで新年のお慶びを申し上げます

旧年中はたいへんお世話になり、ありがとうございました。
私どもは昨年十一月○日に結婚し、夫婦そろって初めてのお正月を迎えることができました。
未熟な二人ではございますが、本年もご指導のほど、よろしくお願い申し上げます。
左記に新居をかまえました。お近くにお越しの際は、ぜひお立ち寄りください。

令和○年元旦

〒000-0000
千葉県○○市○○町1-2-3
佐藤裕也
みどり（旧姓田中）

Q&A 挙式・披露宴当日・新婚旅行

Q どうしても行きたくなっても挙式の最中には花嫁はトイレに行けない?

A 花嫁の控室には、だいたい専用のトイレがあり、挙式と披露宴の間の時間や、お色直しのときなどにトイレに行くことができます。

それらのタイミング以外でトイレに行かないようにするには、まずは事前に済ませておくこと。披露宴中は、お酒をすすめられても飲んでいるふりにとどめて、会場が用意しているバケツなどに捨てるのも手です。

Q 招待客が式場の備品を壊してしまった! いったいどうなるの?

A 新郎新婦自身だけではなく、式場を通さずに新郎新婦から依頼した業者や、招待客が会場の備品を汚したり破損させたりした場合には、その修復や損害賠償金を会場から請求される可能性があります。

このような事態を想定した結婚式のための保険もあるので、小さい子どもがたくさん来る予定で、不安がある場合には入っておくと安心です。

Q おめでた婚の場合、新婦の体調管理のためにどんな工夫が必要?

A できるだけつわりがおさまる16~28週目(安定期)に式を挙げましょう。ドレスは締めつけがなく負担の少ないものを選んで、式の2、3日前に再度フィッティングをすると安心です。式場は、移動距離が短いところを選びましょう。

当日の進行は余裕を持たせて組みます。また、香りが強い花を装花に使わないよう、式場にお願いしましょう。

Q 会場のスタッフや手伝ってくれた人に心づけを渡すタイミングは？

A 式の当日、新郎新婦には時間の余裕がありません。心づけを渡すのは、両家の両親や兄弟姉妹などに任せましょう。

着付けやメイクのスタッフには当日顔を合わせたときに渡し、受付は披露宴前に、司会や撮影をお願いした人には披露宴のあとに渡すのがベターです。

新郎新婦、それぞれお世話になった側の親族から渡しましょう。当日急に用事をお願いする場合を考え、心づけを多めに用意しておくのも忘れずに。

Q 新婚旅行のお土産がものすごい量になりそう。どうしたらいい？

A お土産は、結婚式でお世話になった人や身内、職場の人、親しい友人に渡します。事前に渡す人をリストアップして、その分、スーツケースの容量に余裕を持たせておくと安心です。

お土産の数が多いときや買い忘れが心配なときは、旅行代理店のお土産宅配サービスの利用を。金額は、両親は5千〜2万円、親族は3千〜5千円、職場の上司は2千〜5千円、友人は千〜3千円が目安。グループごとに予算を考えておくと、選びやすくなります。

結婚後、初出勤のマナー

☑ 早めの時間に出勤する

少し早めに出勤し、休暇をもらったお礼や披露宴に来てくれたお礼を、始業前に済ませておきましょう。

☑ 所属部署にはちょっとしたお土産を

休暇中、仕事を代わってもらった感謝の気持ちを込めて、新婚旅行に行った場合はお土産か、部署内で分けられるお菓子などを贈りましょう。

☑ 社内手続きも忘れずに

名字が変わった場合、雇用保険や給与振込用口座などの名義変更の必要があります。初出勤の日に届け出をしましょう。

招待客としてのマナー

招待客はあいさつと拍手でお祝いの気持ちを伝える

招待客も挙式・披露宴を作る一員だという意識を持って参加しましょう。受付や親族へのあいさつはもちろん、同じテーブルになった初対面の招待客とのあいさつも忘れずに。また、スピーチや余興は食事をしながら聞いてもかまいませんが、必ず最初と最後は拍手をしましょう。ケーキ入刀など、写真撮影のときにも、まわりの人の邪魔にならないようにするのがマナーです。

挙式・披露宴当日によく使う言い回し

受付で

「本日はおめでとうございます。お招きいただきありがとうございます。新婦友人の○○と申します」
「気持ちばかりですが、お納めください」（ご祝儀を渡すとき）
「お祝いは、事前にお送りしております」（事前にご祝儀を渡している場合）

控室で

「おめでとうございます。本日はお招きいただきましてありがとうございます。新郎友人の○○と申します」

「○○さんの花嫁姿を楽しみにしております」

同じテーブルの招待客に

「新婦（新郎）の中学時代の友人です。よろしくお願いいたします」（着席時、一礼してから）
「ありがとうございました。おかげで楽しく過ごさせていただきました」（退出のとき）

帰りがけにご両親・新郎新婦に

「とても楽しい披露宴でした。○○さんすごくきれいですね」

「お招きいただきありがとうございました。お幸せに」

招かれてから当日の流れ

結婚の報告を受ける

招待状を受け取る

出席する

- 出席の返事を出す ▶ p.168
- お祝いの品を贈る ▶ p.172

欠席する

- 欠席の返事を出す ▶ p.168
- 祝電の準備をする ▶ p.169
- お祝い金を贈る ▶ p.170
- お祝いの品を贈る ▶ p.172

式当日、会場に到着　20 ～ 30 分前

挙式に参列 ▶ p.140 ～ 147

身だしなみを整える

披露宴の受付を済ませる

控室で新郎新婦のご両親にあいさつ

- 披露宴に出席 ▶ p.188
- スピーチを頼まれた場合 ▶ p.174
- 司会を頼まれた場合 ▶ p.176
- 受付を頼まれた場合 ▶ p.178
- 撮影係を頼まれた場合 ▶ p.180
- 余興を頼まれた場合 ▶ p.181

退出

会場出口で新郎新婦とご両親にあらためてあいさつする

招待状の返事

届いたら、なるべく早く返信を出すのがマナー。お祝いの言葉を書き添えるのも忘れないように。

2〜3日以内に返信する

基本 披露宴の席次は招待状の返事が全員から届いてから決定するため、招待状が届いたら、できるだけ早く返事を出しましょう。とくに、出席の返事を早めに送ると、相手を祝う気持ちも伝えることができます。返信の期日にかかわらず、招待状が届いてから2〜3日以内、遅くとも1週間以内には返事を出すのがマナーです。

アドバイス 当日の都合がはっきりせず、すぐに返事ができない場合は、電話でいつ頃返事ができるかを伝えます。期日を過ぎても目途が立たなそうな場合は、迷惑がかかるので欠席に。

返信用はがきの書き方

【表面】

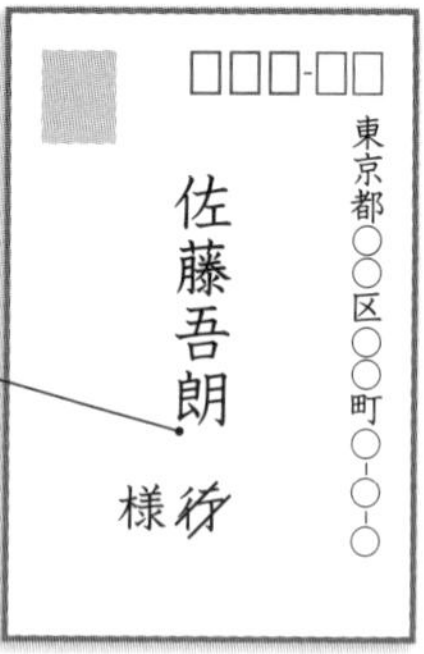

□□□-□□
東京都○○区○○町○-○-○
佐藤吾朗 ~~行~~ 様

宛名の下の「行」を斜めの二重線で消し、横に「様」と書く。

返信するときは、相手に敬意を払うために、「御」「御芳」などの敬称は二重線で消しましょう。また、宛名の下の「行」も消します。1文字は斜めの二重線、2文字以上は縦の二重線に。二重線の代わりに、「行」の上に朱色の筆ペンで「寿」の字を書いて消してもかまいません。

【裏面（出席する場合）】

~~御~~出席（○で囲む）
~~御欠席~~
~~御~~住所　埼玉県○○市○○町○-○-○
~~御芳~~名　山口洋子

ご結婚おめでとうございます
お招きいただきありがとうございます
喜んで出席させていただきます

出席を○で囲み、「御」「御欠席」を二重線で消す。

自分の住所や名前を書く欄の「御」「御芳」を二重線で消す。

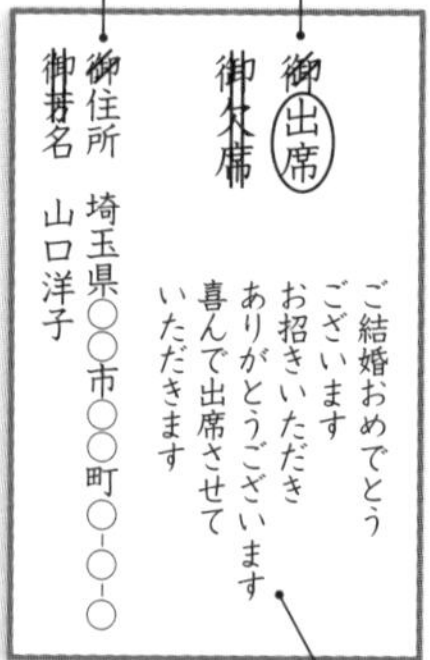

余白にお祝いの言葉や招待へのお礼のメッセージを書き添える。

【裏面（欠席する場合）】

~~御出席~~
~~御~~欠席（○で囲む）
~~御~~住所　埼玉県○○市○○町○-○-○
~~御芳~~名　山口洋子

おめでとうございます
お招きいただきありがとうございます
残念ですがやむをえない事情により欠席させていただきます

欠席を○で囲み、「御」「御出席」を二重線で消す。

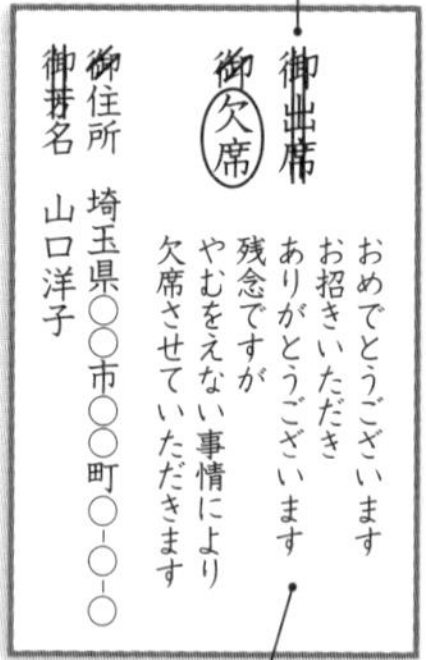

余白に、お祝いの言葉と出席できないお詫びの言葉を書き添える。

※お祝い事には終止符を打たないという理由で、句読点を使わないのがマナー。

返信はがきにはメッセージも添えて

基本

返信をするときは、出欠に○をつけるだけでなく、余白部分にお祝いの言葉や招待していただいたことへのお礼のメッセージを書き添えましょう。また、スピーチや余興を依頼する手紙が同封されていたら、快く引き受ける旨を記すとよいでしょう。

欠席をする場合は、お祝いの言葉に加えて、出席できない理由とお詫びの言葉を簡潔に書きます。身内の不幸や入院などが理由で出席できないときは、理由をはっきり書かず、「やむをえない事情により」などにするのがマナーです。感染症の流行時には、会場の予防対策を確認し、それでも移動や家族、仕事で不安があり欠席する場合は、早めに電話で感謝と祝福とともに伝えます。

欠席の場合は祝電を利用しよう

アドバイス

都合により出席できなくても、ご祝儀やお祝いの品を贈ったり、祝電を打ったりして、お祝いの気持ちを伝えることができます。祝電は、NTTのホームページから申し込むか、局番なしの「115」で申し込みましょう。窓口での申し込みも可能です。そのほか、郵便局の「レタックス」やさまざまな電報サービスもあります。最適なものを選びましょう。

当日にキャンセルする場合

身内の不幸などで当日に急きょ欠席することになったら、すぐに式場へ連絡し、本人へ伝えてもらうようにお願いを。本人と連絡が取れたら理由を話して謝罪します。後日あらためて欠席のお詫びを兼ねて、ご祝儀やお祝いの品を贈りましょう。

返事に書き添えるメッセージの文例

欠席するとき

友人・職場の同期の人へ

ご結婚おめでとう　とても楽しみにしていたのですが　海外出張と重なってしまいどうしても伺えません　お二人の幸せを祈っています

目上の人へ

ご結婚おめでとうございます　お招きいただき　心よりお礼申し上げます　残念ですが　やむをえない事情で出席がかないません　末永い幸せをお祈りしております

出席するとき

友人・職場の同期の人へ

ご結婚おめでとう　二人の新たな門出に招いてくれて　どうもありがとう　○○ちゃんの花嫁姿　今から楽しみにしています

目上の人へ

ご結婚おめでとうございます　お招きいただきありがとうございます　喜んで出席させていただきます

結婚祝い金の贈り方

新郎新婦との間柄によって、包む金額が異なります。金額に見合った祝儀袋を使うのもマナーです。

挙式前に持参するのが正式

披露宴に招かれている場合は、結婚のお祝い金を当日受付で手渡すケースがほとんどですが、挙式の1週間前までに、新郎新婦の自宅に直接届けるのが正式なマナーです。

アドバイス 祝儀袋は、包む金額に見合ったものを選びましょう。また、水引は金銀・赤白のあわじ結びにし、「ほどける」意味のある蝶結びの水引は縁起が悪いので使いません。

披露宴や自宅に持参するときは、ふくさに包みましょう。相手（受付）の前でふくさをほどき、ふくさにのせたまま手渡します。

ポイント　こんな場合はどうする？

●夫婦で披露宴に出席するとき
お祝い金の金額も２人分包みます。1人３万円ずつの場合は６万円になってしまうので、５万円か７万円に。

●披露宴に出席しないとき
自宅へ持参するなどして直接手渡すか、披露宴前に届くように郵送します。郵送するときは、お金を入れた祝儀袋をそのまま現金書留の封筒に入れて送ります。お祝いのメッセージも添えましょう。

●会費制の披露宴のとき
会費がお祝い金を兼ねているので、不要です。ほかにお祝いを贈りたいなら、相手に負担にならない程度の品に。

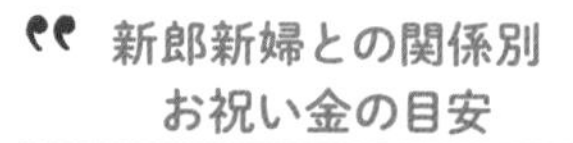
“新郎新婦との関係別
お祝い金の目安”

友人	2万～3万円
同僚	2万～3万円
上司	3万～5万円
部下	3万～5万円
兄弟・姉妹	5万～10万円
いとこ	3万～5万円
甥・姪・孫	5万～10万円

金額は新郎新婦との間柄で決める

お祝い金は新札を用意します。縁起がよいとされる奇数が基本ですが、二重の喜びという意味のある2、末広がりの8は例外です。また、10は奇数と考え、奇数でも苦を連想する9は避けます。

金額は新郎新婦との関係性で決めましょう。友人や職場の同僚へは2万〜3万円を包むのが一般的。金額を迷ったら、自分と同じような立場の人と相談してもよいでしょう。また、以前にお祝いをいただいたことのある相手なら、同額を包みます。

披露宴に欠席したり、招待されていない場合は、出席する場合の3分の1程度の金額か、同等のお祝いの品を贈ります。

正しいお祝い金の渡し方

祝儀袋を汚さないようにふくさで包むのがマナー。ない場合は小さな風呂敷や大きなハンカチでもかまいません。不祝儀の場合とは包み方が違うので注意しましょう。

❶ 右前になるように包む（不祝儀のときは左前に包む）。

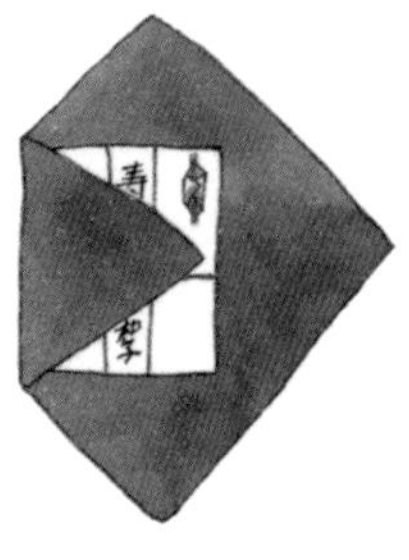

❷ 一礼し、「本日はおめでとうございます」とあいさつをする。

❸ ふくさで包んだ祝儀袋をバッグから出す。左手の上にのせ、右手でふくさを開いて祝儀袋を取り出す。

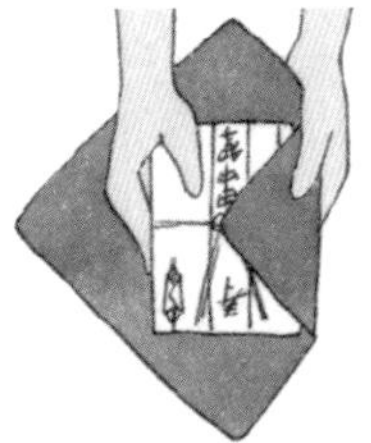

❹ ふくさをたたみ、祝儀袋をのせる。

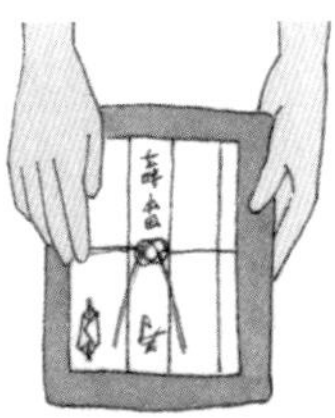

❺ 相手に正面が向くように時計回りで祝儀袋の向きを変え、両手で持って渡す。

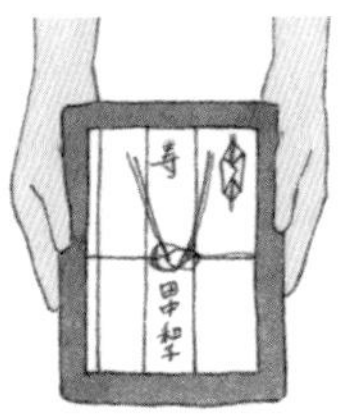

※祝儀袋については17ページを参照。

お祝いの品の贈り方

お祝いの品は持参するのが正式なマナーですが、最近では郵送するのが主流になっています。

お祝いの品は宅配便で届けるのが一般的

基本

結婚の祝福の気持ちを込めて贈るお祝いの品。お祝い金だけでもかまいませんが、お祝い金とお祝いの品を合わせて贈る場合もあります。

お祝いの品もお祝い金と同様に、挙式1週間前までの、吉日の午前中に相手の自宅に届けるのが正式なマナー。しかし最近では、結婚準備に忙しい相手のことを考え、デパートなどから直接配送することがほとんどです。お祝いのメッセージを書いたカードを添えたり、お祝いの手紙を別途郵送したりするのを忘れないようにしましょう。

贈るタイミングは招待状が届いてから

相手から結婚することを聞くや否や、披露宴の招待状が届く前にお祝いの品を贈ると、招待を催促しているように思われ、相手に余計なプレッシャーを与えてしまう可能性があるので、気をつけましょう。披露宴に招待されていない場合もなるべく早く贈るのがマナーですが、披露宴後になってしまうのはNGです。

お祝いの品には、赤白の水引が印刷されたのし紙をつけ、表書きは「寿」や「御祝」にします。複数で贈る場合は、全員の氏名を並べて書きましょう。

NG　やってはいけない贈り方

- 「割れる」を連想させるガラス類、「縁を切る」を連想させる刃物類は、結婚祝いの品にはタブーとされています。しかし、本人の希望であれば贈っても問題はありません。また最近では、包丁は「人生を切り開く」という意味で贈られることもあります。
- 食器などをセットで贈る場合は、お祝い金と同様に奇数が好まれます。ただし2はペア、6は半ダースと考えられるため、厳密なルールはなくなってきています。
- 披露宴会場にお祝いの品を持参するのは、相手の荷物を増やしてしまい、迷惑になるので避けましょう。

新郎新婦に希望を聞いてから選ぶ

お祝いの品は、新郎新婦が欲しいものを贈るのが一番。親しい間柄なら、希望をさりげなく聞いてみましょう。

高価な品を贈りたいときは、一人ではなく、友人同士や同僚と連名で贈るとよいでしょう。

お金 金額は、披露宴に招待されているかいないかで異なります。招待されている場合は、ご祝儀2万円、お祝いの品1万円というように、合計3万円程度が一般的。招待されていない場合は、1万円程度を目安にします。

あまり高額な品を贈ると、相手がお祝い返しに困ってしまうので気をつけましょう。また、お祝い返しを遠慮することを前提に、少額の品を贈ることもあります。

本人からとくに希望がない場合は、デパートやカード会社などでも使える商品券やギフトカードを贈ると、新生活に必要なものをそろえることができるので喜ばれます。旅行券といった、新郎新婦の趣味に合ったものを選んでもよいでしょう。

突然決まった場合は挙式後に贈る

アドバイス おめでた婚などの何らかの理由で、挙式までの日にちがあまりないときは、新郎新婦は挙式の準備に追われ、必要な品がすぐに思いあたらない場合もあります。

知らせを聞いてすぐにお祝いの品について聞くのは避け、挙式後落ち着いてから、新生活に必要なものを聞き、贈ると喜ばれます。

アイデア 贈ると喜ばれるお祝いの品

●キッチン家電

電気圧力鍋やホットプレートなどの家電は、料理の幅を広げたいという新婦に好評。

●キッチン用品

鍋やシリコンスチーマーなど、新生活ですぐに使える実用的な贈り物。

●掃除機・空気清浄機

新居を美しく保つための家電は、新郎新婦両方に喜ばれるはず。

●ペアのカップやグラス

本人が希望すれば、食器類もOK。結婚記念日や名前を刻印できる場合も。

●高級な食品

二人の食卓を彩るブランド牛や高級なスイーツ。グルメなカップルにもおすすめ。

●商品券

新生活を始めてから必要なものをそろえたいというカップルに最適。

スピーチを頼まれたら

うまくスピーチをしようとするのではなく、心のこもった言葉を新郎新婦に届けましょう。

ひとつのエピソードを柱に分かりやすくまとめる

基本

新郎新婦がスピーチを依頼するというのは、信頼の証しです。依頼をされたら喜んで引き受けるのがマナーです。

引き受けたら、主賓と友人代表とでは、スピーチの内容が異なるため、自分はどのような立場で依頼をされたのかを、新郎新婦に確認しましょう。

話す内容を決めたら、ひとつのエピソードを中心に、左記の基本構成に沿って簡潔にまとめます。約3分以内におさまるよう、400字詰めの原稿用紙2～3枚程度を目安に考えます。

お祝いの気持ちをこめて話す

慣れないスピーチは緊張するものですが、それを和らげるには、原稿をスムーズに読めるようになるまで練習することが第一です。

マイクの前に立ったら一度深呼吸をしてから、話し始めましょう。ハキハキと明るい声で、いつもより少しゆっくり話すと聞き取りやすくなります。

スピーチで大切なのは、心がこもっているかどうか。途中で間違えても、「あがってしまって申し訳ありません」と笑顔で述べ、一呼吸してから再び始めれば問題ありません。

NG スピーチで避けるべきこと

- まとまりなく、だらだらと話す
- 自分の自慢話や会社の宣伝、内輪にしか分からない話題を話す
- 新郎新婦を見下すような口調で話す
- 新郎新婦をねたんだり、悪く言ったりする
- 昔の恋愛などの暴露話や下品な話をする
- 政治や宗教の話題を挙げる
- 早口で落ち着きなく話す
- 原稿を棒読みする

スピーチのコツ

- マイクの前では、背筋を伸ばして立つ
- 会場全体を見まわしながら、一語一語丁寧にゆっくり話す
- 終始笑顔を忘れずに
- 心配なときは、メモを見ながらでも OK

立場によって異なるスピーチのポイント

主賓のスピーチは参列者の代表なので、本人のプロフィールや職場での生き生きとした仕事ぶりなどを、少し堅い言葉で表現します。長くなりすぎないよう、簡潔にまとめることを心がけましょう。

友人としてスピーチをするときは、学生時代の思い出話を交えながら、新郎新婦の固い絆や、温かい人柄が伝わるような、明るい内容にまとめると、場の雰囲気も和やかになります。

忌み言葉はNG

- 「別れる」「切れる」「壊れる」「冷える」「割れる」「離れる」「戻る」などの離婚を連想させるような言葉
- 「たびたび」「重ね重ね」「いよいよ」「くれぐれ」「わざわざ」などの再婚を連想させるような重ね言葉

スピーチの基本構成（友人の場合）

❶ お祝いの言葉
博樹君、直美さん、ご結婚おめでとうございます。また、ご両家の皆様にも心よりお祝い申し上げます。

❷ 自己紹介
私は新郎の大学時代の友人で、同じスキー部に所属しておりました山田一之と申します。博樹君とは卒業してからも親しくさせていただいております。

❸ エピソード
博樹君とは大学のスキー部で出会い、音楽という共通の趣味も合ったことから、すぐに意気投合しました。博樹君は持ち前の責任感と明るい性格で部内でも一目置かれる存在で、３年生のときには部長として部を牽引してくれました。冬休み中は、長野や新潟などのスキー場へ行き、合宿生活を送っていました。体力的にもハードな日が続く中、部員の士気も下がります。そんなとき博樹君は、疲れている部員を明るい声で励まし、率先して練習をしていました。博樹君のおかげで部員に一体感が生まれ、大学対抗の大会で見事優勝することもできました。

❹ はなむけ
じつは新婦の直美さんは同じスキー部の後輩で、とても美人だったので私などは近寄れない存在だったのですが、博樹君の温かく、誠実な人柄が彼女のハートを射止めたようです。学生時代から変わらない、仲むつまじいお二人なので、きっと笑顔で楽しい家庭を築かれることと思います。博樹君の包容力で直美さんを守りながら、幸せな家庭を築いてください。

❺ 結びのあいさつ
これからも末長くお幸せに。本日は、まことにおめでとうございます。

司会を頼まれたら

披露宴をスムーズに進行することが大事ですが、友人らしい言葉で和やかな雰囲気を作りましょう。

友人らしく心温まる司会を

基本 司会は披露宴を進行するだけではなく、披露宴の雰囲気を左右する、ムードメーカー的な役割もあります。プロに依頼するのがほとんどですが、大切な披露宴だからこそ、信頼の置ける友人に依頼したいというカップルも少なくありません。司会の依頼を受けたら快く引き受け、誠心誠意司会を務めましょう。

綿密な打ち合わせとタイムテーブル作り

司会を引き受けたら、まず新郎新婦と打ち合わせをして、アットホームな雰囲気にしたいのか、厳かな雰囲気にしたいのかなど、披露宴のイメージを決めていきます。感染症が流行しているときは、感染予防のアナウンスをどのような表現で、どのタイミングでするのかも確認しておきましょう。

タイムテーブルは、スピーチや余興で時間がおすことを考え、余裕を持ったものに。プランを立てたら、新郎新婦や式場の担当者に確認を取ります。

情報収集と台本作り

タイムテーブルが完成したら、新郎新婦にまつわるエピソードを本人や友人たちなどに聞き、披露宴中に紹介をしてよいかどうかを本人に確認します。また、主賓などスピーチをお願いしている人のプロフィールも把握しておきましょう。

そして、各場面でどんなあいさつを述べるのかを書き出し、台本を作ります。忌み言葉を使っていないか、おかしい言い回しはないか、スピーチなどで紹介する人の名前や肩書は間違っていないかをチェックしましょう。

全体の流れを頭に入れ予行演習をする

台本が完成したら、本番のつもりで何度もリハーサルをし、全体の流れを把握しましょう。そして、披露宴が近くなったら、式場の担当者とタイムスケジュールの最終確認をし、会場の下見もしておきます。会場の広さ、新郎新婦や招待客のテーブルの配置、司会者の立つ場所、音響設備の操作を確認します。

主役より控えめなフォーマルスタイルで

アドバイス

司会者の服装は、新郎新婦や両親よりも控えめなスタイルで。男性ならブラックスーツやダークスーツ、女性ならドレッシーなワンピースやツーピースを用意しましょう。

当日は早めに会場に入り最終確認を

当日は1時間前には会場に到着するようにします。新郎新婦や両親、媒酌人にあいさつを済ませ、新郎新婦に変更事項の有無や祝電を読み上げる順番、送り主の名前や肩書などを確認します。そして、タイムスケジュールや台本にもう一度目を通し、変更事項があれば、台本に書き込んでおき、式場のスタッフと最終的な打ち合わせをします。ドアの開閉のタイミングや、マイクなどの機器の操作をチェックしましょう。また、スピーチや余興をお願いしている人にもあいさつをし、所要時間を確認しておきます。

準備を終えたら、あとは本番です。プロではないので気負わず、笑顔で明るく司会を務めましょう。

NG 司会でやってはいけないこと

- 人を紹介するときには、指をささない。人を指すときは、手のひら全体で。
- 盛り上げようとして無理やりはしゃいだり、暴露話をしたりしない。
- スピーチや余興をする人の紹介時に名前を間違えない。間違えたらすぐにお詫びをして訂正を。

司会をスムーズに行うために

- ゆっくりはっきりと話すように心がけ、会場全体を見渡しながら話す。
- 率先して拍手をし、会場の拍手を促す。招待客から見える位置で拍手を。
- スピーチの間は、話し手に注目する。進行表をチェックするときは、さりげなく。

受付係を頼まれたら

主催者側の代表として招待客を迎える受付係。態度や服装などで、さわやかな印象になるように心がけて。

さわやかな笑顔で招待客を出迎えて

基本

受付係は、披露宴の印象を左右する大切な役割。笑顔で対応しましょう。招待客からご祝儀を受け取り、芳名帳への記入をお願いし、席次表を渡すのが受付係の主な仕事。来賓へお車代を渡すように頼まれる場合もあります。派手な服装やメイクは避け、男性ならブラックスーツ、女性ならドレッシーなワンピースなど、あらたまった雰囲気の服を選びましょう。

多くの招待客と接触するため、感染症流行時には、当日まで普段以上の予防対策と体調管理に努めましょう。

受付係の当日の流れ

受付に必要なものを確認する
会場には1時間前には到着し、新郎新婦や両親にあいさつを済ませます。そして、受付の場所を確認し、芳名帳、招待客名簿、席次表、祝儀袋受盆、筆記用具などがそろっているかの確認を。

打ち合わせ
受付は新郎側、新婦側からそれぞれ1名ずつ担当するのが一般的。初対面ならあいさつをし、芳名帳とご祝儀をだれに渡すか確認します。スムーズな受付は混雑防止になり、感染症の予防にもつながります。

招待客名簿に目を通す
受付をするときは、芳名帳と名簿を照合しなければならないので、一度名簿に目を通しておくとスムーズです。

会場の下見
クロークや控室、トイレの場所を聞かれることも多いので、事前に会場内を下見しておきましょう。

受付スタート
開宴の30分前から受付を始めるのが一般的。招待客が来たら丁寧にお礼を述べ、芳名帳への記帳をお願いします。ご祝儀を差し出されたら、両手で受け取り、受盆に置きましょう。記帳を終えたら席次表を渡し、氏名を確認して名簿に○印でチェックを。

芳名帳とご祝儀を渡す
受付が終わったら、芳名帳とご祝儀をまとめて袋に入れ、あらかじめ決めておいた人へ渡します。

こんなときはどうする？

祝儀袋に名前が書かれていなかったら

受け取るときに「恐れ入りますが、○○様でいらっしゃいますね」と聞き、名前の書き忘れに気づいてもらうようにします。または、「申し訳ありませんが、どなた様からお預かりしたか分からなくなるといけませんので、お名前をご記入ください」とお願いを。

開宴時間に遅刻する人がいたら

受付係も招待客の一人なので、開演後は会場のスタッフに任せるのが基本。席に着くときは、目立たないように気をつけて。

当日のチェックリスト

- □芳名帳、招待客名簿、席次表、筆記用具、受盆がそろっているか
- □最後にご祝儀と芳名帳をだれに預けるか
- □控室やトイレ、クロークの場所を把握したか
- □招待客名簿と席次表に一度目を通したか

よい印象を与える対応の仕方

❶ 招待客を出迎えるとき

「本日はご多用の中、ご出席ありがとうございます」と頭を下げ、丁寧にあいさつをする。

❷ 芳名帳へ記帳をお願いするとき

「恐れ入りますが、こちらにご署名をお願いします」という言葉とともに、芳名帳と筆記用具を差し出すか、芳名帳を手のひらで指し示す。

❸ ご祝儀を受け取るとき

「ありがとうございます」と丁寧にお礼を述べ、両手で受け取り、受盆に納める。

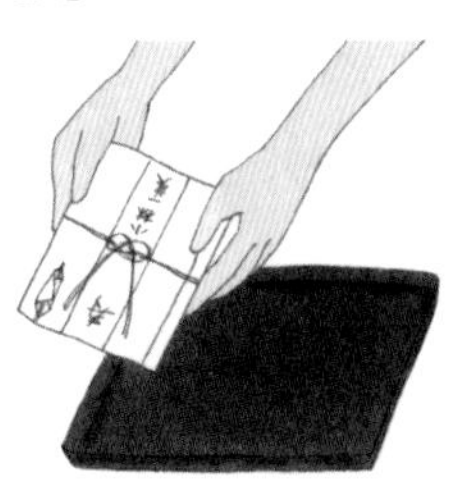

❹ 会場内を案内するとき

トイレや控室の場所を聞かれたときのことを想定し、分かりやすく説明できるように考えておく。

撮影係を頼まれたら

新郎新婦の晴れ姿を写真や映像でおさめる撮影係。責任重大なので、複数で引き受け、準備は念入りに。

撮り方のプランを練る

基本

新郎新婦にとって一生の記念になるシーンを撮影するために、撮影係を依頼されたら、まず新郎新婦と綿密な打ち合わせをしましょう。タイムスケジュールをもらい、撮影が必要な場面を細かくチェックします。また、どの位置から撮ってほしいのかも確認しておきましょう。

新郎新婦や司会者との打ち合わせの際には、撮影プランを練るとともに、感染症流行時にはシャッターの直前までマスクをする、密着するポーズを避けるなど、感染予防対策についても確認しておきましょう。

当日は早めに到着して会場の下見をする

アドバイス

1時間前には到着し、新郎新婦が入場する場所やケーキ入刀の場所など、主要なプログラムの場所を確認し、どの位置から撮ればよいかを検討します。

万一の失敗に備えるため、撮影係は複数で担当しましょう。新郎新婦をメインに撮影する係、招待客をメインに撮影する係など、役割分担をしておくと安心ですが、重要なシーンは全員で撮影をします。

招待客全員を写すことも忘れないようにしましょう。

おさえておきたい撮影シーン

- 控室やロビー
- 会場の装花やテーブルコーディネート、受付のウエルカムボードなど
- 新郎新婦の手元のアップ
- 新郎新婦の入場
- すべてのスピーチと余興
- 乾杯
- ウエディングケーキ入刀
- お色直し後の再入場
- 各テーブルの歓談風景

※表情が硬い人には「今日はどちらから？」など声をかけたりして、緊張をほぐしてあげましょう。

撮影係でやってはいけないこと

- 動きやすさを優先してラフな服装をするのは避けましょう。目につきやすいので、控えめな衣装にすること。
- 撮影に夢中になるあまり、新郎新婦の移動を邪魔したり、招待客の前に立ったりしない。
- あらたまった場面で新郎新婦に話しかけるなど、場の雰囲気をこわさない。

余興を頼まれたら

披露宴を和やかに演出する余興。快く引き受け、新郎新婦にも招待客にも喜んでもらえる出し物を考えて。

招待客全員が楽しめる内容の出し物を

基本　和やかで楽しい披露宴を演出するのに欠かせない余興。新郎新婦の友人が担当することが一般的ですが、仲間内にしか分からないような内容や、大音響の音楽、下品な出し物など、お祝いの席にふさわしくない内容はNG。年齢問わず、招待客全員が楽しめるような手品やクイズなどのほか、新郎新婦の思い出の曲を歌ったりするのもよいでしょう。

アドバイス　長すぎる出し物は、見ているほうも飽きてしまいます。3～5分程度を目安に考えましょう。

練習と準備は念入りに当日は心を込めて演じる

余興の内容が決まったら、まず新郎新婦に相談して了承を得てから、練習を始めます。一人で心細い場合は、複数でできるにぎやかで楽しい内容の出し物にしましょう。事前の練習をしっかりしておけば、本番でもあまり緊張することなく演じることができるはずです。演じる前には、新郎新婦と両親へお祝いの言葉を述べ、簡単に自己紹介をしましょう。

音響設備を使ったり、楽器などを持ち込む場合は、新郎新婦に伝え、事前に会場に確認を取ってもらいます。

アイデア　余興にはどんなものがある？

●クイズ
招待客全員が参加し、新郎新婦にまつわる質問に○×形式で答える。全問正解の人にはプレゼントを用意しておくなどの演出を。

●歌・生演奏
新郎新婦との思い出の曲を披露したり、楽器の演奏が得意なら、お祝いの場にふさわしいような楽曲を演奏するのもおすすめ。

●プロフィールビデオ
子どもの頃や学生時代の写真などを交えて、二人の生い立ちから結婚までを紹介。二人から家族へのメッセージを入れると感動的に。

●プロフィール新聞
二人の結婚をスクープ記事のようにデザインしたオリジナルの新聞。披露宴後にじっくり読んでもらうこともできる。

女性の装いのマナー〈和装〉

和装を選ぶ人は少なくなりましたが、そのぶんお祝いの場に華を添えます。適切なものを選びましょう。

立場と着物の格を考慮してその場に合った装いを

基本

主役は新婦なので、新婦より目立たない控えめな装いが基本ルールです。

和装の正礼装は、既婚なら留袖、未婚なら振袖です。成人式の振袖は新婦が着る振袖とは仕立てが異なるので、着用してもＯＫです。

準礼装と略式装にあたる訪問着や色無地、つけさげは既婚でも未婚でも関係なく着ることができます。帯や草履などの小物類も格に合ったものを選びましょう。和装の礼服において格を決めるのは、紋の数や柄などです。同じ色留袖でも、五つ紋は黒留袖と同格の正礼装で、三つ紋や一つ紋は準礼装になります。最近では訪問着でも、格調高い古典柄のものに紋をつければ準礼装になると考えられています。

立ち居ふるまいに気を使うとより美しい装いに

アドバイス

和装の人が凛として見えるのは和装に合った立ち居ふるまいをしているから。少し注意を払うだけでより美しく装うことができます。

まず、あごを引いて、いつもより背筋を伸ばすことが大切です。パンツやスカートをはいているときと同じ歩幅で歩くと和装では着くずれてしまうので、歩幅を狭くして、やや内股ぎみにしましょう。階段の上り下りの際はとくに気をつける必要があります。

乾杯や拍手をしようと、そのまま腕を上げると腕がむき出しになってしまうので、袖口をおさえましょう。

会場での着替えはできるだけ避ける

感染症が流行しているときは、更衣室や着つけを一度に利用できる人数を制限している会場もあるため、可能なら会場での着替えは控えましょう。もし遠方からの出席など、事情がある場合は事前に自分で予約を入れて、到着時間なども確認しておきます。くれぐれも新婦に予約を頼まないようにしましょう。

結婚式の和装

絵柄がつながっていないが、着たときに柄が上向きになるように描かれているのが特徴。

●帯

帯締めは訪問着と同様に格調高いものを選ぶ。二次会などのカジュアルな場では、織りの名古屋帯などでもよい。

●小物

訪問着と同様にする。バッグは洋装でも使える布製などでもよい。

披露宴の招待客の和装で最も一般的。絵羽模様が特徴で、お祝いの席には格調の高い古典柄を選ぶ。

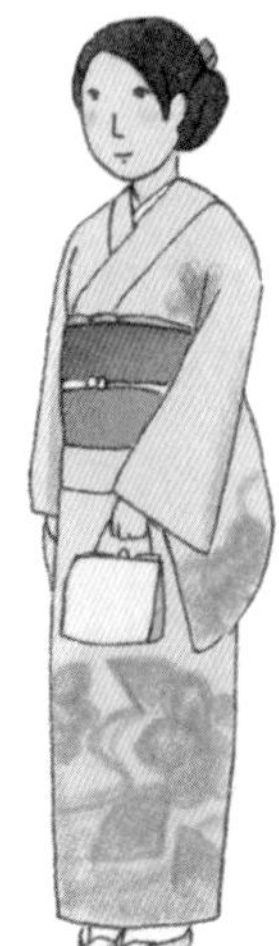

●帯

錦織やつづれ織などの、金・銀箔や刺しゅうが入った袋帯。帯締めは、金銀など着物に合わせる。

●小物

バッグと草履は佐賀錦などの礼装用のアンサンブルなど。

帯や小物は着物の格に合わせる

帯や帯揚げ、帯締め、草履、バッグなどの小物類は着物の格によって異なるので、気をつけましょう。また、髪飾り以外のアクセサリーはつけないのが基本です。

和装のNGポイント

●猫背で歩く

姿勢が悪いとせっかくの着物が映えません。あごを引いて背筋を伸ばし、肩の力を抜きます。歩くときは歩幅を小さく、内股ぎみに。

●着つけの予約を新婦にお願いする

披露宴会場の美容室などへの予約は自分で。新婦にお願いすると、着つけ料まで負担させてしまうことも。

女性の装いのマナー〈洋装〉

大事なお祝いなので格調高い装いを。ただし、新婦よりも控えめにするのがマナーです。

昼と夜で装いに変化を

基本

一般的な披露宴では準礼装で出席するとよいでしょう。洋装は、昼と夜（夕方5時以降）で装いが異なります。昼は、準礼装のセミアフタヌーンドレスか上品なワンピースやアンサンブル、ツーピースなどを選びましょう。いずれも、肌を露出しないのがマナー。アクセサリーも光るものは避け、パールなどで華やかさを演出します。夜はイブニングドレスより丈が短めの、セミイブニングドレスが一般的。宝石などの光るアクセサリーを合わせて、ゴージャスに装いましょう。ただし、新婦より目立たないように。

結婚式の洋装

セミアフタヌーンドレス

昼の準礼装。ドレッシーなワンピースやスーツ、アンサンブルなどの肌を露出しないデザイン。光る素材は避ける。

●小物

アクセサリー：パールや布製のコサージュ
バッグ・靴：カーフやスエードなど

セミイブニングドレス

夜の準礼装。イブニングドレスより肌の露出を控えたデザインの、長めの丈のワンピースが基本。シルクやサテンなどの、光沢のある素材のものを選ぶ。

●小物

アクセサリー：ダイヤモンドやゴールドなどのジュエリー
バッグ：光沢のあるシルク、ビーズの装飾がついた華やかな小型のデザイン
靴：エナメルのパンプス、飾りがついたデザイン性のあるもの、ゴールドやシルバーなど

白いドレスはNG
黒いドレスには一色プラス

アドバイス

披露宴において「白」は花嫁の色なので、招待客が白い服を着るのはＮＧですが、部分的に白を使っている程度なら問題ありません。

黒は喪の色なので、飾りがついていたり、光沢がある素材だったり、華やかな印象のものを選び、アクセサリーなどでほかの色を足します。腕時計はカジュアルアイテムなので外します。

ドレスに似合う華やかなマスクを

感染症の流行時には、予防のため、多くの披露宴会場では飲食時以外のマスクの着用が求められます。
華やかなドレスに似合うような、ビジューやレースが施されたマスクもあるので、コーディネートの一部として選んでみるとよいでしょう。

洋装のNGポイント

●黒一色のドレスを着る

黒のドレスを着る場合は、喪服に見えないよう、サテンやベルベットなどの光沢のある素材で派手なデザインを選び、小物類で華やかさをプラスしましょう。

●昼の披露宴で肩を出す

ノースリーブのドレスにストールを羽織る場合もありますが、知らないうちにストールが落ち、肩が出てしまうことも。コサージュなどで留めておけば安心です。

●白の華やかなドレスを着る

白は花嫁の色なので避けること。部分的に白を使うのは問題ありませんが、上に羽織るものが白だと、着席中に白ばかり目立つので気をつけましょう。

●黒いストッキングを履く

黒はドレスと同様に喪を連想させます。フォーマルな場では、肌色に近いベージュのストッキングか、装いと合わせて華やかなラメ入りのタイプでもOK。

●ミュールをはく

ミュールやブーツといった靴は、カジュアルな印象になるので避けましょう。靴は、昼夜ともに、ヒールの高いパンプスが正式です。

●紙袋を持ち歩く

会場での持ち物はバッグのみにします。入りきらないものは、紙袋などに入れて持ち歩くのではなく、クロークに預けます。バッグは、ドレスに合わせて華やかなデザインの小ぶりなクラッチバッグを持ちましょう。

男性の装いのマナー

一般招待客の装いは洋装が主流。昼夜兼用で、披露宴から二次会まで対応できるブラックスーツが人気です。

男性の招待客はブラックスーツが一般的

基本

男性の礼装は、和装なら黒紋付、洋装ならモーニングやテールコートですが、これは新郎や両家の父親、媒酌人が身につけるので、招待客はブラックスーツがよいでしょう。

主賓クラスであれば正礼装にすることもありますが、準礼装で出席することがほとんどです。昼と夜で違いがあり、昼ならディレクターズスーツ、夜ならファンシータキシード（正礼装のタキシード以外の色や素材で作られたもの）などが基本。ブラックスーツは、昼夜兼用で着ることができます。

結婚式の男性の装い

ディレクターズスーツ

昼の準礼装。黒やダークグレーなどのジャケットに、細めのストライプのスラックスを合わせる。白シャツにシルバーグレーなどのネクタイ、ポケットチーフも白やシルバーグレーで合わせて、上品な印象に。

ファンシータキシード・ファンシースーツ

夜の準礼装。タキシードよりも遊びがあり、色は黒や濃紺、白以外で、素材もシルクやベルベットなど多様なものが使われている。ファンシースーツは、艶やかなシルクシャンタンなど生地が特徴的。

ダークスーツ

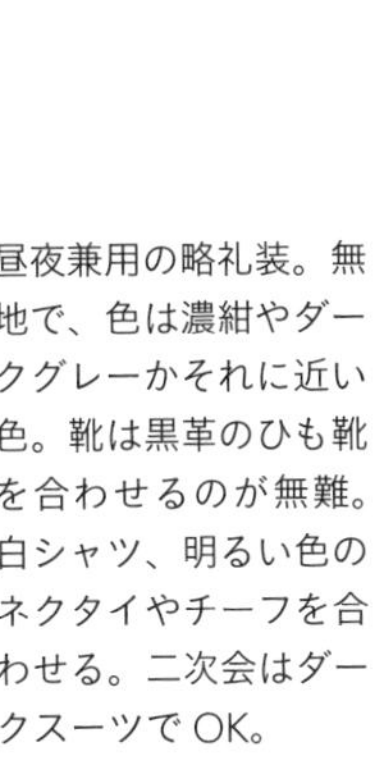

昼夜兼用の略礼装。無地で、色は濃紺やダークグレーかそれに近い色。靴は黒革のひも靴を合わせるのが無難。白シャツ、明るい色のネクタイやチーフを合わせる。二次会はダークスーツで OK。

ブラックスーツ

昼夜兼用の準礼装。ディレクターズスーツやファンシータキシードより格が下がる。白のシャツにシルバーグレーや白黒の縞柄などのネクタイを。共布のベストを着用し、チーフはシルクの白やシルバーグレーに。

男性の装いのNGポイント

●通勤靴を履く

かかとがすり減っているような、履き古した革靴はNG。プレーントゥかストレートチップの黒革の紐靴を履きましょう。靴下も黒のドレスソックスを。

●黒いネクタイをする

たとえ柄が入っているものでも、黒いネクタイは喪を連想させるので避けましょう。光沢のあるシルバーグレーなど、フォーマルな印象のものが基本です。

「平服で」と案内されたら

ダークスーツを着用しましょう。ビジネススーツでも、濃紺やチャコールグレーなどのきちんとした印象のものであれば、問題ありません。ネクタイやポケットチーフでフォーマル感を演出します。

結婚式のマスク

感染症の流行時に予防としてマスクをする場合、基本的には白いものでかまいません。女性はドレスに合う華やかなものをつけたりしますが、白は古くから清潔な色、格の高い色とされてきたため、白いマスクで十分でしょう。

披露宴でのマナー

新郎新婦を祝う気持ちを大切にしながら、ほかの招待客に不快な思いをさせないように配慮しましょう。

到着したら

開宴の20～30分前に到着する

披露宴に遅刻するのは厳禁です。交通渋滞や電車の遅延などを見込んで、時間に余裕を持って家を出ましょう。やむをえない理由で遅刻しそうであれば、会場に早めに連絡を。

着替えは来賓用の更衣室で

遠方からの出席で家から着物やドレスで来られない場合は、来賓用の更衣室を借りて着替えを済ませます。しかし、感染予防の観点から、可能であれば利用は控えましょう。利用する場合は、自分で会場に予約を取ります。

手荷物をクロークに預ける

コートやカバンなどの手荷物はクロークに預けます。会場には貴重品やハンカチ、スピーチのメモなど必要最小限のものを、女性ならクラッチバッグ、男性ならスーツの内ポケットに入れて持ち込みます。

受付をする

受付係は主催者側の代表なので、「本日はおめでとうございます」とまずお祝いのあいさつを述べてから、自分の名前を伝えます。「新郎の友人の○○です」などと、新郎新婦との関係が分かるように名乗りましょう。

お祝い金を持参している場合は、芳名帳に記帳する際に手渡します。

控室ではあいさつを

開宴までは控室で待機するのが一般的。新郎新婦の両親にあいさつをし、面識のない招待客にも自己紹介をし、和やかに歓談を。

挙式へ参列するときは

「挙式にもご参列ください」と書かれている招待状を受け取ったら、特別な理由がない限り参列します。挙式での装いは、女性は肌を露出しすぎないスタイルで。豪華なアクセサリー類も外します。式場内では、おしゃべりや写真撮影を控えましょう。

披露宴会場で

初対面の人には自己紹介を

係員の指示に従って、会場に入ります。入り口で新郎新婦や両親が出迎えている場合は、「おめでとうございます」などと簡単にあいさつを済ませ、流れを止めないようにしましょう。

着席したら、同じテーブルの人にあいさつをします。初対面の人がいれば自己紹介をします。開宴までは同じテーブルの人たちと和やかに会話を。

新郎新婦を拍手で迎える

新郎新婦が入場するときは、お祝いの気持ちを表すために、盛大な拍手で迎え、宴の始まりを盛り上げましょう。また、スピーチや余興の始めと終わり、お色直しを終えた新郎新婦が再入場するときにも拍手を忘れずに。

媒酌人のあいさつから乾杯までは厳粛な雰囲気で

披露宴最初の媒酌人のあいさつと主賓のあいさつの間は静かに耳を傾け、来賓代表の音頭で乾杯をするときは、起立して右手でグラスを持ちます。「乾杯」と唱和したら、グラスを目の高さくらいまで掲げ、口をつけます。

同じテーブルの人と歓談を

新郎新婦がお色直しで中座するときは、新郎新婦の人柄が伝わるようなエピソードを話すなど、周囲の人と歓談しながら楽しく食事を進めると、場の雰囲気も和みます。新郎新婦がキャンドルサービスで自分のテーブルにまわってくるときは拍手で迎え、「おめでとう！」「きれいね！」など、お祝いの言葉をかけましょう。

気をつけたいNGポイント

●披露宴の最中に席を立つ

宴が終わるまでなるべく席を立たないのが基本ですが、どうしてもトイレに行きたかったり気分が悪くなったりしたときは、スピーチの合間や歓談中など、目立たないタイミングを見計らいます。その際、ナプキンは軽くたたんで椅子の上に置きます。

●携帯電話の着信音を鳴らす

携帯電話は必ず電源を切るか、マナーモードに設定をしましょう。時計のアラーム音にも注意が必要です。

●バッグをテーブルの上に置く

女性が持つクラッチバッグなどは、テーブルではなく、椅子の背もたれの前か膝の上に置きましょう。

●新郎新婦の暴露話をする

周囲の人と新郎新婦の印象を損なうような話をするのはタブー。政治や宗教、自分の収入や財産の話も×。

●乾杯のときグラスを合わせる

グラスを合わせてひびが入ってしまうと、祝い事にもひびが入ると考えられています。

食事中のマナー

同じテーブル全員に料理が出たら食べ始める

自分の前に料理がサーブされたからといって、一人で食べ始めるのはマナー違反。全員の前に料理が出され、目上の人がナイフやフォークを取ったら、食べ始めます。

周囲と同じペースで

フレンチなど洋食のフルコースでは、テーブルごとにタイミングを見て次の料理が運ばれるため、一人だけ早く食べ終わったり、話に夢中になって遅くなったりしないように、周囲に気を配りましょう。

スピーチ中は音をたてない

スピーチや余興が行われている間でも、食事は続けてかまいませんが、私語はつつしみ、スピーチや余興をする人に注目しましょう。とくにスピーチのときは、ナイフやフォークをガチャガチャいわせたり、スープの音をたてたりしないように注意を。

基本のマナーを知っておく

お皿の上にセッティングされているナプキンは、テーブルで一番目上の人がナプキンを取ったら膝の上に広げます。ナイフやフォークは外側から使い、食事の途中ならハの字に、終わったら並べてお皿の上に置きましょう。また、グラス類は自分の右側に置いてあるものを使います。和食で尾頭つきの鯛が出た場合は、持ち帰り用なので、箸をつけないこと。

花束贈呈が終了のサイン

いつまでもだらだらと食事をするのは避け、両親への花束贈呈前までに食べ終えて、花束贈呈が始まったらセレモニーのほうに注目します。

気をつけたいNGポイント

- 主催者側が用意した飲み物以外をオーダーする
- スピーチや余興の緊張をまぎらわせるために、泥酔するほどお酒を飲む
- テーブルに並べられたカトラリーやグラスの位置を変える

オンライン参加も雰囲気を共有して

感染症の流行時には、大声をだしたり、歩き回ったりすることは控えましょう。飲み物や食べ物をほかの人とシェアするのも避けるのが賢明です。
最近ではオンラインで結婚式や披露宴の様子を配信するケースもあります。招待客側の映像が会場で見える場合は、自宅から参加するにしても礼服を着ましょう。

お開きのとき

席次表やメニューは置いていかない

新郎や新郎の父親など、両家代表のあいさつが終わったら、再び盛大な拍手を贈りましょう。そして、司会者の指示に従って席を立ち、速やかに退場を。同じテーブルで一緒になった人たちにあいさつをするのを忘れずに。

席次表やメニュー、席札はテーブルに置いて帰らないこと。メッセージを添えてある場合もあり、招待客それぞれに用意されたものなので、忘れずに持ち帰りましょう。

新郎新婦や両親にあらためてあいさつを

会場の出口では、新郎新婦や両親、媒酌人夫妻が招待客を見送るために並んでいます。両親や媒酌人夫妻には、「ありがとうございました。とても素敵な披露宴でした」などとひと言あいさつを述べます。そして、新郎新婦には「今日はお招きありがとう。これからもお幸せに」と温かい言葉もかけましょう。立ち止まって話し込むと、後ろの人の迷惑になるので注意を。

二次会のマナー

楽しく過ごせるように心配りを

二次会でも大切なのは、新郎新婦をお祝いする気持ちです。ほかの人が不快にならないような服装、言動には気をつけ、全員が楽しい時間を過ごせるように心配りをしましょう。

会場には遅刻しないように到着し、クロークがある場合は手荷物を預けます。親しい友人同士で固まってしまいがちですが、初対面の人にも声をかけ、和やかな雰囲気になるように心がけます。

華やかな装いでお祝いを

二次会では服装のルールはありませんが、お祝いの席なので、あまりにもカジュアルなものはNG。男性なら華やかなシャツやネクタイを合わせたスーツ、女性ならドレッシーなワンピースなどに、アクセサリーで華やぎを添えます。

Q&A 招待客

Q やむをえず当日に出席をキャンセル！代理人を立てるべき？

A 勝手に判断し、代理人を立てるのはやめましょう。式当日であれば、まずはすぐに式場に電話をかけます。新郎新婦はあわただしく準備をしているので、直接携帯電話にかけるのは避けて、式場スタッフに伝えてもらうようにします。

新郎新婦と連絡が取れたら、まずは事情を話して謝罪し、代理人を立てるか相談しましょう。

Q 電車が止まってしまった！遅刻の連絡をするのは新郎新婦？それとも式場？

A 新郎新婦の携帯電話に直接かけるのはNGです。招待状に記載されている、式場の連絡先に電話をし、どれくらい遅刻をするのか伝えましょう。

式場へ連絡をせずに遅刻をするのは、式の進行の妨げになるので絶対にやめましょう。加えて、会場に到着してもあわてて駆け込まないで、スタッフの指示を待ってから静かに入ります。

Q 子連れでの結婚式参列はどんなことを注意すればいい？ご祝儀の金額は？

A まずは招待状の宛名をよく確認しましょう。そこに子どもの名前がなければ、大人だけの招待です。子どもも出席する場合は必要に応じておもちゃを持たせますが、音が出るものは避けましょう。

ご祝儀は、子どもに席があれば1万円程度、席はなく食事が提供されるなら5千円程度、乳幼児なら3千～5千円程度を上乗せしましょう。

3章

節目のお祝い

おなかの中に命が宿ってから初めて祝う帯祝いに始まり、入園や入学のお祝い、成人式、長寿のお祝い——。人生の節目にはそれぞれお祝いがあります。家族そろって成長を喜ぶひとときを、ぜひ忘れないようにしたいものです。

赤ちゃんのお祝い

妊娠から出産、初節句など赤ちゃんの成長を祝う行事は生涯に一度のこと。大切にしていきましょう。

妊娠5カ月め

安産を祈願して戌の日に腹帯を巻く「帯祝い」が行われる。身内や親しい人だけで行われ、このとき、妊婦の実家から岩田帯を贈る（196ページ参照）。

出産

母子の体調が落ち着く頃（出産から7日以降）を見計らって出産祝いの品を贈るのが一般的。ベビー服や赤ちゃん用の食器のほか、母親へのプレゼントも人気（197ページ参照）。

100日め

生後100日めに行う「お食い初め」。「一生食べるものに困らないように」と願いを込めて身内で祝い膳を囲む（200ページ参照）。

初節句

女の子は3月3日、男の子は5月5日にお祝いをする。1カ月前から女の子なら雛人形、男の子なら武者人形などを飾る（201ページ参照）。

7日め

「お七夜」と呼ばれ、この日に赤ちゃんに名前をつけて身内で健やかな成長を願う。地域の役所へは生後2週間以内に出生届を出す（199ページ参照）。

1カ月め

近くの神社に親子、祖父母がそろってお参りする「お宮参り」が行われる。父方の祖母が赤ちゃんを抱いてお参りするのが一般的（199ページ参照）。

初正月

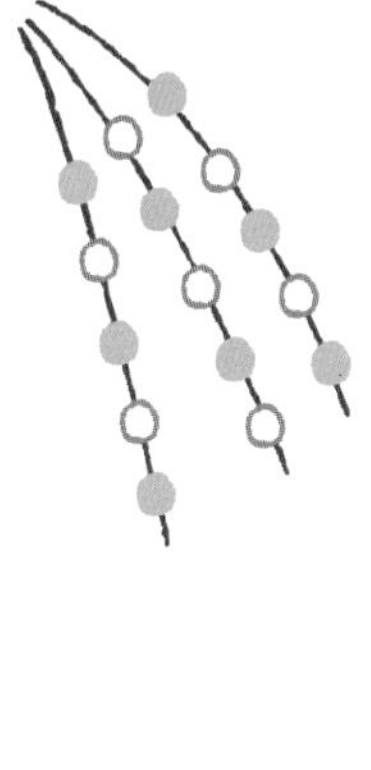

赤ちゃんが初めて迎えるお正月。離乳食が始まっていれば赤ちゃん用のおせち料理を作る。男の子には破魔矢や凧、女の子には羽子板や手まりなどを贈る（202ページ参照）。

満１歳

赤ちゃんが初めて迎える誕生日。一升のもち米で誕生餅をついて風呂敷に包み、赤ちゃんに背負わせて健康で力強い子どもに成長するように願う（203ページ参照）。

帯祝い・出産祝い

家族やまわりの人にとっても喜ばしいのが妊娠の知らせ。妊婦が安心して出産できるように準備しましょう。

帯祝いで安産を祈願

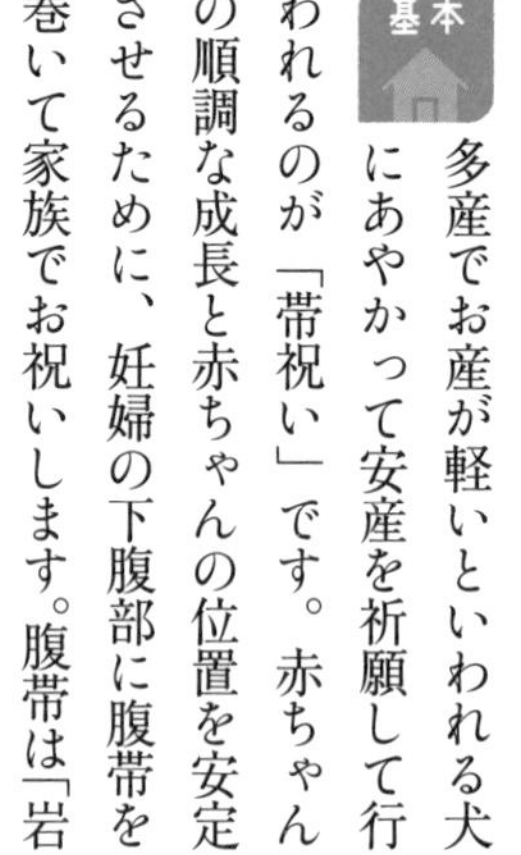

基本

多産でお産が軽いといわれる犬にあやかって安産を祈願して行われるのが「帯祝い」です。赤ちゃんの順調な成長と赤ちゃんの位置を安定させるために、妊婦の下腹部に腹帯を巻いて家族でお祝いします。腹帯は「岩田帯」といい、赤白の絹地各一反ずつと白木綿一反を妊婦の実家から贈ります。妊婦の実家から腹帯と一緒にお祝い金を贈る場合は「酒肴料（しゅこうりょう）」として渡しましょう。

腹帯の巻き方は、母親学級や産婦人科で習います。産婦人科で教えてもらった場合には、お礼を包みます。

赤白の蝶結びの水引でお祝い

お金

帯祝いは、妊婦の実家の場合は1万~3万円、親戚、友人から贈る場合は3千~5千円が目安。病院へのお礼は5千円程度がよいでしょう。表書きは「御帯祝」として、赤白の蝶結びの水引とのしつきの祝儀袋を使います。病院へは表書きは「御礼」にします。基本的にお返しは不要です。

アドバイス

岩田帯は儀式として巻くことがほとんどです。最近では、ずれにくい伸縮性のある腹帯や、はくタイプのマタニティガードル、ショーツの上からつけられ着脱が便利なタイプなど、さまざまなものがあるので、妊婦の希望に合わせて選びましょう。

岩田帯の巻き方

1 布を二つ折りにし、輪を下向きにして下腹部に当て、後ろに回して巻く（布に「寿」が入っている場合は文字をおなかの中心に当てる）。

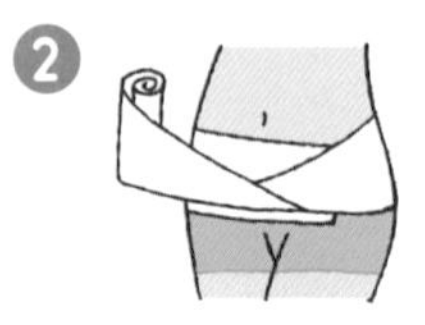

2 ひと巻きしたら布を斜めに折り返し、下腹部のふくらみに沿わせて巻く。

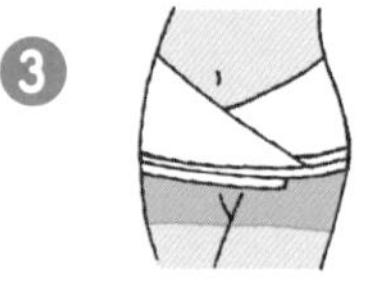

3 下腹部を圧迫しないように下から持ち上げながら3回ほど巻く。布の端を三角に折りたたんで、巻いた帯に挟み込む。

出産祝いは体調が落ち着いたら

基本

母子が退院する頃から母親の体調が落ち着く3週間後くらいにお祝いを贈るのが一般的です。メッセージカードを添えて、希望の品を贈るようにしましょう。ベビー服や肌着など数が必要なものが重宝されますが、自然素材のおもちゃなども喜ばれます。母親が必要なマザーバッグや記念のアクセサリー、スパなどのギフト券も人気があります。

最近では、妊婦が安定期に入る8カ月頃に、親しい友人を集めて「ベビーシャワーパーティー」を行う人も増えています。

祝い金を贈る場合は、身内や親戚なら1万円、友人や同僚なら5千円を目安に、赤白の蝶結びの水引とのしつきで、表書きを「御出産祝」「肌着料」「おもちゃ料」などにします。

お祝いパーティー

【ベビーシャワーパーティー】

アメリカ発祥のホームパーティー形式のお祝い事です。家族や友人、同僚などが集まってお祝いするもので、本人や夫、友人などが発起人となって招待状を送ります。出席者は各々妊婦のためにプレゼントを持ち寄ります。

ベビーシャワーパーティーのマストアイテム「ダイパーケーキ」

結婚式のウエディングケーキのようにデコレーションしたおむつのケーキ。もともと友人が手づくりするものでしたが、百貨店やインターネットで買うのが一般的になっています。

出産祝いの選び方

●おもちゃ・絵本

赤ちゃんが口に入れても安心な自然素材のものや、布、木のもの、ぬいぐるみ、絵本など。

●ベビー服

赤ちゃんの成長は早いので６カ月から１歳用のものを選ぶのが一般的だが、最近では、すぐに着ることができるサイズの肌着やロンパースなどを贈る人も増えている。

●商品券・カタログギフト

好きなもの、必要なものを選んで贈ってもらえるカタログギフトや、百貨店などで使える商品券など。

●育児用品

実家や親戚から、または友人数名でまとめて贈る場合は、ベビーカーやチャイルドシートなど少し高価で必要なものを。

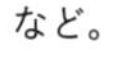
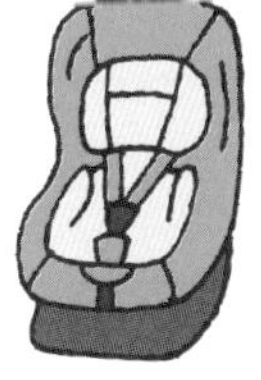

●赤ちゃん用の食器

純銀製のスプーンや離乳食用の高品質な食器など。

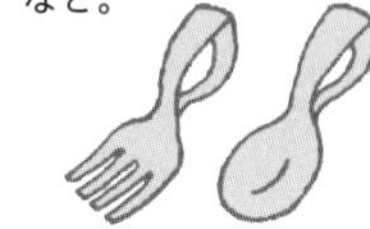

出産の報告・お祝い

母親にとって出産は大きな出来事。身内への報告は速やかに行い、体調に合わせて対応しましょう。

出産の報告は親しい人に

基本

赤ちゃんが生まれたら、双方の両親や近親者に、誕生の日時と性別、母子の健康状態などを知らせましょう。夫がつき添った場合は、夫の勤務先にも報告するのがマナー。友人などには退院後でも遅くありません。

お見舞い・お祝いは退院してから

基本

出産の知らせを受けた側は、肉親以外でしたら出産直後に病院に駆けつけるのは遠慮しましょう。出産直後の産婦は十分な休養が必要です。お見舞いは、退院してしばらくしてからがよいでしょう。

お祝いの気持ちをすぐに伝えたい場合は、メールなどを送ります。

お祝いの仕方

●両親・近親者の場合

出産の報告を受けたら病院へ駆けつけるのもよいでしょう。遠方の場合は、メールなどで対応を。

●友人の場合

手紙でお祝いのメッセージを伝えましょう。親しい友人であれば、メールや電話で伝えてもよいでしょう。そして、産婦の体調が落ち着く頃を見計らい、退院後に自宅などへ伺います。産院を訪問するときは、授乳中の場合もあるので、なるべく男性は遠慮を。

アドバイス　出産祝いのお返し、お礼は？

●お世話になった病産院、スタッフへ

お世話になった感謝の気持ちとしてまずは言葉でお礼を。退院時にスタッフの皆さんで食べられるようなお菓子を「内祝」として渡すのもよいでしょう。ただし、病院によって贈り物は一切受け取らない場合もあるので確認してからにしましょう。

●妻の里帰り先実家へ

夫から妻が実家でお世話になった期間を考慮した分の商品券やお金、菓子折りを持ってあいさつに伺います。赤白蝶結びの水引にのしをつけ、表書きを「御礼」「謝礼」「感謝」などに。

●出産祝いのお返し

お返しは「内祝」として贈るのが一般的。いただいてから3週間程度を目安に贈りましょう。赤白蝶結びの水引がついたのし紙に赤ちゃんの名前を書きます。

健やかな成長を願うお七夜と命名

赤ちゃんが生まれた日から数えて7日めを「お七夜」といい、この日に赤ちゃんに名前をつけて健やかな成長を願います。「命名式」とも呼ばれ、身内でお祝いをします。

両親が名前をつけることが一般的ですが、仲人や祖父母などに名づけ親を頼む場合はいくつか候補をあげてもらい、両親が選びます。名づけ親には品物や商品券などでお礼をします。

三つ折りにした奉書紙（正式）、または半紙（略式）に赤ちゃんの名前を書いた命名書は神棚やベビーベッドの頭の上の壁に貼ります。また、生後2週間以内に出生届を提出しましょう。

祝いの席に招かれたときにはお祝いとして5千～1万円を包みます。

お宮参りは母子の体調優先

赤ちゃんを連れて近くの神社に両親、祖父母がそろってお参りに行くことを「お宮参り」といいます。生後1カ月ぐらいに行うもので、男の子は32日め、女の子は33日めに行うのが通例となっていますが、地方によってはお参りする日取りが30日～100日めまでとさまざまなため、確認しましょう。母親の体調がよく、赤ちゃんの機嫌のよい日を選んで行うことが多いようです。

母方の実家から祝い着を贈り、父方の祖母が赤ちゃんを抱いてお参りをするのが正式ですが、両親が抱いてお参りをすることも多くなりました。

お宮参りの衣装

●赤ちゃんの衣装

白羽二重の内着を着せて抱き、祝い着をかける。

男の子の祝い着（左）：羽二重地の紋付。鷹やめでたい図柄の「のし目模様」。

女の子の祝い着（右）：友禅ちりめんの紋付。花柄などをあしらったもの。

※最近は、ベビードレスやおくるみ、またはレンタルの祝い着を用いることも多い。

●つき添いの祖母、両親の衣装

赤ちゃんを抱く祖母は、色留袖や色無地の紋付、訪問着、つけさげ。帯は袋帯。母親は黒留袖、色留袖、色無地の紋付や訪問着。帯は袋帯。父親はブラックスーツ、またはダークスーツ。最近では祖母と母親がワンピースやツーピースなどの洋装でそろえることも多い。

お食い初め・初節句

お食い初め、初節句ともに赤ちゃんの将来の幸せを願うもの。家族そろってお祝いをしましょう。

将来食べ物に困らないよう願う

基本

「お食い初め」とは、わが子が一生食べ物に困らないようにという願いを込めて行う儀式です。そろそろ離乳食を始める生後100日めに行われるのが一般的で、両親、祖父母がそろって祝い膳を囲みます。正式には母方の実家から漆器膳を贈り、一番長寿の人が「養い親」として赤ちゃんを膝に抱いて食べさせるまねをします。

お食い初めセットは販売されていたり、レンタルされていたりします。また、離乳食のお粥を用意するなど略式に行うことも多くなっています。

祝い膳の整え方

●食器

白木の箸、鶴や松などおめでたい蒔絵の漆器椀、紋付の漆器の膳（脚つき）が正式なもの。塗りの色は男児は内側ともに朱色、女児は外側が黒。

●献立

赤飯、尾頭つきの焼き魚、すまし汁、煮物、ナマス（または香の物）をそろえて一汁三菜の5品にするのが基本。二の膳として紅白の餅を用意することも。

地域によっては、石を噛めるほど丈夫な歯になるようにと「歯固めの小石」（神社の境内からいただき洗って添える）や、長寿を表すしわに見立てた「梅干」、「こぶ」（喜ぶ意味から）をそろえることもあります。

招かれたらお祝い金を

お食い初めの祝いの席に招かれた場合は、赤白の蝶結びの水引に表書きを「御祝」や「祝御食初」としたものを渡します。お祝い金は1万円が目安。お返しは必要ありません。

女の子は雛人形　男の子はこいのぼり

赤ちゃんが初めて迎える節句を「初節句」といいます。女の子は3月3日の桃の節句に雛人形を飾り、男の子は5月5日の端午の節句にこいのぼりや武者人形を飾り、祝いの席を設けます。人形は母方の実家から贈るものでしたが、双方の実家で相談して贈ることも増えています。また、住宅事情を考えてコンパクトな飾りにすることが多くなっています。

初節句が赤ちゃんの誕生後3カ月未満の場合は、お祝いを翌年に延ばしてもかまいません。

初節句の飾りはひと月前から飾るのがよいとされているため、お祝いとして人形を贈る場合には、1カ月前を目安に届くようにしましょう。

親戚・友人からお祝い金を贈る

水引は赤白の蝶結びの水引とのしつきの祝儀袋に、表書きは「初節句御祝」。または、女の子なら「初雛御祝」、男の子なら「初幟御祝」と書きます。親戚は1万円、友人、知人は3千~5千円を目安にしましょう。

祝い膳への招待がお返しになるので、改めてのお返しは不要ですが、招待できずにお祝いをいただいた場合は「内祝」として紅白の砂糖、かつお節などに、節句にちなんだ柏餅、雛あられなどを添えて贈るとよいでしょう。

内祝
佳奈

赤白の蝶結びの水引とのしが印刷されたのし紙をかけけ、子どもの名前を書く。「内祝」の代わりに、女の子なら「桃の花」、男の子なら「菖蒲」と書くこともある。

初節句のお祝いの品

男の子

武者人形、よろい兜、幟、金太郎人形など

女の子

雛人形、博多人形、市松人形など

初正月・満1歳

初めてのお正月は家族で迎えましょう。満1歳の誕生日も特別なもの。盛大にお祝いをします。

初めての新年をお祝いする

基本

赤ちゃんが健やかに成長して家族そろって新年を迎えられたことをお祝いするのが「初正月」。江戸時代から続く伝統的な行事のひとつです。まだ免疫力のついていない赤ちゃんにとって、寒い中で外出するのは体への負担が心配されます。例年は初詣をする家族でも、初正月は赤ちゃんとゆっくり家で過ごしてみてはいかがでしょう。

赤ちゃんの離乳食が始まっている場合には、赤ちゃん用におせち料理を作るのもよいでしょう。

初正月のお祝いの品

12月の正月事始め（13日頃）に、魔よけ、厄払いの意味のある飾り物を贈りましょう。飾り物は1月15日～遅くても下旬まで飾るのが一般的です。地域によっては子どもの邪気を払うお守りと考えて一年中飾るところもあります。

男の子

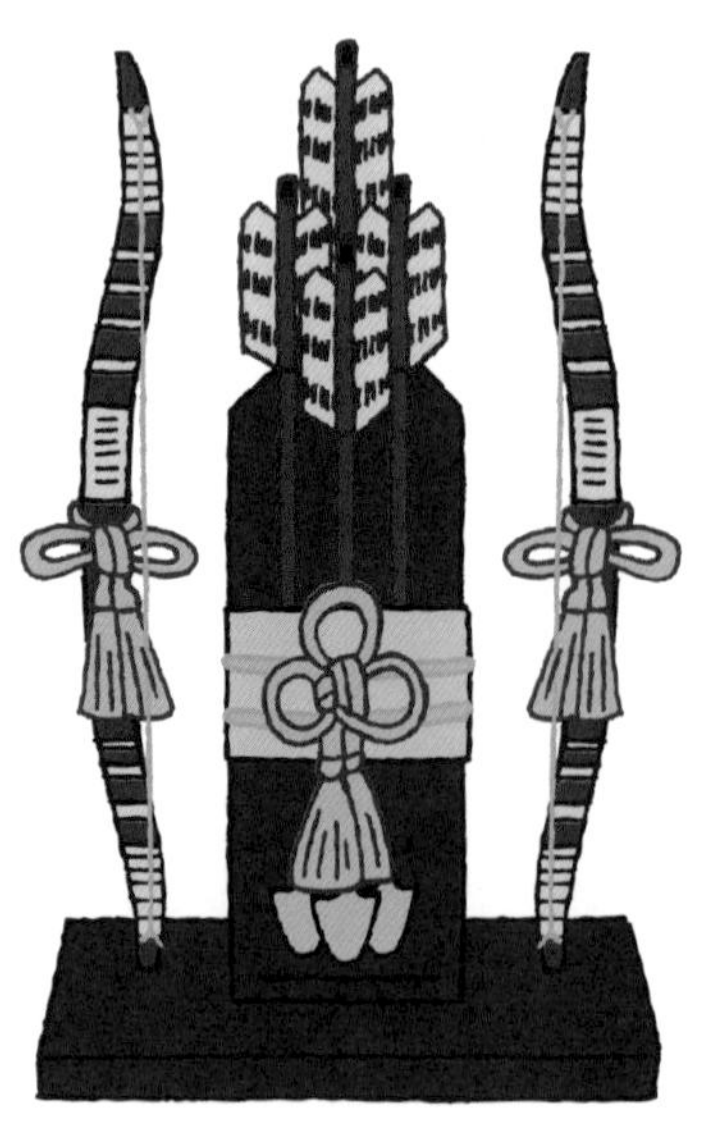

破魔矢、破魔弓、天神人形、凧など

女の子

羽子板、手まり、人形など

無事、1年を迎え盛大にお祝いする

基本

昔は、赤ちゃんが満1歳の誕生日を無事に迎えるのは難しいことでした。そのため、赤ちゃんの初めての誕生日は、赤飯を炊いたり、餅をつくなど、成長を祈る大切なお祝いとして盛大に行われていたのです。現代でも、赤ちゃんが健やかに成長して新年を迎えられたことに感謝してお祝いの席を設けるのが一般的です。ヨチヨチ歩きを始める頃なので、「歩き祝い」とも呼ばれます。

昔から一升のもち米で誕生餅をついてお祝いをする風習があり、「食べ物に一生困らないように」との願いを込めてこの誕生餅（一升餅）を風呂敷に包んで赤ちゃんに背負わせる儀式を行う地方もあります。

満1歳のお祝いの仕方

●誕生餅

一升のもち米で誕生餅をついて風呂敷に包み、赤ちゃんにたすきがけで背負わせて健康で力強い子どもに成長するように願う。

●バースデーケーキ

バースデーケーキにろうそくを1本立ててお祝いをする。

●そのほかのお祝い例

- 子どもの名前で通帳を作り、貯金を始めるきっかけにする。
- 写真館で記念写真を撮る。
- そろばんや筆などを子どもの前に置き、どれを手にするかで将来を占う「選び取り」を行う。
- 寺院や神社などにお参りをする。
- 髪を切り、記念の筆を作る。

●手型、足型をとる

1歳の記念に手型、足型をとってアルバムなどにおさめる。

子どものお祝い

子どもは日ごとに大きく成長していきます。新しい社会へ踏み出していく節目にはお祝いをしましょう。

入園

幼稚園、保育園への入園には、図鑑や絵本、おもちゃなど、子どもの知育に役立つ品が喜ばれる。学用品やバッグ類は園で指定があることが多いので避けよう(208ページ参照)。

七五三(3歳、5歳、7歳)

女の子は3歳と7歳、男の子は3歳と5歳に、健やかな成長を祝う「七五三」。11月15日前後に神社でお参りをして、祝い膳を囲む(206ページ参照)。

成人

1月第2月曜日の成人の日か、地域によってはお盆休みなどに式典が行われる。男子は羽織袴やスーツ、女子は振袖やワンピースなどで参加し、友人同士のパーティーも盛んに行われる(210〜211ページ参照)。

大学進学

好みがあるので、贈り物は本人と一緒に選ぶようにする。また、食事をプレゼントすることも多い。一人暮らしを始める子どもには生活必需品を贈るのもよい(209ページ参照)。

入学

小学校の入学祝いはランドセルや学習机、入学式当日の洋服などを贈るのが一般的。中学、高校の入学祝いは、子どもに要望を聞いてから、商品やお祝い金を贈る（209ページ参照）。

卒園

家族で食事に行くのが一般的。仲よしの年長組の子どもが卒園の場合は、子どもからお菓子やメッセージを渡したりすることも多い。

就職

社会人へと一歩踏み出す大切な節目。お祝いは本人に確認してから贈り物などを選ぶのがよい。家族での会食や、社会人生活に役立つスーツや腕時計なども贈り物として一般的（212～213ページ参照）。

卒業

進学や就職が決まっている場合はそれらを優先し、卒業したあとの進路が決まっていない場合は、「卒業御祝」として現金や商品券を贈る。最近では、卒業旅行の支援やホテルでの会食なども人気がある（212ページ参照）。

七五三

子どもの成長への感謝と健康の祈願に、華やかな晴れ着を着て、神社でお参りをします。

子どもの成長を感謝・お祝いする

基本

「七五三」は、髪を伸ばし始める3歳には「髪置き」、5歳の男の子が初めて袴をつける「袴着」、そして7歳の女の子が初めてきちんと帯を結んで大人の装いをする「帯解き」の儀式が由来といわれています。

昔は数え年で行いましたが、現代は満年齢で、女の子は3歳と7歳、男の子は3歳と5歳に、11月15日前後に神社にお参りをして、成長を感謝し、今後の健康を祈願します。

神社のお参りは、あらかじめ予約をして祝詞をあげてもらうのが正式なものですが、参拝するだけでも問題ありません。祝詞をあげてもらう場合は、神社へ子どもの名前で「初穂料（はつほりょう）」と表書きをした水引でお礼をします。金額は3千～1万円が目安ですが、社務所に確認しておくのがよいでしょう。

七五三では千歳飴がよく知られていますが、これは「長く伸びる」という縁起にあやかったもの。節分の豆と同様に年の数だけ袋に入れるとよいとされ、親戚や近所に配ります。

アドバイス

神社のお参りのあとは家族で祝い膳を囲みます。子どもが着物で移動するのは大変なので、すべてが一カ所で行える七五三祈祷プランを用意しているホテルも増えています。

また、子ども専用のフォトスタジオではドレスやアニメの衣装がレンタルできるので、お色直しして撮影をし、アルバムを作る家族も多いようです。地域によってはホテルや式場に多くの人を招待して「七五三披露宴」を行うところもあります。

七五三のお祝いにかかる費用

神社への初穂料	3千～1万円
衣装代	
●レンタルの場合	1万5千円～3万円
●購入する場合	2万円以上
写真代	1枚5千円前後～
お祝い金	
●親戚	5千円前後
●祖父母	1万～2万円

●**お返し**

赤飯や千歳飴のほかに、お祝い金の3分の1程度の品を贈る。赤白の蝶結びの水引とのし紙に表書きを「内祝」とし、子どもの名前と年齢を書く。

女の子の晴れ着

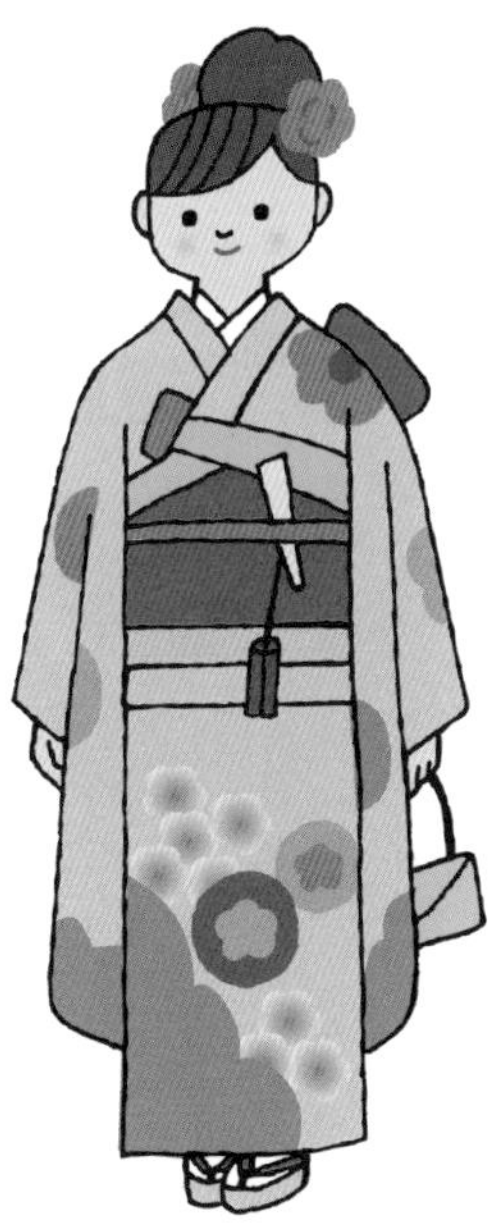

7歳

一反の本裁ちにした友禅などの総柄の着物を用意する。帯はふくら雀などに結び、はこせこ（紙入れ）、扇子をつける。花かんざしなどをつけるとよりいっそう華やかに。

3歳

お宮参りのときの祝い着を仕立て直して使うことが多く、その上に、袖なし襟つきの朱色の被布を着る。草履はぽっくりが一般的。

男の子の晴れ着

5歳

羽二重でのし目模様の着物に、羽織、仙台平の袴を着る。さらに守り刀をつけて白い扇子を持つと、りりしくなる。

3歳

羽二重でのし目模様の紋付二枚かさねに、兵児帯（へこおび）と袖なしの羽織を着る。草履は鼻緒がついた底が平たいものが適当。

入園・入学のお祝い

子どもが社会に踏み出す節目となる入園や入学。温かく見守り、家族でお祝いをしましょう。

幼稚園入園のお祝いは実用品が喜ばれる

基本

子どもの幼稚園の入園時には、親しい身内でお祝いをして、さらなる成長を願いましょう。

お祝いを贈るのは祖父母や両親のきょうだいといった、ごく親しい親戚までが一般的。友人や知人は「おめでとう」のメッセージを贈るくらいで十分です。

絵本や図鑑など、知育に役立つ品を贈るとよいでしょう。

保育園は家庭によって入園の年齢が異なることなどから、お祝いは家庭で話し合って方針を決めます。

入園祝いの品

- 絵本、図鑑

- クレヨン、お絵かきノート

- 図書カード

図書カード

- リュックサック、お弁当箱・水筒セット

- 通園用のレインコートや傘、長靴

入園のお金事情

● 入園にかかる費用

公立か私立かで異なるが、合計で10万円以上は必要。また、バッグや学用品などは、幼稚園で指定のものがあることが多いので注意。

【入園にかかる費用】

- 入園料
- 教材費
- 設備費

【主な被服費】

- 制服(通園用の洋服)、帽子、靴、上履き、通園バッグ、手提げ袋、タオル、お弁当箱、傘、遠足用のリュックサックなど

● お祝い金

親しい身内からのお祝い金は5千～2万円が目安。赤白の蝶結びの水引とのしつきの祝儀袋に、表書きは「御祝」「祝ご入園」など。

● お返し

基本的にお返しは不要ですが、お礼状は出しましょう。日頃お世話になっている人など、お返しをしたほうがよい場合は、お菓子などを子どもの氏名で「内祝」として贈る。

入学のお祝い

小学校入学のお祝い

基本 祖父母からランドセルや学習机を贈ることが多いようです。また入学式当日に着る洋服などを贈ると喜ばれるでしょう。どちらも本人や両親の希望を聞いてから、一緒に選ぶのが賢明。洋服は発表会や冠婚葬祭などでも着られるものが喜ばれます。

中学・高校入学のお祝い

基本 本人の好みがはっきりしてくる年頃です。そのため、本人から希望を聞いたり、予算を示して選んでもらうのもひとつの方法です。本人の希望が分からない場合には、図書カードなどの実用的なギフト券がよいでしょう。お祝いのお礼は本人からするようにしましょう。

大学入学のお祝い

本人に選んでもらったり、レストランやホテルでの食事などへの招待などがよいでしょう。また、入学式に着るスーツをプレゼントするのも喜ばれます。一人暮らしを始める人もいると思います。その場合には生活必需品を贈ると喜ばれます。

入学祝いの品

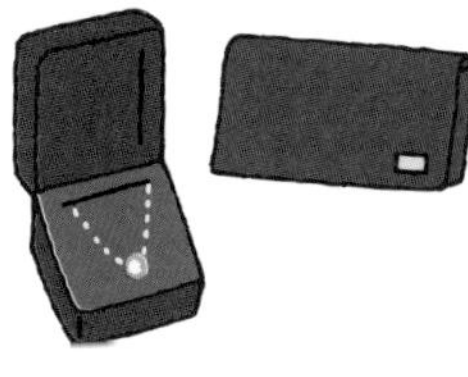

【大学入学】

財布、腕時計、万年筆、スーツ、パソコン、アクセサリー、ワンピース、タブレットなど

【中学・高校入学】

電子辞書、スポーツバッグ、腕時計、図書カード、趣味の本など

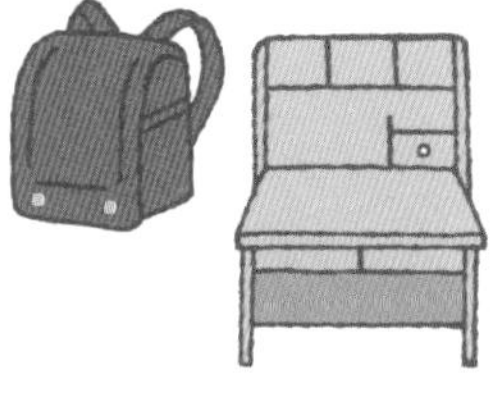

【小学校入学】

ランドセル、学習机、自転車、文具用品、地球儀、洋服、図鑑、靴など

成人式

大人の仲間入りを祝い、社会人の自覚を持たせるための成人の日。一生に一度の日なので大切にしましょう。

大人への一歩を踏み出す儀式

基本

もともと、武家の男子が15歳前後で行う「元服式」、皇族や貴族の男子が行う「加冠(かかん)の儀」、そして、女子がかんざしを飾る「髪あげ」やお歯黒をする「鉄漿(かね)つけ祝い」などが由来とされる成人式。

1948年に「国民の祝日に関する法律」で、大人になったことを自覚して自分の力で生き抜こうとする青年を祝って励ます日として「成人の日」が定められてから、各市町村で式典が行われるようになりました。現在の「成人の日」は1月第2月曜日です。

式典への出席は晴れやかな装いで

アドバイス

成人式では、男性は紋付羽織袴やダークスーツ、女性は振袖や華やかなドレスで出席するのが通例となっています。しかし、正装でなければいけないという決まりはないので、自分らしい、くだけすぎない装いにすればよいでしょう。

お祝いの品は、大人に仲間入りした記念になるようなものを贈るとよいでしょう。女性には、着物やパールのネックレス、ハンドバッグなど、男性には、スーツやネクタイ、腕時計などが喜ばれます。

成人式の装い

【女性】

友人の結婚式やパーティーでも着られる柄の中振袖や、華やかなドレスやスーツ、ワンピースを着る。

【男性】

和装の場合は紋付羽織袴、洋装ならブラックスーツかダークスーツを着る。

お祝いは身内から

基本 ごく身内からお祝いを贈るのが一般的です。式典に身につけるものは、1カ月前までに、そのほかは成人式の1週間くらい前から当日までに贈るようにします。18～20歳の誕生日に贈るのもよいでしょう。家に代々伝えられてきた着物やアクセサリーなどをこの機会に譲り渡すことも増えているようです。

当日は、赤飯や尾頭つきの祝い膳を囲んで祝杯をあげたり、最近では友人同士でパーティーを開くことも多くなっています。また、晴れやかな装いを記念写真としておさめておくことを忘れないようにしましょう。

お祝いをいただいたときには本人がお礼を伝えることが大切です。基本的に内祝いなどのお返しは不要です。

成人のお祝いの品

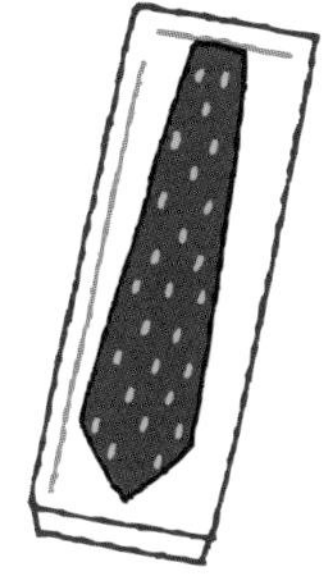

【男性】

スーツ、靴、ネクタイ、ワイシャツ、腕時計、バッグ、財布など

【女性】

振袖（中振袖）、訪問着、ハンドバッグ、草履、フォーマルウエア、ワンピース、ネックレス、化粧品など

成人のお祝い金

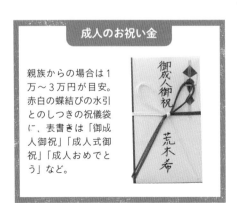

親族からの場合は1万～3万円が目安。赤白の蝶結びの水引とのしつきの祝儀袋に、表書きは「御成人御祝」「成人式御祝」「成人おめでとう」など。

卒業・就職祝い

社会人へ踏み出す大切な節目です。一人暮らしを始める人も多いので親しい親族を招いてお祝いしましょう。

次のステップに役立つ実用的な贈り物を

基本

一般的には、卒業と就職は重なるもの。お祝いは、「終わり」よりも「これから」のことを優先させましょう。卒業して就職や進学する場合には、「卒業祝い」ではなく、「就職祝い」や「進学祝い」という形にして行いましょう。

就職祝いの贈り物は、腕時計やスーツ、女性ならアクセサリーやハンドバッグ、名刺入れなど、社会人としての生活に役立つものが喜ばれます。

就職を機に一人暮らしを始める人も多いので、そういう場合には家電や生活必需品、インテリア用品などを贈ると喜ばれます。本人に希望を聞いてから贈るとよいでしょう。

卒業記念に旅行をプレゼントしたり、ホテルやレストランでの会食を設けたりすることも多いようです。

贈り物は、卒業してから就職する前までの3月中に贈るのが一般的ですが、卒業旅行のプレゼントや資金の支援を予定している場合はスケジュールを確認して早めに渡しましょう。

最近は、卒業後の進学や就職が決まっていないケースもよくあります。そういう場合には、励ましの気持ちを込めて「御卒業御祝」として贈り物をします。

お祝いに対するお返しは必要ありませんが、手紙や口頭でお礼を伝えることを忘れずに。就職して最初の給料で購入したお菓子などを贈り、お礼と近況報告をするのもよいでしょう。

お世話になった人へのお礼

就職でお世話になった人にはあらためてお礼をするのがマナー。

●**時期**

卒業から就職までの間、または、初給料をもらった直後に、菓子折りやお酒などを持ってあいさつに伺います。

●**金額**

高価なものを持っていく必要はありません。給料の中から出せる金額（3千～5千円くらい）の贈り物を用意し、感謝の気持ちを伝えるのが大切。

就職祝いの品

女性へ

スーツ、靴、バッグ、小物入れ、化粧品、化粧用具、ジュエリー、手鏡、スカーフ、名刺入れ、印鑑など

男性へ

スーツ、ネクタイ、ワイシャツ、シェーバー、腕時計、オーダーワイシャツ、靴、ビジネスバッグ、名刺入れ、印鑑など

就職祝いのお返しは

原則として必要ありません。しかし、お礼状を書いたり、電話でお礼を伝えたりして、お礼の気持ちを示すことは大切です。お祝いをいただいてから、あまり時間を置かないように気をつけましょう。

就職のお祝い金

- **親戚から**
  1万～3万円を目安に
- **親しい知人から**
  5千～1万円を目安に

赤白の蝶結びの水引とのしつきの祝儀袋に、表書きは「御卒業御祝」「御就職御祝」「ご就職おめでとう」「賀社会人」などにします。

一般のお祝い

社会人になるとお祝い事や人生の節目となる行事に触れる機会が増えます。ぜひ覚えておきましょう。

栄転・昇進

所属部署や営業所内、同期の間で祝うことが一般的。上司を祝うときは、部下が祝いの席を設ける。栄転の場合は、栄転祝いとして贈り物をする（224～225ページ参照）。

結婚記念日

夫婦や家族でお祝いをする1年めは両親へあいさつに行ったり、10年め、25年め、50年めなど節目の年には盛大にお祝いをすることもある（216～217ページ参照）。

厄除け

数え年で男性なら25歳、42歳、61歳、女性なら19歳、33歳、37歳が厄年。その年の正月や誕生日に、親戚や友人を招いてご馳走して厄を払ったり、健康診断を行う人も多い（228～229ページ参照）。

個展・発表会

舞台や作品を見に行くのが一番のお祝いになる。訪れるときには「楽屋御見舞い」として、花束やお菓子などを持参し、お祝いや作品を見た感想を簡単に伝えるのがマナー（220～221ページ参照）。

受賞・受章・叙勲

コンクールなどでの受賞、国からの受章・叙勲の知らせを聞いたらすぐにメールや祝電などでお祝いを伝える。お祝いの会が後日開かれる場合にはご祝儀を包み、花束などを贈る(221ページ参照)。

新築・開業

新築の連絡を受けたらお祝いの品を贈る。開業、開店の場合は、できる限りオープニングパーティーなどに出席するのが一番のお祝いになる(222～223ページ参照)。

長寿

61歳(数え年)の還暦や70歳の古希、77歳の喜寿などの長寿のお祝いは、家族で祝いの席を設けることが多い(218～219ページ参照)。

定年退職

職場では送別会などを催し、記念品を贈るのが一般的。家族では祝いの席を設けて盛大にお祝いをする(226～227ページ参照)。

結婚記念日

欧米の習慣だった結婚記念日ですが、現在は家族や夫婦の大切なお祝いとして考えるようになりました。

節目の記念日には盛大に

基本

結婚記念日は、本来夫婦や家族でお祝いをするプライベートなもの。毎年やってきますが、最初の1年めの「紙婚式」、25年めの「銀婚式」、50年めの「金婚式」は、お祝いとあいさつをする人が多いようです。

1年めには、仲よく1年めを迎えられたことを、「おかげさまで無事に1年経ちました」と結婚式のときにお世話になった方々へあいさつに伺うのがよいでしょう。以降の毎年の記念日は夫婦でお祝いをし、子どもが自立する頃となる節目の25年め、50年めには子どもや親戚を含めて祝宴を催すこともあるようです。

子どもや親戚が祝宴を開いてくれたときは、幸福や喜びの「お福分け」として引き出物を準備するとよいでしょう。何よりも夫婦が仲よく健康で暮らすことが一番のお返しになります。

お祝い金

水引：赤白蝶結び
表書き：「寿」「○○婚式御祝」など
時期：祝宴の当日、記念日当日または事前に
金額：1人あたり1万〜2万円
お返し：「内祝」として3千〜5千円ぐらいの記念になるものを引き出物として渡す

金婚式御祝
子供一同

家族からのお祝いの品の例

記念年にちなんだワイン

旅行ギフト券

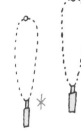

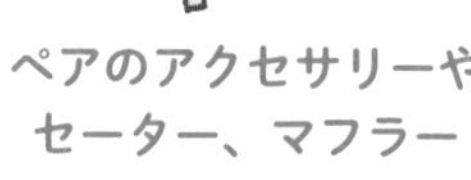
ペアのアクセサリーやセーター、マフラー

結婚記念日の名称と贈り物の例

結婚記念日の名称は、とくに年数が長くなると高価で価値のあるものへ変わります。
その名称を象徴する贈り物を夫婦間で交換しましょう。

	結婚記念日の名称	贈り物
1年め	紙婚式	和紙製品
2年め	綿婚式	ハンカチ、コットン製品
3年め	革婚式	バッグなどの皮革製品
4年め	花婚式	花束
5年め	木婚式	木製家具、観葉植物
6年め	鉄婚式	鉄製のインテリア小物
7年め	銅婚式	銅製の鍋や食器
8年め	青銅婚式	ブロンズ製品
9年め	陶器婚式	陶器
10年め	錫（すず）婚式	錫製の鍋、食器
11年め	鋼鉄婚式	ステンレス製の鍋類
12年め	絹婚式	シルク製品
13年め	レース婚式	レースのグローブ、テーブル小物
14年め	象牙婚式	象牙（色）のアクセサリー
15年め	水晶婚式	グラスなどのクリスタル製品
20年め	磁器婚式	磁器の食器や置物
25年め	銀婚式	銀製の食器、アクセサリー
30年め	真珠婚式	真珠のアクセサリー
35年め	珊瑚婚式	珊瑚のアクセサリー
40年め	ルビー婚式	ルビーのアクセサリー
45年め	サファイア婚式	サファイアのアクセサリー
50年め	金婚式	金貨、金のアクセサリー
55年め	エメラルド婚式	エメラルドのアクセサリー
60年め	ダイヤモンド婚式	ダイヤモンドのアクセサリー

長寿のお祝い

「賀寿（がじゅ）」とも呼ばれる長寿のお祝い。本人の体調を考慮しながら、身内で祝宴を開くのもよいでしょう。

お年寄り扱いはNG 本人の気持ちを尊重して

基本

長寿のお祝いは一般的に還暦の61歳（数え年）から始めますが、現代では61歳はまだ働き盛りで若々しい人が多いので、70歳の古希や77歳の喜寿からお祝いを始めることも増えているようです。

お祝いは、お正月や誕生日、敬老の日などに家族が祝いの席を設けるのが一般的ですが、本人の健康状態を配慮して日程を決めましょう。また、主役を老人扱いしないことが大切です。

贈り物として知られているのは、還暦のときに贈る赤いちゃんちゃんこですが、現代ではあまりこだわらず、日常で喜んで使ってもらえるものを贈りましょう。セーターやマフラー、旅行券、スポーツが好きな人ならウォーキングシューズなども喜ばれます。年齢を感じさせるステッキや補聴器などは本人の希望があった場合に贈るようにしましょう。

お祝い金

水引：赤白蝶結び
表書き：「賀華甲（がかこう）」（61歳の場合）、「祝喜寿」（77歳の場合）、どの長寿祝いにも使えるのは「寿福」「祝御長寿」など
時期：誕生日やパーティーの1カ月前。当日手渡すのもOK
金額：子どもからは2万～3万円、親戚からは5千～1万円が目安
お返し：基本的に不要。「内祝」として記念品を贈ることもある

お祝いの品の例

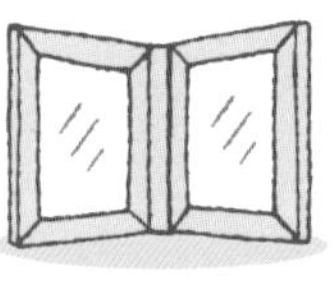
フォトフレーム

バッグ

セーター・マフラー

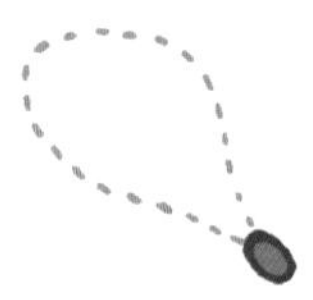
アクセサリー

傘

旅行ギフト券・商品券

長寿祝いの名称

名称	読み方	年齢	テーマカラー	由来
還暦	かんれき	61歳（数え年）	赤	十干十二支（干支）が60年でひとまわりし、61年めに生まれた年と同じ十干十二支に戻ることから。干支は本来十干（甲・乙・丙・丁など）と十二支（子・丑・寅など）から成る。
緑寿	ろくじゅ	66歳	緑	現役世代と高齢世代の節目となる年齢で、新たな社会活動への参画を促すため、2002年に日本百貨店協会が提唱した。環境をイメージさせる緑と6（＝ろく）との語呂合わせ。
古希	こき	70歳	紫	中国の詩人、杜甫の詩『曲江』の「人生七十古来希也」（七十年生きることは古くから希である）という一節から。
喜寿	きじゅ	77歳	紫	「喜」の草書体である「㐂」が、七十七のように読めることから。
傘寿	さんじゅ	80歳	金茶	「傘」の略字「仐」が、八十のように読めることから。
半寿	はんじゅ	81歳	金茶	「半」の字が「八」「十」「一」に分けられることから。将棋盤のマス目（縦横9マスずつ区切られているため、全部で81マス）とかけて、「盤寿」とも呼ばれる。
米寿	べいじゅ	88歳	金茶	「米」の字が「八」「十」「八」に分けることができることから。
卒寿	そつじゅ	90歳	白	「卒」の略字「卆」が、九十のように読めることから。
白寿	はくじゅ	99歳	白	「百」の字から上の「一」を引くと「白」になることから。
百寿	ひゃくじゅ	100歳	とくになし	1世紀の「紀」から「紀寿」と呼ばれることもある。そのほかに、「百賀」「上寿」という別名もある。
茶寿	ちゃじゅ	108歳	とくになし	「茶」の旧字が「十」「十」「八十八」に分けることができ、すべてを足すと108になることから。
珍寿	ちんじゅ	110歳以上	とくになし	とても珍しいほどの長寿だから。「椿寿」と呼ばれることも。
皇寿	こうじゅ	111歳	とくになし	「百」の字から「一」を引いた「白」は「九十九」、「王」は「十」「二」に分けることができ、99と12を足して111となることから。111は「川」のように見えるため「川寿（せんじゅ）」とも。
大還暦	だいかんれき	120歳	とくになし	二度目の還暦を迎えたことから。

※名称と年齢の組み合わせ、テーマカラー、由来については諸説あります。

個展・発表会・受章・叙勲のお祝い

社会人になると発表会や個展などに招かれることがあります。戸惑わないようマナーを身につけましょう。

個展、発表会は見に行くことが大切

お茶やいけばなといった伝統的な習い事のほかに、最近では絵画やダンス、バレエ、音楽などを習う人が増えています。発表会に参加したり、個展を開催する人も増えていることから、招待を受ける機会も多くなります。招待を受けたら、見に伺う、聴きに伺うことが何よりのお祝いになります。行くことができない場合は電話やメールで伝え、当日は祝電や花を届けるようにしましょう。

当日は花束などを持参するのはもちろん、開催中に控えの部屋などで休憩時に取れる個包装のお菓子や飲み物を「楽屋御見舞」として贈ると喜ばれます。目上の方に贈る場合には「御見舞」ではなく、「御伺」とするのがマナーです。

会場に飾ってもらうフラワーアレンジメントやフラワースタンドを贈るときには、開催初日のオープン前に届くように手配することが大切です。

鑑賞し終わったあとには、本人に感想を伝えることも重要。難しいことをいう必要はなく、知識がない場合には率直な感想、励ましの言葉を伝えるとよいでしょう。また、気にいった作品があったら購入すると一番のお祝いになります。

個展・発表会で喜ばれるお祝いの品の例

お菓子

花束

飲み物

フルーツ

ワイン

お祝い金

- 発表会、舞台、個展などでチケット代を支払った場合は基本的にお祝いは不要
- 招待を受けた場合は、チケットの金額相当分を目安に
- 無料の発表会などの場合は2千〜3千円程度

【祝儀袋】

- 赤白の蝶結び
- 表書きは「祝個展」「祝展覧会」「祝御出演」「御祝」など
- 楽屋への差し入れは「楽屋御見舞」「楽屋御伺」
- お茶会の場合は、水引やのしが印刷された略式のものを使用(大げさに見えないのが大切)。表書きは「御水屋見舞(目上の場合は「御水屋御伺」)」「松の葉」「花一重」

【お返し】

- 基本的に不要

フラワースタンドの贈り方

発表会には、会場に華やかさを添えるために、フラワースタンドを贈ることがあります。会場によって送り方や大きさに規定があるので、事前の確認が必要です。

●花屋に注文するときの必要事項

贈る相手の所属・氏名、贈る側の所属や氏名

●立て札の書き方（一例）

中心に「祝御出演」「御祝」
右側に贈り主「〇〇より(与利)」
左側に出演される人の所属・氏名を「〇〇さん江」

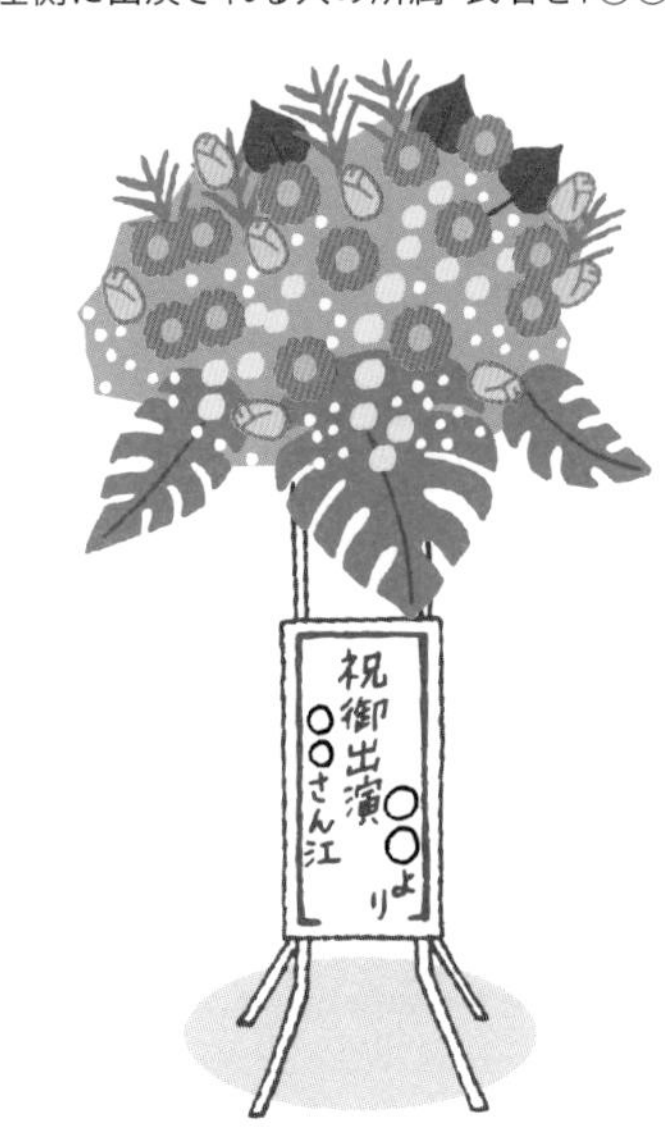

受章・叙勲・受賞祝い

コンクールなどの受賞、国からの受章・叙勲は、知らせを聞いた直後にメールや祝電などでお祝いの言葉を伝えましょう。先方はお祝いの連絡が続くときなので、電話は避けたほうがよいでしょう。後日、お祝いの会を開く場合にはご祝儀を包み、花束などを贈ります。お祝いの品を贈る場合は、知らせを聞いてから１週間以内に届くようにします。
お祝いの会に招待された場合は、５千〜１万円のご祝儀を包みます。ただし、祝賀会が会費制の場合は会費だけで、ご祝儀は必要ありません。

【お祝い金】

赤白の蝶結びの水引とのしつきの祝儀袋に、「御祝」「御受章御祝」「祝〇〇章受章」など。

新築・開業祝い

大きな節目、新しい門出となる住宅の新築や開業。知らせが届いたらお祝いの気持ちを伝えましょう。

お祝いの品は観葉植物や時計が無難

基本

人生の中で大きな節目となるのが、住宅の購入です。新築完成や新居のお披露目の知らせを受けたときには、お祝いを伝えましょう。

「御新築祝」は、注文住宅を建てた場合。建売や中古住宅の購入、マンションの購入などは「御新居祝」となります。どちらか不明な場合は「御祝」とすれば失礼にはなりません。

お祝いの品としては観葉植物や時計などが一般的ですが、事前に希望を聞くか、親しい間柄であれば、お祝い金を渡すのもよいでしょう。

新居披露は休日の昼間がベター

アドバイス

親戚やお世話になった人を招いて、休日の昼間などに新居のお披露目の機会を設け、軽い食事や飲み物などを用意してもてなしをすることが、お祝いへのお返しとなります。

避けたほうがよいお祝いの品

火を連想させる灰皿やストーブ、アロマキャンドル、お香などの贈り物、赤い花は、火災や赤字を連想させるのでタブーとされています。先方からリクエストされたとき以外は控えましょう。また、花束やフラワーアレンジメントを贈る場合も、火を連想させる赤い花は避けたほうが無難です。

工事の無事を祈る地鎮祭と上棟式

【地鎮祭(じちんさい)】

基礎工事の前に土地の神様に工事の無事を祈る儀式のこと。神主を招いて施工主と工事関係者のお祓いをします。神主へのお礼は赤白の蝶結びの水引とのしつきの祝儀袋に入れ、表書きを「神饌料(しんせんりょう)」に。金額は2万～5万円が目安。

【上棟式】

基礎工事が済んだあとに棟上げを祝い、残りの工事の無事を祈る儀式。玄関となる部分に祭壇を設け、棟梁が取り仕切ります。そのあとは施工主と工事関係者で酒席を設けるのが一般的。

どちらの場合も、工事関係者にはご祝儀を包む。棟梁には1万円以上、職人さんには5千円前後が目安。

贈り物はパーティー前に届くように

店や事務所を新しく開くときには、オープニングパーティーを行うのが一般的です。パーティーのお知らせ、招待状をいただいたら、できる限り出席するようにしましょう。

お祝いには、昔から縁起物を贈ることがよいとされています。パーティー当日に持参するか、またはパーティーの前までに届くように贈りましょう。

欠席しなければいけない場合には、祝電や花などを贈るようにし、後日早めに伺うようにします。店の場合、最上のお祝いは、店をたびたび利用し、顧客になることです。また友人、知人に紹介すると喜ばれます。

お祝い金

☑新築・新居祝いの場合

金額

身内は1万～5万円、親しい友人は1万円、知人や会社の同僚は5千円が目安

表書き

赤白の蝶結びの水引とのしつきの祝儀袋に、表書きは「御新築御祝」「祝御新築」「祝御新居」「御祝」

☑開店・開業祝いの場合

金額

1万円前後が目安

表書き

赤白の蝶結びの水引とのしつきの祝儀袋に、表書きは「祝御開店」「祝御開業」「御祝」

☑お返し

新築披露やオープニングパーティーに招いた人へは不要。来てもらえなかった人からお祝いをいただいた場合はお礼状を出し、「内祝」としていただいた金額の3分の1から半分の金額の記念品を贈る。

お祝いの品の例

●**開店・開業祝い**

招き猫、名入りの鏡や時計、「千客万来」「七福神」などの書、観葉植物、フラワーアレンジメント、ドアマットなど

●**新築・新居祝い**

観葉植物、時計、傘たて、クッション、アロマポット、ワイン、日本酒など

栄転・昇進祝い

職場で行うのが一般的な栄転・昇進祝い。お祝いは正式な辞令が出てから行うようにします。

記念品の贈呈や宴を催してお祝いを

基本

「栄転」とは、高い地位や職に転任することをいいます。一方「昇進」は職階や地位が上がること。「栄転して支店長」「部長に昇進」など、社内で正式に辞令が出たら、職場の所属部署や営業所内、同期が集まって祝うことが多いようです。

同僚が栄転する場合は、上司にも声をかけて送別会を開くようにしましょう。そのときには記念品を用意します。上司を祝う場合は、部下が祝いの席を設け、部署でお祝いをします。親しい後輩が昇進した場合には、自宅に招いてご馳走してお祝いをするのもよいでしょう。

栄転でお祝いの品を贈る場合は、異動する1週間前までには渡すようにします。品物は、ネクタイや名刺入れなどの身のまわりのもののほかに、ゴルフや釣り用品など趣味のものも喜ばれます。ただし、転居する場合には、かさばらないものを自宅や転居先へ贈る心づかいも忘れずに。

お祝いのお返しは基本的に不要ですが、「御礼」として、日常に使えるものを贈るのがよいでしょう。転任した場合は、落ち着いてから関係者へあいさつ状を送るようにします。赴任先の名産品を送っても喜ばれます。

ポイント　いろいろな祝い方

●親しい後輩の昇進

自宅に招いてご馳走をふるまってお祝いをする。

●海外赴任の場合

贈り物よりもお祝い金として渡す。

●栄転かどうか分からない場合

「御餞別」として贈る。出向の場合は栄転や左遷などの判断がつきにくいので、「御礼」「感謝を込めて」などの表書きにする。

●お世話になった人や直接の上司の栄転

引越しの手伝いや差し入れをする。お祝いの品は転居先へ直送するほうがよい。

●社外の人の昇進・栄転の場合

栄転や昇進の知らせを聞いたら、まずはお祝いの言葉を伝える。個人的な知り合いであれば贈り物をしてもよいが、取引先などの場合は職場の慣例にのっとって行う。

アドバイス

辞令を受けて異動や転勤をする場合、栄転や昇進とは限りません。お祝いを伝えてよいかどうかをまず確認し、失礼のないようにしましょう。また、栄転や昇進のお祝いを社内でする場合は、そのチャンスを逃してしまった人のことも配慮してあまり騒ぎ立てないようにし、本人だけに直接お祝いをしましょう。

栄転なのかどうか状況が不明なときは、表書きを「御餞別」などにして餞別を贈ります。

お祝いの品の例

【男性の場合】

- 名刺入れ、ネクタイ、ベルト、ハンカチ、万年筆などの身のまわりの品
- ゴルフ用品、釣り用品などの趣味のもの、ワイン、シャンパン、ウイスキーなどの嗜好品

【女性の場合】

- ハンカチ、名刺入れ、アクセサリーなど身のまわりの品
- ワイン、シャンパン、ホテルや旅行、スパなどのギフト券

お祝い金

【職場の全員で贈る場合】

品物なら３千～５千円、現金や商品券は１万円以上になるようにする。

【個人的に贈る場合】

５千～１万円を目安に。

【祝儀袋】

赤白の蝶結びの水引でのしつき、表書きは「御祝」「御昇進御祝」「祝御昇進（栄転）」など。
栄転かどうかはっきりしない場合は表書きを「御餞別」にする。

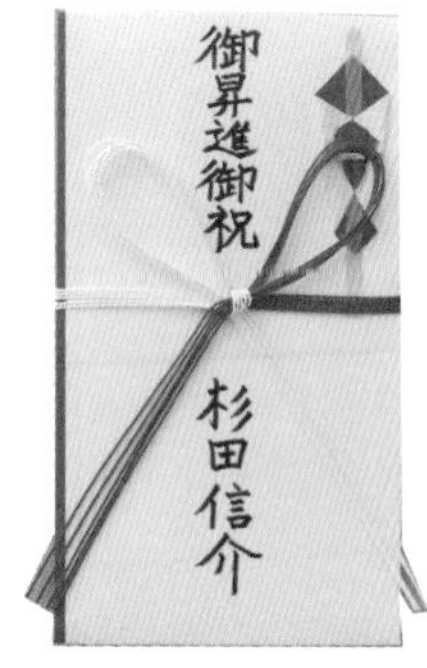

定年退職のお祝い

長い間勤めてきたことへの感謝の気持ちを込めて、新たな人生のスタートをお祝いしましょう。

第2の人生への船出を職場・家族でお祝いする

基本

長年勤めた会社からの定年退職は感慨深いものがあります。60歳定年制を取り入れている会社だと、還暦のお祝いと重なります。その場合は、新しい門出、第2の人生への船出をお祝いする送別会を開いたり、記念品を贈ります。職場での送別会は定年退職日の1週間前までに開くようにしましょう。

贈り物は、趣味の品や嗜好品など、定年後の生活で楽しめるものを選ぶとよいでしょう。また、本人への贈り物に、長年支えてきた奥様や家族への記念品を添えるのも喜ばれます。職場とは別に、家族や親しい親戚を招いて身内で祝いの席を設けることも多くなっています。

お返しは基本的に必要ありませんが、退職後一段落した頃に、近況報告を兼ねた礼状を出すようにします。

定年退職祝いの表書き

「会社を去る」「今までの人間関係とのお別れ」など、マイナスのイメージを表面に出さないために、祝儀袋の表書きには、「退職祝」「御餞別」は使わないようにするのがマナーです。長年の感謝の気持ちを込めて「御礼」「感謝」などの表書きにしましょう。

お祝い金、贈り物について

【お祝い金】

職場で贈る場合は１人あたり千～５千円が目安。商品券などを贈る場合は、総額で１万円以上になるようにする。

【お返し】

基本的に不要。落ち着いたら近況報告を兼ねたお礼状を贈る。

【喜ばれる祝いの品】

- 記念の置物、フォトフレーム、セーター、スカーフ、旅行カバン、財布、ウォーキングシューズ
- ゴルフ、テニス、釣り、絵画、蕎麦打ちなど趣味の用品
- 寄せ書き色紙

定年退職のあいさつ状の文例

謹啓
陽春の候　皆様にはますますご清栄のこととお喜び申し上げます　私事で恐縮ですが
このたび３月31日をもちまして　37年間勤務いたしました〇〇会社を定年退職
の運びとなりました　在職中　大過なく職責を果たすことができましたのも
皆様のご指導ご厚情のおかげと　深く感謝する次第でございます
しばらくは充電期間と考え再出発を期するつもりです
皆様には　従前にましてのお力添えを賜りたく　お願い申し上げます本来な
らば拝趨のうえ　御礼を申し述べるべきところではございますが　略儀ながら
書中をもちましてごあいさつ申し上げます
謹白

あいさつ状のポイント

- 在職中にお世話になった人や取引先に送る。
- 「私事で恐縮ですが」「さて、私こと」などは行末に書く。
- これまでの感謝と今後の厚誼を願う文章を入れる。
- 定年退職後の予定が決まっている場合は、簡単に述べる。

例：「今後はこれまでの経験を活かし微力ではございますが地域のボランティア活動に関わってまいりたいと思っております」

厄除け

人間の一生には災難に遭遇する恐れが多いとされる年齢があります。それが厄年。厄除けをして災難を避けましょう。

厄除けだけでなく健康も見直す機会に

基本

厄年とは、陰陽道に基づいた考えで、人間の一生のうちに、災難に遭遇する恐れが多いとされる年齢のことをいいます。地域や宗派、男性、女性によって厄年が異なるので、該当年齢を確認しましょう（下記参照）。

厄年は身を慎み、神社にお参りをして厄除けをしてもらったり、厄除けといわれるものをその年１年は肌身離さず身につけるなどします（２２９ページ参照）。

昔は、本厄の年のお正月や誕生日に、親戚や親しい友人を招いてご馳走をふるまうことで、災難から逃れることができるという言い伝えがありました。また、誕生日やお正月のほかに、小正月や節分にもう一度正月を祝うことで「正月が２回来たので厄年も終わり」とする「年重ねの祝い」というものも行われていました。

アドバイス

厄年とされる年齢は、ちょうど身体的にも変調が起きやすい時期にあたります。そのため、厄除けとともに、人間ドックを受けたり、ライフスタイルを見直したりするのもよいでしょう。

長期旅行をして気分を切り替えるなど、リフレッシュ期間としてとらえている人も多いようです。

ポイント　厄年の該当年齢

数え年で判断するのが基本。地域によって異なりますが、下記が一般的な厄年。男性は42歳、女性は33歳が大厄となり、その前年が前厄、後年が後厄とされ、3年間は新しいチャレンジをなるべく控えるなど、とくに静かに過ごす人もいるようです。

男性	25歳	42歳	61歳
女性	19歳	33歳	37歳

贈り物としての厄除けの品

厄除けの品にはさまざまな由来がありますが、七福神の恵比寿様や大黒様の化身である竜神の魔力にあやかる意味から、長いものやうろこ模様のものが昔から厄除けとしてよいとされています。たとえば、波形の染め模様「青海波（せいがいは）」や、鮫小紋、江戸小紋などの細かい染め模様をあしらった長いもの、鱗模様の革小物、天然石のブレスレットなど、肌身離さず持ち歩けるものが適しています。また、油断をしないように引きしめるという意味や、人生の転換期を乗り越えて長生きしてほしいとの願いを込めて、ネクタイやベルト、ペンダント、帯などのひも状のもの（長いもの）もよいでしょう。

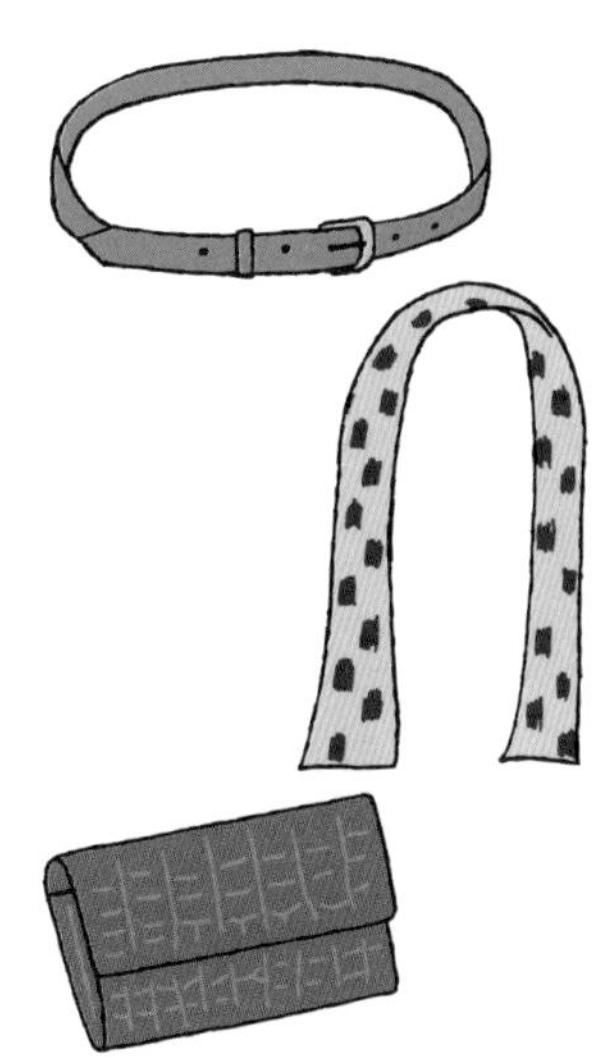

【男性の場合】

ネクタイ、ループタイ、ベルト、長財布など

【女性の場合】

ベルト、スカーフ、ペンダント、帯、組みひも、財布など

厄年にまつわるお金事情

【社寺での厄除け祈願】

赤白結びきりの水引で、表書きは「玉串料」。金額は5千〜1万円が目安。

【寺での厄除け祈願】

赤白結びきりの水引で、表書きは「御布施」。金額は5千〜1万円が目安。

【厄除けの品を贈る場合】

赤白結びきりの水引ののし紙で、表書きを「厄除け祈願」「厄払い祈願」とする。

Q&A 節目のお祝い

Q 友人が双子を出産！一人が生まれた場合と出産祝いはどう変えるべき？

A 双子の場合、一人ずつに贈っても、二人で一緒に使えるものを贈ってもよいでしょう。
金額は一人の場合の1・5〜2倍になるように、二人合わせて1万〜2万円程度にするのが目安です。服やおもちゃなら、色違いを贈ると喜ばれます。
二人で使えるものとしては、おむつをラッピングしたダイパーケーキなどの消耗品があります。

Q 出産直後に会ったときの会話や出産祝いに添える文章で気をつけることは？

A 生まれた子どもの性別について、思ったことを軽々しく口にしないよう気をつけましょう。どちらかの性別で「よかった」「悪かった」といった差別的な発言を喜ぶ人はいません。
また、流産や死をイメージさせる言葉（流れる、落ちる、枯れる、苦しむ、早い、短い、四、九）をメッセージカードなどに書かないよう気をつけましょう。

覚えておきたい花言葉

ちょっとしたお祝いのときに重宝する花束のプレゼントですが、花を選ぶ前に花言葉を気にしてみましょう。同じ種類の花でも、色が違うだけで花言葉のイメージがだいぶ異なることがあります。自分の気持ちに合う花を選びましょう。

●赤いバラ
愛情、美、情熱、あなたを愛します

●黄色いバラ
友情、可憐、ジェラシー、不貞

●胡蝶蘭
幸せが飛んでくる、清純（白）、あなたを愛します（ピンク）

4章

弔事のマナー

通夜、葬儀・告別式、法要には、宗教や地域によってさまざまなしきたりがあります。基本的な決まりをふまえたうえで、分からない場合は葬祭業者などに相談しましょう。故人を偲んで、丁寧に執り行うことが大切です。

自分の最期について考えよう

気持ちを整理し、家族や大切な人の負担を減らす「終活」は、不安を希望に変えて生きるための活動です。

人生の幕引きは自らの手でしっかりと

年齢を重ねると、体力こそなくなりますが、嫌なことをやり過ごす術は、身についているものです。

それでも受け入れ難いのが、自分の死の問題かもしれません。とはいえ、せっかく築いた人生最後の節目ですから、自分らしい幕引きができるように、まだ元気なうちから準備を始めるとよいでしょう。

まずは現状を把握することから。健康状態や財産状況、よりよい最期の迎え方など、検討しておくべきことは、たくさんあります。

最期を見つめるといますべきことが分かる

人生の最期と向き合うのは、決して悲しいことではありません。むしろいま何をすべきかが、はっきり見えてきます。

たとえば、大切な人に囲まれた家族葬を思い描いたら、交友関係をむやみに広げるのではなく、いまある絆を深めようと思うでしょう。エンディングノートをつけた結果、やり残したことに気づいて、奮起する場合もあります。

これからどう生きたいか考えることで、漠然とした死への不安が和らぎ、毎日がより充実するはずです。

子どもや親戚への負担を軽減できる喜び

現状を整理し、どういうふうに人生を終わらせたいかはっきりさせることは、家族など大切な人たちの負担を軽くすることにもつながります。

介護の資金について、任意後見人はだれか、財産分与はどうするか、延命措置についての希望、葬式の形式……。数々の難題に対して、当事者の意思をはっきり明示しておきましょう。

残された時間を、家族や友人たちと和やかに過ごしたい。そのためにも、人生の幕引きの準備は、少し早めに始めましょう。

自分でできる終活いろいろ

人生の幕引き準備としての「終活」。その内容は、具体的にどうなっているのでしょうか？ ひとつずつ確認していくと、把握しきれていないことの多さに、驚くかもしれません。

●エンディングノートをつける

万一のことがあったとき、どうしてほしいかを書き留めておきます。年に一度書き換え、信頼できる人に置き場所を伝えておきます。

●大切な人へのメッセージ、贈り物

一番残したいのは、大切な人への感謝の気持ちや贈り物かもしれません。エンディングノートなどに記しておきます。

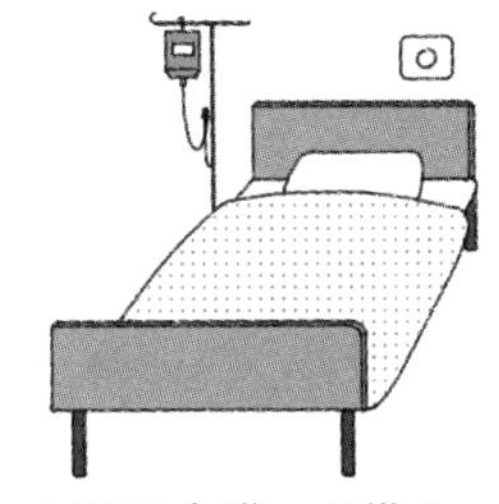

●入院や介護への備え

入院・介護の費用や、看病を行う家族について、まだ元気なうちに、家族とよく話し合っておきましょう。

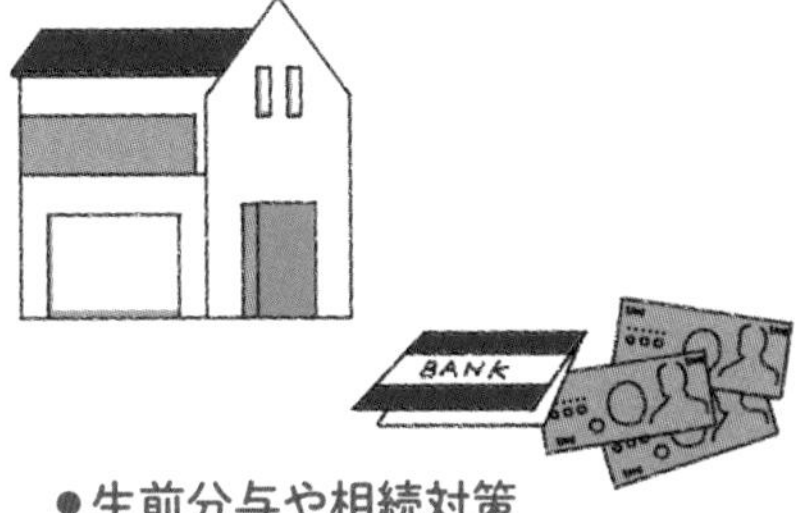

●生前分与や相続対策

保険、年金、預貯金、財産、借り入れ金などを正しく把握して家族に伝えないと、トラブルを招くことも。

●葬式やお墓について決める

葬式の形式や入るお墓について決めておきましょう。生前予約や、子孫に負担をかけない永代供養も増えています。

●尊厳死・臓器提供の意思表示

延命措置を拒む尊厳死を選ぶには、あらかじめ手続きが必要です。臓器移植は所定のカードなどに移植希望と明記。

エンディングノートを作ろう

一時期ブームにもなったエンディングノート。市販もされていますが、形式や書き方にルールはありません。

記憶をたどり情報を丁寧に整理

エンディングノートは、自分に万一のことがあったとき、伝えておきたい情報を託すためのノートです。財産分与などの法的効力はありませんが、最期をどう迎えたいか自分の意思を示せます。書けるところから書き、年に一度見直しましょう。個人情報が記載されているので、保管には注意します。ただしノートの存在と保管場所を、信頼できる人に伝えることを忘れずに。

項目に決まりはありませんが、まずは自分の人生の足跡や人間関係について記し、気持ちの整理をしましょう。

記録しておきたいこと

【履歴書】

久しぶりに履歴書を書いてみましょう。名前や生年月日、学歴や職歴など、あらためて書き出すと、自分自身の姿がはっきり見えてきます。

【自分史】

幼い頃からの記憶を年代を追って書いていきます。人生の中で一番うれしかったこと、がんばったことなどもぜひ書き留めましょう。

【いまの自分】

趣味や特技、関心があることなどを書き留めておきます。項目は自由。一年ごとに変化する内容を記録しておきましょう。

【遺言について】

財産分与などで法的効力を持つのは、正式な遺言書のみ。遺言書の種類や作成年月日、保管場所、連絡先などをノートに記録しておきましょう。

【家族】

家族の名前や誕生日は、もちろん忘れるものではありませんが、確認のため書いておきましょう。思い出をひとつふたつ記しても。

【親戚、家系図】

普段交流のない親戚のことは、案外忘れてしまいがちです。家系図もわかる範囲で仕上げておくと、冠婚葬祭時や相続の折に役立ちます。

【友人、仲間】

付き合いのある友人や、所属している会、サークルのメンバーを記しておきます。何かあったとき連絡したい代表者と、その連絡先も記入。

【感謝の気持ち】

家族や大切な人へ、最期に伝えたいメッセージ。あまり深刻になりすぎず、長い旅に出る前のあいさつぐらいの気分で、感謝の気持ちを書き留めましょう。

エンディングノート〈財産〉

トラブルの元になりがちな財産の問題。漏れがないように、普段からこまめにチェックを。

負の財産も忘れずに伝える

預貯金や保険、株式はもちろんのこと、ローンや負債などの負の財産も曖昧にしないことが大切です。あとから発覚すると財産分与に大きな影響を及ぼすこともあるので、しっかり記入しておきましょう。

預貯金、株式、投資信託などの金融資産は、名義人が死亡すると取引できなくなりますが、取引先が分かっていると残高は把握できます。インターネット上で運用している資産があれば、IDやパスワードを遺族にわかるようにノートに書き留めておきましょう。

財産のここをチェック

□ 預貯金
各種振り込み口座は、その旨を必ず記載。暗証番号や通帳、印鑑の場所は、ここに記さず信頼できる人に。

□ 年金
公的年金は、年金の種類を必ず記入します。支払い・受け取り口座の記載も忘れずに。企業年金や個人年金も同様。

□ 生命保険、損害保険
できるだけ最新の情報を記入します。複雑で間違いやすいので、必ず保険証券を確認しながら記入します。

□ 株式、投資信託
証書や印鑑の保管場所は、記入せずに信頼できる人に。口座名義人死亡で取引は中止ですが、相続は可能。

□ 会員権、純金積立
ゴルフ場会員権などの情報も、すぐ手続きできるように記載しましょう。生前贈与対策で人気の純金積立情報も忘れずに。

□ ローン、負債
ローンや連帯保証での負債も、相続の対象になります。金額や借入先、担保や保証人の有無まで正確に。

□ 住居、不動産
住居表示や名義人の所有割合まで正確に。土地建物の評価額も大切です。登記書類の場所も書き忘れなく。

□ 貸金庫、トランクルーム
貸金庫は、相続人全員の同意なしでは開けられません。存在は必ず知らせておきましょう。

□ 貸付金
人に貸したお金についても、貸した相手やその金額、返済期限に加え、書類の場所を記します。

□ 書画や骨董品など
書画や骨董品、コレクション品などは、価値が分からず二束三文で売り払われる場合も。評価基準や保管方法を書き残して。

エンディングノート〈健康・福祉〉

あまり考えたくない病気や介護の問題ですが、穏やかな老後のために、早くから備えておきましょう。

最新の健康状態を書き留めておく

体調が急に変化することもあるので、つね日頃から、自分の健康情報を詳細に記入するようにしておくとよいでしょう。

内容は、健康保険証や介護保険証の番号、血液型、アレルギーや健康上の注意点、既往歴、現在かかっている病名、病院名、診療科、担当医の名前に加え、持病や飲んでいる薬のリストアップも大切です。

自宅の目につくところにコピーを置き、バッグにも入れておくと、何かあったときにすぐ対処できます。

介護のための情報と認知症への対策

自分は大丈夫と思っていても、思いがけない病気やけがで、介護が必要になる可能性があります。元気なうちに家族による介護を希望するのか、ヘルパーの介護を希望するのか、病院や介護施設に入りたいのかなど、どのような介護を望むのか、家族と相談のうえで記入しておくと安心です。

意思の疎通に不安を感じる症状があったら、任意後見人やキーパーソン（本人に代わり意思決定などを行う人）をお願いし、ノートの存在も知らせておきます。

忘れがちな大切なこと

【ペットの世話について】

ペットのデータや動物病院、ペット保険の保険会社の連絡先を記載しておき、いざというとき世話を頼める人に、あらかじめお願いを。

【日記やメールについて】

日記やメールの処分などをだれに任せるか、必ず記載を。パソコンやスマートホンのロック解除パスワード、SNSのIDやパスワードも記しておきます。

【個別のメッセージ・贈り物について】

メッセージを残す場合、だれに宛てたものか分かるようにします。形見分けの希望も、相手の名前と品名を明記します。

エンディングノート〈尊厳死・臓器提供〉

尊厳死や臓器移植の問題は、自らの意思が一番大切ですが、家族の心の負担にも十分な配慮が必要です。

延命拒否の尊厳死は事前に家族へ報告を

尊厳死とは、回復の見込みがない病気で自身に死が迫っている場合、延命措置をしない、もしくは中止して、自然に死に臨むことです。尊厳死を希望する場合は、「日本尊厳死協会」に入会するか、「尊厳死宣言公正証書」を作成することが必要になります。

無益な延命を拒否し、人間らしい死に方を望むのは人間の権利ですから、何よりも自分の意思が大切です。ただ、その選択を唐突に知らされた場合、家族がショックを受けることも考えられます。ノートへの記入だけではなく、家族やかかりつけの医師には、あらかじめ知らせるようにしましょう。

臓器移植や献体は家族の同意が必要

エンディングノートには、法的な効力はありません。臓器移植を望むなら、意思表示カードや健康保険証、免許証への記入をするか、インターネットで意思登録を行ったうえで、家族の同意も必要です。それらの過程を踏んだあとで、ノートに記入しましょう。

とくに献体は、医学の発展に貢献する尊い行為ですが、遺骨が戻るのは数年先になります。家族の心のケアを忘れずにしましょう。

自ら決めた葬式やお墓の情報

現代では、葬式のスタイルや入るお墓についても、自分で選べるようになりました。家族と相談したうえで決め、ノートに書き込みます。

【生前葬・生前予約】

遺族の負担を減らすため、生前葬や葬儀の生前予約が増えています。とくに生前予約は、本人が葬式のスタイルや予算を決め、契約を交わすだけという手軽さ。ノートには、葬式の内容と契約書を保管した場所を記載しておきます。

【墓の引き継ぎについて】

すでにお墓がある場合、墓地の所在地や連絡先を記入します。新しく購入するときは、希望する墓地の連絡先や場所、費用についての必要事項を。永代供養の場合も同じですが、はじめからの合祀を拒否するなら、その旨をつけ加えます。

ライフスタイルの多様化で家族葬など新しいスタイルも増えています。故人らしいプランを考えましょう。

仏式

日本の葬式で最も多いスタイル。仏教では、人は亡くなると仏の弟子になると考えられているため、戒名が与えられます。そして死者が現世への未練や迷いを断ち切り、来世へと旅立てるように儀礼を行います。

仏式の流れの例

1. 菩提寺(ぼだいじ)に確認する
2. 戒名を授かる
3. 会場(斎場)を整える・お布施を用意する
4. 僧侶を迎える
5. 弔問客を迎える
6. 通夜
7. 葬儀・告別式
8. 出棺・火葬
9. 還骨法要・精進落とし

仏式の注意ポイント

- 地域や仏教の宗派によって違いがあるので地元の葬祭業者に相談しながら準備を進める。
- 菩提寺の確認。遠方や不明の場合は葬祭業者に相談。

※「葬儀式」(家族や近親者が故人を弔う儀式)と「告別式」(一般の弔問客が故人に別れを告げる儀式)を合わせて「葬式」と呼ばれている。

神式

死のけがれを清め、故人の霊を慰めて、安らかな死を祈り、子孫を見守る守護神として祀る儀式。葬式の流れは仏式と似ていますが、独特の呼び方をするなど違いもあるので、事前に確認をしておくとよいでしょう。

神式の流れの例

1. 会場を整える
2. 神官を迎える
3. 弔問客を迎える
4. 通夜祭・遷霊祭（せんれいさい）・直会（なおらい）
5. 葬場祭・告別式
6. 出棺祭・火葬祭
7. 帰家祭・直会

神式の注意ポイント

- 神式の葬式は、故人の霊魂を一家の守護神、氏神として祀るもの。儀式の数は仏式よりも多いことがあり、呼び名が違う。
- 神社では行わず、自宅か斎場で執り行う。

キリスト教式

カトリックとプロテスタントで式の内容が異なります。カトリックでは故人の罪を神に詫びて許しを請い、永遠の安息を祈るのに対し、プロテスタントでは故人の冥福ではなく、神への感謝と遺族の慰めのために祈ります。

キリスト教式の流れの例

1. 通夜の集い（カトリック）、または前夜祭（プロテスタント）の会場を整える
2. 神父（カトリック）、または牧師（プロテスタント）を迎える
3. 弔問客を迎える
4. 通夜の集い・または前夜祭
5. 葬儀・告別式
6. 出棺・火葬
7. 埋葬式

キリスト教式の注意ポイント

- カトリックとプロテスタントがあり、式の内容にも明確な違いがある。
- 葬式を執り行う業者は故人が通っていた教会に紹介してもらうのが一般的。
- 外で行う場合は通夜や献花などの儀式はない。

家族葬・自由葬

特定の宗教・宗派にとらわれず、自分らしさを表現できるスタイルを選ぶ場合も増えています。伝統的な葬式のよさを理解したうえで、自分らしさを追求し、残された家族や関係者も満足できるようなプランを考えることが大切です。

自由葬

会場に故人の趣味のものを飾ったり、好きな音楽を流すほか、白装束ではなく故人の好きだった服装をさせるなど、型にとらわれないスタイル。

【散骨】

遺灰を海や山などにまくスタイル。自然葬とも呼ばれる。葬儀の一環として散骨を行っている葬祭業者に依頼するのが一般的。

【生前葬】

自分が元気なうちに、友人、知人を招いてお別れの式典を行うもの。本人が故人としてあいさつをし、弔辞をもらう。死後は身内だけで密葬を行う。

家族葬

家族やごく親しい友人に連絡をして、少人数で営む葬儀。お別れの時間をゆっくりとれることから最近増えているスタイル。

- 仏式、神式、キリスト教式、自由葬などスタイルはどれでも可能。
- 葬儀後に参列できなかった人への通知などが必須。

遺族になったら

家族との死別はとても悲しいことです。遺族は悔いが残らないようにお別れをしましょう。

危篤から葬式までの流れ（仏式の場合）

❶ 危篤

- 会わせたい友人、知人、近親者に連絡（244 ～ 245 ページ参照）

❷ 臨終

- 末期の水をとる（248 ページ参照）
- 近親者に連絡
- 死亡診断書を受け取る（252 ～ 253 ページ参照）
- 病院で亡くなった場合は葬祭業者に遺体の搬送を依頼
- 寺院、神社、教会などに連絡

❸ 通夜、葬儀・告別式の準備

- 故人の意思を確認（250 ～ 251 ページ参照）
- 葬祭業者に連絡し、葬式の形式、日程、規模、喪主、葬式の場所を決める（260 ～ 269 ページ参照）
- 死亡届を役所に提出、死体火葬許可証の交付手続き
- 遺影写真を決める
- 知人、親族などに手伝いなどを頼む（272 ～ 273 ページ参照）

❹ 遺体の安置

- 枕飾りをする
- 仏式の場合は枕経をあげていただき戒名を菩提寺（ぼだいじ）に依頼する

❺ 葬祭業者との打ち合わせ

- 葬儀の具体的な内容、進行について打ち合わせ
- 返礼品や会葬礼状の手配の依頼（274 ～ 275 ページ参照）
- 死亡届や死体火葬許可証の手続きを依頼することも可能

❻ 納棺

- 仏式の場合は死装束に着替えさせる（249 ページ参照）

❼ 通夜、葬儀・告別式の案内

- 通夜、葬儀・告別式の日程、場所、時間などを関係者に連絡
- 喪服の準備、レンタル依頼

❽ 通夜 （280 ～ 283 ページ参照）

- 焼香、弔問客の応対
- 通夜ぶるまい
- 喪主としてあいさつ

❾ 葬儀・告別式

（284 ～ 286 ページ参照）

- 焼香
- 喪主のあいさつ

❿ 出棺・火葬

（288 ～ 289 ページ参照）

- 死体火葬許可証を係員に渡す
- 火葬・収骨
- 埋葬許可証を受け取る

⓫ 還骨法要

（290 ～ 291 ページ参照）

- 清めの儀式
- 後飾りの祭壇を設ける

⓬ 精進落とし

（292 ～ 293 ページ参照）

- 故人を偲んで会食
- 僧侶、世話役へお礼のあいさつ
- 僧侶にお布施とお車代を渡す

⓭ あいさつまわり

（317 ページ参照）

- 寺院、神社、教会
- 世話役
- 勤務先

⓮ 葬式後の支払いと事務処理

- 葬祭業者への支払い（314 ～ 315 ページ参照）
- 各種手続き（318 ～ 319 ページ参照）

⓯ 四十九日法要

（332 ～ 333 ページ参照）

- 近親者への通知、法要を営む
- 本位牌を仏壇におさめる
- 納骨

⓰ 香典返し

（316 ページ参照）

- 忌明けのあいさつと香典返しの品を送る（通夜、葬儀・告別式当日に行う場合もある）

⓱ 遺品整理、遺産相続

（320 ～ 321 ページ参照）

- 形見分け
- 遺産相続の手続き

死亡にまつわるお金について

葬儀には想像以上にお金が必要になります。クレジットカードでの支払いが可能な場合もありますが、葬儀のお布施などは現金で渡すことになるので、新札を最低でも50万円くらいは用意しておくほうが安心です。

支払うタイミング

【病院への支払い】

（クレジットカード可）入院して亡くなったときは、退院手続き時に精算する。


【葬祭業者への支払い】

（クレジットカード可）約 50 万～ 200 万円が目安。葬儀後 1 週間以内に支払う場合が多い。


【宗教者へのお礼】

（現金のみ）●僧侶へはお布施として 10 万円～●神父へはお礼として 10 万円～●神官へは御祭祀料として 10 万円～葬儀のあとに渡す。

故人の口座

名義人が亡くなると口座はいったん凍結され、預貯金の引き出しなどができなくなる。引き出しなどが必要な場合は故人の死亡を金融機関に届け出る前に行う。

危篤連絡の仕方

危篤を告げられたら、会わせたい人へは早急に連絡をすることが大切。落ち着いて行動しましょう。

連絡は電話で手短に

医師から危篤を告げられたら、会わせたいと思う人、家族、近い親族に連絡をしましょう。本人の子ども、父母、兄弟姉妹、配偶者の父母や兄弟姉妹など、三親等までに知らせるのが一般的です。また、本人とつながりの深い友人や知人にも知らせます。遠方の親族には、危篤になる前から定期的に様子を知らせておくことも大切です。

危篤の知らせは一刻を争うものなので、電話での連絡が一番です。あいさつは最小限にとどめ、要件だけを簡潔に伝えるようにしましょう。

連絡するべき三親等

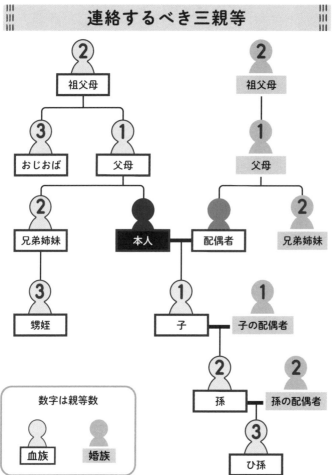

- 血族：祖父母（2）、おじおば（3）、父母（1）、兄弟姉妹（2）、甥姪（3）、子（1）、孫（2）、ひ孫（3）
- 婚族：祖父母（2）、父母（1）、兄弟姉妹（2）、子の配偶者（1）、孫の配偶者（2）
- 本人、配偶者

数字は親等数

早朝、深夜でも連絡をするべき

危篤の連絡は時間を問わずに知らせるようにします。また相手が目上の人であっても電話で簡潔に伝えるのみでかまいません。ただし、朝9時前、夜9時以降は「朝早く（夜分）に恐れ入ります」と最初に断りを入れてから要件を伝えましょう。

事前に緊急連絡先をリストアップして

アドバイス

医師の判断により、死期が近いことが予測されたら、緊急連絡を入れるべき相手の連絡先をまとめておきましょう。電話番号（自宅や携帯）、ファックス番号、メールアドレスをメモするか、スマートホンのアドレス帳に入れておくとよいでしょう。ただし、相手に連絡したときに、来てもらえるかどうかを確認するのは控えましょう。また、危篤や死亡した場合にだれに連絡するかを、生前から家族で話し合って決めておくと連絡もれを防ぐことができ、あわてることがありません。縁起が悪いとは思わずに、落ち着いて対処するためにも、準備をしておくことが大切です。とくに遠方の人には早めに知らせるようにしましょう。

電話で伝えること

- ☑ 自分の氏名と危篤者との関係
- ☑ 危篤者の氏名
- ☑ 現在の所在地（病院名など）
- ☑ 連絡先

【連絡時の例】

夜分（朝早く）恐れ入ります。○○○の妻の□□でございます。実は、入院中の主人が危篤になりました。息のあるうちにひと目会っていただきたく、ご連絡いたしました。○○○病院におります。□□□-□□□□-□□□□にお願いします。

自宅で危篤になったら

自宅で容体が急変した場合にはすぐに主治医に連絡しましょう。深夜や休日で連絡が取れないときは、救急車を呼びます。この段階でごく近い家族やつながりの深い友人には連絡しましょう。

臨終直後にすべきこと

臨終を告げられたら死亡診断書を受け取ることに始まり、行うべきことが続きます。

落ち着いてするべきことを確認

基本

医師により死亡が確認されたら、行うべきことがあります。項目を確認して冷静に行動しましょう。

- ●身内、親交の深い友人に連絡をする
- ●末期の水、清拭（せいしき）、着替え、死化粧をほどこす（248～249ページ参照）
- ●医師から死亡診断書を受け取る
- ●役所に死亡届を出す
- ●葬儀を行う場所へ依頼する
- ●通夜を行う場所へ遺体を搬送する
- ●遺体を安置、枕飾りをする
- ●（仏式の場合）僧侶を迎え、お経をあげてもらう（枕経（まくらぎょう））

病院で看取ったときには

基本

病院で臨終を迎えた場合は、すぐに医師が死亡診断書を作成します。死後の処置が終わると霊安室にいったん安置されます。遺体は自宅へ搬送されるのが一般的でしたが、最近では斎場で通夜、葬儀を行うことが増えたため、斎場へ直接搬送されることもあります。できれば、自宅で休ませてあげてから斎場へ運びましょう。

自宅や斎場への搬送は、病院で紹介された葬祭業者などに依頼します。家族が運転する自家用車で搬送する場合は死亡診断書を忘れないように。

病院へは菓子折りを

お世話になった医師や看護師へのお礼は、菓子折りが妥当です。

タイミング

退院日の前後

のし・表書き

赤白の蝶結び
表書きは「御礼」が一般的

注意事項

お礼を受け取らない病院もあるので、必ず規則を確認しましょう。

納体袋越しのお別れの場合も

感染症で亡くなった場合は、最期の場面を通常と同じように迎えることが難しいことがあります。病院や施設によっては面会ができないことも。面会できても、遺体は非透過性納体袋に収容されています。顔を見てお別れができるように、最近では納体袋の顔の部分が透明になっているものが推奨されています。

自宅で看取ったら主治医に連絡を

自宅療養中に臨終を迎えた場合は、まず主治医に連絡をしましょう。死は医師が確認しなければならないことが法律で定められています。もし意識がない、眠っているようだが反応がないなど、判断ができない場合は主治医に連絡をするか、救急車を呼ぶことが先決です。

旅先で死亡したときは

旅先で死亡したときには、現地の医師に連絡し、死亡診断書を作成してもらいましょう。遺体を火葬せずに搬送するか、火葬後に遺骨を持ち帰るか、どちらかを決め、現地の葬祭業者に依頼します。

海外で死亡したときには、国内同様に遺体の搬送、火葬後の遺骨のどちらかを決めることができます。ただし、海外から遺体を搬送する場合は、エンバーミングを行わなければなりません。エンバーミング後に、本人のパスポート、現地発行の死亡証明書、日本大使館または日本領事館発行の埋葬許可証、現地の葬祭業者発行のエンバーミング証明書、梱包内容証明書をそろえて航空会社に提出し、「航空貨物運送状」を発行してもらい、貨物扱いで日本へ輸送します。

火葬後に遺骨を持ち帰る場合は、死亡証明書と火葬証明書を現地で発行してもらいます。

国内外問わずに死因が事故や災害の場合は警察の検視が必要になります。

エンバーミングで遺体を元気な頃のように修復

エンバーミングとは、専門の施設で専門の技術者（エンバーマー）が遺体の殺菌・消毒を行い、体の血液と防腐剤を交換する処置を施すことです。10日～2週間程度腐敗を防ぐことができ、事故によるけがや長期の闘病で変化した表情を生前の印象に近づけることもできます。土葬の慣習がある欧米で発展し、近年では日本でも行われることが増えてきました。一般的に処置には3時間前後かかり、費用は15万～25万円程度が目安です。

末期の水・着替え・死化粧

末期の水を与え、着替えさせ、安らかな顔でお別れできるように死化粧をするなど故人の旅立ちの準備を。

死出の旅へ送り出す儀式 末期の水

臨終を迎えたら、その場に居合わせた家族の手で行う儀式が「末期の水」です。釈迦が臨終の際に水を欲したことに由来するもので、死後の世界に旅立つときに、のどが渇かないように(または生き返りを願って)故人の唇を水で潤します。末期の水は、故人の配偶者、子ども、両親、兄弟姉妹と血縁の濃い順に行っていきます。

病院で亡くなった場合は、病院側で準備をしてくれることがあります。病院で行わなかった場合は自宅に戻ってから行いましょう。

遺体の清拭と死装束

末期の水を終えたら遺体を清めます。現在はアルコールを用いてガーゼなどで体をふく「清拭(せいしき)」が一般的です。病院の場合は看護師が、自宅の場合は葬祭業者が行ってくれます。

清拭のあとは、着替えさせましょう。仏式の場合は、白木綿に経文を記した着物「死装束」を着せるのが一般的ですが、生前、故人が気に入っていた装いなどがある場合は、それを着せてもらいましょう。死後硬直で着替えが困難な場合は、遺体の上から衣服をかけるとよいでしょう。

末期の水のとり方

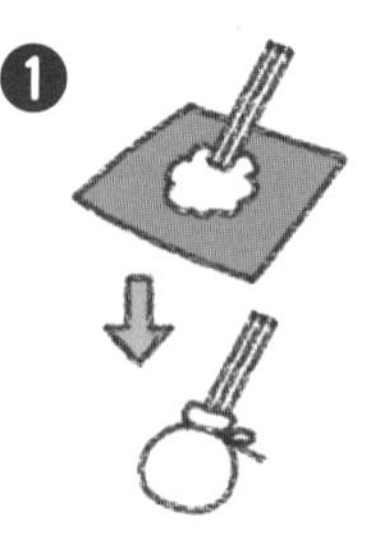

❶ 脱脂綿を割り箸の先に巻いてガーゼでくるんで綿の白糸でしばる。

❷ 新しい水を入れた茶碗と❶をお盆の上に置く。

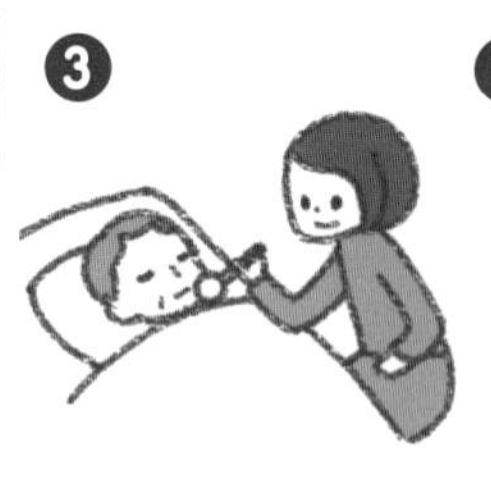

❸ 脱脂綿部分に水を軽く含ませて、故人の唇にあてて潤す。血縁の濃い順番に行っていく。

死化粧で安らかな顔に

基本

遺体を清めたら、死化粧(しにげしょう)をほどこします。髪をとかし、手足の爪が伸びていれば切ります。頬がこけている場合は、口に脱脂綿(含み綿)を詰めて頬をふっくらとさせましょう。また、遺髪(いはつ)や遺爪(いそう)を希望しているなら、このときに切りましょう。

死化粧は、病院の看護師、または葬祭業者が行ってくれることもありますので確認しましょう。元気な頃の写真があると参考になります。

死化粧の仕方

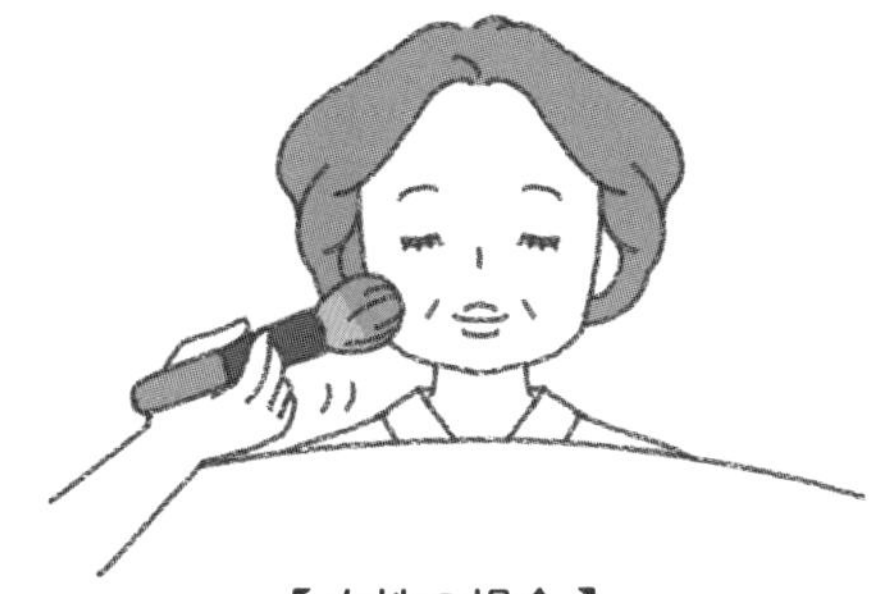

【女性の場合】

髪は引っ張らないように、やさしく整える。できれば生前故人が使っていたメイク道具で、生前のイメージに合わせて、おしろい、頬紅、口紅などで薄化粧をする。

【男性の場合】

髪を整えて、ひげをそる。顔色がよくない場合は、ファンデーションなどを塗る。地域によっては、死者に刃物をあてることを嫌う場合もあるので、その土地の風習に従って行う。

正式な死装束

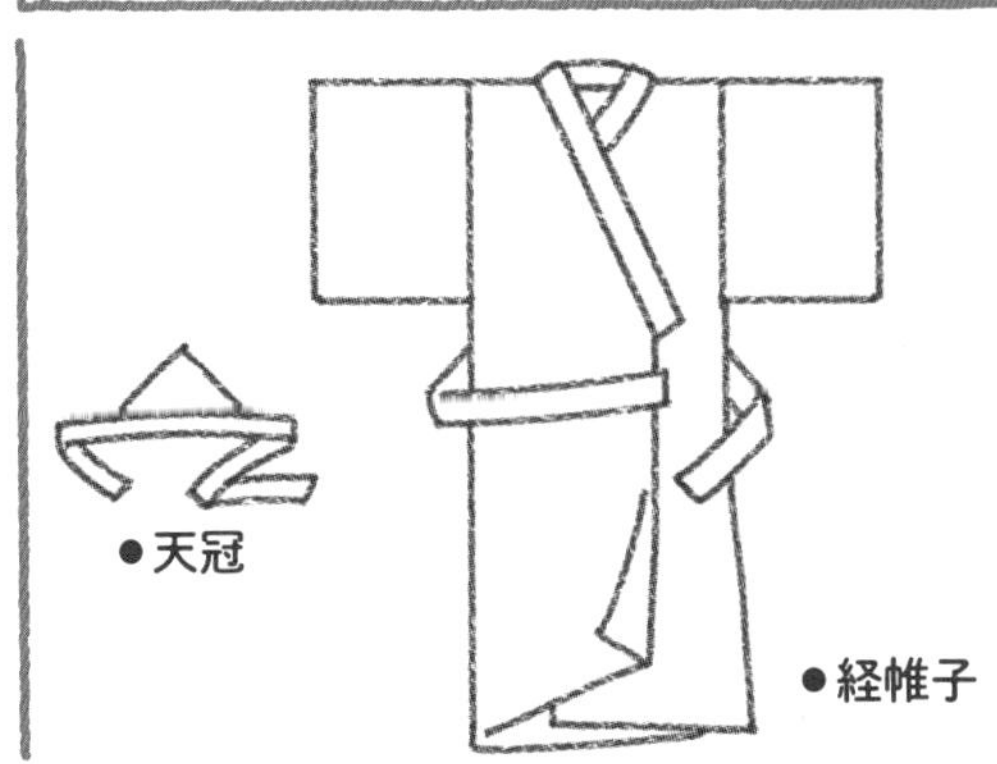

経帷子(きょうかたびら)、天冠(てんかん)、白足袋、わらじなどを身につける。
死後の世界はこの世の日常とは逆という考えがあることから、着物は左前に着せ、白足袋やわらじも左右逆に履かせる。
仏式の場合でも、浄土真宗は死装束を用いずに新しい浴衣に着替えさせるなど、宗派によってしきたりが異なるので確認を。

臓器提供・献体

故人の意思は尊重したいものです。故人が献体や臓器提供を望んでいた場合の対処方法をご紹介します。

臓器提供を希望していたら

臓器提供とは、脳死、または心臓が停止した死後に、自分の健康な臓器を移植を待つ人に提供することです。生前に書面で臓器を提供する意思を表示することができるので、故人が望んでいた場合は、迅速に医師や登録団体に連絡することが必要です。

臓器移植は、死亡後6時間以内に臓器を摘出しなければならないため急を要します。ただし、遺族の同意も必要になります。「臓器提供意思表示カード」を持っている場合は、事前に病院の医師に申し出ておきましょう。

故人の意思があるときは心の準備を

提供する臓器によっては、数時間にわたる摘出手術が必要となり、体に多少の傷が残ることもあります。そのあとは通夜、葬儀・告別式を通常通りに行うことができますが、故人の体を傷つけたくないと考える遺族もいます。故人の意思を尊重するのが何よりも大切ですが、遺族内で意見がまとまらない場合は、故人が望んでいても、臓器提供を拒否することもできます。

遺族内でよく話し合って、迅速な対応を心がけましょう。

臓器提供を行う際の手続き方法

（1．2．3．いずれかの番号を○で囲んでください。）
1．私は、脳死後及び心臓が停止した死後のいずれでも、移植の為に臓器を提供します。
2．私は、心臓が停止した死後に限り、移植の為に臓器を提供します。
3．私は、臓器を提供しません。
（1又は2を選んだ方で、提供したくない臓器があれば、×をつけてください。）
【心臓・肺・肝臓・腎臓・膵臓・小腸・眼球】
〔特記欄：　〕
署名年月日：　年　月　日
本人署名（自筆）：
家族署名（自筆）：

臓器提供意思表示カードの一例。運転免許証などでも表示できるほか、コンビニエンスストアなどでももらうことができる。
〈問い合わせ先〉
社団法人 日本臓器移植ネットワーク
URL：https://www.jotnw.or.jp/
電話番号：0120-78-1069

主治医から余命宣告を受けた際、または危篤を告げられた際に、臓器提供の意思があることを伝えておく。あるいは、「臓器提供意思表示カード」を持っていることを伝え、医師からネットワークへ連絡してもらう。このときに、家族の同意も必要。

献体の意思があったら

献体とは、医学や歯学の大学に自身の遺体を提供することです。解剖学の教育や研究に役立たせることが目的です。

故人が生前に、献体したい大学（居住地に近い大学）または、献体篤志家団体に登録しておく必要があり、死後に、その意思にしたがって遺族が遺体を大学に提供する手続き（電話連絡）を取ります。この際、遺族の同意が必要となるため、故人が登録していたとしても、遺族の中に反対する人がいた場合は献体できません。

献体は、遺体を大学に預けてから、1～3年後に遺骨として家族の元に戻ってくるのが一般的です。そのため、家族で十分に話し合いを行っておくことが大切です。

献体の場合の通夜・葬式

献体の場合は、臓器提供と違い、通夜・葬式などを行ったあとに大学へ提供することが可能です。通常の葬儀では、出棺して火葬を行いますが、献体の場合は、出棺後に大学へと搬送されます。

ただし、遺骨が戻るのは数年後になるため、四十九日法要や納棺などについては、遺族で話し合いをしておいたほうがよいでしょう。

遺骨が戻るまでに時間を要することから、遺髪や遺爪などを祀ることもあるようです。この場合は大学に事前に伝えておきます。

大学への遺体の搬送費用や火葬費は大学側で負担するのが一般的ですが、通夜や葬式は遺族側の自費となるので準備をしておきましょう。

献体を考える際の注意点

- 献体の登録をする前に、家族間でよく話し合い理解を得る。
- 遺骨が戻るまでに数年かかることから、臨終後は故人と遺族がともに過ごす時間を作る。

献体をする場合の流れ

1. 臨終後に大学、または献体篤志家団体へ連絡
2. 通夜・葬式
3. 出棺後、大学へ搬送
4. 1～3年後に遺骨として戻る
5. 遺骨を埋葬、法要

〈問い合わせ先〉　財団法人 日本篤志献体協会
URL：http://www.kentai.or.jp/
電話番号：03-3345-8498

死亡に関する手続き

臨終を迎えるとさまざまな手続きが必要になります。再発行できないものもあるので落ち着いて手続きを。

手続きは死亡診断書から

基本

人が亡くなってから葬式を行うまでにはさまざまな手続きが必要になります。すべての手続きの始まりとなるのが、「死亡診断書」です。自宅で亡くなった場合は死亡を確認した医師、病院で亡くなった場合は死亡に立ち会った医師に「死亡診断書」を書いてもらいましょう。病院、もしくは医師が用意してくれるので、遺族が用意する必要はありません。

事故死や変死など病死ではない場合は警察に連絡し、警察医や監察医が検視を行います。検視が終わり次第「死亡検案書」が交付されます。

「死亡診断書」は「死亡届」と左右1枚になっています。市区町村の役所に提出するほか、生命保険や遺族年金の請求、相続税を申告する際にも必要になります。そのため、必要な枚数を確認してから発行してもらうことが大切です。

死亡当日か翌日に死亡届を提出する

基本

死亡届は死亡してから7日間以内に提出することが法律で定められています。ただ、火葬の際に必要な「死体火葬許可証」の取得には死亡届が必要になるため、死亡当日か翌日に提出するのが一般的です。

死後にするべきこと

- 親族、親しい友人、知人への連絡
- 病室の整理をする。病院への支払いは、遺体の搬送時か翌日に済ませる
- お世話になった医師、看護師へ感謝の気持ちを伝える

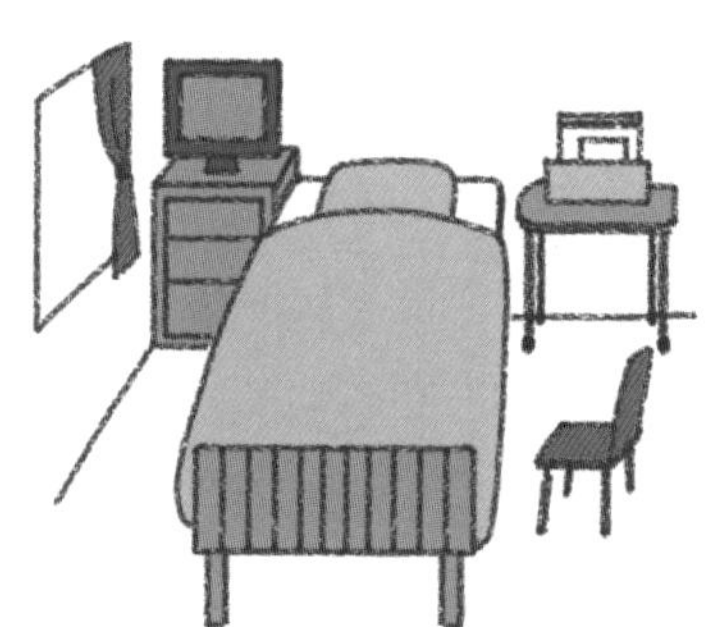

死亡後の手続きの流れ

死亡当日

【医師から「死亡診断書」をもらう】

☑病院で亡くなった場合
▶臨終に立ち会った医師からもらう。

☑自宅で亡くなった場合
▶死亡を確認した医師からもらう。

☑事故死、変死などの場合
▶警察に連絡、検死後に「死体検案書」が交付される。病院に運ばれ、24時間以上経ってから死亡した場合は自然死となるため、医師に「死亡診断書」をもらう。

死亡当日または翌日

【「死亡届」を提出する】

☑提出先
▶死亡した人の本籍地、届出人の現住所、死亡した場所のいずれかの市区町村役所の戸籍係に提出する。

☑提出できる人
▶❶同居の親族、❷親族以外の同居人、❸家主・地主・家屋管理人・土地管理人、❹同居していない親族、❺後見人・保佐人・補助人・任意後見人（資格を証明できる登記事項証明書または裁判所の謄本が必要）
死亡後７日以内の提出が必要だが、「死亡届」を提出しないと「死体火葬許可証」が交付されないため、死亡当日または翌日に提出することが一般的。

【「死体火葬許可証申請書」を提出する】

▶「死亡届」提出後、同じ戸籍係に「死体火葬許可証申請書」を提出。火葬に必要な「死体火葬許可証」の交付を受ける。

火葬時

【「死体火葬許可証」を提出する】

▶火葬場に提出する。火葬終了後、証印を押されて返却される。これが「埋葬許可証」になり、埋葬（納骨）時に必要となるのでそれまで大切に保管する。

死亡連絡の仕方

故人とつながりの深い人には迅速に連絡し、関係者には葬式の日程が決まってから連絡を。

危篤の連絡をした人へ速やかに知らせる

危篤の知らせ（244ページ参照）をした人へ最初に電話で連絡をします。遺族がすべての人に直接連絡をするのは難しいため、それぞれの代表者に連絡をしてほかの人への連絡を頼むようにしましょう。危篤のときと同様に、要件を簡潔に伝え、早朝や深夜の場合には、断りのあいさつを最初にすることを忘れずに。

連絡方法は基本的に電話ですが、電話をかけても相手が不在の場合は、電報のほか、ファックス、メールなどを利用するようにしましょう。

死亡連絡をする範囲は、危篤の知らせをした人と同じですが、まっさきに知らせるべき人と、通夜と葬式の日程が決まってから連絡する人に分けるとよりスムーズに電話をすることができます。故人との関係によりますが、遠方の親戚や、故人やその配偶者の勤務先・学校関係者、隣近所の人などへの連絡は、日程が決まってからの連絡でもかまいません。日程を正確に伝えるためには、一度電話をしたあとに追加でファックスやメールを使ってもよいでしょう。

遺族が全員に連絡をするのは大変な負担になります。無理をせず、遺族から直接連絡をするのは代表者にとどめて、その代表者からほかの人に連絡をとって伝えてもらうという方法もあります。

葬式まで時間があれば死亡通知状を

葬式まで時間がある場合は、死亡通知状を出して連絡します。葬祭業者が印刷の手配をしてくれるので、相談してみましょう。

《死亡通知状で伝える項目》

- 故人の氏名
- 連絡者の氏名、故人との関係
- 亡くなった日時、理由
- 葬式の日時、場所、形式（仏式・神式・キリスト教式など）

死亡原因が感染症の場合は遺体の扱いが異なる

基本

感染症によって死亡した場合は火葬のタイミングや葬儀での遺体の扱いが通常とは異なってきます。

「感染症による死亡」とは、「感染症法」の一類（エボラ出血熱、ペストなど）、二類（ジフテリア、急性灰白髄炎、結核など）、三類（コレラ、細菌性赤痢、腸管出血性大腸菌感染症など）、あるいは新型インフルエンザなどの感染症による死亡のことです。これらの感染症で死亡した場合、通常は遺体を病院や施設から自宅へ搬送することができません。病院や施設から直接火葬場へ運び、遺骨の状態で持ち帰ってから葬儀をするのが一般的になっています。

また、通常の死亡である場合、24時間以内に遺体を火葬することは禁じられていますが、感染症による死亡の場合は禁じられていません。

そのほか、新型コロナウイルス感染症によって死亡した遺体の扱いは、当初は前述の感染症と同様でしたが、遺族が遺体と対面できないことなどが問題視され、現在ではほとんどの場合、顔の部分が透明の非透過性納体袋に納められた遺体と対面することができるようになっています。また、この状態での葬儀も可能になってきています。

葬式日程の連絡の仕方

葬式日程を連絡するときは、日時や場所を正しく伝えることが重要です。それぞれ代表者に電話で連絡をし、ほかの人に伝えてもらいましょう。

【連絡で伝える項目】

- ☑故人の氏名
- ☑喪主の氏名と故人との関係
- ☑死亡日時
- ☑通夜、葬儀・告別式の日時と場所、連絡先
- ☑葬式の形式
- ☑連絡者の氏名

※香典、供物、供花などを辞退する場合は、その旨も伝える。

【電話での連絡例】

突然の電話で申し訳ありません。
○○○の妻の□□でございます。
昨日、夕方に○○が亡くなりました。
通夜は○月○日午後○時から、
葬儀・告別式は○月○日午前○時から、
○○（場所）にて、
仏式（神式、キリスト教式）で行います。

訃報を受けたら

親族から訃報の連絡を受けたら、交通手段が可能な限りすぐに駆けつけ、何か手伝う準備もしておきます。

危篤の連絡が入ったらすぐに駆けつける

親類や知人の危篤、または臨終の知らせを家族から受けるということは、本人が連絡してほしいと思っているか、親しい間柄だからこそのこと。できるだけ早く駆けつけましょう。服装は控えめにします。

訃報を受けたら故人との関係に応じた対応を

訃報を受けたときは、故人と自身との関係によって、対応が異なります。次のことを参考にして、すぐに駆けつけるのか、手伝いの準備をするのかを判断しましょう。

遺族から直接の連絡

遺族が故人との対面を望んでいるので、時間にかかわらずなるべく早く駆けつけます。

身内・近親者

通夜や葬儀の準備を手伝うことを前提に、華美ではない控えめな服装で駆けつけます。

近所の住人

親しい間柄ならすぐに伺い、お悔みを述べ、手伝いを申し出ます。

友人、知人

通夜か葬儀・告別式どちらに参列するかは、故人との関係によって判断します。必要な場合には、通夜や葬儀・告別式の情報をほかの友人、知人へ連絡します。

会社関係者

故人と親しかったなら通夜から参列をします。香典や供物を贈るときには、会社の規則や慣例を確認してからにしましょう。

体調が悪い場合は無理をしない

親しい人の訃報を受け取ったら、すぐに駆けつけたいところですが、感染症流行時には、体調が悪かったり、遠距離の移動となったりする場合は弔問を控えるという選択を。
弔問を控える場合は、遺族へお悔やみの言葉とお詫び、伺えない理由を伝えます。そして、お悔やみの手紙と香典を後日送りましょう。

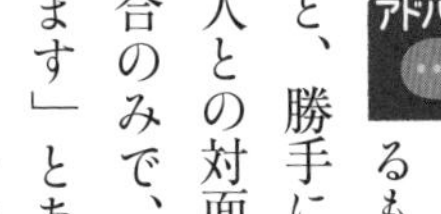

対面はすすめられてから

アドバイス 弔問は連絡が来た場合にだけするものです。訃報を知ったからと、勝手に弔問するのは控えます。故人との対面も遺族からすすめられた場合のみで、「お別れをさせていただきます」とあいさつをして対面します。つらい場合は辞退しましょう。

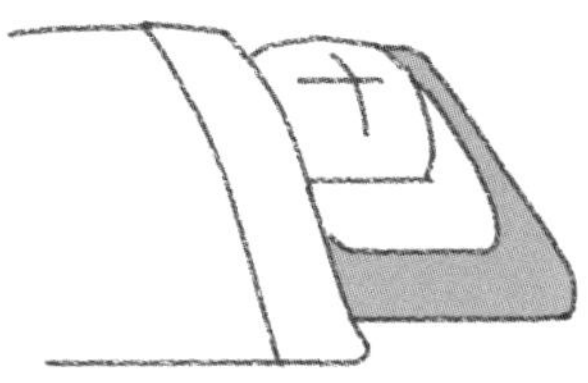

お悔やみの言葉の例

【一般的なお悔やみの言葉】

「このたびはご愁傷さまでございます。心よりお悔やみ申し上げます。突然のお知らせを受けて、いまだに信じられない気持ちでございます」

【手伝いを申し出るなら】

「私に何かお手伝いできることがありましたら、お申し付けください」

【不慮の死だった場合】

「あまりに突然のことで、まさかという気持ちでいっぱいです。心中、お察し申し上げます」

「突然のことで、何と申し上げてよいか言葉もありません。心からお悔やみ申し上げます」

【長患いだった場合】

「ご病気とはうかがっておりましたが、心残りでなりません」

「きっと快復なさるものと思っておりましたのに、残念でなりません」

訃報を受けたときは

【確認事項】

- ☐ だれがいつどこで亡くなったのか
- ☐ どこに行けばいいのか（病院、自宅など）
- ☐ 通夜や葬儀の日時、場所
- ☐ ほかの人に連絡する必要はあるか

【NGな行動】

- ☐ 遺族の家には電話をかけない
- ☐ 華美な服装で駆けつけない
- ☐ 会社関係者の場合は死亡直後の訪問は避ける

弔辞・弔電のマナー

弔辞・弔電は、故人への感謝の気持ちを伝える大切な儀式です。自分の言葉で素直な気持ちを伝えましょう。

弔辞を頼まれたら引き受ける

故人との大切な思い出を参列者と共有しながら、故人の死を悼む気持ちを表現する弔辞。遺族から依頼をされたら、よほどの理由がない限り、引き受けるのが礼儀です。

遺族に配慮しながら故人への哀悼の意を表す

ポイント

弔辞では、故人と自分との関係、故人の人柄や経歴、故人への感謝の気持ち、残された者の決意などを述べるのが基本です。遺族を励ます言葉も添えましょう。

また、友人や先輩、後輩など、故人と自分との関係にふさわしい内容にすることや、忌み言葉（341ページ参照）を避けることなどにも気をつけながら、自分の言葉で気持ちを素直に表現します。

弔辞用紙などに丁寧に書く

弔辞の字数は、3分程度で読み終わる1200文字を目安にするとよいでしょう。巻紙に薄墨の毛筆で書くのが正式ですが、市販の弔辞用紙や白い無地の便せんを使ってもかまいません。無地の白封筒に入れ、表書きは「弔辞」とします。

弔辞の読み方

故人の遺影をときどき見上げながら、ゆっくり語りかけるように読みましょう。また、遺族や参列者に聞こえるように、はっきりと読み上げることも大切です。

❶

祭壇の手前で遺族、参列者に目礼してから、遺影に一礼する。

❷

左手で弔辞を持ち、右手で上包みを開く。弔辞の紙を右手で取り出す。

❸

上包みをたたんで弔辞の下に重ねる。右手で開き、目の高さに捧げて読む。

❹

読み終えたら包み直し、表書きを遺影に向けて祭壇に供える。一礼し席に戻る。

弔辞の文例（友人へ）

○○さんのご霊前に、大学の同級生を代表して、謹んでお別れの言葉を捧げます。
○○さん、今私はあなたにお別れを告げようとしています。先日同窓会でお会いしたときはあんなに元気だったのに、信じられない思いでいっぱいです。
〈故人との思い出話を盛り込む〉
もうこれからは何処を探しても、あなたにお目にかかることが出来ないのかと思うと、悲しみで胸が張り裂けそうです。
大学で出会って以来、ずっと変わらずに親友でいてくれました。心やさしいあなたの姿は、いつまでも私の心の中に生き続けます。
長い年月喜び悲しみをともにしていらしたご遺族の方々の悲しみを思うと、今は慰めの言葉もありません。
○○さん、どうか安らかにお眠りください。また天国であなたと会える日までお別れです。
○○さん、心からありがとう。

ポイント

❶美辞麗句を並べるのではなく、自分の言葉で表現する。
❷遺族の気持ちを配慮し、故人の失敗談などは入れない。

付き合いの程度によって弔意の方法を考える

アドバイス

通夜、葬儀・告別式にどうしても参列できない場合は、先に弔電でお悔やみの気持ちを伝えるのもひとつの方法です。その場合、親密さの程度によって弔意を伝える方法を考えることも大切です。

近親者であれば、弔電を打ち、通夜や葬儀に参列する親族がいれば、香典を託します。また、遺族の意向を確認してから供物や供花を手配します。知人、友人の場合は身近な友人、知人で参列する人に香典を託しましょう。また、手紙を添えて香典を現金書留で郵送する方法もあります。

弔電を打つ場合は、いくつか文例が用意されているので参考にするとよいでしょう。

弔意を伝える方法

●弔電

お悔やみの心を伝える電報。電話やインターネットなどで申し込める。

●香典

知人、友人など参列できる人に託すか、手紙を添えて現金書留で郵送する。

●供花・供物

遺族の意向を確認してから、葬祭業者を通じて手配する。

弔電の文例

ご看病のかいもなくご主人様がご逝去されたとうかがい、悲しみにたえません。在りし日のお姿をしのび、はるかな地より心からご冥福をお祈り申し上げます。

弔電の打ち方

NTTなら局番なしの「115」、またはインターネットなどで申し込む。葬儀の前日までに届くように出すのがマナー。
❶一般電話の場合は「115」（8時～22時）、または電報サービスインターネットサイトのD-MAIL（https://www.ntt-east.co.jp/dmail/）から行う。
❷喪主宛に打つ。喪主が分からないときは「故○○様ご遺族様」として、自宅もしくは斎場に送る。

通夜、葬儀・告別式の準備

葬儀のスタイルや段取りなどは、故人の意思を尊重し、遺族でよく話し合って決めましょう。

葬式の形式を選ぶ

仏式、神式、キリスト教式、無宗教式など、故人の意思を尊重して決める。故人の生き方を反映した個性的な葬式にする場合も（264 ～ 265 ページ参照）。

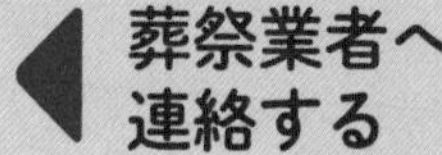

葬祭業者へ連絡する

病院から遺体を搬送する際に葬祭業者に依頼をするのが一般的。病院に紹介してもらうか、決まっている葬祭業者があれば連絡する（262 ～ 263 ページ参照）。

通夜・葬式の手伝いを頼む

忙しい喪主や遺族に代わり、受付や会計、進行などのお手伝いをしてくれる人を手配する。親族や信頼できる友人、知人にお願いをするのが一般的（272 ～ 273 ページ参照）。

葬儀の場所を決める

最近では地域の専門斎場や寺院の会館を利用するのが一般的。無宗教のお別れの会などはホテルで行うことも増えている（268 ～ 269 ページ参照）。

日程、規模、喪主を決める

まず火葬場の空き状況や僧侶など宗教者の都合を確認して、葬儀の日取りを決める。同時に葬式の主催者となる喪主を決め、故人の交際範囲、経済面などを考えて、ふさわしい規模を選ぶ（266 ～ 267 ページ参照）。

そのほかに決めること・そろえるもの

- ☑喪服の準備
- ☑現金を用意する（50 万～ 100 万円程度）
- ☑死亡届と火葬許可申請書を役所に提出し、火葬許可証をもらう
- ☑喪主として、会葬のお礼のあいさつを考える
- ☑お手伝いしてくれる人へのお礼の準備
- ☑遠方の親族の宿泊場所手配

当日までの準備

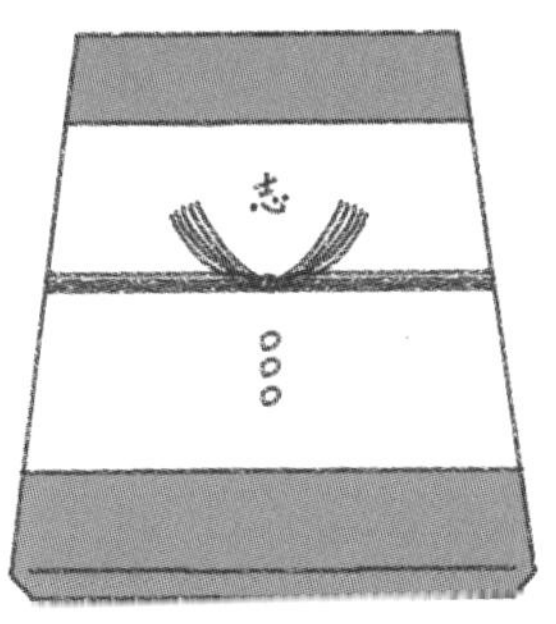

仏式であれば戒名を授かる（270 ～ 271 ページ参照）。ほかに、弔辞の依頼や、返礼品と会葬礼状の手配（274 ～ 275 ページ参照）、通夜ぶるまいの手配、宗教者へのお礼の準備など（276 ～ 277 ページ参照）。

遺影の準備

故人らしさが感じられるもの、故人が気に入っていた写真の中から、故人がにこやかな表情をしているものを選ぶとよい。

葬祭業者への連絡

葬式のすべての段取りを行うのが葬祭業者。経験者のアドバイスを参考に信頼できる葬祭業者を選びましょう。

見積もりを取って比較検討する

基本

臨終後、遺族は遺体を引き取るために搬送を依頼しなければなりません。この時点から葬祭業者にお願いをするのが一般的です。依頼したい葬祭業者が決定しているときにはそこへ連絡をしますが、まだ決めていなくても、搬送だけお願いするために病院に葬祭業者を紹介してもらうことも可能です。

互助会や生協などに入会している場合は、そちらへ連絡をして葬式の準備をお願いします。また、地域によって町内の世話役が葬式のいっさいを取り仕切ってくれることもあるようです。

初めて葬祭業者に依頼する場合は、経験者や病院からアドバイスをもらったりするとよいでしょう。また、だれかの葬式に参列したときに感じのよい葬儀社であればチェックをしておくのもひとつの方法です。

業者を選ぶときのチェックポイント

- □経験者、病院などの評判がよい
- □丁寧で、誠実な対応
- □遺族の事情や希望を聞いてくれる
- □明確な見積もりを出してくれる
- □サービスが具体的
- □葬祭ディレクターの資格を持つスタッフがいる

葬祭業者への依頼の流れ

☑故人が生前契約している業者がある場合

❶臨終後に契約している業者へ連絡をする

❷遺体を搬送してもらう

❸具体的な見積もりをもらい、葬式の詳細を決める

☑病院や経験者から紹介してもらう場合

❶遺体を搬送してもらう

❷どのような葬儀にしたいかを伝え見積もりをもらう

❸検討し、問題なければ依頼する

☑インターネットで調べて依頼する場合

❶条件、予算が合うか、評判（口コミ）などを検討して、電話する

❷遺体の搬送から依頼できるかを相談。難しい場合は、病院から紹介してもらった業者にお願いする

❸見積もりをもらい、検討し、問題なければ依頼する

主な葬祭業者

☑葬儀社

葬祭専門の業者。葬儀全体の約60％を占める。地元に根づいた小規模業者から全国でチェーン展開するものまでさまざま。都道府県ごとに組織されている全日本葬祭業協同組合連合会（全葬連）に加盟していると安心。

☑生協

生活協同組合の加入者を対象としたサービス。分かりやすい料金体系になっている。実際の葬儀は提携業者が執り行う。

☑JA（農協）

農業協同組合の組合員を対象としたサービス。斎場を保有しているところもあり、地域に密着した葬儀事業を行っているので地域の習慣などにも詳しい。

☑冠婚葬祭互助会

冠婚葬祭にかかる費用を事前に積み立てるシステムを採用。すべてを取り仕切ってくれるが、積立金でまかなえるのは祭壇や棺などの基本セットの場合が多いので相談を。

☑自治体

福祉サービスの一環として安価な葬儀サービスを行っていることもある。東京23区では死亡届提出時に申請すると「区民葬儀券」がもらえ、提携葬儀社よりサービスを受けられる。自治体によって内容が異なるので確認が必要。

専門業者に依頼した場合の金額の目安

セット料金	20万～300万円
セット内容	枕飾り、死装束、棺一式、祭壇一式、位牌、焼香具一式、香典帳やテーブルなどの受付設備、骨壺など、会場の手配、僧侶の紹介、道順表示、式次第作成、葬儀進行などのサービス
オプション料金	20万～100万円
オプション内容	式場使用料、遺影写真、ドライアイス、会葬礼状、返礼品、霊柩車、火葬場へのハイヤーなど、火葬料、火葬場控え室使用料、精進落としの飲食費など

葬式の形式の選び方

仏式、神式、キリスト教式、無宗教式など、宗教の宗旨によってさまざまな葬式のスタイルがあります。

故人の意思と信仰を尊重して

基本　葬式は大きく分けて、「宗教葬」と「無宗教葬」があります。宗教葬は、仏式、神式、キリスト教式で行うこと。故人が信仰していた宗派があれば、故人の意思を尊重することを優先しましょう。

信仰を持たないときは故人らしいお別れの会を

アドバイス　故人と遺族で宗派が違う場合も故人の意思を優先させたいものです。たとえば、葬儀は故人の宗派で行い、納骨などは遺族の宗派で行うこともできます。故人も遺族も信仰を持たない場合は、仏式で行うのが一般的ですが、最近では、故人らしさを演出した葬儀も増えています。

宗教葬と無宗教葬をあわせて行うことも可能

アドバイス　日本では特定の宗教を持っていない人が多いこともあり、厳密に、宗教葬と無宗教葬のどちらかで行わないといけないということはありません。

故人が生前から無宗教葬を望んでいても、遺族にとって抵抗がある場合、通夜と葬儀は家族葬という形で宗教葬を執り行い、あらためてお別れの会として故人らしい演出をするなど、両方を組み合わせることもできます。

遺影を生前に準備する場合も

最近では、生前の準備として、遺影を用意することもあります。また、写真館などで、プロのカメラマンに遺影写真を撮影してもらうという人も増えています。一人で写っている写真がない場合は、数人で写っているものや、集合写真でも大丈夫です。

オンライン葬儀や家族葬、一日葬も選択肢

アドバイス

最近では、感染症流行時の予防対策としてオンラインでの参列や、家族葬、一日葬が増えてきています。オンライン葬儀だと、スマートフォンやパソコンなどを使い、自宅から参加できるため、感染症が心配で参列を諦めざるをえなかった人も故人とお別れをすることができます。また、海外にいる人や病気療養中で移動ができない人も参列できるのもメリットです。オンライン葬儀を行いたい場合は、対応している葬儀社を探しましょう。

また、親族と親しい人だけで行う家族葬や、火葬の日に葬式のみを行う一日葬は人の密集を避けることができます。ただし、菩提寺があるなら通夜を省いてかまわないか相談を。

各葬式の祭壇例

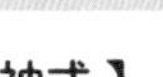

【仏式】

香炉、燭台、花立ての三つ具足(みつぐそく)が基本。祭壇の上に、遺影、位牌、お供え、線香、一膳飯、水などを置き、両脇に供花を飾る。

【神式】

遺影、霊璽(れいじ)、供物をのせる饌案(せんあん)を置き、手間に玉串を載せる玉串案を置く。両脇には榊(さかき)と灯も置く。

【キリスト教式】

棺や遺影のまわりを生花で飾る。棺は祭壇と平行に置くが、カトリックの場合は直角に置くこともある。

【無宗教】

棺のまわりに故人の好きだった花をあしらうことが多いが、趣味のもの（例:ギター、ゴルフクラブなど）を飾ることもある。

日程・規模・喪主の決め方

遺族の代表となる喪主をはじめ、葬祭業者のアドバイスを受けながら日程と規模を決めましょう。

喪主は故人と縁の深い人

喪主は遺族の代表として葬式を執り行い、故人に代わって弔問を受ける役割があります。故人の配偶者や親、子ども、兄弟姉妹が務めるのが一般的ですが、未成年が喪主になるときは、親戚が後見人として実際の喪主の役割を務めます。また、喪主は一人とは決められておらず、複数人で一緒に務めることもできます。

喪主は、葬式の金銭的な負担や運営の責任を負う「施主」を兼務するのが一般的です。負担が大きいため、喪主が高齢の場合には、施主を別に立てることもあります。

故人に近親者がいない場合は、親しい友人が「友人代表」もしくは「世話役代表」として喪主の代理を務めることもあります。

さまざまな都合を考慮して日程を決める

基本

菩提寺や教会、僧侶、神父（牧師）、火葬場の都合を確認して、葬式の日程を決めます。都市部の場合、日にちによっては火葬場が混雑していて希望の日程で行えないこともあるため、まずは火葬場の都合を確認します。親族が遠方の場合は親族の到着時間を考慮することも必要です。

24時間以内の火葬は伝染病などの特別な場合を除いて法律で禁止されているため、死亡当日か2日めに通夜、2日めか3日めに葬儀・告別式を行うのが一般的です。

故人の交際範囲に合わせて規模を考える

葬式の規模は、故人の意思をはじめ、社会的地位や交際範囲、遺族の意向、経済的な条件などを考慮して決めましょう。社会的地位が高く、交際範囲が広い故人の場合は、会葬者数を予想して考えます。故人が生前から「質素に」と要望していても、社会的地位がある場合は、会葬者が多くな

ることが考えられるため、通夜や葬儀は家族で行い、改めて「お別れの会」を設けるなどの連絡をすることが必要になります。規模によって費用も異なるためよく相談しましょう。

日程を決める際の注意点

☑友引の日

死者が友人を呼び寄せるという昔からの迷信があり、避けるのが通例。この日に休業する火葬場もある。

☑正月

三が日はほとんどの火葬場が休業になる。また、松の内（1月1日～7日）は避けるのが慣例。

☑参列者が遠方の場合

故人と親しかった人が遠方の場合、都合を考慮し日程を決める。

遺族・親族の装い

【男性の場合】

●**和装**：黒羽二重染め抜き五つ紋付きの羽織と着物に仙台平の袴が正式。足袋は白か黒、草履の鼻緒は黒にする。

●**洋装**：モーニングまたはブラックスーツ。ワイシャツ以外はすべて黒で統一する。

【女性の場合】

●**和装**：黒無地染め抜き五つ紋付きの着物に黒無地の丸帯が正式。家紋が分からない場合は、五三の桐（標準的な紋）を使う。

●**洋装**：黒のワンピースやスーツ、アンサンブル。長袖または七分袖、ひざが隠れる丈が基本。真珠のネックレスは一連に。

葬式の場所の決め方

自宅をはじめ、地域の集会場や専門の斎場からホテルまで場所はさまざま。規模を考慮して決めましょう。

設備が充実した斎場での葬儀が一般的

以前は自宅で通夜から葬儀・告別式までを行うのが一般的でしたが、最近は住宅事情の変化とともに、寺院や教会など宗教に合わせた場所や斎場、公民館や集会場、ホテルなどさまざまな場所で行われています。

中でも増えているのは、斎場での葬式。専門会場ならではの設備が整い、きめ細かいサービスが受けられます。団地やマンションの場合は、集会場が利用できることもあります。遠方の親戚があり、会葬者が多い場合には、宿泊もでき、サービスの質が高いホテルが利用されることもあります。交通の便や火葬場との距離、利用時間、スペースなどを確認してから場所を決めましょう。

信仰があれば儀礼が行える場所で

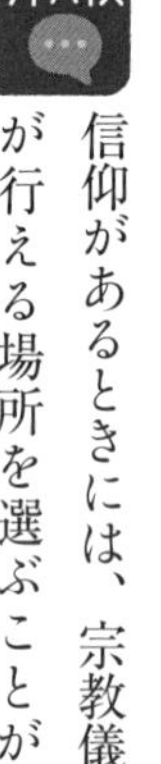

信仰があるときには、宗教儀礼が行える場所を選ぶことが大切。仏式の場合は菩提寺で。神式の場合は、神社内では行われないため、自宅か斎場になります。キリスト教式の場合は、教会で行うのが一般的です。故人の意思を尊重することはもちろんですが、会葬者の都合も配慮して決めるようにしましょう。

葬式場選びのポイント

- ☑故人の生前の意思を尊重する
- ☑会葬者の予想人数に合わせた程よい広さ
- ☑宗教に合わせた儀礼ができる場所
- ☑経済状況に合う場所

式場の種類を確認しよう

宗教儀礼のできる場所

【仏式の場合】

●**寺院（菩提寺）**：葬式後の法要や納骨もスムーズ。ただし、斎場ではないため、費用がかさむこともある。また、檀家でないとできない場合がある。

【神式の場合】

●**自宅か斎場**：神官を招く。神道では死はけがれとするので、神社内では行わない。神式の儀式のためのさまざまな用意が必要。

【キリスト教式の場合】

●**教会**：危篤のときに連絡し、それ以降のすべての儀式を神父（牧師）が取り仕切る。

予算重視の場合

【公営の斎場】

手伝いの依頼の有無や宿泊施設の有無、設備の種類など確認を。民営は、費用は少しかかるが設備、サービスは充実していることが多い。

【地域の公民館、マンションの集会場】

無料、または安価で利用できることが多い。ただし手伝いや設備の手配などは必要。

質、サービス重視の場合

【民営、チェーン展開の斎場】

設備が充実していて、宿泊施設がある場所も多い。

【ホテル（無宗教式の場合など）】

交通の便、料理・サービスの質、宿泊、駐車場などが整っている。会葬者の数や社会的地位などを考慮する場合は適当。ただし、線香がたけないので、宗教によっては不向き。

戒名をいただく

一般的には通夜の前までにいただくもの。故人の人柄にふさわしい仏名をお願いしましょう。

戒名は菩提寺から授かる仏名のこと

基本

戒名とは、死後に仏の弟子となったことを意味してつけられる名前。本来は生前に授かるものですが、現在は亡くなって枕経をあげてから、通夜の前までにいただくのが一般的です。菩提寺が遠方にあり葬式は近くの寺院で行う場合でも、戒名は菩提寺に連絡してつけてもらいます。

俗名のままでも葬式は可能

アドバイス

菩提寺や宗派が分からない場合は俗名のまま葬式を行うことができます。ただし、菩提寺に納骨する場合は、菩提寺から授かった戒名が必要です。故人が戒名はいらないと遺言を残した場合や、特定の宗派に属さず公営墓地に納骨する場合は、俗名のまま納骨できます。

戒名は仏教の宗派によって呼び名が異なります。浄土真宗では「法名（ほうみょう）」、日蓮宗では「法号（ほうごう）」と呼ばれます。

戒名のお礼はお布施で渡す

基本

戒名は金銭で売買するものではなく、故人の信仰の深さや寺院への貢献度などによって決まるものです。戒名をつけてもらう謝礼は、通夜や葬儀の読経料とあわせて、「御布施」として渡すとよいでしょう。戒名料が分からない場合は、菩提寺にたずねて具体的な金額を教えてもらいましょう。

宗派による戒名の違い

●仏式の場合

天台宗、真言宗、曹洞宗：戒名

浄土真宗：法名（ほうみょう）

日蓮宗：法号（ほうごう）

●神式の場合

霊璽（れいじ）（仏教の位牌にあたるもの）に霊号（れいごう）（「○○○○之霊」「○○○○霊位」など）を書く。

●キリスト教式の場合

戒名に相当するものはないが、カトリックでは洗礼名がそれにあたる。

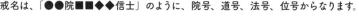

戒名の構成

戒名は、「●●院■■◆◆信士」のように、院号、道号、法号、位号からなります。

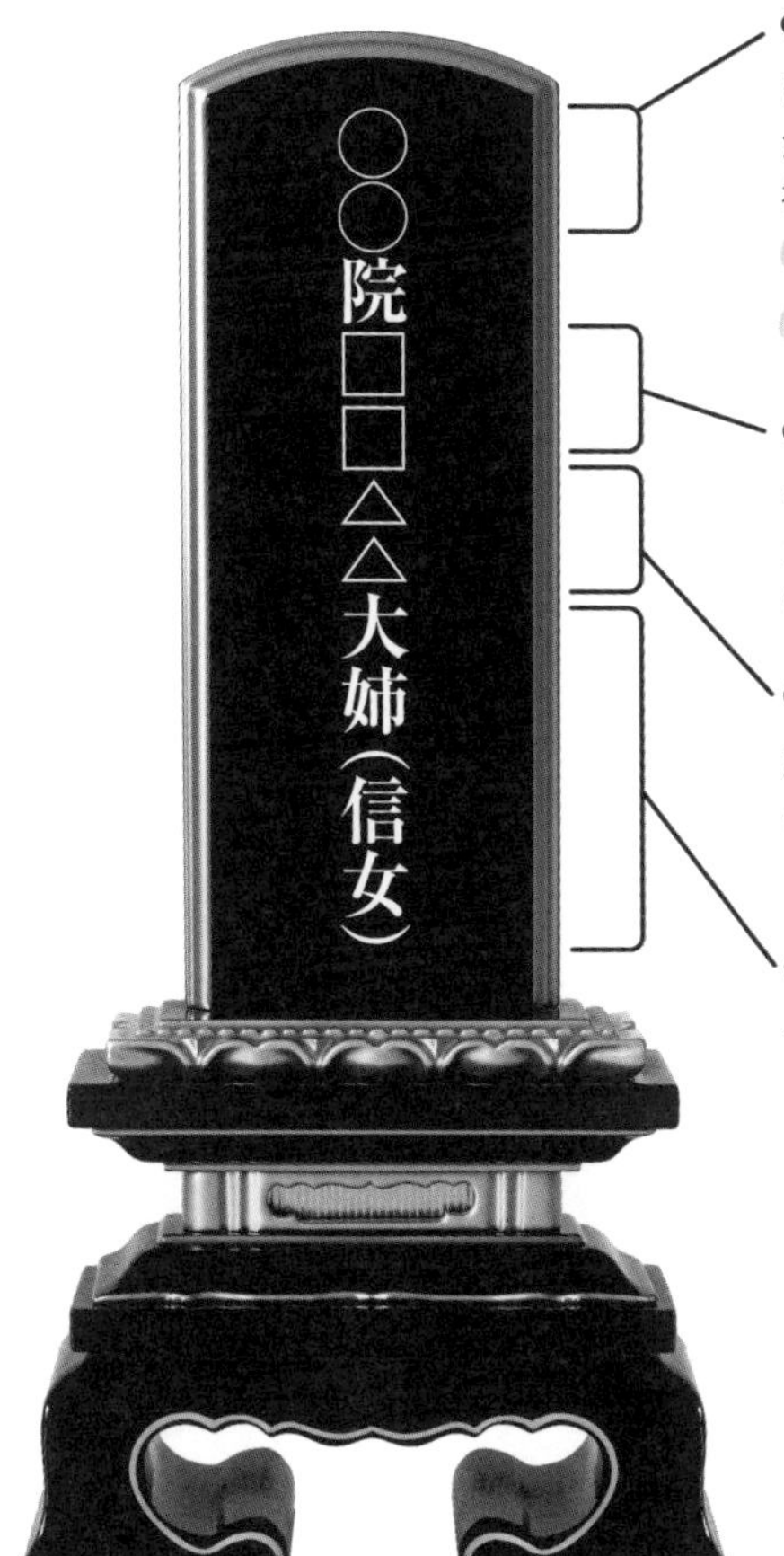

●院号

「院」は寺院の意味。かつては寺院を建立した人に与えられた尊称。現在は生前の信仰や社会に大きな貢献をした人に与えられる。

- **院殿**　社会的地位が高い人
- **院**　徳を備えた信仰心の篤い人

●道号

もともとは仏道に入り、仏教を極めた人に与えられる称号。生前の雅号や別名を用いることもある。（例）優雲、妙華　など

●法号

2字からなり、1字は経文や仏典から、1字は故人の俗名（名前）の文字から引用されることが多い。（例）浄智、日雅　など

●位号

仏教徒としての位と性別を表す。

- **信士（信女）**：15歳以上の信仰心の篤い人（一般的につけられる位号）
- **清信士（清信女）**：仏教で悟りを開いた人
- **居士（大姉）**：徳を備えた信仰の篤い人
- **禅定門・禅定尼**：仏門に入り剃髪した人
- **童子（童女）**：15歳未満
- **孩児（孩女）**：2～3歳
- **嬰児（嬰女）**：2歳未満

御布施（戒名料）の目安

- ☑信士（信女）：10万円～
- ☑清信士（清信女）：20万円～
- ☑居士（大姉）：25万円～
- ☑院：60万円～
- ☑院殿：100万円～

※戒名料は院号や位号によって相場があるが、分からない場合は菩提寺に確認を。

通夜・葬式の手伝いの頼み方

弔問客への対応や雑事に追われる喪主や遺族に代わって葬式の実務をしてくれる人にお願いしましょう。

式をスムーズに行うために手伝いの人をお願いする

臨終後、遺族は悲しみにひたる間もないほど、さまざまな雑事に追われます。遺体の搬送や葬式の細かな手配、そして通夜と葬式の間は僧侶や弔問客への対応が大切。そこで、式をスムーズに進行させ、滞りなく終わらせるためには手伝いをしてくれる人が必要です。

まず、中心になって指揮をとってくれる世話役、会計や受付などを手伝ってくれる人をお願いしましょう。どちらも遺族と交流があり、信頼できる親族や友人が適任です。

受付と会計は身内、つながりの深い友人に

以前は地域、町内の人が世話役を取り仕切るのが一般的でしたが、地域のつながりが弱くなり、核家族化が進んでいる現在は、規模の大きな式でない限りは世話役を立てることはなくなりつつあります。

規模や会場に関係なく必要となるのが、受付係、会計係です。トラブルを避けるために原則として葬祭業者は引き受けてくれないため、親族や遺族とつながりの深い勤務先や近所の人、友人にお願いしましょう。

ほかにも、返礼品を渡す係、宴席・台所係、案内係などもいると安心です。斎場で行う場合は、これらの係は葬祭業者が代行してくれることもあります。葬式の規模や会場に合わせて早めにお願いをしましょう。

世話役のお願いの段取り

葬式の規模が大きいときには世話役をお願いして、葬儀委員長として取り仕切ってもらうほうがよいでしょう。

1. 葬祭業者、葬式日程が決定した段階で、世話役を人選、お願いする
2. 葬祭業者との打ち合わせに世話役も参加してもらう
3. 通夜・葬式当日に司会進行をはじめ、すべてを世話役に取り仕切ってもらう

通夜・葬式でお願いしたい手伝い

係名	仕事内容	適任者	人数	準備するもの
会計係	香典の管理、葬式に関する現金の出し入れ	親族	1～2人	出納帳、香典帳、電卓、筆記用具
受付係	会葬者にあいさつ、香典、供物、供花の受け取り、記帳簿の管理と整理	遺族の勤務先や近所の人、友人	2～4人	芳名帳、供物帳、名刺受、筆記用具
進行役	葬儀の進行、世話役の補佐	葬式の経験者	1人	式の進行表※
返礼品係	香典返しや会葬礼状を渡す	勤務先や近所の人、友人	2～3人	返礼品、礼状※
宴席係	僧侶のもてなし、通夜ぶるまいの支度や片づけ、軽食、飲み物、茶菓子などの手配	親族、親しい友人、または近所の人	2～6人	エプロン、立替金
会場係	式場、宴席への案内、各係への連絡	会葬者の見分けがつく人	1～2人	特になし
道案内係	最寄り駅などでの会場案内、地図貼り	勤務先、近所の人	2～4人	案内用プラカード、提灯※
駐車場係	駐車場への案内	勤務先、近所の人	2～4人	案内表示、車両整理票※

※葬祭業者に依頼することも可能

家族葬を行うなら受付なしでもOK

感染症流行時の予防対策として小規模な家族葬を選ぶ遺族も増えています。家族葬では顔見知りが参列するケースがほとんどなので、受付は設けなくてもかまいません。これも感染予防につながります。
ただし、受付を設けなかった場合には、香典は喪主が弔問客から直接受け取る必要があります。

手伝いの人へのお礼

「御礼」「志」と表書きした白封筒に入れて渡します。世話役代表には1万～3万円、世話役には5千～1万円、手伝いの人には2千～1万円が目安です。

注意点

- 目上の人へは商品券などを贈る。
- 勤務先の人の場合は現金を渡すことはほとんどない。葬式後に御礼と報告を兼ねて菓子折りを持っていく。

御礼
伊藤洋平

返礼品と会葬礼状の手配

弔問客へのお礼は当日に行うことが多くなっています。予想される人数より多めに用意します。

返礼品は通夜・葬儀とも同じ品を

返礼品とは、通夜や葬儀・告別式に訪れた人へのお礼の気持ちとして礼状と一緒に渡すもの。本来は、通夜に訪れた弔問客で、通夜ぶるまいに出ずに帰る人に渡す「通夜返礼品」、すべての弔問客に渡す「会葬返礼品」、香典をいただいた人に忌明けに送る「香典返し」に分かれていましたが、最近は、通夜、葬儀・告別式に訪れた弔問客すべてに共通の返礼品を渡すことが多いようです。香典返しを、香典の額にかかわらず当日に行う即日返し（当日返し）も増えています。

返礼品の手配は葬祭業者に依頼するとよいでしょう。予想される弔問客の人数よりも多めに手配をしておくと安心です。その場合は、注文する数によってどの程度料金が変わるのかを、葬祭業者に確認することも大切です。

品物はお茶やのりなどが一般的で、ジャム、紅茶、ブランド物のタオルやハンカチ、図書カード、プリペイドカードなどを渡す場合もあります。

通夜と葬儀・告別式に同じ返礼品を渡す場合は、千円を目安に用意しましょう。また、即日返しをする場合は、3千〜5千円程度の品がよいでしょう。

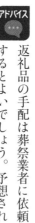

返礼品の例

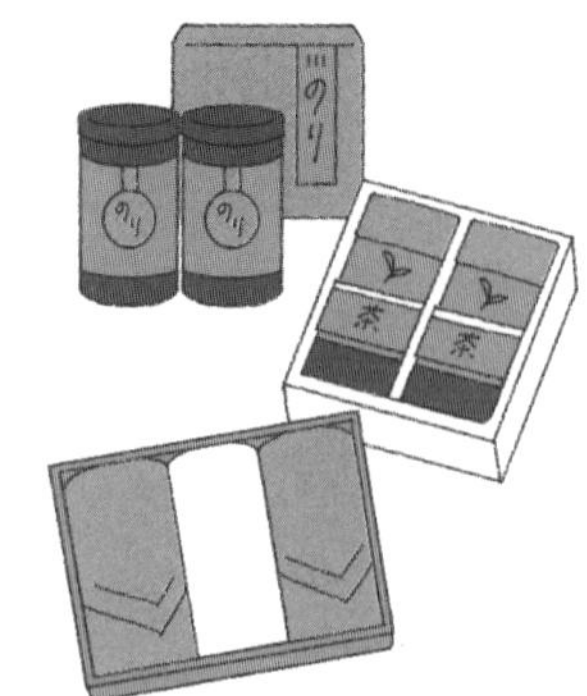

ブランドもののハンカチやタオル、お茶、のり、お酒、ジャム、紅茶、せっけん、入浴剤、図書カードなど、返礼品の内容は多様化している。
弔問していただいた人に失礼のないよう、品質のよいものを選ぶようにするのが基本。また、地域により返礼品が異なる場合があるので、葬祭業者に確認したほうが安心。

会葬者へのお礼を礼状に託す

本来、会葬に訪れた人へのお礼状は、葬儀・告別式の終了後に、一人ひとりの宛名を書いて改めて郵送するものでしたが、最近は通夜や葬儀・告別式のあとに式場で手渡しすることが多いようです。

礼状の文面は、葬祭業者に定型文があるのでそれを利用してもよいでしょう。差出人は喪主、親戚代表、葬儀委員長の連名にします。また、定型文を参考に自由な文面でまとめたものにすれば、お礼の気持ちもより伝わりやすいものになります。

弔辞をお願いした人には、一般の礼状とは別に、弔辞の内容に触れて、お礼の気持ちを伝えるものをしたためて渡すのが礼儀です。

会葬礼状の文例

【仏式、神式の場合】

このたびは　亡父○○○の葬儀に際しまして　ご多忙の折にもかかわらず
遠路わざわざご会葬くださいまして　まことにありがとうございました
そのうえご丁重なご厚志を賜り　厚く御礼申し上げます
なお　故人が生前に賜りましたご懇情に対しまして　あわせて
深謝いたします
さっそく拝眉のうえ　御礼を申し上げるべきところですが
略儀ながら書中をもってごあいさつ申し上げます
令和○○年○月○日
喪主　○○○○
外　親戚一同

【キリスト教式の場合】

先般　父○○○召天の際はお心の込もった御弔問をいただき
またご丁重なるご厚志を賜り　ありがたくお礼申し上げます
おかげさまをもちまして　本日諸式滞りなく相すませました
まずは略儀ながら書中をもってごあいさつ申し上げます
令和○○年○月○日
喪主　○○○○
外　親戚一同

※句読点を用いないのが正式なお礼状となる

お布施などのお礼の準備

寺院や斎場の使用料とは別に、僧侶や神官、神父へのお礼を事前に準備しておくことが必要です。

お礼の表書きは宗教別により異なる

基本

お世話になった寺院や神社、教会には葬儀・告別式の当日または翌日にお礼を渡すのが礼儀です。金額は規定があればそれにしたがって渡せば問題がありませんが、規定がない場合は葬祭業者や世話役に相談して決めましょう。

また、お礼は白封筒に入れるか奉書紙に包んで渡すのがマナー。お礼の項目ごとに表書きをしたものを用意して、あいさつに伺いましょう。宗教によってお礼の項目が異なるので注意しましょう。

仏式では「御布施」

戒名や儀式での読経へのお礼は「御布施」として包みます。僧侶が二人以上いる場合は、導師以外の僧侶の分を上乗せし（導師の半額が目安）、導師に一括して渡します。また、斎場まで足を運んでもらった場合は「御車代」、通夜ぶるまいや精進落としに出席できない場合は「御膳料」として包みます。渡すときはお盆にのせるか、菓子折りと一緒に渡すようにします。

神式では「御祭祀料」

葬場祭（葬式）の当日に一括して渡すのが一般的です。表書きは「御祭祀料」とし、儀式を執り行う斎員、伶人（奏楽を行う楽師）やそのほかの神官の分を「御礼」として別に渡します。

キリスト教式では「献金」

教会へのお礼は「献金」として渡します。そのほかに、神父や牧師、賛美歌を伴奏してくれたオルガニスト、聖歌隊には、表書きを「御礼」として別に渡します。

お礼は相続財産から控除される

葬儀の際に寺院、神社、教会に渡したお礼は、相続財産から控除される対象になります。相続税の申告手続きが必要な場合は、お礼を渡すときにそれぞれに金額を入れた領収書を持参して、印鑑やサインをもらいましょう。

お礼の表書き・金額の目安一覧

	表書き	金額の目安	渡すタイミング
仏式	御布施（御布施　大家哲也） 御膳料（御膳料　村上里子） 御車代（御車代　里中葵） 「御布施」は戒名や読経へのお礼。「御膳料」は通夜ぶるまい、精進落としに出席できない場合。「御車代」は斎場や自宅に出向いてもらった場合に渡す。	**御布施** 10万円～。寺院、葬祭業者に相談を **御膳料** 5千～1万円 **御車代** 5千～1万円	**御布施・御膳料・御車代** 葬儀当日
神式	御祭祀料（御祭祀料　島田仁司） 御礼（御礼　林真由子） 御車代（御車代　里中葵） 「御祭祀料」は神社（神官）へのお礼。「御礼」は神官以外へのお礼。「御車代」は斎場や自宅に出向いてもらった場合に渡す。	**御祭祀料** 10万円～。神社、葬祭業者に相談を **御車代** 5千～1万円	**御祭祀料・御礼・御車代** 葬場祭（葬式）の当日、または翌日
キリスト教式	献金（献金　東田行雄） 御礼（御礼　林真由子） 「献金」は教会へのお礼。「御礼」は神父、牧師、オルガニストなどへのお礼。	**献金・御礼** 10万円～。教会、葬祭業者に相談を	**献金・御礼** 葬儀ミサ（カトリックの場合）または葬儀式（プロテスタントの場合）の翌日

通夜・葬式の当日

当日は何かとあわただしいものです。葬祭業者に相談しながら準備していきましょう。

通夜当日

供物、供花などを確認する

供物や供花は故人と縁の深い人ほど棺の近くに飾る。だれから届いたものなのか分かるようにしておく。

会場の準備をする

受付や駐車場の確認をはじめ、自宅で行うときには内外の掃除、斎場の場合は葬祭業者に依頼すること、手伝いの人にお願いすることなどを明確にしておく。

葬儀・告別式当日

会場の準備

弔辞、席次、焼香の順番など葬祭業者、僧侶を交えて最終確認をする。

弔電紹介の選択、名前の確認

届いた弔電の中から読み上げるものを選ぶ。その際、名前や読み方を確認する。

通夜ぶるまいの準備

場所ごとの準備

【自宅】

家内外の掃除、宗教者の控え室の準備、通夜ぶるまいのための部屋の準備など

【斎場】

葬祭業者に任せて、心づけ用の封筒や認印などの準備を忘れずに

【集会場】

団地やマンションの役員へあいさつをして手伝いの依頼もする

【教会】

賛美歌や式次第のプリント、献花用の花の準備

すべての弔問客を案内するのか、故人ととくに親しかった人のみにするのかを決め、料理の手配などを準備する（282 ～ 283ページ参照）。

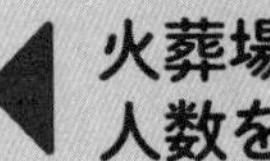

心づけの用意

手伝いをお願いした人や霊柩車、ハイヤーの運転手などへの心づけを用意する。

火葬場へ行く人数を確認

火葬場までの車の手配やその後の精進落としの最終的な人数の確認など。

通夜の進行〈仏式〉

最近は日中の葬儀・告別式に参列できない人が会葬に訪れることが増え、スタイルが変化しつつあります。

夜7時頃から約2時間の半通夜に

基本

本来、通夜は死者を葬る前に遺族や親族が遺体を守って一夜を明かすことをいいます。そのため、線香や灯明を絶やさないように、夜を徹してつき添いました。

最近は、仕事を終えてから会葬に訪れる弔問客が多いため、半通夜が一般的です。読経、焼香、喪主のあいさつなどが行われ、夜7時頃から2時間程度、夜間葬式のような形式で営まれます。また、死亡当日に身内だけで仮通夜を行い、翌日に通夜を行うこともできます。

喪主と遺族は祭壇に向かって右側に座る

基本

受付は通夜の開始時刻の30分前から始め、喪主と遺族は15分前には棺のそばに着きます。席順は、喪主の座る場所以外は決まりがありませんが、祭壇に向かって右側には喪主や遺族が、左側には世話役代表などが座ります。弔問客は順に着席するのが一般的です。弔問客の誘導は係にお願いをするとよいでしょう。

焼香は、僧侶に続いて喪主から始め、血縁の濃い順に行います。弔問客が焼香するときには、喪主や遺族は座ったまま目礼をするのが礼儀です。

通夜での席の配置例

喪主や遺族、親族は、祭壇に向かって右側に座り、世話役代表や職場関係者などが左側に座る。

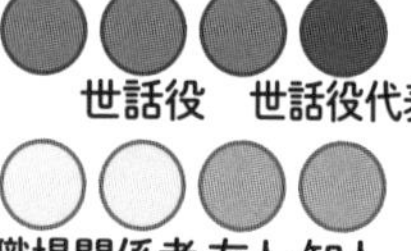

通夜の進行の例

❶ 開始 30 分前　受付開始

受付は、通夜が始まる時刻の 30 分前には設置する。

❷ 僧侶到着

通夜が始まる前に、祭壇の飾り、供物の位置などの確認を僧侶にお願いしてから、控え室に案内をして打ち合わせをする。

❸ 関係者着席、弔問客着席

通夜が開始する 15 分前には、喪主をはじめ遺族、親族、世話役代表などは着席しておく。僧侶の入場を待つ。弔問客が到着するのは開始 15 分前くらいが多い。

❹ 僧侶の入場、読経、焼香

僧侶が入場する際には、一同起立するか頭を下げる。僧侶は祭壇の前に座って、読経、焼香をする。弔問客が多い場合は、読経の途中から遺族や弔問客の焼香を始める場合もある。

❺ 遺族・親族、弔問客の焼香

まずは喪主が焼香し、そのあとは席順に沿って遺族、親族、一般弔問客の順に焼香する。

❻ 法話、僧侶の退場

焼香のあとに僧侶による法話や説教があるかどうかは通夜によって異なる。僧侶が退場するときには一同起立するか頭を下げる。

❼ 喪主のあいさつ

僧侶が退場したら、遺族を代表して喪主が弔問客にあいさつをする。

❽ 通夜ぶるまい

喪主か司会者が弔問客に声をかけ、通夜ぶるまいの席に誘う。通夜ぶるまいの終わりに喪主があらためてあいさつをする。

供花と供物を並べるときは順番に注意する

アドバイス

供花と供物の並べ方にはルールがあります。棺に近くて目立つ上方を上位として、左右に分けて並べましょう。近親者の場合、血縁の濃い人が上位です。そのほかの友人や知人、仕事関係者などは故人と関係が深かった人が上位になるようにします。喪主と世話役でよく確認しましょう。また、お礼状を書くため、供物帳をつけるのを忘れずに。

焼香後、順次通夜ぶるまいの席へ案内

焼香が済んだあとは、係の人が順に通夜ぶるまいの席へ案内します。通夜ぶるまいには、すべての弔問客を案内する場合と、故人と親しい人だけを案内する場合があるので、どのような席にするのかを事前に決めておきます。

すべての弔問客を案内する場合は、係が焼香を終えた人から順に案内します。親しい人だけを招待する場合は、通夜の前にあらかじめ知らせておきましょう。弔問客が焼香を済ませたら、喪主は通夜ぶるまいの席に移動し、あいさつをします。生前故人がお世話になったことへの感謝や、故人に対する気持ちなどを、形式にこだわらずにお話しすればよいでしょう。

通夜ぶるまいでは手軽につまめる料理を

本来は生臭いものを避けた精進料理でもてなしますが、最近では手軽につまめるサンドイッチや寿司、オードブルなどを大皿に盛ってもてなすことが多いようです。料理は仕出し屋に注文するか、葬祭業者に手配を依頼するのが一般的です。また、お酒はけがれを清めるという意味があるので、必ず用意します。

少しでも口をつけてもらうことが故人への供養になるので、遠慮する弔問客にもそのことを伝えて席に着いていただくようにお願いします。

手伝いをしてくれた人へは、弔問客が帰ったあとに、感謝の気持ちを込めてお酒や食事をふるまってもてなし、労をねぎらいましょう。

アドバイス　僧侶が通夜ぶるまいの席に着くときは最上席に案内します。出席を辞退された場合は、お車代とは別に御膳料を用意して渡します。

通夜ぶるまいが終わったら、遺族はひと晩中灯明や線香を絶やさないようにしましょう。

最後のあいさつを忘れずに

アドバイス　通夜ぶるまいの最中、喪主はできるだけ弔問客それぞれにあいさつをしてまわります。また、予定時刻を少し過ぎた頃合いで喪主か親族が終了のあいさつをしましょう。

マスク着用でOKだと喪家が示す

感染症が流行しているときは、会場で人が密にならないよう工夫をしましょう。受付開始時刻を早めたり、焼香ができる時間を長くしたりするなど、弔問客が密集しすぎないようにします。

葬儀社とあらかじめ相談をして、通夜の最中や焼香の際にも弔問客にマスク着用をお願いする場合、まずは喪家の人々がずっとマスクを外さずにいるなどして、そのままでかまわないことを示すようにしましょう。

大勢で食事をともにする通夜ぶるまいは大切な場ですが、感染予防を考慮して行わない場合は、喪主のあいさつのときにその旨を伝えてお詫びをします。代わりに折詰や酒の持ち帰りセットを渡すといった方法もあります。

通夜ぶるまいのあいさつ例

本日はお忙しい中、父○○○のためにお越しいただき、まことにありがとうございます。父は長く病気療養中でございましたが、昨晩○時○分に永眠いたしました。

（病気療養中のことなど故人について少し話す）


皆様方には生前父が大変お世話になり、心より御礼申し上げます。

21時までと時間に限りはありますが、父を偲んで思い出話など聞かせていただければ幸いです。どうぞゆっくりなさってください。

なお、明日の葬儀は午前○時からとなります。よろしくお願いいたします。

葬儀・告別式の進行〈仏式〉

本来、葬儀と告別式は違うものですが、最近は続けて行います。司会進行に合わせ滞りなく進めましょう。

葬儀と告別式は続けて進行する

基本　葬儀とは、故人の冥福を祈って成仏祈願し、故人が生きている人にお別れをする式です。一方、告別式は大正時代にできたもので、友人や知人などが故人との最後のお別れをするためのものです。現在は、この2つをあわせて葬式と呼び、葬儀が終わったあとに続けて告別式が行われることがほとんどです。

遺族と親族は式の開始時間の15分前には着席します。そして参列者全員が着席したら、係が僧侶を式場に案内します。僧侶を迎えるときと僧侶が退場するときは、喪主をはじめ参列者全員が合掌、または起立して一礼します。

一般会葬者が焼香をするときには、遺族に向かって一礼します。喪主や遺族はその場で（着席したまま）目礼をして返礼しましょう。会葬者が目上の場合でも失礼にはあたりません。

アドバイス　関東以北では、火葬を先に済ませ、遺骨で葬儀・告別式を行う「骨葬（こつそう）」がよく行われていました。遺体の腐敗を気にせずに葬儀・告別式の日程を調整できるため、今でもさまざまな地域で行われています。

また、家族や近親者で密葬を済ませてから、後日改めて友人や知人を招き、遺骨で告別式を行う場合もあります。

火葬場へ行く人をあらかじめ確認

葬儀が終わったあとは火葬場へ移動しますが、このとき同行するのは遺族、近親者、ごく親しい友人、知人のみです。あらかじめ通夜ぶるまいの席で希望者や同行をお願いしたい人に声をかけて人数を把握しておきます。その人数に合わせて移動用の車や火葬場での軽食、精進落としの手配をしましょう。

会葬者へのあいさつの仕方

会葬者が焼香するとき、喪主と遺族は着席のまま目礼で返礼する。

《葬儀・告別式準備の確認事項》

- □葬儀・告別式の席次と焼香の順番
- □弔辞をだれに依頼したのか
- □弔辞の内容と順序
- □弔電を紹介する範囲と順序
- □出棺時にだれがあいさつをするのか
- □だれが遺影、位牌を持つのか
- □会葬礼状と返礼品の数
- □通夜が終了したあとに届いた供物や供花を置く位置
- □「火葬許可証」はあるか
- □火葬場に同行するのは何人か
- □火葬場へ向かう車は手配されているか
- □火葬場での軽食は手配されているか
- □精進落としは席数通り手配されているか
- □僧侶へのお礼の金額とタイミングはどうするか
- □世話役へのお礼を準備しているか
- □心づけを用意しているか
- □棺に入れたいものはまとめてあるか
- □自宅で待機する留守番役はだれか

葬儀・告別式でもマスク着用を

感染症が流行しているときは、僧侶がマスクを着用したまま読経をするなど、通夜同様に葬儀や告別式でもマスクの着用が推奨されています。基本的には葬儀社の指示に従うようにしますが、マスク着用を参列者にもお願いする場合は、喪家が率先してつけます。

告別式を別の日に行う場合の式次第

葬儀とは別の日に告別式を行う場合は、下記のように進行します。

僧侶入場
↓
開式の辞
↓
一般会葬者の焼香
↓
僧侶退場
↓
喪主のあいさつ
↓
閉式の辞

葬儀・告別式の進行の例

葬儀の進行

❶ 葬儀開始 30 分前　受付開始

❷ 15 分前　喪主と遺族、関係者、参列者着席

❸ 僧侶入場

係が僧侶を式場へ案内。僧侶が入場したら、参列者全員が合掌または起立して一礼する。

❹ 開式の辞

「ただ今より故○○○○殿の葬儀ならびに告別式を執り行います」と司会者があいさつする。

❺ 読経（宗派により受戒（じゅかい）・引導（いんどう））

読経に続き、受戒（戒名の授与）、引導（死者を浄土に導く儀式）などを行う（浄土真宗は受戒と引導がない）。

❻ 弔辞の拝受、弔電の紹介

「ただ今より○○様の弔辞を頂戴します」と司会者が告げ、弔辞を述べる。弔電の紹介は数通にし、「ほかにもたくさん頂戴しておりますが、お名前だけを紹介させていただきます」とする（省略する場合もある）。

❼ 焼香（喪主、遺族、親族）

僧侶から焼香し、読経をあげている間に、喪主、遺族、親族の順に焼香する。

❽ 閉式の辞（僧侶退場）

司会者が葬儀の終わりを告げ、引き続き告別式に入る。休憩をとる場合、僧侶は退場する。

告別式の進行

❾ 僧侶の入場・開式の辞

司会者が開式のあいさつをする。葬儀の閉式の辞のあと、僧侶が退場した場合は、再度僧侶が入場し、着席後にあいさつを。

❿ 一般会葬者の焼香

喪主と遺族は着席したまま会葬者のほうに向き、焼香を終えた会葬者に目礼する。

⓫ 僧侶退場

会葬者の焼香が終了したら、僧侶は退場する。参列者一同は一礼して見送る。

⓬ 喪主あいさつ

喪主（または親族代表）が簡単にあいさつをする。
ここであいさつをせず、出棺前に行う場合もある。

⓭ 閉式の辞

司会者は閉式の辞を述べ、「出棺の用意ができますまで、お待ちください」と一般会葬者に案内する。

※❽と❾を省略して、葬儀と告別式を続けて行うことが多い。

葬儀・告別式への参列

マナーを守って故人との最後のお別れに向き合い、出棺まで見届けるようにしましょう。

定刻よりも早めに行くのが基本的なマナー

葬式に参列するときには、伝えられた時刻よりも少し早めに訪れて受付を済ませましょう。受付では、お悔やみの言葉を述べたあとに香典を差し出し、記帳をします。

現在、葬式と告別式は分けずに行われますが、本来は別々の意味を持っています。葬儀は死者を葬るための儀式であるため、遺族や親族、故人と親しかった人々で行うものでした。一方、告別式は大正時代に普及した儀式で、故人にゆかりのある人々が最後のお別れを告げます。

出棺までしっかり見送り打診されたら火葬場へ同行

告別式は出棺まで見送るのが一般的です。葬儀と告別式が終わると、出棺準備のため一般会葬者は退席することになりますが、そこで辞去するのではなく、出棺の準備が整うまで会場の外で待ちます。寒さの厳しい時期は仕方がありませんが、できればコートは羽織らずに、手に持ったまま待つようにしましょう。

告別式であいさつをしなかった場合には、出棺前に喪主か親族代表があいさつをします。その後、霊柩車が火葬場へ向けて発進するので、合掌し、深く頭を下げて見送りましょう。

火葬場まで同行するのは限られた人です。もし火葬場への同行や遺骨迎え法要に出席しませんかと聞かれたら、遠慮せず、できる限り受諾するのが礼儀です。逆に、声をかけられていないのに、火葬場へ同行したいと申し出るのは控えるようにしましょう。

指示に従って感染予防対策を

感染症流行時には、焼香のときにもマスクを着用するようになってきています。葬儀社の指示に従って感染予防に努めるようにしましょう。受付では記帳をする前に検温や手指消毒を行います。受付や焼香で並ぶときには、前後の人とソーシャルディスタンスを保つように気をつけましょう。

出棺・火葬〈仏式〉

告別式後、故人と最後の対面、釘打ちが行われ出棺します。悔いが残らないように別れのあいさつをしましょう。

別れ花をして故人と最後のお別れを

基本 告別式が終わると参列者は外で出棺を待ちます。その間、遺族、親族、故人とつながりの深かった友人などは「お別れの儀」を行います。

お別れの儀とは、棺を祭壇から下ろしてふたを開け、祭壇に飾ってあった供花を故人のまわりに入れる「別れ花」を行い、最後のお別れをするものです。

お別れをしたら「釘打ちの儀」を行い、棺のふたを閉じて棺を霊柩車に運びます。宗派や地域によっては釘打ちの儀は行わない場合があります。

棺を運ぶときは、僧侶を先頭に、位牌を持った喪主、遺影を持った遺族に続いて、親族や親しい友人など男性が6人ほどで棺を運びます。自宅から出棺する場合には、ストレッチャーで運ぶこともあります。このあと喪主か遺族の代表があいさつをします。

棺は、関東地方では遺体の足を先に、関西地方では頭を先にして運びます。また、出棺のときに故人の茶碗を割ったり、箒を立てる習わしが残る地域もあります。

出棺の流れ（告別式終了後）

①お別れの儀
②釘打ちの儀（しない場合もある）
③出棺
④喪主のあいさつ

出棺時の喪主（故人の妻の場合）のあいさつ例

本日は遠路、夫○○○のためにご会葬いただきまして、
ありがとうございます。
私どもは結婚して40年になります。２人の子どもにめぐまれ、
孫に囲まれ幸せな日々を過ごしてまいりました。おかげさまで、
○○会社も定年まで勤めあげることができました。退職後も
たくさんの友人、元同僚の方に支えていただきましたこと、
本当に感謝申し上げます。今後とも私ども遺族に対しましても
変わらぬご厚誼をいただければ幸いでございます。
本日はありがとうございました。

霊柩車を先頭に お供車が続いて火葬場へ

基本

喪主のあいさつのあと、喪主、遺影を持つ遺族、僧侶が同行する場合は一緒に乗り、火葬場へ向かいます。同行する人は喪主側が用意したバスなどに乗り、あとに続きます。火葬場へ行く人をあらかじめ確認しておくと移動もスムーズに行えます。このとき、喪主は「火葬許可証」を忘れないようにしましょう。

最後に「納めの式」で 棺を炉に納める

基本

火葬場に到着したら、係員に「死体火葬許可証」を渡します。

炉の前には小さな祭壇をしつらえ、僧侶同行の場合は読経と焼香を行う「納めの式」を行い、棺を炉に納めます。

1～2時間後、火葬が済んだら、二人一組で骨揚げを行います。その後、骨壺を箱に入れ、係員から「埋葬許可証」を受け取ります。

火葬場へ移動する車の席順

僧侶が同行しない場合は、喪主が助手席に乗る。

1. 運転手
2. 遺族代表
3. 僧侶
4. 喪主

火葬場での骨揚げの作法

骨揚げ（拾骨）とは、遺骨を骨壺に納める儀式。
この世からあの世へ三途の川を渡る手助けをする「橋渡し」の意味を込めたもの。

二人それぞれが竹と木の箸を持ち、ひとつのお骨を一緒に拾い、骨壺に納める。

次の人へと箸を渡す。

還骨法要〈仏式〉

還骨法要が終わると、葬儀もすべて終わりです。遺族や近親者だけで集まって、供養をします。

「清めの儀式」をしてから家に入る

火葬場から自宅に戻ったら、玄関先で「清めの儀式」を行います。これは、古くから伝わる慣習のひとつで、死のけがれを家に持ち込まないためのものです。浄土真宗やキリスト教では、清めの儀式は行いません。

正式に行う場合は、まず、ひしゃくで両手に水をかけてもらってふき取り、その後、塩をひとつまみずつ胴、背中、足元などにかけてもらいます。最近では、自分自身で清めるのが一般的になっています。

正式なお清めでは塩と水を使いますが、最近では水で手を洗うことを省略する場合も多く、そのときには塩をかけ合います。また、信教にかかわらず行わない場合もあります。お清めを行うなら、留守番役の人に塩と水、手をふくものを準備してもらいましょう。

お清めの方法

❶ 手を水で清める
留守番役だった人が帰って来た人たち一人ひとりの両手に水をかける。手は用意しておいたペーパータオルでふく。

❷ 清めの塩を軽くかける
胸、背中、足元に用意しておいた清めの塩をふりかける。

出棺後の流れ

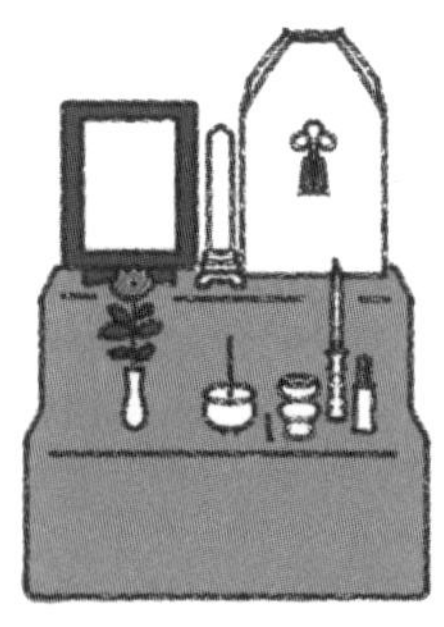

留守宅で後飾りの祭壇の準備
↓
清めの儀式
↓
遺骨迎え、還骨法要、初七日法要
↓
精進落とし

後飾りの祭壇を設けて「還骨法要」を行う

出棺後、留守番の人が後飾りの祭壇を準備しておきます。

後飾りの祭壇とは、四十九日の忌明けまで設けておく祭壇のことで、香炉、燭台、花立てを置き、火葬場から遺骨を迎えたら、この祭壇に遺骨と位牌、遺影を安置します。僧侶と一緒に戻った場合は、ここでお経をあげてもらいます。

僧侶が一緒ではない場合は、遺族が焼香をして故人の冥福を祈ります。これを「還骨法要」といい、引き続き、「初七日法要」を営むのが一般的です。

初七日法要は、もともとは亡くなった日から数えて7日目（葬儀を終わらせたのち）に、あらためて一同が集って行うものでしたが、それだと再び足を運ぶ参列者にも、法要を営む側にも負担になります。そういった理由から、葬儀と同じ日に還骨法要とあわせて行われるようになりました。

また、従来の初七日法要は、僧侶が読経したのち、葬儀でお世話になった親戚や友人などを茶菓でもてなすものでしたが、現在では、告別式のあとにそのまま行われることもあります。

葬儀式場と火葬場が近かったり、併設したりしている場合には、自宅ではなく火葬場から葬儀式場に戻って還骨法要を行うこともあります。

葬儀が終わったあと、四十九日までのあいだに自宅に弔問客が訪れることもあります。そのときには、後飾りの祭壇にお参りをしてもらうようにしましょう。いつ弔問客が来てもいいように、供花を絶やさないようにすることが大切です。

葬儀会場などで還骨法要する場合

葬儀式場と火葬場が近かったり、併設したりしている場合には、自宅ではなく火葬場から葬儀式場に戻って還骨法要を行うこともあります。

葬儀式場などで還骨法要を行ったのち、遺骨を持って自宅へ戻り、後飾りの祭壇に安置します。このとき、自宅へ戻る前に別の会場で精進落としをするケースもあります。

感染症流行時にはすぐ手洗いうがい

還骨法要を行う際には、できるだけ人数を少なくし、席も十分に離すなどして、感染症予防に努めましょう。

留守番役の人は、お清めの儀式の準備だけではなく、火葬場から一同が戻って来たらすぐに一般的な手洗い・うがいができるよう、石けんやタオル、うがい用の紙コップを十分に洗面所に用意をしておくとよいでしょう。

精進落とし〈仏式〉

葬儀でお世話になった人をもてなす「精進落とし」。1〜2時間程度で終わらせるのが一般的です。

お世話になった人をもてなす「精進落とし」

「精進落とし」とは、僧侶や世話人など葬儀でお世話になった人を喪家側がねぎらうために設ける会食の席のこと。「お斎（おとき）」「精進明け」と呼ぶこともあります。

専門の仕出し屋に料理を注文して斎場で行ったり、場所を移して料理屋やホテル、レストランで席を設けたりします。僧侶が参加を辞退することもあるので、その場合にはお見送りのときにお礼を伝えて御膳料を渡しましょう。もし、当日僧侶の送迎をしていない場合には、精進落としへの参加不参加にかかわらず、お布施とお車代をここで渡しましょう。

精進落としでは、上席には僧侶や世話役、知人、友人が座り、遺族は末席に座ります。全員が席についたら、喪主か遺族代表があいさつをします。

今後の予定を確認して1〜2時間程度で終了する

アドバイス

会食中、喪主や遺族は一人ひとりにお礼を伝えてまわります。世話役へのお礼は本来、翌日のあいさつまわりで渡しますが、精進落としの席で渡してもかまいません。

親族が集まるこの機会を利用して、四十九日の法要や納骨のスケジュールなどを相談しておくとよいでしょう。僧侶も参加していたら、僧侶の都合も聞いて予定を立ててしまえば、のちのちスムーズに事が運びます。

葬式の終盤で遺族も関係者も疲れているので、精進落としの席は、1〜2時間で終わらせるのが一般的です。最後に喪主からあらためてあいさつをしてお礼を述べてしめくくりましょう。

精進落としと献杯

精進落としの会食に入る前に、一同が席についた段階で喪主があいさつをし、その後、故人に杯をささげる「献杯」を行うこともあります。故人の分の席も設け、遺影を前に杯を置いて、会食を始めることも多いようです。

精進落としの席次の例

上座、下座に注意して席次を決めましょう。僧侶や世話人が上座で、その次に友人、知人が続き、喪主や遺族が下座にくるようにします。接待をするために、喪主が僧侶の隣に座ることもあります。

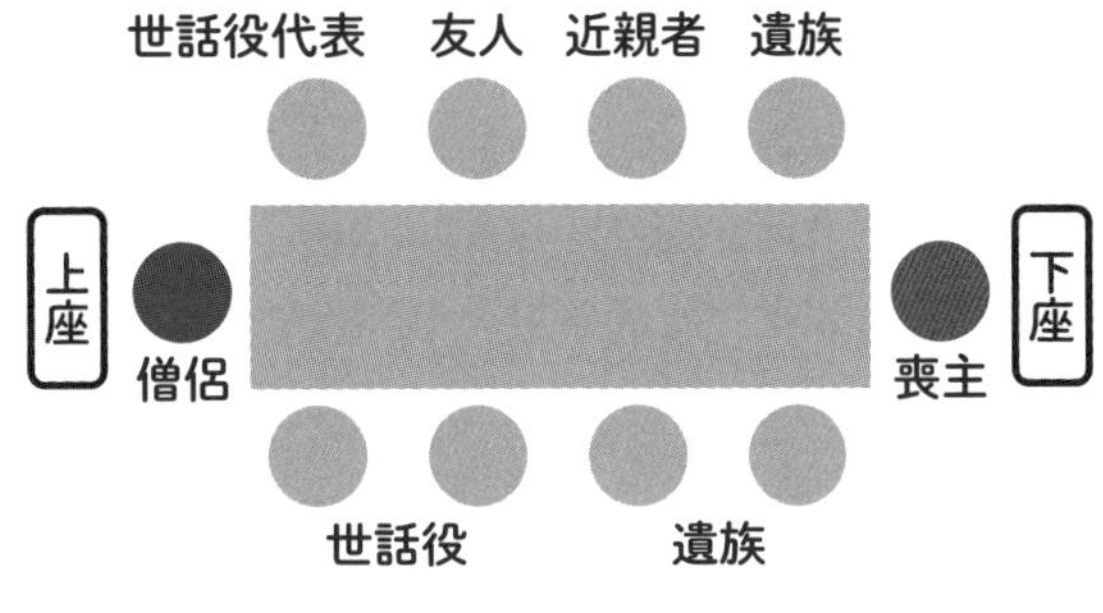

上座 僧侶、世話役、友人、近親者

下座 喪主、遺族　の順に座る。

喪主のあいさつ例

開会

本日は、亡き○○○の葬儀、告別式に際しまして、ひとかたならぬご尽力をいただきまして、まことにありがとうございます。

おかげさまで、滞りなく葬儀、告別式を済ませることができました。故人も感謝していることと存じます。

ささやかではございますが、感謝の気持ちをこめまして、食事をご用意いたしました。

ゆっくりとおくつろぎいただけたら幸いでございます。

本日はありがとうございました。

閉会

本日はまことにありがとうございました。

ごゆっくりいただきたいところですが、あまり長くお引き留めしてもご迷惑かと存じますので、このへんで終了とさせていただきます。

なお、四十九日は○月○日の予定でございます。

今後とも、どうぞよろしくお願い申し上げます。

本日は最後までありがとうございました。

感染症拡大時には弁当と酒を渡す

感染症の予防に配慮し、精進落としを行わないときには、お世話になった人全員に持ち帰り用の折り詰め弁当と酒を渡すなどするとよいでしょう。渡すときには、葬儀でお世話になったお礼を伝えます。精進落としは御膳で食事が用意されることが多く、参加者の人数も限られているため、広めの会場で席の間隔に余裕を持って座るといった配慮をしたうえで行うケースもあります。その場合、本来は喪家の人があいさつをしてまわるのが一般的ですが、感染予防のために控えてもよいでしょう。その場合は、開会のあいさつのときに、ひと言断っておきます。

通夜祭の進行〈神式〉

式の進め方は仏式とあまり変わりませんが、祭壇のしつらえや儀式の呼び名が違うので気をつけましょう。

独特の作法で「通夜祭」を営む

基本

神式では、通夜や葬儀を神社では行わずに斎場や自宅で行います。仏式の通夜にあたる儀式に「通夜祭」と「遷霊祭」があります。

まず、家に神棚がある場合は、けがれが入らないように、前面に半紙を貼って「五十日祭」まで覆います。

神道では、死ぬことで御霊が神の元に帰っても遺族の近くで見守ると考えられています。通夜祭は遺族や親族が故人に手厚く奉仕する儀式で、「手水の儀」から始まり、玉串奉奠など独特な作法があります。

通夜祭の進行例

❶ 手水の儀（左ページ参照）

❷ 参列者着席

祭壇に向かって右側に喪主、遺族、近親者が座り、
左側に世話役、親族が座る。一般参列者はその後ろに着く。

❸ 斎主・斎員入場、拝礼

斎主が一拝したら、参列者もならって一拝する。

❹ 饌を供える

斎員が故人の好きだった饌（食べ物）を祭壇に供える。

❺ 祭詞奉上

斎主が祭詞を奉上する。一同は腰を前方に折るように一拝する。

❻ 誄歌奉奏

伶人（雅楽を演奏する楽師）が故人を追慕する歌、しのび歌を奉奏する。

❼ 玉串奉奠（左ページ参照）

斎主が玉串を奉奠したあとに、喪主、遺族、親族、一般参列者の順に行い、二拝、しのび手で二拍手、一拝する。

❽ 撤饌

斎員が饌を下げる。斎主が一拝し参列者一同も拝礼する。
斎主・斎員が退場し、喪主のあいさつで終える。

暗闇の中で行う「遷霊祭」

通夜祭に続いて行われるのが、遷霊祭です。故人の御霊を仏式の位牌にあたる「霊璽（れいじ）」に移す儀式のことで、夜間、室内の明かりを消して暗闇の中で行います。

通夜祭、遷霊祭が終わったあとに、仏式の通夜ぶるまいにあたる宴席「直会（なおらい）」を行います。神道では、喪家では葬儀の間は火を使ってはいけないため、料理は仕出し料理をお願いするのが一般的です。

感染症流行時のマスクの着用については、仏式の通夜や葬式と同様に、葬儀社や斎場の指示にしたがいアナウンスしましょう。多くの人が集まる場なので、参列者の健康を第一に、安心して参列できるよう配慮しましょう。

手水の儀の行い方

❶ ひしゃくを右手で持ち左手に水をかける。

❷ ひしゃくを左手に持ち替え、右手に水をかける。

❸ 再びひしゃくを右手に持ち替えて、左手で水を受けて口をすすぎ、用意されている懐紙で口をふく。

玉串奉奠の行い方

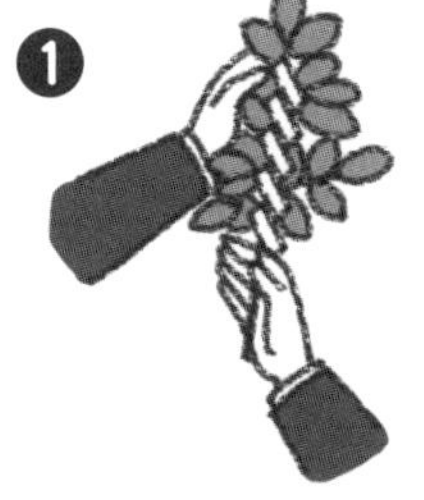

❶ 神職から玉串を受け取って玉串案（玉串をのせる台）の前まで進む。左手で葉を支えながら右の手のひらを返し、玉串を半回転させる。

❷ 枝元を祭壇に向けて捧げる。

❸ 二拝、しのび手（音を立てない）で二拍手、一拝する。

葬場祭の進行〈神式〉

葬儀のことを「葬場祭」といいます。死のけがれを清め、御霊を慰め、神として祀る儀式です。

葬場祭と告別式を続けて行うのが一般的

仏式の葬儀にあたる儀式は「葬場祭（そうじょうさい）」と呼ばれます。「手水の儀」や「玉串奉奠」（295ページ参照）など、神式ならではの作法がありますが、大体の式の流れは仏式の葬儀と同じように考えましょう。受付には手水の儀に使うための桶とひしゃくを用意しておきます。

席次は、祭壇に向かって右側に喪主、遺族、近親者が座り、世話役や親族は左側に座るのが一般的です。

葬場祭のあと、休憩を挟んで告別式が行われるのが正式な進行ですが、最近は仏式と同じように葬場祭と告別式が同時に行われることが多くなっています。仏式の焼香にあたる玉串奉奠は、喪主、遺族、親族に続いて、一般参列者が行います。一般参列者が順次、玉串奉奠を行う間、喪主、遺族は一般参列者へ目礼を返します。

祭詞奉上では故人の人柄、略歴を紹介

アドバイス

通夜祭と同じように、斎主が祭詞を奉上しますが、祭詞には故人の略歴や社会的業績、人柄などをまとめるため、事前に神官と遺族で打ち合わせをし、故人にまつわる資料を渡しておくことが必要になります。

神式の基本用語

●**斎主**（さいしゅ）	儀式を執り行う神職
●**伶人**（れいじん）	雅楽を演奏する楽師
●**修祓**（しゅうばつ）	神道の祭事にあたって神官が行う清めの儀式
●**誄歌**（るいか）	死者の生前の徳をたたえる歌
●**玉串**（たまぐし）	神木の榊の枝に垂をつけたもの
●**霊璽**（れいじ）	仏式の位牌にあたる御霊代（みたましろ） 木の札で「木主」（もくしゅ）とも呼ばれる
●**五十日祭**（ごじゅうにちさい）	仏式の四十九日にあたる霊祭
●**銘旗**（めいき）	故人の名前を書いて祭壇に飾る旗
●**神饌**（しんせん）	神に供える食べ物
●**直会**（なおらい）	通夜ぶるまい、精進落としにあたる宴席

葬場祭の進行の例

1	手水の儀、一同着席 (295ページ参照)	参列者は受付で手水の儀を行う。 祭壇に向かって右側に喪主、近親者、親族が座り、左側に世話役、親族が座る。 一般参列者はその後ろに着く。
2	斎主入場	一同起立し、斎主を迎える。
3	開式の辞	司会者が開式のあいさつを述べる。
4	修祓(しゅうばつ)の儀	斎主が式場、供物、伶人、参列者一同を清める。 一同起立して頭を深く下げ、お祓いを受ける。
5	奉幣(ほうへい)、献饌(けんせん)	伶人が楽を奏で、斎員が故人の好きだった饌（食べ物）を祭壇に供える。開式前に供物を供えておきここでは神饌を供える代わりにお神酒のふたをとる場合もある。
6	祭詞奏上(さいしそうじょう)	斎主が祭詞を奏上し、故人の略歴や業績、人柄などを述べる。一同は腰を前方に折るように一拝する。
7	誄歌奉奏(るいかほうそう)	伶人（雅楽を演奏する楽師）が故人を追慕する歌、しのび歌を奉奏する。
8	弔辞・弔電の紹介	仏式と同様に行う（258ページ参照）。
9	玉串奉奠 (295ページ参照)	斎主が玉串を奉奠したあとに、喪主、遺族、親族、一般参列者の順に行い、二拝、しのび手で二拍手、一拝する。
10	徹饌・徹幣	伶人が楽を奏し、斎員が饌と幣帛(へいはく)（供物）を下げる（またはお神酒のふたを閉める）。
11	斎主一拝、退場	斎主が一拝し、一同もそれにならう。
12	閉式の辞	司会者が閉式のあいさつをする。続いて喪主があいさつをする場合もある。 告別式に入り、一般参列者が玉串奉奠を行う。告別式の前に休憩をはさむこともある。

出棺祭・火葬祭〈神式〉

最近は葬場祭で出棺の祭詞も含めて行い、出棺祭を省略することが多くなっています。

出棺祭は省略して発柩祭、火葬へ

基本 神式での出棺の儀式は、本来、夜に松明をかかげて葬列を組んで行っていました。現在では、葬場祭のあと、日中に出棺することが一般的になっているため、葬場祭の中で、出棺の祭詞も含めて奏上し、出棺祭を行うことは少なくなっています。

仏式と同様に、棺が式場を出る前に故人と最後の対面をして、遺体のまわりを生花で飾る儀式「発柩祭（はっきゅうさい）」を行い、釘打ちをして出棺します。

その後、喪主、または遺族代表がお礼のあいさつを述べます。

出棺時の喪主のあいさつ例

本日は、ご多用中のところ、故○○○の葬場祭、告別式にお運びいただきまして、まことにありがとうございました。

父は、一昨日眠るように息を引き取りました。享年85でございました。○○会社退職後は、孫に囲まれ、趣味の釣りのお仲間とも楽しい日々を送り、幸せな生涯でした。

これもひとえに皆様がたのおかげと、深く感謝いたしております。今後とも、残された私どもに対しても、変わらぬご支援、ご厚誼を賜りますよう、お願い申し上げます。

本日は最後までお見送りいただきまして、ありがとうございました。

火葬祭の流れ

手水の儀 ←

斎主の祭詞奉上
神官が故人の人柄などの祭詞を奉上している間、一同頭を下げる ←

一同拝礼 ←

玉串奉奠
喪主、遺族、親族、一般参列者の順に行う ←

火葬 ←

骨揚げ
仏式と同じように二人でひとつの骨を箸で運ぶ

火葬祭、拾骨をして遺骨は自宅へ持ち帰る

基本

棺が火葬場へ向かったら、留守を預かる人は家の中を片づけて祓い清める「祓除の儀」を行います。

火葬場では、「火葬祭」を行います。炉の前に棺を安置して、小机、神饌、銘旗、供花を供え、斎主が祭詞を奏上します。そして、喪主から遺族、親族、一般参列者の順に、玉串奉奠をしていきます。

火葬が終わると、仏式と同様に拾骨をし、本来であれば、その日のうちに墓地に遺骨を埋葬するのが正式ですが、最近では、仏式のように一度自宅に持ち帰り、忌明けの五十日祭後に埋葬することもあります。

火葬場へ持っていくもの

火葬祭で飾りつける花、神饌、旗、葬具、遺影を持参します。地域によってはこれらのものを先導者、斎員、斎主、棺、喪主、遺族、親族が葬列を組んで霊柩車まで運ぶ習わしもあります。葬祭業者や地元の経験者に確認しましょう。

自宅で仮御霊舎の準備を

火葬場へ向かったあと、留守を預かる人は家の内外を掃除し、手水で身を清めます。そして、葬場祭に携わらなかった神職がお祓いをして、家の内外や一同を清める祓除の儀（後祓い）を行います。その後、「仮御霊舎（かりのみたまや）」と呼ばれる簡単な祭壇を設けて遺骨を迎える準備をします。祭壇には、遺影、灯明、榊、供花、神饌（米、塩、酒、果物など）を供えます。

帰家祭・直会〈神式〉

葬場祭の終了を報告する儀式「帰家祭」を行い、お手伝いの人をはじめ関係者の労をねぎらいましょう。

神式葬儀の最後の儀式は自宅で

基本 火葬後は、自宅で霊璽に葬場祭の終了を報告する「帰家祭(きかさい)」を行います。

まず、火葬場から戻った人は玄関口に用意された手水で身を清め、塩をかけてもらい、神職にお祓いを受けてから家に入ります。これは「帰家修祓(しゅうばつ)の儀」といいます。その後、遺骨を仮御霊舎に安置し、斎主による祭詞奏上、拝礼、玉串奉奠が行われます。斎主に続いて全員が順に玉串奉奠を行います。仏式の還骨法要にあたる帰家祭の儀を済ませたら、直会を開きます。

帰家祭の進行例

帰家修祓の儀
室内に入る前に、身を清め、神職にお祓いをしてもらう

←

仮御霊舎に霊璽(れいじ)と遺骨を安置

←

斎主による葬儀終了の祭詞奏上
祭詞の奏上によって葬儀の儀式が終了となる

←

一同拝礼

←

玉串奉奠
斎主に続いて喪主、遺族、親族の順に行う

←

斎主拝礼、一同拝礼

帰家修祓

火葬場から戻ったら

1. 手水で身を清める
2. 留守番の人に塩をかけてもらう
3. 神職にお祓いをしてもらう
4. 家の中に入る

お神酒で労をねぎらう 直会を開く

帰家祭終了後に、神職や世話役をはじめ、手伝いをしてくれた人々への感謝の気持ちをこめて、喪主と遺族側は「直会（なおらい）」という宴席を開きます。これは仏式の精進落としにあたります。もともとは、神様に供えたお神酒や神饌を祭壇から下げて、祭事にかかわった全員でいただくことで、身を清める意味がありました。

ポイント

直会の最初には、すべての儀式が滞りなく終了したことを感謝して、遺族代表があいさつの言葉を述べ、関係者の労をねぎらいます。通夜祭、遷霊祭と同じように、喪家で火を使うことはタブーとされているため、仕出し料理や寿司などを頼むのが一般的です。

故人の霊前にも供え 一緒に宴席を囲む

神式では、仏式のように精進料理という概念がないため、肉や魚料理、生魚を用いた刺身や寿司を用いても問題ありません。

故人の霊前にも必ず供えて、一緒に宴席を囲むようにします。故人が酒を好んでいたなら酒も供えます。

直会とは？

直会の語源は「直り合い」から来ています。葬式のような特別な状態にあった心身を平常の状態に戻すための手段として宴席を設けます。神式では葬式の間は喪家では火を使ってはいけないため、宴席の料理は、仕出し料理や寿司などの出前を頼みます。葬祭業者に手配をお願いすることもできます。

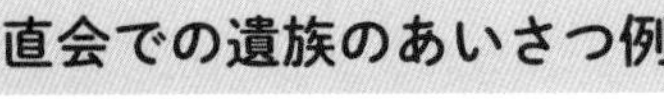

直会での遺族のあいさつ例

本日は長時間にわたり、
ありがとうございました。
皆様のお心づかいに厚くお礼申し上げます。
ささやかではございますが、
酒肴をご用意させていただきましたので、
ごゆっくりお召し上がりいただき、
故人を偲ぶ思い出話など
お聞かせいただければ幸いでございます。
本日はまことにありがとうございました。

通夜の進行〈キリスト教式〉

カトリックとプロテスタントでは式次第が異なります。故人が通っていた教会に相談して決めましょう。

カトリックは「通夜の祈り」プロテスタントは「前夜祭」

基本

故人がキリスト教の信者である場合、キリスト教式の通夜・葬式を行います。故人が通っていた教会か斎場が一般的ですが、通夜を自宅で行うこともあります。宗派によって式次第が異なるため、教会に葬祭業者を紹介してもらうとよいでしょう。祭壇の飾り方は教会の指示に従います。

式次第で歌われる聖歌や賛美歌、祈りの言葉などは信者でないと分かりにくいことが多いため、印刷したものを用意し、当日は入り口で参列者に渡しましょう。

カトリックの通夜の進行例

はじめの言葉 ← 聖歌斉唱または黙祷 ← 招きの言葉 ← 聖書朗読 ← 説教 ← ともに祈る ← 献香・献花 ← 結びの祈り ← 遺族代表のあいさつ

献香とは神父が棺や祭壇のまわりに香をふりかける儀式。献香の代わりに、聖水に身近な木の枝を浸し、棺の中央・左・右に3回かける場合もある。

プロテスタントの通夜の進行例

前夜祭開式宣告 ← 賛美歌斉唱 ← 聖書朗読 ← 祈り ← 賛美歌斉唱 ← 説教、故人を偲ぶ話 ← 祈り ← 賛美歌斉唱 ← 献花 ← 遺族代表のあいさつ

納棺式に続いて前夜祭が行われるが、納棺式と兼ねる場合も。賛美歌は故人がとくに愛していたものを歌う。

※カトリック、プロテスタントともに、通夜を自宅で行う場合は、 式次第は簡略化される

カトリック

通夜は「通夜の祈り」、または「通夜の集い」といいます。決まったしきたりはないため、教会によって進行は異なります。参列者の献花の前に、神父が棺や祭壇のまわりに香をふりかける儀式があります。

通夜の祈りのあとには、茶菓や軽食をふるまう茶話会が開かれることもあります。

プロテスタント

通夜は「前夜祭」または「前夜式」と呼びます。賛美歌斉唱、聖書朗読、祈り、牧師の説教などが行われるのが一般的です。日本では、このほかに献花も行われます。

前夜祭のあとに、茶菓をふるまう「偲ぶ会」を開くのが一般的です。

どちらも献花用の花は白のカーネーションや白菊を用意しましょう。

危篤の際に祈りを捧げる

信者が危篤、臨終のときには聖職者が立ち会い、祈りを捧げます。危篤を告げられたら教会へ連絡しましょう。もし聖職者の立ち会いが間に合わない場合は、その場にいる遺族や親しい人たちが先に祈りを捧げ、聖職者が到着したらあらためて祈りを捧げてもらいます。

【カトリック】

「終脂（しゅうゆ）（塗油（とゆ））の秘跡（ひせき）」と呼ばれ、神父が信者のひたいなどに聖油を塗り、神に罪を告白して許しを求め、永遠の安息が得られるように祈る儀式を行います。

【プロテスタント】

洗礼を受けた人が危篤になったときは、「聖餐式（せいさんしき）」と呼ばれる儀式を行います。これは、牧師が危篤になった人にパンとぶどう酒を与え、聖書を朗読するもの。これによって死者の魂が永遠の安息を得られると考えられています。

通夜のあとのふるまいについて

キリスト教式では、仏式や神式のような通夜ぶるまいや直会のような習慣はありません。ただし、故人を偲んで思い出を語り合うことが一般的になっているため、日本では通夜のあとは、軽食や茶菓をふるまう時間をとることが多いようです。教会や葬祭業者に相談して準備をしましょう。

感染症対策を確認

仏式と同様に、感染症流行時にはキリスト教式の通夜や葬儀でも、マスク着用などの対策が必要になってきます。教会によっては参列者の数を少なくするなど独自の対策をとっている場合があるので、事前に相談し、指示に従いましょう。

葬式・出棺・火葬〈キリスト教式〉

キリスト教式の葬儀は、教会で主催し、神父や牧師が取り仕切るもの。神父、牧師の指導に従います。

神に祈り、聖歌・賛美歌斉唱、献花を行う葬儀

カトリック

葬儀は「葬儀ミサ」と呼ばれ、教会主催で行います。葬儀ミサは、「開祭」「言葉の典礼」「感謝の典礼」「告別と葬送」の4部で構成されています。

その後の告別式は遺族側が執り行います。

プロテスタント

「葬儀式」として教会で行われます。棺は遺族とともに入堂する場合と、教会関係者があらかじめ祭壇に安置しておく場合があります。

カトリックの葬儀ミサの進行例

開祭（教会主催）
→ **言葉の典礼**
- 聖書の朗読
- 福音書の朗読
- 祈り
- 聖歌斉唱
- 神父の説教

→ **感謝の典礼**
- 遺族が奉納したパンとぶどう酒によるミサ
- 聖体拝領（故人が神に受け入れられたことを祈る）

→ **告別と葬送（遺族側の主催）**
- 聖歌斉唱
- 神父の言葉
- 神父による棺に聖水をかける撒水
- 告別の祈り
- 弔辞、弔電紹介
- 献花
- 遺族代表のあいさつ

プロテスタントの葬儀式の進行例

奏楽（参列者着席、牧師入場）→ **賛美歌斉唱** → **聖書朗読** → **祈り** → **説教**（故人の略歴、人柄を紹介）→ **賛美歌斉唱** → **弔辞拝受、弔電紹介** → **祝祷**（遺族と参列者に神の祝福があることを祈る）→ **賛美歌斉唱** → **奏楽** → **告別式**（献花・遺族代表のあいさつ）

出棺から火葬、埋葬式まで

カトリック

告別式が終わると、棺のふたを開けて故人との最後の対面を行います。そして参列者全員が棺に花を入れ、そのあと、神父が祈りを捧げ聖書を朗読して、聖歌を斉唱したあとに出棺します。

火葬の前には、聖歌斉唱、神父の祈祷、撒水（さっすい）、撒香（さっこう）、聖句の交唱を行い、荼毘にふされます。

プロテスタント

葬儀式のあとに牧師による出棺の祈りが捧げられます。火葬の前には、賛美歌斉唱、牧師の聖書朗読、祈祷、賛美歌斉唱、牧師の祈祷が続き、その後火葬します。

火葬後は、神父または牧師に従い、拾骨をします。

火葬式の祭壇

カトリック、プロテスタントともに火葬前に棺を炉の前に安置し、十字架や生花を飾った小机を用意する。

【カトリックの火葬式】

聖歌斉唱、神父の祈祷、聖句の交唱聖水の撒水、撒香などを行う。

【プロテスタントの火葬式】

賛美歌斉唱、牧師の聖書朗読、祈祷、再び賛美歌斉唱、牧師の祈祷を行う。

埋葬式

- キリスト教は死者の復活を信じるため、本来は土葬を行うが、日本では自治体の条例で許可されていないため、火葬を行うのが一般的。
- 火葬後、遺骨を持ち帰って安置し、7日目、または月の昇天記念日、1年後の昇天記念日などに「埋葬式」を行う。
- 神父、牧師の指導のもと、祈祷や聖歌・賛美歌の斉唱が行われる。

家族葬

家族や親しい人だけで送る家族葬。決まった形式もなく、故人の意思を尊重できることから増えています。

故人の意思を尊重 小規模人数の個人葬

「家族葬」とは、家族や近親者を中心に小規模人数で営む葬式のことをいいます。知らせる人や人数に決まりはありません。年末年始にかかったり、遠隔地で亡くなったりしたときに、本葬に先立って行われる「密葬」とは少し意味合いが異なり、「遺族に負担をかけたくない」「家族だけで静かに送りたい」など、故人の遺志や家族の希望で行うものです。

家族葬には決まった形式はなく、葬式にかかる費用は、祭壇や花代、人件費、料理代、火葬代などが中心で、一般の葬式よりも負担する金額が少ないことから、増えているようです。

ほとんどの場合は従来の葬式を簡素化した仏式で行われますが、香典や供物、供花を辞退することもあります。また、少人数で行うことから参列者一人ひとりにお礼が述べられることも利点のひとつでしょう。

葬式を終えたらお知らせを出す

2週間以内に関係者、故人の知人、友人などに死亡通知状を出しましょう。死亡通知状には、故人の意思を尊重して家族葬にしたことをしたためて送ります。

家族葬後の死亡通知状例

父○○○　長らく病気療養中でございましたが　○月○日午前○時○分に永眠いたしました
○○歳でした
生前のご厚誼に深謝いたしますとともに　謹んでご通知申し上げます
なお　勝手ながら　故人の遺志により　葬儀は○月○日に身内のみにて執り行いました
お供物、お香典につきましても　故人の遺志によりご辞退申し上げます
ご報告が遅れましたこと深くお詫び申し上げますとともに　はなはだ勝手ではございますが
なにとぞご了承いただきたくお願い申し上げます

令和○○年○月○日

喪主　○○○○○
外　親戚一同

交際範囲が広い場合は「お別れの会」を

故人の遺志を尊重して家族葬にした場合でも、故人の交際範囲や仕事関係の付き合いが広かった場合には、葬儀に参列できなかった人に配慮することが大切です。

日をあらためてホテルなどで「お別れの会」を開いたり、故人を慕う友人が集まり、会費制で「偲ぶ会」を開催することもあります。通知状を送るときに故人と付き合いの深かった人には電話連絡もあわせて相談するとよいでしょう。

また、家族葬の場合は、故人とお別れができなかった人たちが葬式後に弔問に訪れることも多くあります。遺族の負担を軽くするためにもお別れの会を予定し、そのお知らせを通知状に加えるとよいでしょう。

家族葬を行う際のチェックポイント

- ☐ 遺族以外の親族、知人に知らせるか
- ☐ 香典、供物などを受け取るか辞退するか
- ☐ まわりへの死亡通知はいつ、どのように行うか
- ☐ 無宗教葬にするか、または僧侶などを依頼するか
- ☐ 自宅で行うか、斎場で行うか
- ☐ 祭壇は設けるか、飾りはどうするか
- ☐ 後日、お別れの会を開催するか

葬儀の演出例

【フラワーアレンジメントを飾る】

故人が好んだ花のアレンジメントを形式にとらわれずに飾る

【好きな装いで旅立つ】

生前故人が思い入れのあった装いに着替えさせて送る

【好きな音楽、映像（動画）を流す】

故人の気に入っていた音楽や映像、生演奏とともに式を進行する

【趣味のものを会場に飾る】

絵画、陶芸、写真など、故人のコレクションや作品を飾る

落ち着いてからお別れ会をするケースも

感染症の予防に配慮して、人が移動したり密集したりしないよう、小規模な家族葬を選択する遺族が増えています。ただし、家族葬にした場合、自宅への弔問を希望する人も出てきます。もし辞退するのであれば、感謝の言葉とともに、「もしもそちらになにかあっては申し訳ないので」と丁寧に伝えましょう。

自由葬

故人の意思を尊重した新しいスタイルの葬式が注目されていますが、生前からしっかり計画することが大切です。

生前から準備する自分らしい葬式

基本

「自由葬」とは、自由な形式で行う葬式のことをいいます。無宗教葬や、仏式をアレンジして故人らしさを演出するもの、葬式を行わずに火葬だけ行うものなどさまざまあります。

最近多いのは、従来の仏式で、祭壇に故人のメモリアルコーナーを設けたり、故人の好きだった音楽をかけたり、お別れの言葉を読んで献花を行ったりするスタイルです。どのような形式にする場合も、経験豊富な葬祭業者に依頼すると安心です。

自由葬を実現させるためにやっておくべきこと

- 生前に十分計画し、公正証書遺言や葬祭業者に生前予約するなど、具体的に決めておく
- 周囲に思いを伝え理解してもらう
- 家族や信頼できる人に一筆書き残しておく
- 墓地、法要についても決めておく
- 死後の諸手続きや事務処理などの法的手続きを遂行できるようにしておく

自由葬の進行例

遺族・参列者入場
故人の好きだった音楽を流したり、生演奏などを行う

←**開会の言葉**
司会者、または遺族代表があいさつする。自由葬にした理由を簡単に説明するとよい

←**黙祷**

←**故人の略歴紹介**
幼少期からの写真のスライド・編集したビデオの上映など

←**追悼の言葉**
友人や知人のほかに、孫や子どもの手紙を読むなど

←**献花、焼香**

←**遺族代表のあいさつ**

←**閉会の言葉**

自由葬の意思を明確に残しておく

基本

自由葬を行う人が増加していますが、まだ一般的なスタイルとはいえません。従来の葬儀、世間体を気にする親戚の反対や、社会的地位のある人であればさまざまなしがらみでトラブルが起きる可能性もあります。

残された遺族に負担をかけないためにも、生前から周囲の人へ思いを伝えておくことが重要です。

家族で話し合うことのほかに、公的な文書として残したり、葬祭業者や保険会社などが扱う生前予約を依頼しておくなど、しっかりと計画を立てていきましょう。

家族や信頼できる第三者に生前予約の申込書などのコピーを渡しておくとよいでしょう。

自由葬・埋葬方法の例

【生前葬】

自分が元気なうちに友人、お世話になった人々を招いてお別れの式典を開催する。

【骨葬】

東北、中部、九州地方で行われているスタイル。火葬を行なったあとで、葬儀・告別式を行う。

【自然葬（散骨）】

遺灰を海や山などにまく。分骨し、一部を散骨する方法もある。

【樹木葬・桜葬】

墓地として経営許可のおりている雑木林に埋葬。墓石の代わりに故人の希望する樹木または桜を植樹する。

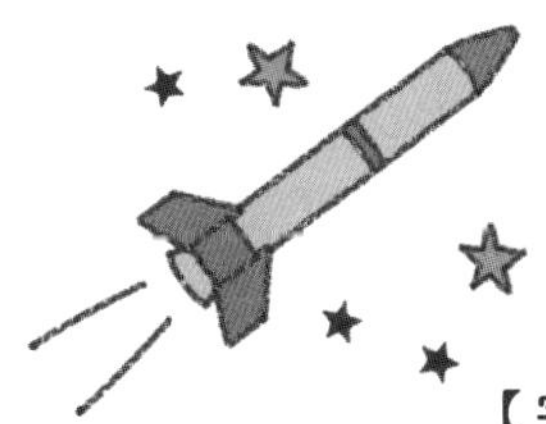

【宇宙葬・月面葬】

アメリカのベンチャー企業が始めたサービス。遺灰をカプセルなどに納めてロケットで打ち上げる。

葬式のあとに

葬式後も各種支払いやあいさつなどやるべきことが多くあります。まずは必要事項をまとめましょう。

事務引き継ぎ

引き継ぐ事柄の確認事項

- ☑香典・香典帳
- ☑供物帳
- ☑会葬者名簿、芳名帳
- ☑弔辞・弔電
- ☑会計書類（買い物明細、領収書、納品書、請求書など）
- ☑立て替え分の支払いの精算

トラブルや手続きのし忘れを避けるためにも葬式の際の世話役、手伝いの人、各係から引き継ぎをなるべく早く行う。

お礼状／香典返し

あいさつまわり

世話役や故人の勤務先、隣近所など、葬式でお世話になった人へ翌日か翌々日に喪主があいさつにまわる。お礼や菓子折りを持参する（316ページ参照）。

主なあいさつ先

- ☑宗教者
- ☑隣近所、町内会
- ☑世話役
- ☑故人の勤務先
- ☑ほかに当日お世話になった人

会葬者へお礼状を出す。弔辞をお願いした人には会葬者とは別のお礼状を、できれば手書きでしたためる。葬式の際の香典帳を利用して香典返しの品物を贈る手配をする（316～317ページ参照）。

支払い

支払いの確認事項

- ☑葬祭業者への支払い
- ☑宗教者への謝礼
- ☑通夜ぶるまい、精進落としなど飲食代
- ☑そのほかの経費（タクシー代、文房具代など）

通夜・葬儀当日に支払うもののほかに、後日請求書が送られてくるものもある。支払い金額などを整理しておき、早めに済ませる（314 ～ 315 ページ参照）。

遺品整理／形見分け

遺品整理の分類

- ☑保存するもの（日記、手帳、住所録、生命保険の証書など、年金手帳、実印、仕事引き継ぎの必要書類）
- ☑処分するもの（衣類、一人暮らしをしていた場合は家具や家電、ふとんなど）
- ☑形見分けするもの
- ☑寄付するもの

一段落したところで遺品を整理、故人の勤務先の荷物の引き取りなども行う。また四十九日の忌明け頃に故人が愛用していた品を親族や友人などに形見分けする（312 ～ 313 ページ参照）。

遺品の整理・形見分け

遺品整理は、気持ちの整理にもなるので落ち着いて行いたいもの。項目ごとに分類していくと整理しやすいでしょう。

四十九日を目安に整理する時間をつくる

基本

遺品の整理は急いで行う必要はありませんが、気持ちを整理するためにはあまり時間をおかないほうがいいでしょう。

また、形見分けを行う場合は、四十九日の忌明けには親族や友人へ渡したいもの。四十九日を目安に遺品整理の時間をつくるといいでしょう。

保存するものと処分するものを分ける

アドバイス

遺品整理は保存するもの、処分するもの、寄付や形見分けするものに分類することを考えて行うと整理しやすくなります。

故人の勤務先に私物が残っている場合は、葬式後なるべく早めにあいさつに伺い、そのときに引き取るようにしましょう。

一人暮らしをしていた人の場合、遠方だったり、遺族が家の片づけを行うことが重労働になるため難しいこともあります。その場合は、遺品整理を請け負ってくれる専門業者にお願いするのもひとつの方法です。業者の中には家具や家電製品を査定して買い取ってくれるところもあります。状況に応じて適当な専門業者を利用するとよいでしょう。

寄付するもの

- ☑寄付する場合は、市区町村役場の福祉課に相談する
- ☑遺言がある場合はそれに沿って寄付先に送る
- ☑遺品の内容によって寄付先が変わるので役所で適切な場所を紹介してもらう

保存しておくもの

- ☑日記、手帳、住所録、手紙類
- ☑生命保険の証書、年金手帳、実印
- ☑仕事の決算に関する書類、税に関する書類（自営業の場合７年間の保存が必要）
- ☑形見分けするもの（衣類、装身具、蔵書、趣味の道具など）

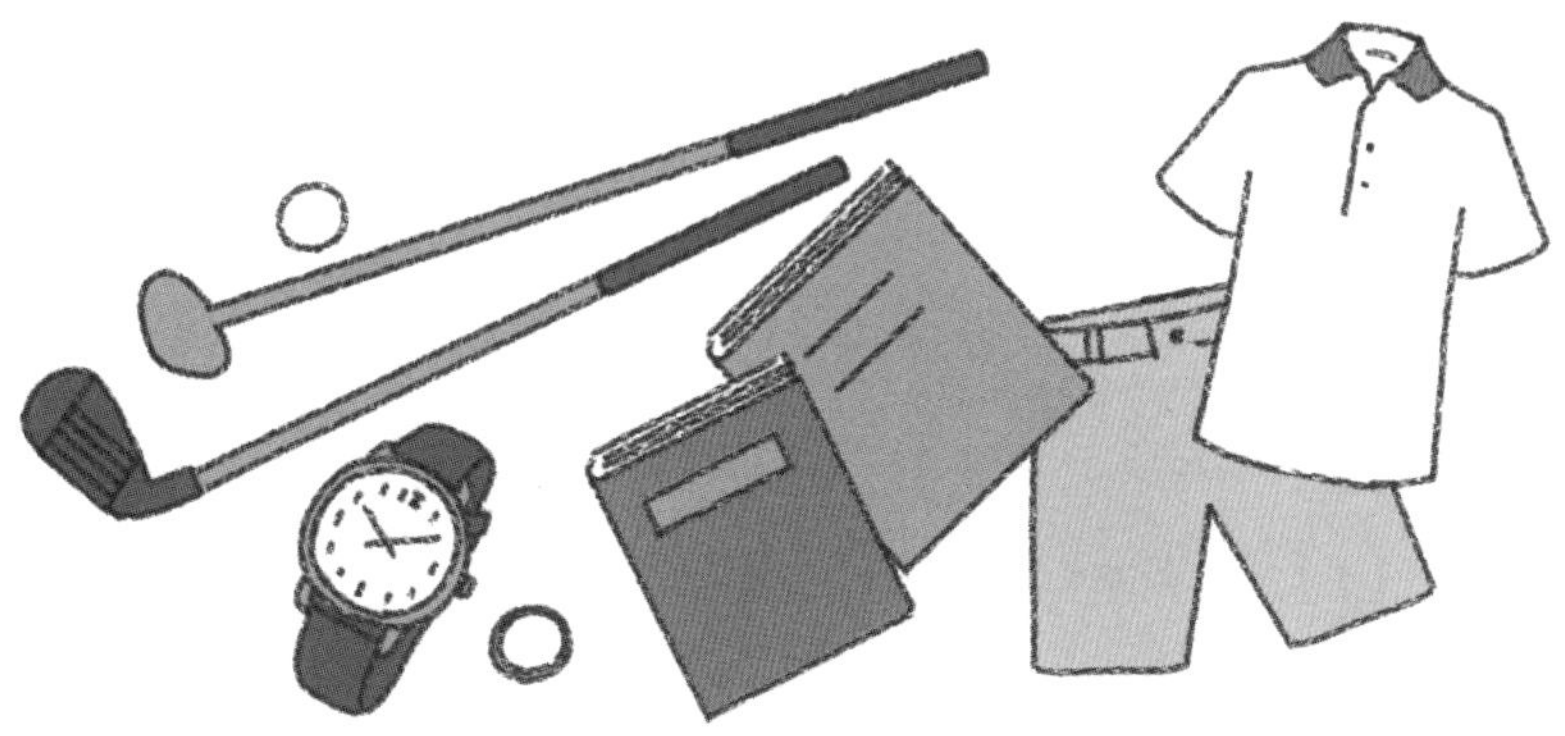

形見分けのポイント

- ●形見分けの品にまつわるエピソードや由来をきちんと説明し、包装せずにそのまま渡す
- ●故人より目上の人には形見分けをしないのがマナー。ただし、先方の希望があれば贈ってもよい
- ●形見分けの品をいつまでも愛用してくれそうな人を選び、直接尋ねてから渡す
- ●高価な貴金属、骨董品、装飾品は贈与税がかかる場合があるため、注意する

処分するもの
趣味の道具のうち、安価なものや傷んだもの
衣類（形見分けする場合はとっておく）
一人暮らしの場合は、家具や家電など

葬式費用の支払い

内容を確認して速やかに支払いをしましょう。領収書を保管しておくと後々のトラブル回避になります。

請求書分も早めに処理を

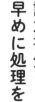

葬式費用には、宗教者へのお礼など当日支払うものと、当日か後日請求書が発行されるものがあります。請求書は、葬式の数日後に葬祭業者から送られてくるのが一般的です。見積もり書や納品書と照合して、納得がいかないときは早めに問い合わせ、疑問点が解消されてから支払うようにしましょう。

請求書は見積もり金額よりも高くなっていることがありますが、会葬者の増加や、返礼品や礼状が追加された場合が多いようです。

支払うもの

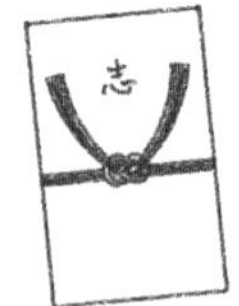

【葬儀当日】

- 宗教者へのお礼
- タクシー代
- 手伝いの人へのお礼
- 心づけ
- 買い物、立て替え分
- 文房具などの経費

【葬儀後】

- 葬祭業者への支払い
- 飲食代（当日配達時に支払う場合、前払いの場合もある）

宗教者へのお礼

それぞれ白封筒、または奉書紙に包んで渡す。水引は不要。

【表書き】

献金 東田行親	御祭祀料 島田仁司	御布施 大家哲也
キリスト教式	神式	仏式
献金、御礼	御祭祀料	御布施

飲食代の支払いは地域によって異なる場合も

基本

通夜ぶるまい、精進落としなどの際に注文した仕出し料理代、酒代は、注文時に前払いする場合、配達時に支払う場合、後日集金や請求書で支払う場合があります。地域によって支払い方法が異なることもあるので、事前に確認しておきましょう。

また、葬式当日にだれかが立て替えている場合も多くあります。領収書やレシートを必ずもらうようにお願いをしておきましょう。葬儀後にまとめて受け取り、できる限りその場で精算するのがよいでしょう。

通夜ぶるまいや精進落としの際に、近所から食器やざぶとんなどを借りた場合は、心づけと一緒に返却するようにしましょう。

相続税控除の対象になることも

葬式費用の大部分は相続税の控除対象になります。領収書をきちんと整理して、明細などをまとめて書き留めておくなどしてから保管し、申告時に備えましょう。

葬式費用は相続税控除になる

遺産相続は金額にかかわらず多くの人が関係してくるもの。葬式にかかる諸費用（葬祭業者への支払い、宗教者へのお礼、仕出し料理、酒代）は相続税の控除対象になるので、領収書は保管しておきましょう。ただし、葬儀の際の香典返しは含まれません。

葬式費用支払い時に注意するポイント

- ☑葬儀前に打ち合わせした見積もり書との照合
- ☑通夜後、葬式後に受け取った納品書との照合
- ☑明細内容の確認
- ☑支払い期限の確認（一般的には葬儀終了後１週間～ 10 日以内）
- ☑支払い方法の確認

支払い方法の種類

●現金一括（銀行振込、郵便振替、手渡し）●クレジットカード
●現金での分割払い（銀行振込、郵便振替）●葬儀ローン

香典返しとあいさつまわり

喪主としてお世話になった人へのあいさつと、香典をいただいた方へのお返しは忘れずに行いましょう。

場合に応じて香典返しの内容を変える

香典のお礼として品物を贈るのが香典返しです。本来、香典は不幸のあった家への助け合いの意味合いがあるので、必ずしもお返しをしなければならないものではありません。しかし現代では故人に代わって遺族がお礼を贈る習慣として、香典返しが一般的になっています。

最近は、四十九日の忌明けを待たずに、葬式当日に「会葬返礼品」（弔問客に、その場で渡すお礼の品）とともに渡すことも多いようです。これを「即日返し（当日返し）」といいます。この場合の品物は一律のものを用意します。高額の香典をいただいた場合は、忌明けにあらためて贈りましょう。

世帯主が死亡した場合や、故人の遺志で香典を福祉施設などに寄付した場合は香典返しをしなくてもかまいません。その場合はあいさつ状を送るようにしましょう。

当日にお礼を渡し接触を減らす

本来のマナーでは、日をあらためてお礼に出向きますが、感染症流行時には、予防のためできるだけ接触を少なくするという考えから、葬儀当日にお礼を渡して感謝を伝えるというやり方も生まれています。
「本来ならば、あらためてお伺いしてお礼するべきところ失礼いたします」とひと言添えるようにしましょう。

香典返しに添えるお礼状例

初夏の候　皆様にはお健やかにお過ごしのこととお喜び申し上げます
先般　父○○○○永眠に際しましては　葬儀にご参列くださり　また過分のご厚志を頂戴しまことにありがとうございました
本日　故人七七日忌にあたり　内々にて法要を営みました
つきましては　供養の品を印ばかりですがお届けしますので　お納めくださいますようお願い申し上げます
まずは略儀ながら　書面にてごあいさつ申し上げます
令和○○年○月○日
○○○○

葬式の翌日にはあいさつまわりへ

基本

葬式でお世話になった人々へは、葬式の翌日、または翌々日ぐらいまでには喪主が直接、あいさつに伺うようにします。装いは、準喪服、またはそれに相当する地味めのスーツやワンピースにしましょう。

寺院や神社、教会をはじめ、世話役やお手伝いをしてくれた人々、隣近所、町内会を訪問し、無事に葬儀を終えたことの報告とお礼を述べます。このとき、お礼として2千円から1万円程度を渡します。お金は、「御礼」と表書きした白封筒に入れるか、もしくは奉書紙に包んで渡します。

とくにお世話になった方へは、お礼のお金とともに、菓子折りを持っていくとよいでしょう。

あいさつまわりのタイミング

喪主が直接あいさつにまわるのがマナー。準喪服や地味な色合いのスーツなどで伺い、無事に葬式を終えたこととお礼を述べます。
あいさつの際にはお礼の言葉とともに金品も持参しましょう。お礼の金額は気持ちでかまいません。目安としては、2千～1万円程度の現金、または商品券やビール券、菓子折りなどが一般的です。

【 寺院、神社、教会 】

葬儀の翌日に出向くようにする。葬儀後に、「明日お伺いします」とひと言伝えて、翌日伺う時間を連絡のうえ出向く。

【 世話役 】

翌日、または翌々日ぐらいまでに。現金を白封筒に入れて、表書きを「御礼」にする。

【 勤務先の人 】

事前に総務課や管理課に連絡を入れてから出向く。初七日までに事務手続きがあれば、印鑑、必要書類を持参。

香典返しの金額相場

- いただいた香典の3分の1から半額程度の金額相当の品物
- 即日返しの場合、香典の金額にかかわらず3千～5千円の品物
- 香典が高額の場合は四十九日法要後に見合った品物を贈る

香典返しの品の例

- ☑お茶、のり
- ☑ブランド物のタオルや毛布などの寝具
- ☑洗剤
- ☑コーヒー、紅茶
- ☑ギフトカタログ

葬儀後の各種手続き

葬儀を終えたら、書類をそろえて速やかに名義変更するものや解約するものの手続きを行います。

はじめにライフラインの名義変更を

死後にすぐに行わなければならない手続きと、相続が確定してから行うものがあります。

すぐに行わないといけないものは、市区町村の役場での手続きと、電気、ガス、水道などのライフラインの名義変更、引き落とし口座が故人名義の場合は口座変更手続きも必要です。また、世帯主が死亡したときには、役場で「世帯主変更届」を提出します。

相続が確定してから行うものは、不動産、預貯金、生命保険、自動車登録、特許権、ゴルフ会員権など。故人名義になっている公的なもの、定期的にお金が引き落とされるものも忘れずに手続きしましょう。

クレジットカード、パスポートも忘れずに

故人名義のクレジットカード、インターネットのプロバイダー、携帯電話は早めに解約手続きをするのを忘れないようにしましょう。また、運転免許証は最寄りの警察に返却、パスポートは無効手続きを行うと盗難による悪用を防げます。

手続きを必要とするものは思いのほかたくさんあります。最初にリストを作り冷静に対応しましょう。

夫の死後変更できるもの

【婚姻前の姓に戻りたいとき】

居住地の市区町村役場、または本籍地の役場に「復氏届」を提出。戸籍は新しくすることも旧籍に戻すこともできます。

【子どもの姓を変更したいとき】

家庭裁判所に「子の氏変更許可申し立て書」を提出します。その後入籍届を提出するため、届け人の戸籍謄本と印鑑が必要です。

【配偶者の親族と縁を切る】

配偶者が死亡しても姻族関係は続くため、義父母を扶養する義務がありますが、婚姻は離婚だけではなく、配偶者の死亡によっても解消することができます。解消したい場合は、居住地の市町村役場に「姻族関係終了届」を提出します。

死亡後の各種手続き

	申請事項	申請先	申請期限	注意点
公的手続き	住民票「世帯主変更」	市区町村役場	14日以内	世帯主以外は不要
	国民健康保険葬祭費の請求	市区町村役場	2年以内	金額、名称は自治体によって異なる
	国民年金遺族基礎年金請求	市区町村役場	5年以内	届出制、手続きしなければ支給されない
	国民年金死亡一時金請求	市区町村役場	2年以内	遺族基礎年金を受け取れば支給されない
	厚生年金遺族厚生年金	社会保険事務所	2年以内	支給条件がある。要問合せ
	労災保険・雇用保険各種給付の請求	勤務先	5年以内（労災保険）、1カ月以内（雇用保険）	勤務先の総務課などで手続きしてくれる
名義変更・解約	電気・ガス・水道	所轄の営業所	速やかに	電話かインターネットで手続きを行う
	電話	NTTなど	速やかに	戸籍謄本（抄本）または除籍謄本（抄本）が必要
	借地、借家、賃貸	家主または地主、不動産会社	速やかに	住民票、印鑑証明証、戸籍謄本、除籍謄本が必要
相続確定後	死亡者の確定申告（準確定申告）	税務署	4カ月以内	故人が会社員であれば勤務先で行う
	相続税申告	税務署	10カ月以内	限定承認・相続放棄の手続きは3カ月以内に行う
	不動産の名義変更	法務局、登記所	相続後速やかに	戸籍謄本、印鑑証明証などは相続人全員分必要
	預貯金、株券、債券の名義変更	各銀行、証券会社	相続後速やかに	戸籍謄本、印鑑証明証など相続人全員分必要
	生命保険など	保険会社	2年以内	死亡保険金の交付など
	自動車	陸運支局事務所	速やかに	自動車検査証が必要

※必要書類などについては各関係機関に確認してください。

遺産相続の手続き

遺言がある場合はそれに従い、ない場合はトラブルにならないように法にのっとって行います。

遺産相続のプラスとマイナス

故人の所有財産は「遺産」になり、この遺産の権利や義務を引き継ぐことを遺産相続といいます。

相続の対象になるものは、不動産、預貯金、骨董品、債権、有価証券などのいっさいの財産、そして債務です。債務の借金や連帯保証債務などマイナスの財産の額が多いときは相続放棄することができます。

遺言書の有無を確認する

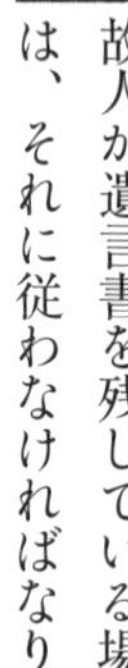

故人が遺言書を残している場合は、それに従わなければなりません。自筆遺言書を見つけた場合は勝手に開封せず、速やかに家庭裁判所に提出して、検認の手続きをとります。公正証書遺言は検認が不要です。

相続人の権利は保護されている

基本

法定相続人は、故人の遺言の有無にかかわらず、一定の割合で相続分を確保できる権利があり、相続人が二人以上の場合は遺産を分割して相続します。これを遺留分といいます。

つねに相続人である故人の配偶者以外は、故人の子ども（孫）、故人の親、故人の祖父母、故人の兄弟姉妹の順番に相続人となる権利があります。

遺産相続までの流れ

- **死亡届提出**
- ← **葬儀費用の計算（遺産から控除される）**
- ← **遺言書の有無、相続人を確認**
- ← **相続遺産を調べる** 債務がないかを確認する
- ← **相続放棄、限定承認（3カ月以内）** 債務が大きいときは放棄できる
- ← **相続人の確定** 遺言書、相続順位を確認
- ← **死亡者の確定申告（4カ月以内）**
- ← **遺産の鑑定、分割協議** 評価が難しい遺産は専門家に鑑定してもらう。話し合いがつかない場合は家庭裁判所に申し立てる
- ← **相続税の申告納付（10カ月以内）**

相続が確定後に納税を

遺産相続決定後は名義変更を行い、納税する義務があります。相続税は基礎控除があり、範囲内であれば納税の必要はありませんが、基礎控除を超えた場合は相続税を納付します。期限があるので注意しましょう。

法定相続人と順位

父　母
第２順位　直系尊属（父母・祖父母）

姉　弟　死亡　本人　配偶者
つねに相続人

甥　姪　子　子　孫

第３順位　兄弟姉妹（甥・姪）
第１順位　直系卑属（子ども・孫）

配偶者相続人

配偶者はつねに相続人になる

第１順位

直系卑属（実子・養子の区別はない。認知していれば非摘出子にも相続権がある。子どもが死亡している場合は、孫が第１順位になる）

第２順位

直系尊属（父母が死亡している場合は、祖父母が第２順位になる）

第３順位

兄弟姉妹（兄弟姉妹が死亡している場合は、甥・姪が第３順位になる）

遺言の種類

●自筆証書遺言（民法968条）

遺言する本人が自分で書いたもの。日付、住所、氏名などすべてを自筆で書き捺印する（エンディングノートは不可）。用紙は自由。

●公正証書遺言（民法969条）

公証役場で証人二人以上の立会いのもと、遺言者が口述し、公証人が筆記して作成するもの。

●秘密証書遺言（民法970条）

作成した遺言に署名捺印して封書し、同じ印鑑で封印して公証人に提出。二人以上の証人立会いのもとに、封筒の上に年月日、本人の遺言書である旨を書いたもの。

自筆証書遺言の書き方

自筆証書遺言は一定の要件を満たしていないと法的に無効になってしまいます。遺言の内容は自由ですが、遺産の寄贈、相続分の特定、分割方法、子どもの認知や後見人の指定などが法的に効力があります。記述の最後には、年月日と住所、氏名、捺印を忘れずにしましょう。

【遺言の例（自筆証書遺言の場合）】

遺言書

遺言者〇〇〇は、この遺言書により次のとおり遺言する。

一　遺言者は、遺言者の所有するつぎの不動産を、妻〇〇に相続させる。

埼玉県〇〇市〇〇町一丁目二番地三号

宅地　二百四十平方メートル

同所同番地所在

鉄筋二階建住居一棟

前記家屋内にある什器備品その他いっさいの不動産

二　遺言者は、〇〇銀行△△支店の普通預金全額を長男巧に相続させる。

三　〇〇〇はこの遺言の執行者として

東京都〇〇区〇〇九丁目八番地

弁護士　□□□を指名する。

この遺言書の全文を遺言者〇〇〇が自筆し、日付および氏名を書き、自ら捺印した。

令和〇年〇月〇日

埼玉県〇〇市〇〇町一丁目二番地三号

〇〇〇

納骨・お墓の準備

納骨は忌明けの法要の際に行うのが一般的です。それまでにはお墓の準備をしましょう。

納骨前に埋葬許可証と墓地使用許可証の準備を

基本 納骨の時期に決まりはないですが、法要に合わせるのが一般的です。仏式なら四十九日目、神式なら五十日祭、キリスト教式は月の命日、または1年後の命日（召天記念日）に行うことが多いようです。

納骨をするためには、埋葬許可証と墓地使用許可証が必要です。埋葬許可証とは、火葬場が発行する火葬許可証に認証を押したもので、骨壷をおさめる白木の箱に入っていることもあります。墓地使用許可証とはお墓の権利書のことで、購入した際に渡されます。

お墓の予算

【新しく墓を建立する場合】

- 墓地や霊園に払う永代使用料と管理費１万～20万円が目安。都心型は割高
- 墓石工事にかかる費用（墓石、納骨室部分、外柵・基礎工事日、そのほかの付属品代）
- 開眼供養３万円＋お経料３万円（目安）が必要
- 寺院墓地の場合は入檀料が必要

合計目安：70万～400万円

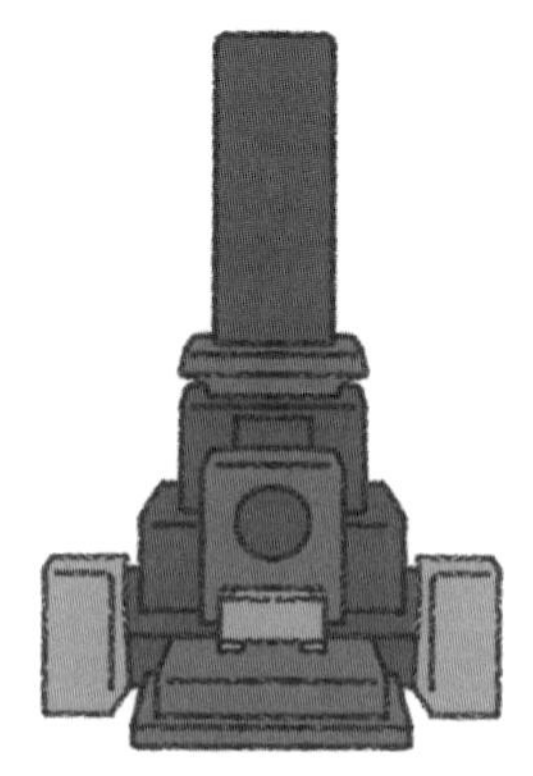

分骨したいときの手続き

- **通夜・葬式前に希望する場合**

葬祭業者に相談して火葬場で分骨を行う。

- **自宅安置後に希望する場合**

菩提寺に相談し、僧侶にお経をあげてもらいながら分骨する。

- **納骨後の分骨**

墓地管理者から分骨証明書を発行してもらい、その証明書を持って分骨先に納める。

お墓を建てるには永代使用権が必要

新しくお墓を建てる場合は、まず永代使用権を購入します。これは、墓地を永久に使用できる権利で、代金は墓地により異なります。墓地の購入時に支払う代金は永代使用料と呼び、このほかに墓地の管理費も定期的に支払う必要があります。永代使用権は承継財産なので、第三者に譲渡や売却はできません。不要になったら返還しましょう。

お墓を引き継ぐ（継承）場合は、墓地の管理者に連絡をして永代使用権の名義変更を行いましょう。

お墓を建てる前に、墓地の管理状態、造成工事の有無、墓地の環境、交通の便、希望のお墓を建てられるかなどを確認し、納得できる墓地を探しましょう。

納骨の仕方

キリスト教式

カトリック：ひと月後、または１年後の追悼ミサのときに行う。

プロテスタント：ひと月後、または１年後の召天（命日）記念日に行う。

1. 神父（牧師）立ち会いのもと、聖歌（賛美歌）を歌う
2. 神父（牧師）による聖書朗読
3. 祈りを捧げて終了

持参するもの

白いカーネーション、またはユリ、菊などの花

神式

五十日祭（亡くなってから50日後）に行う。すでにお墓がある場合は火葬後すぐ。

1. 墓石の前に遺骨を安置
2. 墓所の左右に、榊、銘旗、花を対称に飾り、神饌を供える
3. 神職がお祓いをする
4. 祭詞奏上
5. 玉串奉奠
6. 参列者が拝礼、玉串を捧げる

持参するもの

玉串、銘旗、花、神饌

仏式

初七日から七七日（なななのか）（49日め）に行う。一周忌または三周忌の場合もある。

1. 骨壺を墓に納める
2. 卒塔婆（そとば）を墓石の後方に立てる（浄土真宗では行わない）
3. 墓前に生花や線香を供える
4. 僧侶が読経、参列者は焼香する
5. 合掌礼拝

持参するもの

焼香の道具（線香、マッチ、ろうそく、お供え）、花、手桶、ひしゃく

墓地とお墓の種類

お墓は死者が安らかに眠り、遺族が語りかける場所。財産でもあるので大切にしていきましょう。

管理運営によって3種類に分けられる

基本

どこが運営管理しているかによって墓地は3種類に分けられます。都道府県や市区町村の自治体が管理運営する「公営墓地」、宗教や宗派を問わず広くて美しい場所が多い「民営墓地」、菩提寺が管理、供養してくれる「寺院境内墓地」です。

費用も申し込み資格も異なり、それぞれにメリットとデメリットがあります。また、最近は緑豊かな公園のような墓地も増えています。

長く使用すること、お墓参りのしやすさを考慮して決めましょう。

お墓の種類

公営墓地	民営墓地	寺院境内墓地
地方自治体が管理運営している。申し込みには、墓地がある自治体に現住所があること、遺骨があることなどの条件をクリアしなければならない。生前申し込みはできず、募集も不定期。	財団法人・宗教団体・民間企業が管理する。公営にくらべて申し込みの資格の制限が少なく、自由に墓を建てられることも多い。生前申し込みも可能。	寺院が直接管理運営しているため、墓地を利用するにはその寺院の檀家であることが基本的な条件。檀家でない場合は、入檀料などを支払う必要がある。
メリット	**メリット**	**メリット**
●民営墓地に比べ、永代使用料が割安 ●地方自治体が母体なので経営が安定している ●宗教や宗派を問わない ●交通の便がよい場所にあることが多い	●宗教や宗派を問わない ●空いている墓地が多く、入手しやすい ●墓石や区画を自由に選択できる	●葬式や法要の際にも便利 ●経営が安定しているので、安心して管理を任せられる
デメリット	**デメリット**	**デメリット**
●希望者が多いため、空きがなかなか出ない ●申し込みの資格に厳しい制限がある	●公営墓地に比べて割高 ●郊外にある場合が多いので、交通が不便 ●経営母体の状況によっては移転や廃止の可能性もある	●都市部ではなかなか空きがない ●申し込み時に檀家になる必要がある ●使用料が明確にされていない場合が多い

宗教によって特徴が異なるお墓

仏式

2段の台石に棹石（さおいし）を重ねた「和型三段墓」と呼ばれるもの。墓石の下にカロート（納骨室）があり、塔婆立て、墓誌、花立て、水鉢、香炉からなります。それらを囲むように外柵が設けられます。

墓石の表面に「〇〇〇家之墓」と刻まれ、右側に戒名を刻みます。

神式

基本的には仏式と同じですが、神道では焼香を行わないので香炉がありません。代わりに供物を置く八足台があります。

墓石には「〇〇家奥都城（おくつき）」と刻まれ、棹石の上部は角兜巾（かくときん）型というとがった形になっているのが一般的です。

キリスト教式

洋型。香炉はなく、花をたむけるので献花台があります。キリスト教は、仏式や神式と違い、基本的に故人ごとにお墓があります。墓石には、十字架や聖書の一文を刻みますが、家族を合葬する場合は、墓石の表面に家名を刻むこともあります。

和型墓石の配置と名称

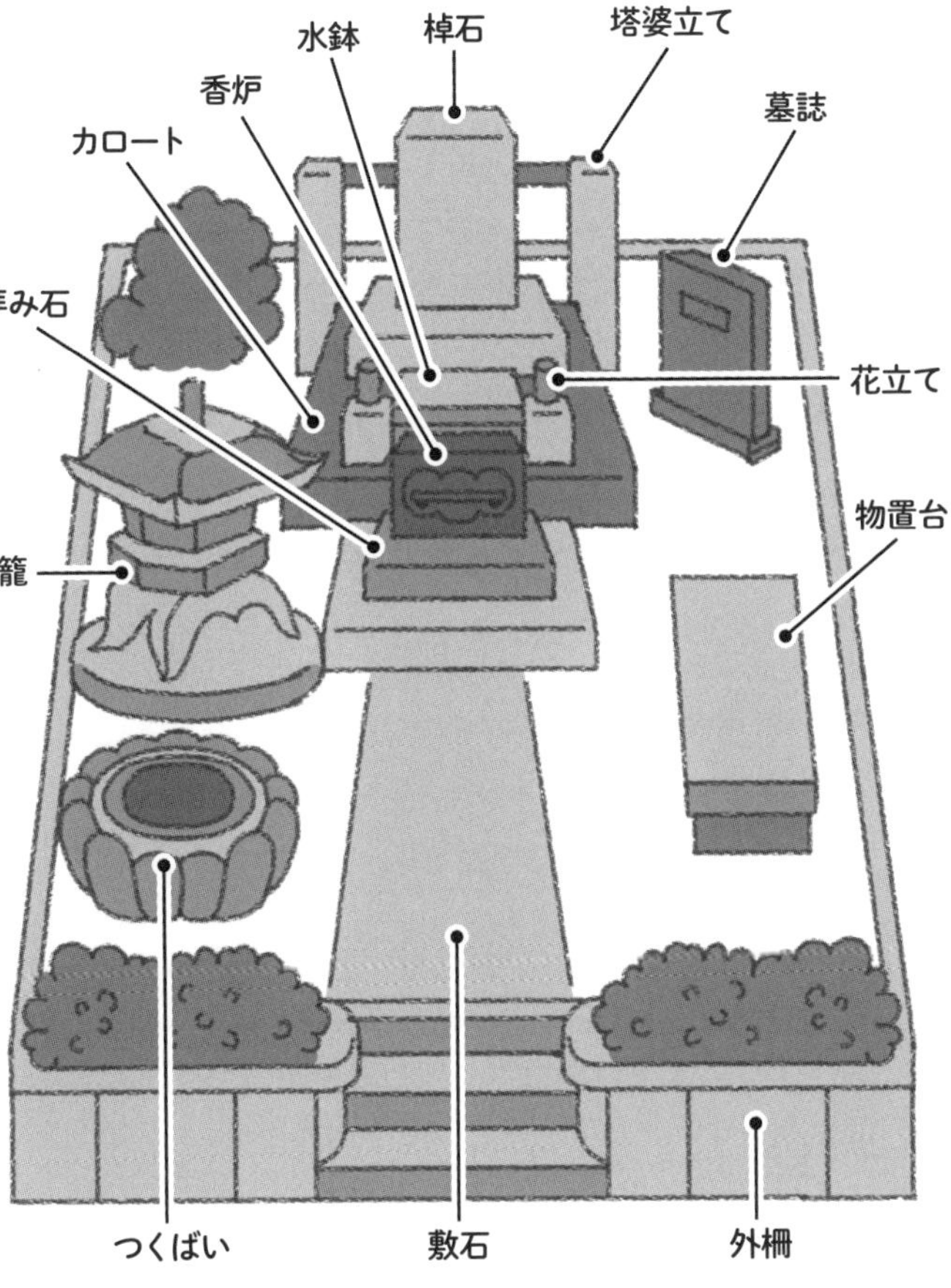

水鉢
棹石
塔婆立て
香炉
カロート
墓誌
拝み石
花立て
物置台
灯籠
つくばい
敷石
外柵

お墓を継承する

お墓は祭祀財産なので、遺産相続時に控除されます。引き継いでお墓を守る人を決めましょう。

祭祀主宰者としてお墓を守るためには

基本

先祖を祀るために必要な財産のことを祭祀財産といい、お墓もそのひとつ。祭祀財産は分割して相続できないため、原則として一人に引き継がれ、その人は祭祀主宰者と呼ばれます。親族であればだれでも祭祀主宰者になれますが、法律上は親族以外でも引き継ぐことができます。

祭祀主宰者はお墓に関する決定権を持ちますが、永代使用権を継承し、永代使用権を維持するための年間管理費の支払いなど、お墓の管理すべてを引き継いで守っていくことになります。

お墓を継承した場合の費用

【名義変更料】

公営墓地：2千円～
民営墓地：5千～1万円
寺院境内墓地：菩提寺によって異なり、寄付金やお布施が必要な場合も。

【年間管理料】

地域によっても金額が異なるため必ず確認すること。

【墓地までの交通費】

遠方の場合は費用がかさむことも。

墓石への名前の入れ方

キリスト教式

個人墓が基本なので、十字架や聖書の一節を刻むことが多い。

神式

「○○家奥都（津）城」と刻むのが一般的。

仏式

家墓の場合は「○○家之墓」に。戒名は別に刻む。

※無宗教の場合は「絆」「愛」「ありがとう」など、故人に送りたい言葉などを刻むこともできる。

お墓がお寺にある場合は、檀家としてその寺を支援しなくてはなりません。
　祭祀主宰者が決まったら、永代使用権の名義変更手続きを行います。公営や民営墓地の場合は管理者に連絡して必要書類を提出し、名義変更の手数料を支払います。寺院境内墓地は、お布施も必要な場合があります。

お墓を改装するには

お墓が遠方にあってなかなかお墓参りにいけない場合や一人っ子同士の結婚、改宗した場合、引き継ぐ人がいない場合などは、お墓を移転させることもできます。これを「改葬」といいます。まず、菩提寺に相談して、「墓地埋葬法」で定められた手続きを行います。先祖代々の棹石を移転する場合は移転する墓地に改葬であることを伝える必要があります。

お墓の改葬の流れ

1. 改葬先の墓地管理者から「受け入れ証明書」を発行してもらう。
2. 現在の墓地管理者から「埋葬証明書」を発行してもらう。
3. 現在の墓地のある市区町村役場の戸籍課または住民課に「改葬許可申請書」「受け入れ証明書」「埋葬証明書」を提出し、「改葬許可証」を取得する。
4. 現在の墓地管理者に「改葬許可証」を提示し、遺骨を取り出す。仏式の場合は、現在のお墓の「閉眼供養」を行ってから遺骨を取り出す。
5. 墓石を撤去・処理し、現在の墓地を原状回復する。
6. 改葬先の墓地管理者に「改葬許可証」を提出し、遺骨を埋葬する。新しく建墓した場合は「開眼供養」を行う。

お墓を持ちたくないときは永代供養墓を

墓を継ぐ人がいない場合や墓の維持の負担をかけたくないなどの理由で、墓を継ぐ人がいなくても契約できる「永代供養墓」を選ぶ人も増えています。寺院のほか、公営・民営墓地が永代にわたって管理し、供養を行います。

【納骨堂の種類】

仏壇型（収蔵庫が２段に分かれ、上段に位牌、下段に遺骨を納める）、室内ロッカー型（室内にあるロッカー式の収蔵庫に個別に遺骨を安置する）、霊廟型（室内にあり、上段に仏壇、下段に遺骨を安置する）など。

【納骨の方法】

最初から遺骨を１カ所に安置する（合祀墓）場合、一定期間（33回忌までなど墓地によって異なる）安置されたあとに合祀される場合、分骨して一部を一定期間（または永代）安置し、残りを合祀する場合がある。

【費用】

10万～100万円程度が相場だが、墓地によって異なる。費用には、永代供養料、納骨法要のお布施、刻字料（墓誌に納骨者名を彫るための費用）が含まれているのが一般的。

新たな埋葬方法・散骨

家族が継承していくお墓も現代の生活様式に合わせて選択肢が広がり、さまざまなスタイルがあります。

一代限りの墓も多様化する埋葬方法

基本

先祖代々の家墓を引き継いでいくのが一般的でしたが、跡継ぎがいない場合は個人墓に、一人っ子同士が結婚した場合は両家の墓を合祀して両家墓にするなど、生活様式の変化に合わせて墓のあり方そのものが見直され、変化してきました。

墓を作らずに自然に還すスタイルとして海や山に散骨を行う人も多くなっています。

また、近年増加しているシェアハウスのように生前に他人同士が縁を結んで会員組織を作り、会員が亡くなったときに残った会員で供養する共同墓も注目されています。生涯独身で過ごす人に人気が高いようです。

いずれにせよ、生前に自分の意思を伝えておくこと、遺言を残すことが大切になります。

多様化する墓

【家墓】

先祖の遺骨を共同で納める、家単位の墓。墓石や墓誌にはお墓で眠る故人たちの俗名、戒名、没年月日が刻まれる。「代々墓」ともいう。

【個人墓】

後継ぎがいない場合などに建てられる、継承の必要がない一代限りの墓。

【両家墓】

一人っ子同士の結婚の場合など、無縁墓になるのを防ぐため、両家をまとめた墓。墓石には両家の姓を並べて刻んだり、「ありがとう」などの言葉を刻んだりする場合もある。

△○
△○
家之墓

【永代供養墓】

寺院や冷延に永代供養料を支払い、管理や供養をしてもらう。納骨は、33回忌など一定期間お骨を安置してから合祀したり、最初から合祀するなどの方法がある。

【共同墓】

他人同士が自らの意志で一緒に入る墓。お墓の名義は宗教法人や企業、団体になる。

ペットと一緒に納骨

普通のお墓の場合、墓地や霊園管理者の承諾がなければペットと一緒の納骨は不可能です。動物に対する考え方や宗教観の違いなどもあるため、許可のあるお墓でないと一緒に埋葬できないのが一般的です。しかし、ペットを飼っている人が増えていることから、お墓もペットと一緒に納骨できるものが多くなりました。

民営墓地の中には、「ペットと一緒に入れるお墓」と明記している霊園もあります。これらは納骨はもちろん、墓石にペットの名前を刻むことができる場合もあります。

インターネットで検索できるほか、葬祭業者に相談することもできます。

自然へと還る散骨もいろいろ

基本

墓を継承する人がいない、葬儀や墓にお金をかけたくない、大好きだった海に散骨してほしいなど、故人の意思がはっきりしている場合は、散骨という方法を用いることが多くなっています。散骨とは、遺灰を自然に還す自然葬のことをいい、海や山にまく葬儀です。

葬送を目的に節度をもって行えば違法ではありませんが、本人が生前から家族や親族に意思を伝えておくことが大切です。散骨を実施する場合には、実績のある葬祭業者に相談するとよいでしょう。散骨をしたい旨を葬祭業者に伝えると、火葬の際に散骨用に遺骨を細かく砕いてくれます。費用は1万～3万円前後です。

散骨の仕方

- エンディングノートなどで故人の意思を確認する。
- 葬祭業者に相談し、すべてを散骨するか、一部にするかを決める。

さまざまな方法

【海洋葬】

船をチャーターして外洋へ出て行う。海外で行っている業者もある。費用は10万～50万円程度、海外（オーストラリア、ハワイ）の場合は20万円～。

【山での散骨】

許可を得ている山で行う。国内のほかに、海外の山で散骨するプランを行っている業者もいる。費用は5万円～。

【樹木葬・桜葬】

墓地として許可を得ている里山に、遺骨を骨壺に入れずに埋葬する。墓石の代わりに樹木や桜を植樹する。費用は1区画約50万円～。

【宇宙葬】

遺骨をカプセルに入れて人工衛星用のロケットで宇宙に打ち上げる。費用は100万円～。遺骨を飛ばす方法、費用は葬儀会社によって異なる。

お墓参りのマナー

報告したいことがあったとき、記念日などにも気軽に行いたいお墓参り。基本的なマナーを覚えましょう。

お墓参りのあとは片づけも忘れずに

基本

命日や法要のほかには、お盆や春と秋のお彼岸などにお墓参りをするのが一般的です。それ以外でも、人生の節目や結婚などの報告、故人の誕生日などにもお参りして、故人の冥福を祈り、家族のことを伝えたいものです。

定期的にお参りして掃除をしていれば、お墓が極端に汚れてしまうことはありませんが、台風や積雪のあとには落ち葉や飛ばされてきたごみが落ちていたり、汚れてしまっていたりするので、様子を見て掃除するようにしま

お墓参りの仕方

❶

お墓のまわりの落ち葉、雑草、ごみを取り、前回供えた花や線香の灰を片づける。

❷

墓石にひしゃくで水をかけ、泥やコケがついている場合はタワシでこすって落とし、最後に布でふき取る。

❸

水を入れた花立てに花を備え、供物は半紙にのせて供える。手桶に新しい水をくみ、ひしゃくで墓石の上からまんべんなくかける。

❹

一人ずつ線香をあげ、手を合わせて合掌する。お墓より低い位置で合掌するのがマナー。しゃがんで手を合わせるとよい。

❺

お参りが済んだら火の後始末を忘れずに。お供え物は持ち帰る。

※手桶やひしゃくは墓地の管理事務所で借りられる。掃除道具も借りることができますが、自分でそろえて持っていくほうがよい。

しょう。

お墓には花のほか故人の好物をお供えしますが、最近は、カラスなどが散らかさないように飲食物のお供えを禁止している霊園も多くあります。どうしてもお供えしたい場合は、お参りしている間のみ供え、必ず持ち帰りましょう。

寺院境内墓地の場合は、本堂のご本尊にもお参りして住職にあいさつしてからお参りをします。

墓参りの代行サービスも

お墓が遠方にあって、感染症の流行時に移動を控える場合には、墓の近くに住んでいる親族や、知人に代わりにお参りをお願いするという方法もあります。墓参りの代行をしている石材店や生花店もあるので、そのようなサービスを利用してもいいでしょう。実際にお参りをする場合は、感染予防対策をして少人数で行いましょう。

自宅でのお参りの仕方　仏式の場合

1. 毎朝、身支度を整えてから、仏壇の扉を開き、仏飯器(ぶっぱんき)に炊きたてのご飯を盛り、お茶（または水）とともに供える
2. 花立ての水をかえる
3. ろうそくに火をともし、線香をあげる
4. 合掌してお経を唱える
5. ご飯を下げる（あとでいただく）
6. ろうそくを消す

※仏壇はなくても問題ない。故人の遺影に花をたむけ、手を合わせて合掌する。

自宅でのお参りの仕方　神式の場合

- 神棚とは別に祖霊舎(それいしゃ)を設ける
  祖霊舎とは、「御霊舎」とも呼ばれ、故人の霊をまつるもの。仏式の仏壇にあたる。
- 水器、お神酒(みき)のとっくり、神饌(しんせん)を盛る三方(さんぼう)、榊(さかき)立てなどの神具を飾る
- 毎朝のお参りの前は、顔と手を清め、口をすすぐ
- 洗米、塩、朝一番にくんだ水（初水）などの神饌を供える
- 榊の水を取り替え、灯明(とうみょう)をともす
- 二拝二拍手一拝の拝礼をする
- 夕方に朝供えた神饌をおろし、初水は植木にやり、洗米や塩は料理に使う

仏式の法要

故人を供養する法要。三回忌までは盛大に行うことが多いようです。故人の霊を慰めるため準備万端に。

四十九日法要は重要な節目

基本

法要は法事とも呼ばれ、遺族が仏に故人の冥福を祈ることで、その徳を故人に振り向ける追善供養の儀式でもあります。仏式の場合は初七日、四十九日のほか、一周忌、三回忌までは盛大に行うことが多いようです。

仏教では、人が亡くなってから49日間を「中陰」と呼び、死者は現世と冥土との間をさまよっていると考えられています。本来は、死者の霊が成仏できるように、初七日後、七日目ごとに追善供養を行いますが、最近は四十九日までは省略されます。三回忌以降は死亡した年を含めた数え年で計算していきます。

四十九日法要は、故人が成仏すると考えられており、一周忌までの法要のうち、最も重要な節目とされています。ここで忌明けとなることもあり、友人、知人も招き、納骨も行います。

命日に法要を営む

基本

四十九日法要以降は、故人が亡くなった同月同日の命日（祥月命日）に年忌法要を行います。亡くなった翌年に行われる一周忌と、その翌年に行われる三回忌が盛大に行われ、法要は三回忌以降は遺族、親族のみの内輪で営むのが一般的です。そして、三十三回忌、または五十回忌を「弔い上げ」として、最後の法要にし、故人の霊は先祖霊になります。

命日が平日の場合には、遺族・親族が集まりやすいように命日より前の休日に行うことが多いようです。まずは菩提寺の僧侶の都合を確認し、遺族など参列者の都合を考慮して決めましょう。

日程が確定したら、会場を選びます。自宅や寺院のほか、法要と会食ができるホテルや斎場を利用する場合も多く、人数や規模などを考慮して決めましょう。

参列者には1カ月前には案内状を送るか、電話で連絡しましょう。規模の大きな法要を行う場合は2カ月前には連絡するようにします。感染症が拡大し、延期をする場合は早めに連絡します。開催の際は広めの会場で、参列人数はできるだけ少なくしましょう。

供養のために墓の後ろに卒塔婆（戒名や経文を書いた板）を立てる場合は、あらかじめ寺院に依頼しておきます。料金は「御卒塔婆料」として包み、持参します。また、会食後に参列者に渡す引き物の準備も忘れずに。

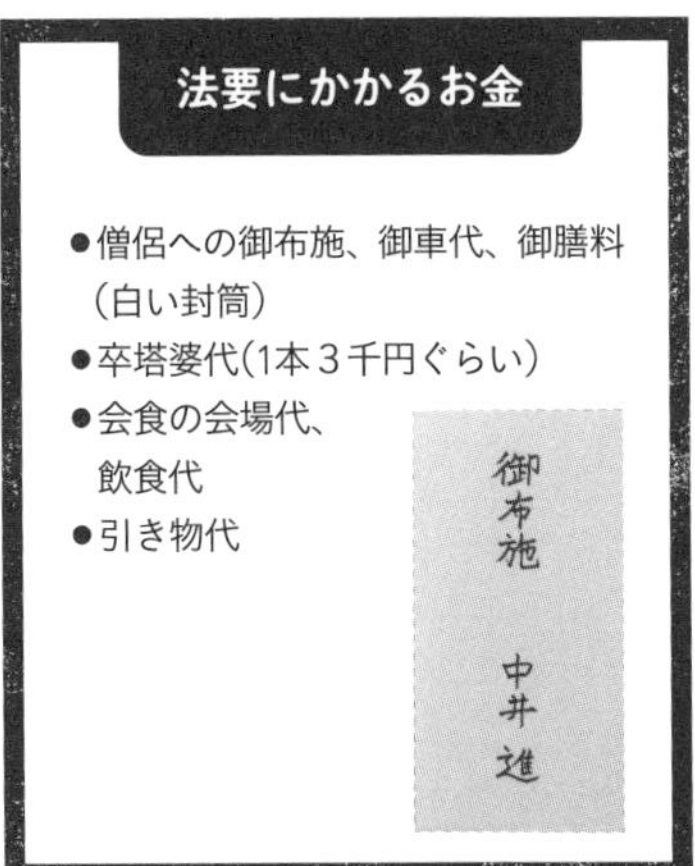

法要にかかるお金
●僧侶への御布施、御車代、御膳料（白い封筒）
●卒塔婆代（1本３千円ぐらい）
●会食の会場代、飲食代
●引き物代
御布施
中井進

法要の種類

【忌日】

命日から四十九日（七七日）までの間にある、7日めごとの法要を営む日。初七日は葬式のときに済ませ、四十九日までの法要は省略することが多い。

【百か日】

命日から100日めの法要を行う日。四十九日の忌明け以降初めての法要で、身内だけで供養するのが一般的。

【祥月命日】

故人が亡くなった命日と同じ月日のこと。一周忌や三周忌など、節目の年の祥月命日には年忌法要を行う。

【月忌法要】

毎月の亡くなった日（月命日）に行われる法要のこと。家族が仏壇に故人の好物などを供えて供養するのが一般的。僧侶にお経をあげてもらう「月参り」を行う地域もある。

【年忌法要】

亡くなってから１年めの祥月命日に行う一周忌、２年めに行う三回忌、６年めに行う七回忌と続き、以降十三回忌、十七回忌、二十三回忌を行い、三十三回忌で区切りをつける（弔い上げ）のが一般的。

法要の準備から当日までの流れ

1. 施主を決める
2. 日取りを決める
3. 会場を決める
4. 案内状を送る、または電話する
5. 卒塔婆を依頼する（浄土真宗は除く）
6. 引き物を準備する
7. 法要
   - 僧侶入場
   - 施主あいさつ
   - 読経
   - 焼香
   - 法話
   - 僧侶退場
   - 施主あいさつ
8. お礼の言葉
9. 会食

神式・キリスト教式の法要

神式では「霊祭」、キリスト教式のカトリックは「ミサ」、プロテスタントは「記念式」が法要にあたります。

五十日祭、百日祭に人を招く

基本

神式の法要は「霊祭」と呼ばれ、10日ごとに定められていますが、一般的に行うのは十日祭、五十日祭、百日祭、式年祭で、この中で、忌明けとなる五十日祭と百日祭は遺族、親族のほかに友人、知人を招いて行います。いずれも神社ではなく自宅や墓前、斎場に神官を招いて行い、そのあと「直会（なおらい）（宴席）」を設けます。

神式のお墓参りでは仏式の線香の代わりに榊を供え、二拝、二拍手（音を立てないように、両手が合う寸前に止めるしのび手」）、一拝をします。

神式の霊祭の種類

- **翌日祭**：葬儀の翌日
- **十日祭**：仏式の初七日にあたる。親族、友人を招き、神官による祭儀を行う。
- **五十日祭**：仏式の七七日（49日め）にあたり、忌明けとされる重要な霊祭。翌日に「清祓（きよはら）いの儀」（神棚や霊舎に貼っていた白紙をはがす）、百日祭までの間に合祀祭（霊璽（れいじ）を祖先の霊を祀る御霊舎（みたまや）に移す儀式）を行うが、一緒に行われることもある。
- **百日祭**：死後100日めに行われる。墓前祭とも呼ばれる。
- **式年祭**：仏式の年忌法要にあたる。神官の進行で盛大に行われる。

霊祭にかかる費用

- 神官への「玉串料」または「御祭祀料」（3万～5万円）
- 会食の会場代、飲食代、飲食代
- 引き物代

霊祭の進行例

1 墓前やの霊前に供物を供える

故人の好物、お酒、洗米、塩、水などを供える。

2 祭詞奏上

斎主が祭詞を奏上し、冥福と遺族への守護を祈る。

3 玉串奉奠（たまぐしほうてん）

斎主、遺族、参列者の順に玉串を奉奠する。

4 直会

遺族側が会食の席を設ける。

キリスト教式は故人を簡素に追悼する

基本 キリスト教の追悼儀礼には、決まったルールはありませんが、宗派によって違いがあります。

カトリックの場合は、死後3日め、7日め、30日めに追悼ミサを行います。30日め以降は、月や年の命日に「命日祭」を行います。また、毎年11月2日の万霊節には教会で死者の霊を祈るための、特別なミサが行われます。ミサのあとは茶話会を開きます。

プロテスタントの場合は、死後1カ月後の「召天記念日」や1年後の命日に「記念式」を行うのが一般的です。自宅や教会、墓前に遺族や友人が集まり、牧師による祈り、聖書朗読、参列者一同の祈り、賛美歌斉唱を行い、続いて茶話会を開きます。

毎年11月第1日曜日には永眠者記念礼拝が行われます。このときは、家族のほかに信者も参加し、墓前で礼拝が行われます。自宅で記念式を行う場合は、亡くなってから数年間は1年ごとに行うのが一般的です。

ミサ・記念式にかかる費用

- 教会への「献金」（２万～３万円）
- 茶話会の飲食費

カトリックとプロテスタントの追悼儀礼

プロテスタントの記念式

【召天記念日】

死後１カ月後と１年め、２年め、７年めに賛美歌斉唱、牧師による祈祷・説教などが行われる。

【11月第１日曜日】

教会に遺族や信者が集まり、永眠者記念礼拝が開かれる。賛美歌斉唱、聖書朗読、祈祷、説教などを行う。

カトリックのミサ

【死後３日め、７日め、30日め】

追悼ミサ。教会の聖堂に親族、友人・知人が集まり、神父によるミサが行われる。

【命日祭】

年の命日と月の命日に追悼会が行われる。

【万霊節（11月２日）】

教会の聖堂で追悼ミサが行われる。

無宗教の場合の法要

決まりごとはなく、自由な形式で故人の思い出を語る偲ぶ会を行います。

遺族主催、会費制などフレキシブルに

無宗教の場合は決まりごとはありません。故人の好きな音楽をかけたり、好きだったレストランで食事をしたり、故人の愛用品を用意して思い出を語ったりなど、遺族や友人が思い思いの形で故人を偲ぶ会を開催することが多いようです。

仏式の焼香や神式の榊にあたるようなものはないので、遺影に花をたむけるなどするとよいでしょう。

日程としては命日に集うことが多いようです。その際も遺族側が主催をしたり、会費制の会を催すなどが人気のようです。

どのような会にすれば、故人らしい供養になるのかを家族で話し合ってみるとよいでしょう。

《偲ぶ会やお別れ会のチェックポイント》

- □遺族主催の招待にするか、会費制で行うか
- □会費制の場合、金額の設定
- □会場、演出を決める
- □人数を確認
- □用意するものを確認
  遺影／故人ゆかりの品／故人の好きだった音楽、ビデオ／形見分けの品など
- □あいさつをしてもらう人に依頼
- □遺族代表のあいさつをする人を決める

法要やお墓参りのNGポイント

NG ☑墓石にアルコール類をかける

故人がお酒が好きだったとしても、墓石に直接日本酒やビールをかけるのはタブー。墓石を傷める原因になります。お酒は供物の横に供え、帰りは持ち帰って家でいただくようにします。

NG ☑神式のお墓参りでの線香

神式の場合は線香ではなく、花立てに榊を添えます。お墓参りに行くときは宗派を確認しましょう。

NG ☑喪服以外の服装

施主側は一周忌法要までは喪服着用がマナー。招待された側も一周忌までは喪服で。三回忌以降は、グレーなど地味なスーツ、ワンピースであればOK。

命日のお参りの仕方

命日は死亡した日のこと。忌日（きにち）ともいいます。墓石に彫られている没年月日は命日のことです。

☑**新しい花や生前に故人が好きだったものを「御仏前」としてお供えします。そのあと、線香をあげて、冥福を祈りましょう。合掌するときは、墓石よりも低くなるようにしゃがんで行うのが礼儀です。**

☑**祥月（しょうげつ）命日には卒塔婆（そとば）を立て、故人に対する最大の供養をしましょう。事前に寺院に申し出るのを忘れないように。**

☑**三回忌が過ぎたあとの命日のお墓参りでも、控えめな服装でお参りするのがよいでしょう。**

初盆の法要

死後初めて迎えるお盆を「初盆」、または「新盆（にいぼん）」といいます。お盆は先祖の霊が帰ってくるといわれます。初盆には僧侶にお経をあげてもらうといいでしょう。
霊が迷わずに家にたどり着けるように、家の軒先や仏壇のそばに提灯を飾るのが慣わしです。初盆には、近親者から白い提灯を贈ります。または、「御提灯料」と表書きをして現金を贈ることも多くなっているようです。
お盆が、忌明けの四十九日前や、四十九日のすぐあとの場合、その年は身内だけで供養し、翌年、初盆となります。

弔問のマナーと弔事の流れ

宗教によって形式の違いはありますが、お別れの儀式では遺族への心づかいを大切にしましょう。

宗教ごとの弔問の仕方

どの宗教でも、危篤の連絡を受けたらすぐに駆けつけます。訃報を受けて、通夜や葬儀に参列できない場合は弔電を打ちます。参列する場合は香典を用意し、場合によっては供物や供花を贈ります。

神式

神式の通夜、葬儀・告別式では、榊の枝に四手（しで）という紙片をつけた玉串を捧げ、故人の平安を祈る玉串奉奠を行います（344 ～ 345ページ参照）。

【 神式の流れ 】

通夜祭に参列、香典（表書きは「御榊料」にする）を渡す。

↓

遷霊祭、直会（なおらい）に出席

↓

葬場祭、告別式に参列

↓

出棺祭・火葬祭

↓

帰家祭・直会

仏式

仏式の通夜、葬儀・告別式では、焼香を行います。遺族や僧侶に一礼して祭壇の前に進み、遺影に一礼してから焼香をするのが基本です（342 ～ 343 ページ参照）。

【 仏式の流れ 】

通夜に参列、香典（表書きは「御霊前」にする）を渡す。

↓

通夜ぶるまいに出席

↓

葬儀、告別式に参列

↓

出棺・火葬

↓

遺骨法要・精進落とし

キリスト教式

カトリック、プロテスタントともに、焼香の代わりに献花を行います。献花をする際は、キリスト教徒であれば十字を切りますが、そうでない場合は黙祷や一礼をします。また、花以外のものは供えられないので注意しましょう。

プロテスタント

プロテスタントでは、通夜のことを「前夜祭（式）」、葬儀を「葬儀式」と呼びます。個人の信仰を大切に考えるプロテスタントでは、故人が生前に神から受けた恩恵に感謝し、神へ祈りを捧げます（346～347ページ参照）。

【プロテスタントの流れ】

- 前夜祭（式）に参列
- 葬儀式・告別式に参列
- 出棺・火葬

カトリック

カトリックでは、人間は罪深い存在であり、故人の罪を神に詫びることで、永遠の安息が得られると考えられています。通夜のことを「通夜の祈り（集い）」、葬儀を「葬儀ミサ」と呼びます（346～347ページ参照）。

【カトリックの流れ】

- 通夜の祈り（集い）に参列
- 葬儀ミサ・告別式に参列
- 出棺・火葬

お別れの作法

忌み言葉に注意することをはじめ、遺族と顔を合わせるときは控えめに、気づかう心を忘れずに行動しましょう。

お悔やみの言葉は手短に伝える

基本 通夜で遺族と顔を合わせたら、簡潔にお悔やみの言葉を述べて弔意を伝えましょう（257ページ参照）。

いくら親しい間柄でも、長く話し込むことは避けます。言葉をうまくかけられなくても、目礼をきちんとすれば大丈夫です。遺族やほかの人に言葉をかけるとき、縁起の悪い言葉（忌み言葉）は避けます。

アドバイス 遺族から故人との対面をすすめられたときは、「お別れをさせていただきます」などと述べ、遠慮せ

故人との対面作法

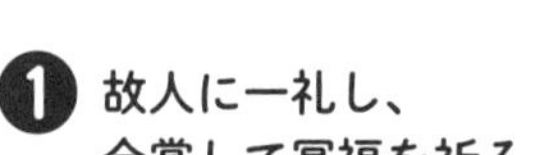

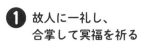

❶ 故人に一礼し、合掌して冥福を祈る

遺族にあいさつをしてから遺体の枕元へにじりよって両手をついて一礼する。

❷ 対面して手を合わせる

白布を遺族がとったら、両手を軽くついたまま対面。深く一礼し手をあわせる。

❸ 遺族に一礼して退席する

「おだやかなお顔ですね」など、遺族を労わる言葉をかけてから、少し下がって遺族に一礼する。

ずに慎んでお受けしましょう。弔問客のほうから故人との対面を申し出るのは控えるのがマナーです。

縁起の悪い忌み言葉

【直接的な表現】
死ぬ、死去、生きる、生存　など

【重ね言葉】
重々、いよいよ、かえすがえす　など

【悪いことを連想させる言葉】
再び、続き、九、四　など

弔問の装いは平服で

連絡を受けて弔問に駆けつける場合は、喪服ではなく、地味な服装で出向くのがマナーです。あらためて通夜の席に参列する場合は、喪服に着替えます。

体調が悪いときは弔問を遠慮する

アドバイス

親しい間柄の人の訃報を受けても、出産間際や体調が悪いときは、弔問は遠慮しましょう。また、病気療養中や高齢にもかかわらず、無理に弔問に伺うと、かえって遺族に気をつかわせてしまうので控えます。

葬儀と家族の結婚式が重なった場合は、弔電を打ち、弔問を控えても失礼にはあたりません。友人などの結婚式の場合は、弔問を優先します。

弔問を控えたほうがいい場合

このような場合は弔問を控え、弔電を打って弔意を伝えます。

- ☑出産間際の妊婦
- ☑体調が悪い場合
- ☑遠距離の移動が必要な場合（感染症の流行時など）
- ☑高齢者
- ☑病気療養中
- ☑子どもや兄弟姉妹など家族の結婚式と重なった場合

※通夜、葬儀どちらかに参列できる場合は参列する

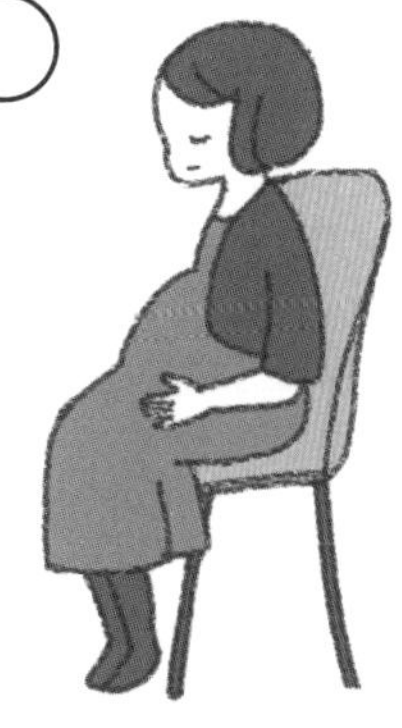

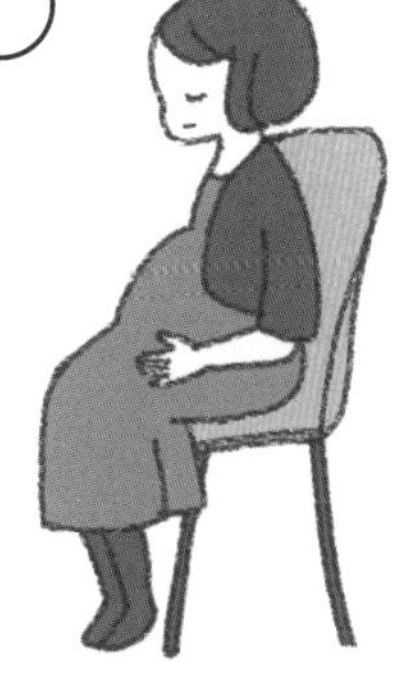

仏式のお別れの作法

通夜、葬儀・告別式などで焼香が行われます。仏式は焼香と合掌でお別れをします。

仏式のお別れの作法
通夜から葬儀・告別式まで

通夜の進行例

- 喪主、遺族、弔問客着席
- 僧侶入場
- 読経
- 喪主から順に焼香
- 僧侶法語・僧侶退場
- 喪主のあいさつ
- 通夜ぶるまい

遺族にならって焼香する

基本

仏式の通夜の席は、かつて夜通しで故人を偲びましたが、現在は、夕方6時ごろから2時間ほどの「半通夜」が一般的になっています。

通夜、葬儀・告別式では「焼香」を行います。焼香には、立礼によるもの、回し焼香、座礼での焼香があり、それぞれ作法が異なります。また、宗派によって抹香（まっこう）をくべる回数や、線香の本数などが異なります。基本的には、遺族が行う通りにするのがよいでしょう。分からない場合は、一般的なやり方でかまいません。

数珠を持参する

基本

仏式では、合掌するときに数珠を使います。焼香するときなど、合掌するとき以外は左手で持ち、合掌するときに右手を差し入れるのが一般的ですが、宗派によって違いがあります。また、自分が仏教徒でない場合は数珠を持つ必要はありません。

読経中のタブー

読経は葬儀の中で中心的な意味を持ちます。僧侶がお経をあげている間は、きょろきょろしたり、話をしたりすることは失礼にあたります。また、中座も厳禁です。読経が始まってから会場に到着した場合は、係の案内に従います。

葬儀・告別式の進行例

- 一同着席
- 僧侶入場
- 開式の辞
- 読経（受戒・引導）
- 弔辞の拝受・弔電紹介
- 喪主から順に焼香
- 一般会葬者の焼香
- 法話、僧侶の退場
- 喪主のあいさつ
- 閉式の辞

焼香の仕方（立礼の場合）

❶ 焼香台に進み、遺族に一礼。祭壇の一歩手前に進み、遺影に向かって一礼する。

❷ 祭壇の前で合掌し、抹香を右手の親指、人差し指、中指でつまみ、目の高さまで捧げる。

❸ 抹香を香炉に静かに落としてくべる。焼香の回数は1～3回が一般的。

❹ 合掌し、故人の冥福を祈る。一歩下がって遺影に一礼し、僧侶と遺族に一礼し、席に戻る。

数珠の持ち方

❶ 房が下にくるように左手で腰の高さに持つ。長ければ二連にする。

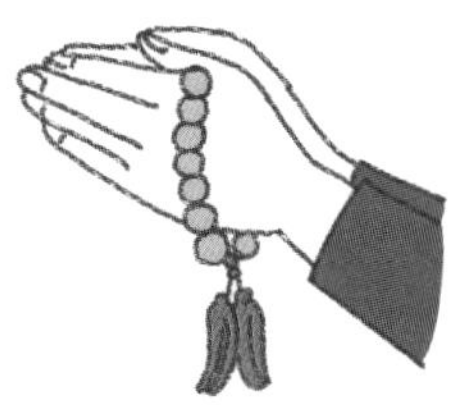

❷ 両手の親指と人差し指の間にかけ、親指で軽く押さえて合掌する。

神式のお別れの作法

「手水の儀」や「玉串奉奠」など神式ならではの作法を覚えて故人の平安を祈りましょう。

神式のお別れの作法
通夜祭から葬場祭・告別式まで

通夜祭の進行例

- 手水の儀（295ページ参照）
- ▼ 一同着席
- ▼ 斎主入場・拝礼
- ▼ 饌を供える
- ▼ 祭詞奉上
- ▼ 降神の儀
- ▼ 玉串奉奠（左ページ参照）
- ▼ 撤饌

基本

玉串を捧げ故人の霊の平安を祈る

神式では、仏式の通夜にあたるものを「通夜祭」、葬儀にあたるものを「葬場祭」と呼びます。

両方の儀式で参列者も行うのが、「手水の水」と「玉串奉奠」です。玉串奉奠は仏式の焼香にあたるもので、榊の枝に「四手」という紙片をつけた玉串を祭壇に捧げます。

玉串奉奠は神式では欠かせない儀式のひとつで、慶弔かかわらず行われるものです。捧げ方にも作法があるので覚えておきましょう。

その後は、「二拝、二拍手、一拝」を行います。このとき、実際に手をたたいて音を出すのではなく、たたくまねをする「しのび手」で行うのが正式な作法です。

神式では、人間は死後、祖先の神とともに、家の守護神になると考えられています。葬場祭では、死のけがれを清めて、命（みこと）としてあがめまつります。

葬場祭のあとは、続いて告別式が行われます。ここで参列者は、故人の平安を祈りながら玉串を捧げます。

神式では、死をけがれとして忌むことから、神社で通夜、葬儀を行いません。一般的には斎場に神官を招いて執り行われます。

葬場祭・告別式の進行例

- 手水の儀、一同着席
- ◀ 斎主入場
- ◀ 開式の辞
- ◀ 修祓（しゅうばつ）の儀
- ◀ 奉幣、献饌
- ◀ 祭詞（さいし）奉上（ほうじょう）・誄歌（るいか）奉奏（ほうそう）
- ◀ 弔辞拝受・弔電の紹介
- ◀ 玉串奉奠
- ◀ 撤饌（てっせん）・撤幣（てっぺい）
- ◀ 斎主退場
- ◀ 閉式の辞
- ◀ 告別式
- ◀ 参列者玉串奉奠
- ◀ 告別式の閉式の辞

玉串奉奠の作法

1

遺族に一礼したあとに神官に一礼し、玉串を受け取る。左の手のひらで葉を下から支え、右手で枝を上から持つ。

2

玉串を胸の高さまで上げ、玉串台の前に進み、深く一礼する。右の手のひらを返しながら手前に引き、葉先が向こう側になるように、90度回転させる。

3

左手を右手のほうに下げ、右手を葉先のほうに移動する。根元が玉串台に向くように180度回転させ、静かに玉串台の上に捧げる。

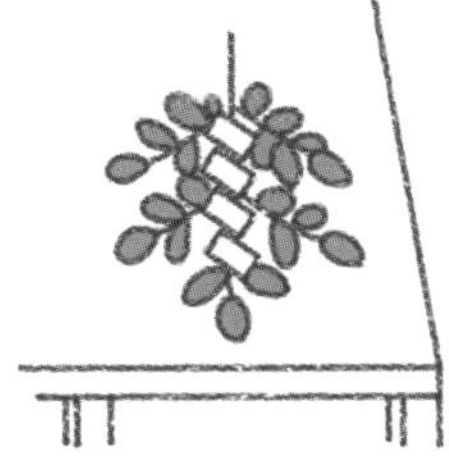

4

三歩下がり、霊前に深く二拝（二礼）する。

5

音を立てないようにして（しのび手）、二拍手する。

6

もう一度霊前に深く一拝（一礼）する。数歩下がって、神官と遺族のほうを向き、一礼してから席に戻る。

キリスト教式のお別れの作法

賛美歌や献花などが行われるキリスト教式。通夜にあたる儀式は日本の風習に合わせたものです。

キリスト教式のお別れの作法
プロテスタントの場合
前夜祭から葬儀式・告別式まで

前夜祭の進行例

- 一同着席
- 前夜祭開式宣言
- 賛美歌斉唱
- 聖書朗読
- 祈り
- 賛美歌斉唱
- 説教、故人を偲ぶ話
- 祈り
- 賛美歌斉唱
- 献花
- 遺族代表のあいさつ

キリスト教式は教会で執り行う

キリスト教式では、カトリックとプロテスタントで儀式が異なります。本来、通夜というものはないのですが、日本では国内の風習に合わせてそれに代わる儀式を行います。

仏式の焼香に代わるものは、献花になります。献花には白い菊やカーネーションを供えることが多いようです。

カトリック教徒の場合は、献花をするときに、胸の前で十字を切ります。しかし信者でない場合は一礼するだけでよいでしょう。

キリスト教の儀式に不慣れな人のために、教会では儀式が始まる前に、式次第と賛美歌（聖歌）が印刷された用紙を配ります。参列者はその用紙に従って儀式を見守りましょう。賛美歌を斉唱する場合も、知らなければ静かに聞いているだけでかまいません。

カトリック

通夜は「通夜の祈り（集い）」と呼ばれ、葬儀は「葬儀ミサ」といいます。カトリックでは葬儀ミサのあとの告別式に神父は加わりません。

プロテスタント

「前夜祭」「葬儀式」がプロテスタントでの儀式になります。カトリック同様に、葬儀のあとに告別式を行いますが、告別式に牧師も加わります。

葬儀式・告別式の進行例

- 奏楽
- 参列者着席、牧師入場
- 賛美歌斉唱
- 聖書朗読
- 祈り
- 説教（故人の略歴紹介）
- 賛美歌斉唱
- 弔辞拝受・弔電紹介
- 祝祷
- 賛美歌斉唱
- 奏楽
- 告別式
- 献花・遺族代表のあいさつ
- 閉式の辞

献花の仕方

❶ 遺族に一礼して、両手で花を受け取る。右の手のひらで花を下から支え、左手で茎を上から持つ。

❷ 献花台の前で一礼する。花を時計回りに90度回転させ、花を手前に向ける。

❸ 両手のひらを上に向けて、花を献花台に置く。

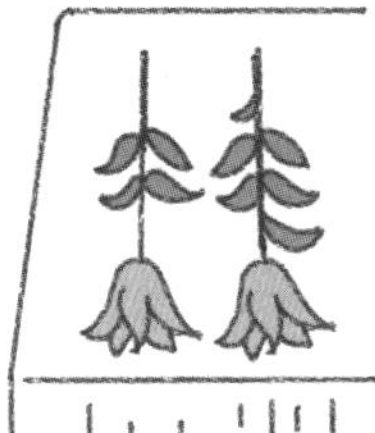

❹ 一歩下がって黙祷または手を合わせる。その後、祭壇に一礼し、数歩下がる。遺族や神父（牧師）に一礼して席に戻る。

ロザリオとは？

仏教の数珠と同じように、カトリックの葬儀では、信者はロザリオという珠のついた十字架を携帯します。ロザリオには、大きい珠が6個、小さい珠が53個連なり、お祈りをするたびにひとつずつ指で順に繰ります。

宗教や宗派、地域の慣習、故人との関係で包む金額を決めます。迷ったら周りの人と相談しましょう。

通夜か告別式どちらかに持参する

基本

通夜と葬儀・告別式の両方に参列する場合は、最初に弔問する通夜に香典を持参するのが一般的です。この場合、葬儀・告別式に香典を持参する必要はなく、受付で記帳だけ済ませます。香典はグレーや紫、紺のふくさに包んで持参しましょう。

通夜にも葬儀・告別式にも参列できない場合は、香典を郵送で届けます。現金を不祝儀袋に入れて、現金書留用の封筒に手紙を添えて入れましょう。

訃報を受けて通夜の前に駆けつけるときに香典を持参すると、死を予

香典の渡し方

祭壇に供えるとき

❶ 遺影に向かって一礼し、合掌する。

❷ 香典をふくさから取り出し、遺影に正面を向けて置いたら、焼香をする。

ふくさの包み方

慶事の場合と包み方が異なるので注意。ふくさのつめが左になるように広げ、不祝儀袋を置いたら、右・下・上・左の順に折り、つめをかけて留める。

受付で渡すとき

❶ 香典をふくさから取り出し、ふくさを手早くたたむ。

❷ 相手に正面を向けて「ご霊前にお供えください」と述べながら差し出す。たたんだふくさの上に袋をのせて差し出すとより丁寧。

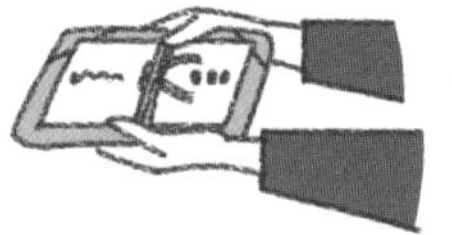

遺族に渡すとき

正面を向けて「ご霊前にお供えください」と述べ、両手で渡す。

測しているように受け取られるので避けます。

香典の金額に迷ったら、同じ立場の人に相談するか、想定していた額より少し多めに包むようにしましょう。

香典の表書きや氏名は毛筆か筆ペンで、薄墨で書くのが正式な作法です。ただし、密葬から時間が経って行われるお別れ会や偲ぶ会では、薄墨にする必要はありません。

金額、宗教に合わせた不祝儀袋に

仏式は「御霊前」や「御香料」、神式では「御榊料」や「玉串料」、キリスト教式では「御花料」や「御霊前」と書かれた不祝儀袋を使います。蓮の花が印刷されたものは仏式用、百合の花や十字架が印刷されたものはキリスト教式用になります。

香典を郵送するときは手紙を添える

事情があって通夜や葬儀に参列できないときは、香典をできるだけ早く郵送します。このとき書留で送ることを忘れずに。お悔みと参列できないお詫びの手紙を同封すると丁寧です。

文例

ご尊父様のご逝去の報に接し、ただ驚いております。ご入院中とはうかがっておりましたが、ご家族様のご心中もいかばかりかと存じ、心よりお悔み申し上げます。

本来ならば、お参りさせていただくところですが、あいにく、遠方のため、伺うことがかなわぬ失礼をお許しください。

心ばかりのものを同封いたしますので、ご霊前にお供えくださいますようお願い申し上げます。

お父上様を偲び、謹んで哀悼の意を表します。

香典の金額の目安

祖父母	1万円～
親	10万円～
兄弟姉妹	3万円～
おじ・おば	1万円～
上記以外の親戚	1万円～
仕事関係	3000円～
勤務先社員の家族	5000円～
友人・その家族	5000円～
隣人・近所	3000円～

香典のマナー

- 金額は4、9は避けたほうがよい。
- 古いお札より清潔という意味から新札でもかまわない。その場合は一度折り目を入れて包む。
- 宗教・宗派、金額に合った不祝儀袋を用意する。

仏式の表書き	御霊前、御香料
神式の表書き	御榊料、玉串料
キリスト教式の表書き	御花料、御霊前
お別れ会の表書き	御花料、志

供物・供花

供物や供花は故人や喪家と親しい場合に贈るのが一般的です。宗教や宗派によっても内容が異なるので確認を。

喪家の意向を確認してから贈るのがマナー

死者の霊を慰めるために霊前に供える品物を「供物（くもつ）」、花を「供花（きょうか）」といいます。故人や喪家の近親者、親しい間柄の人、会社、団体関係などが贈るのが一般的です。

ただし、贈るときには喪家の意向を確認してからにしましょう。宗教や宗派によっては贈ってはいけないものもあり、また地域によってしきたりなども異なるので、かえって迷惑をかけてしまうこともあります。飾るスペースも必要になるので手配する前に必ず相談しましょう。

贈るときは、通夜に供える場合は当日の午前中までに、葬儀・告別式に供える場合は前日までに届くように手配しましょう。葬祭業者に早めに依頼すると安心です。

喪家が辞退したら無理に贈らない

アドバイス

喪家側が、故人の遺志などで供物、供花を辞退することもあります。その旨の通知があれば従い、代わりに香典を持参します。ただし、「ご厚志辞退」という通知を受けた場合は、供物、供花、香典を受け取らないことを意味します。香典は式場の様子を見て決めましょう。

贈るときの注意点

- 贈る場合は必ず喪家に相談してから手配する
- 宗教、宗派によって内容が異なるので確認する
- 喪家から供物、供花を辞退する通知があった場合は従う
- 仏式では肉や魚、酒を贈るのはタブー
- 神式では焼香をしないため、線香は贈らない
- 通夜に贈るなら当日の午前中までに、葬儀・告別式に贈るなら前日までに届くように手配する

宗教、宗派を確認して贈るものを選ぶ

基本

宗教によって、贈っていいものといけないものがあります。仏式の場合は、線香やろうそく、果物、干菓子などが一般的です。ただし、お酒、魚や肉はタブーです。

神式の場合は、果物や和菓子、お酒、ろうそくが多いようです。また、肉や魚なども問題ありませんが、線香は贈ってはいけません。

キリスト教では、供物を贈る習慣がないため、花だけにしましょう。花環は置くスペースが必要なため喪家と相談してから手配します。

葬儀後にあらためて訪問するときに生花を持って訪れるのもよいでしょう。故人が好きだったアレンジメントなどにすれば喜ばれます。

“供物・供花の金額の目安”

生花	1基1万5000円、枕花1万5000円
花環	1本1万円
しきみ（仏式）	1基1万5000円
大榊（神式）	1対3万円
果物かご・缶詰かご	1かご1万円

宗教別供物のマナー

仏式

●一般的な品
線香、ろうそく、干菓子、果物など
●贈ってはいけない品
魚介類、肉類、酒

神式

●一般的な品
果物、和菓子、酒、ろうそくなど
●贈ってはいけない品
線香

キリスト教式

●一般的な品
花（※供物は贈らない）

供物を持参するとき

線香（仏式のみ）やろうそく、菓子など、あまりかさばらないものは、通夜や葬儀の際に持参することもあります。
供物は弔事用に包んでもらい、地味めな色の風呂敷に包んで持参します。
渡すときは、受付で包みから出し、「ご霊前にお供えしてください」と伝えましょう。

最近は通夜も同様に喪服で参列することが多くなっていますが、通夜は地味な平服ならば問題ありません。

通夜は略礼装 葬儀は準礼装が正式

基本

喪服は、死を悼む気持ちを表す礼儀として着用するものです。本来は遺族側だけが着るものでしたが、近年では会葬者も着用します。

通夜は地味であれば平服でもかまいません。しかし最近は、仕事などで日中の葬儀への参列が難しいという理由から、葬儀よりも通夜に参列する人が多くなっています。そのため、通夜で喪服を着る人も増えてきました。現在一般的になっているのが、通夜は略礼装、葬儀は準礼装で参列するというものです。

通夜の装い

女性：略礼装

【ダークカラーのスーツ】

濃紺や濃いグレーのスーツに黒のブラウスなど。パンツスーツの場合は男性のスーツに準ずるデザインのものを。ストッキングは肌色でもOK。靴はシンプルな黒のパンプス。

男性：略礼装

【ダークスーツ】

濃紺や濃いグレーの無地や地味なピンストライプのダークスーツ。ネクタイは黒、ワイシャツは白無地、靴と靴下は黒。

葬儀の装い

女性：準礼装

【ブラックフォーマル】

黒無地のアンサンブル、ワンピースなど。光沢のない素材、襟元の詰まったデザインのものを。夏でも長袖や七分袖が正式。アクセサリーはブラックパール、オニキス、パールなどのネックレス。ストッキングは黒。靴はシンプルな黒のパンプス。

男性：準礼装

【ブラックスーツ】

上着はダブルでもシングルでもＯＫ。ズボンのすそはシングルが正式。ネクタイは黒、ワイシャツは白無地、靴と靴下は黒。

マスクは白でOK

喪服は黒が基本ですが、感染症予防のマスクは、黒いものである必要はありません。一般的な白いマスクをつけて参列しましょう。本来、焼香、礼拝をするときにはマスクを外すのがマナーですが、感染症が広がっているときは、葬儀社や会場の指示によってマスクを着用したままで焼香、礼拝することが多くなっています。

弔事の席でNGな装い

男女ともに、靴やバッグは、エナメルなど光沢のある素材はNG。また、ブランド物でも派手なものは避けましょう。

●男性

金属の装飾がついた靴、柄のあるネクタイやシャツ、ネクタイピン、ゴールド系の腕時計。

●女性

2連のネックレス（2連は不幸が重なるという意味）、レース地などの透ける素材、ミニスカート、柄のあるストッキング、タイツやサンダル、ミュール、ロングブーツ、フラットシューズ（カジュアルな印象になるため）。

法要に招かれたら

施主から法要に招かれたら、できるかぎり出席するようにしましょう。返事も早めにするのがマナーです。

招待されたらできるかぎり出席を

基本　法要は、故人を偲んで遺族や親族が集まり、故人の冥福を祈り供養するものです。身内だけで執り行うことが多いのですが、仏式の四十九日や一周忌などの大きな法要には友人、知人が招かれることもあります。案内をいただいたら、なるべく早めに返事をしましょう。

やむをえない事情で欠席する場合は、電話や手紙で欠席の理由、お詫びの言葉を伝えましょう。供物や供花、供物料（現金）など金品を贈る場合は法要の前日までに届くように手配します。

法要に招かれたときの装い

【四十九日まで】

略礼装、または喪服に近いものを着用。

【一周忌まで】

施主側は喪服。参列者はダークグレーや濃紺などの地味な色の外出着でもよい。喪服を着用する人が多い場合は合わせる。

【三回忌以降】

平服でよい。グレーや紺、茶系など地味な色のもの。光る素材や派手なアクセサリーは避ける。

法要当日の流れ

☑法要開始の 20 ～ 30 分前には到着

☑施主に「本日はお招きいただき、恐れ入ります。ご一緒にご供養させていただきます」とあいさつをする
※「ありがとうございます」という言葉は避ける

↓

☑速やかに着席、僧侶（神官、神父、牧師）が入場するのを待つ

↓

☑焼香、玉串奉奠、献花は順番が回ってきたら行う

↓

☑法要後、墓地が法要を営んだ寺にある場合は、参列者一同に墓参りをする（仏式）

↓

☑会食（茶話会）がある場合は出席する

欠席連絡は丁寧に

感染症の流行時には、人の密集を避けて家族葬が多くなるため、参列したくてもできなかった、というケースが出てきます。葬儀の際に香典や贈り物を贈っても心残りがある場合、新盆や一周忌に、故人の好きだったものや花を遺族に贈りましょう。その際には、遺族を気づかう手紙をつけるとよりよいでしょう。
同様の理由で、法要への参列を断るときは「万が一ご迷惑をおかけするといけませんので」と丁寧に。代わりに、手紙や個人が好きだったものを贈って仏前に供えてもらう、というやり方もあります。

法要の表書き

【キリスト教式】

表書きは「お花料」にする。水引がないもので、十字架や花が描いてあるもの。

【神式】

表書きは「玉串料」「神饌料」にする。水引は双白の結びきりに。

【仏式】

表書きは「御仏前」「御供物料」などにする。水引は黒白、双銀いずれかの結びきりに。

金額の目安：５千円～（香典の約半額を目安に）

Q&A 弔事

Q 通夜と葬儀・告別式を式場で行うことになりました。自宅で行わない場合も隣近所や町内会に知らせるべきですか？

A 地域にもよりますが、式場で行う場合も、隣近所や町内会には、通夜や葬儀・告別式の日時が決まったら、早急に連絡しましょう。

一軒ずつ通知するのではなく、町内会の代表者やマンションの管理人に伝え、回覧板や張り紙で訃報を伝えてもらいます。親交が深かった家には、個別に連絡するとよいでしょう。

Q 故人の希望で葬儀はひっそりと行いたいのですが、密葬だけすることはできますか？

A 密葬とは、葬儀を出せない時期や遠方で亡くなった場合に、身内だけで通夜、葬儀をすることです。その後、本葬を行うのが前提でしたが、最近は静かに故人を送りたいという希望が増え、家族葬と呼び変えて密葬のみを行うことが増えました。

同じ意味ですが、密葬だと本葬があると思う方がいるので、配慮が必要です。

Q 葬儀を家族葬で行います。身内以外の参列は断ってもよいのでしょうか？

A 身内のみで行う家族葬は、まだ新しいスタイルのためマナーが確定していません。地域や年齢層によっては、参列や香典の辞退を理解してもらえないこともあります。

来てくださった方には丁寧に謝意を伝え、生花や香典は受け取るなど柔軟な対応をしましょう。後日、偲ぶ会（お別れ会）を開くと、送る側の気持ちに一区切りつけられます。

5
章

お見舞い・贈り物のマナー

日頃の感謝の気持ちや、つらい状況にある人を見舞う気持ちを伝えるときには、マナーやタイミングを守ることが肝心です。時候見舞い、病気見舞い、災害見舞いなど、それぞれで気をつけたいポイントを押さえておきましょう。

お見舞いの種類

時候、病気、災害見舞いなど、お見舞いの種類によってマナーが異なるので気をつけましょう。

お見舞いは暮らしの中での思いやりとごあいさつ

基本

お見舞いとは、病気や災害にあった人をなぐさめ励ましたり、頑張っている人を慰労したり、季節折々のごあいさつをしたりすることをいいます。具体的には、訪問してお見舞いの言葉を伝えたり、お見舞いの気持ちを込めた手紙や金品を贈ることなどが挙げられます。時候のお見舞いとしては、寒中見舞い・暑中見舞いの書状が一般的です。大切なのは、義理や形式より、相手の状況や気持ちを思いやること。病気見舞いや災害見舞いなどでは、とくに配慮します。

病院へのお見舞いのマナー

1

事前に家族などに状況を確認し、伺う旨を伝える。

2

服装はなるべく清楚に。

3

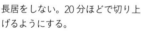

長居をしない。20分ほどで切り上げるようにする。

4 相手の要望に沿ったお見舞いの仕方を。

5 後ろ向きな言葉は使わず、明るい気持ちになる会話を。

病気見舞いの断り方

病状によっては、お見舞いやお見舞い品などの気づかいが本人の負担になることがあります。お見舞いを断わりたいときは、家族からその旨をはっきりと伝えます。手紙で状況を伝えてもかまいません。また、仕事関係の人へ伝える場合は、勤務先で窓口になっている人を通して断ってもらうようにするとよいでしょう。

病院へのお見舞いはとくに気をつけて

生花や食べ物は入院している人へのお見舞いの定番ですが、持ち込みを禁止している場合があります。また面会時間も病院により違うことがあるので、よく確認をしましょう。

生花を持参する場合は、ゆりなど花粉が落ちやすいもの、香りが強いもの、椿などのように花首が落ちやすいものは避けましょう。鉢植えは「根づく＝寝づく、長患(ながわずら)いになる」ことを連想させるため、選ばないようにします。アレンジメントフラワーにする、花瓶も添えるなど、相手にとって手間がかからないようにすることも大切です。

最近では、病人につき添って看病している家族への激励として、「看護お見舞い」を贈ることもあります。

お見舞いのタイミング

【災害見舞い】

災害にあったことが分かったら、なるべく早く協力を申し出る。近所ならすぐに駆けつけ、状況を見てから必要なものを届ける。大規模災害の場合は、状況を把握し、落ち着いてからお見舞いを。

【病気見舞い】

まず家族に病状を聞き、お見舞いに伺ってよいかどうか確認を。病状によって、適切な時期を見てお見舞い品を届けるか、見舞い状を出すのかを決める。お見舞いに伺う場合は、入院直後や手術直後は避ける。

【時候見舞い】

年始のあいさつは、松の内（1月7日）までに済ませること。実家の両親や親戚などの、日頃お世話になっている人には正月三が日の間に。お中元やお歳暮も、決められた時期の範囲のうちで。

【陣中見舞い】

陣中見舞いは、スポーツの合宿や発表会の練習、受験勉強などで忙しくしている人をねぎらい、応援するためのもの。先方の都合を聞いてから、相手の迷惑にならないようにお見舞いを。

時候見舞い

四季が明確な日本らしいあいさつがあります。季節感のある言葉や贈り物を添えて近況報告をしてみませんか。

感謝の気持ちを伝える季節のあいさつ

基本

時候見舞いとは、季節折々に親しい人や知人に向けてこちらの近況報告やごあいさつの便りを出したり、贈り物をしたりすることです。

寒中見舞いや暑中見舞いが有名ですが、一年を通してさまざまな時候見舞いがあります。主なものに寒中見舞い（1月8日から立春前）、余寒見舞い（立春から2月下旬）、梅雨見舞い（梅雨入りから梅雨明けまで）、暑中見舞い（土用の約18日間。7月下旬から立秋前）、残暑見舞い（立秋から9月初旬まで）などが挙げられます。

気持ちのこもった季節の贈り物を

時候見舞いには、贈り物をしてもよいでしょう。季節を感じさせる旬の味覚やお菓子、果物など、贈られる方が気をつかわない程度の品物を選びます。

相手の自宅に持参して手渡すのが正式ですが、最近では百貨店などから配送するのが一般的です。その場合は、品物を贈ったことを知らせる送り状を、品物が届く前に郵送しましょう。

表書きをつける場合は、季節のあいさつに合わせて、「暑中御見舞」「暑中御伺」（相手が目上の場合）にします。

渡すときのマナー

- 持参するときは必ず相手の都合を確認し、よい日を選ぶ。
- 贈り物はお見舞いにふさわしい体裁にととのえ、表書き（のし紙）をつける。
- 品物は相手のことを考えて喜ばれるものを。
- 品物は風呂敷に包んで持参が基本。紙袋に入れて持ち歩くときは、必ず紙袋から出して渡すこと。

時候のあいさつ文例

春

2月

春寒の候／向春の候／厳しい寒さが続きます／梅の便りも聞かれるこの頃／春まだ浅く／水ぬるむ季節

例 向春の候、貴社益々ご繁栄のこととお慶び申し上げます。
水ぬるむ季節となりましたが、皆様お変わりなくお過ごしでしょうか。

3月

春暖の候／春分のみぎり／春とはいえ寒さがまだ残り／日差しも柔らかく春めいて／桜のつぼみもふくらみ

例 春暖の候、○○様におかれましては、益々ご健勝のこととお慶び申し上げます。
日差しも柔らかく春めいてまいりましたが、お変わりございませんか。

4月

陽春の候／春たけなわの折／桜花爛漫の候／晩春の候／桜の便りが次々に聞かれるこの折／春風が心地よいこの頃／うららかな春日和となりました

例 陽春の候、皆様におかれましては益々ご健勝のこととお慶び申し上げます。
うららかな春日和となりました。皆様お元気にお過ごしですか。

夏

5月

新緑の候／惜春の候／風薫る新緑の季節／若葉の緑も清々しいこの頃

例 風薫る新緑の季節、皆様におかれましてはお変わりございませんか。

6月

入梅の候／初夏の候／向夏の候／梅雨の折から／梅雨冷えの寒い日が続きますが／梅雨明けも間近になりましたが／紫陽花が大輪の花を咲かせる頃となりましたが

例 初夏の候、皆様にはいっそうご活躍のこととお慶び申し上げます。
梅雨明けも間近になりましたが、皆様お元気にお過ごしでしょうか。
紫陽花が大輪の花を咲かせる頃となりましたが、いかがお過ごしですか。

7月

盛夏の候／仲暑の候／大暑の候／暑気日ごとに加わり／梅雨も明けていよいよ猛暑の季節に

例 梅雨も明けていよいよ猛暑の季節になりましたが、皆様お元気にお過ごしでしょうか。
盛夏の候、貴社ますますご発展のこととお慶び申し上げます。

秋

8月

晩夏の候／残暑の候／立秋の候／向秋の候／残暑厳しき折／朝夕は秋の訪れを感じる／残暑厳しき折から／暦の上では立秋ですが

例 向秋の候、ご一同様におかれましては益々ご健勝のこととお慶び申し上げます。／
暦の上では立秋ですがまだまだ暑さが厳しいですね。

9月

初秋の候／清涼のみぎり／さわやかな秋風が吹く季節／秋とはいえ暑さはまだまだ

例 初秋の候、皆様におかれましては益々ご壮健のこととお慶び申し上げます。
さわやかな秋風が吹く季節、皆様におかれましてはご健勝のこととお慶び申し上げます。

10月

仲秋の候／秋冷の候／紅葉の候／秋霜の候／秋の夜長／菊香るこの季節／実りの秋を迎えました／日増しに秋の深まりを感じる季節

例 秋の夜長、虫の音が心地よい季節となりましたが、お元気でいらっしゃいますか。
日増しに秋の深まりを感じる季節となりましたが、いかがお過ごしですか。

冬

11月

暮秋の候／霜秋のみぎり／朝夕めっきり冷え込むようになりました

例 朝夕めっきり冷え込むようになりましたが、皆様お変わりなくお過ごしでしょうか。

12月

寒冷の候／初冬の候／歳末の候／今年も残りわずかとなりました

例 早いもので、今年も残りわずかとなりましたが、いかがお過ごしですか。

1月

厳冬の候／新春の候／大寒の候／松の内も明けて／おだやかな初春を

例 おだやかな初春をご家族でお迎えのこととお慶び申し上げます。

病気見舞い

お見舞いはすぐに駆けつけるのではなく、病状を確認してから行動することが大切です。

病気のお見舞いは相手の状況を第一に

基本

病気のお見舞いは、先方の状況や立場を考えて行うものです。まずは病状を家族か病院に確認し、お見舞いに行ってもよいかどうかを判断しましょう。

容態がよく分からないときや面会謝絶の場合には、お見舞いの品に手紙を添えて自宅に届けます。病院にお見舞いに行く際は、病院の規則に従い面会時間を守ること。ただし、入院直後や手術の前後は避けましょう。

お見舞いが重なる場合もあるので、相手の都合も聞いておきましょう。

花を贈るときは入院先や相手への配慮を

感染症やアレルギー予防のため生花が持ち込めない病院もあります。事前に確認しましょう。

入院直後や手術前後は避け、快方に向かい始めた頃に贈ります。花瓶がない場合のため、花瓶を一緒に贈るかアレンジメントフラワーを選ぶようにします。

プリザーブドフラワーは、生花を禁止している病院で受け取り可能な場合も。香りもないので大部屋でのお見舞いにも向いています。散りやすい花、トゲのある花、葬儀に使われる白い花や菊などの仏花、鉢植えは避けます。

お見舞いを渡すときのマナー

- 金額は職場関係や知人などは5千円。親族や親しい間柄なら1万円程度が目安。
- 病気見舞いの場合は、目上の人に現金を贈っても失礼にはあたらない。
- お見舞いを現金で持参する場合は、市販の見舞い用袋か白い封筒に入れる。
- 表書きは「御見舞」が一般的。目上の場合は「御伺(おうかがい)」とする(40ページ参照)。

相手の負担にならない細やかな配慮を

基本

お見舞いでは、派手な化粧や香水は避けて、清楚な服装にし、病人に負担をかけないように静かに見舞うように気をつけましょう。

小さな子ども連れでの訪問は避け、同行はせいぜい3人までにし、時間は15分から30分くらいを目安にしましょう。会話では、相手が話さない限り病状は聞かないなどの配慮が必要です。否定的な話題は避け、家族にもねぎらいの言葉をかけるようにします。

点滴中や就寝中に重なってしまったときは病室に入らずに、家族やナースステーションに言づけをします。

家庭で寝ている人を見舞う場合も、病人や看護の家族の負担にならない時間帯に訪問しましょう。

お見舞いのお礼の仕方

●快復したとき

病気が快復したら、床上げの祝いを込めて内祝いの返礼をする習わしがあります。治った喜びと見舞ってもらった感謝の気持ちを快気内祝いの品として贈ります。

品物が届く前に、あらかじめお見舞いへのお礼と報告を兼ねた礼状を送っておくとよいでしょう。

●快復しなかったとき

病気が長引くため、とりあえずお礼がしたい場合には「御見舞御礼」として御見舞の3分の1から2分の1程度贈ればよいでしょう。

お返しをしないまま亡くなられた場合、お香典返しの前に、無地短冊の仏事包装で「御見舞御礼」を返礼するのが丁寧です。

快復した場合のお礼の品と渡し方

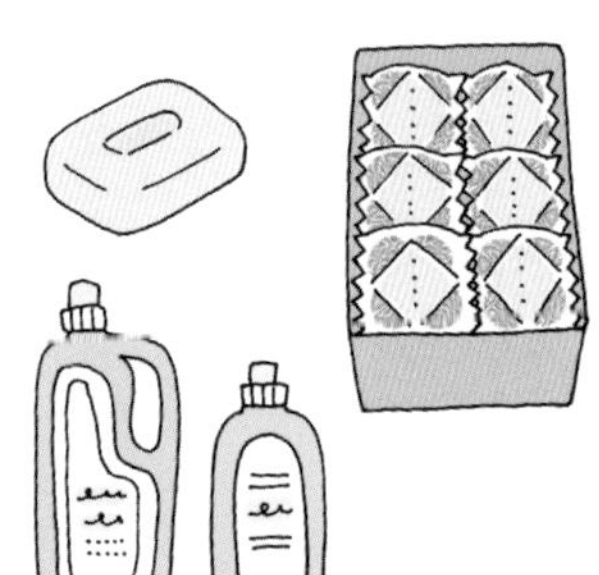

- 期間の定めがあるわけではないが、床上げから10日以内に贈るのがマナー。
- 金額はお見舞いに対する3分の1から2分の1程度を目安に。
- 「病気が残らない」との願いを込めて、お菓子やジュース、洗剤などの、あとに残らない消耗品が一般的。
- 表書きは「内祝」または「快気内祝」にする。再び病気を繰り返さないように、との願いを込めて、赤白の結びきりの水引がついたのし紙を使う。

災害見舞い

災害見舞いは迅速に行うことが大切です。近隣ならば直接手伝いに伺うことが一番のお見舞いになります。

状況を確認して適切な支援を

基本

災害見舞いとは、火事や地震、台風や水害などの災害に遭った人に対し、お見舞いに伺ったり、励ましの言葉を伝えたりすること。まずは相手の被害状況や安否を確認し、片づけなどの手伝いが必要なのか、それとも物資の支援が必要なのかを判断することが大切です。

近隣の場合はすぐに駆けつけて、直接話を聞きましょう。遠方の場合は、安否や被害状況を電話やメールなどで確認します。ただし、長電話は相手の迷惑になるので注意しましょう。

大災害のお見舞いには細心の注意を

大規模な災害の場合、お見舞いは相手が落ち着いてから行うのが基本です。混乱しているときに電話やメールをしたり、出すぎた行動をとったりしないようにしましょう。

相手と連絡が取れないときは、現地の役所などを通じて確認するか、テレビやラジオ、インターネット、新聞などのメディアで状況を把握します。

とくに注意が必要なのが、お見舞い品の送付方法。勝手に送ると混乱を招くので、自治体の対策本部などに確認したうえで適切に物資を送りましょう。

災害見舞いには実用品を

現品の場合は、食料品、衣料品、医薬・衛生品、家具、台所・日用品、子ども用品など、相手が必要だと思われるすぐに使える実用品を贈ります。状況が落ち着き、連絡が取れるようになったら、何を必要としているか尋ねてもよいでしょう。尋ねた場合は、相手がその品を待っているので、1～2日以内に贈りましょう。

お見舞いの品は状況に見合ったものを

アドバイス お見舞いを贈る前には相手が何を必要としているのか確認をしたほうがよいですが、連絡が取れないときは、食料品や衣類、赤ちゃんのミルクや紙おむつなど、すぐに利用できる実用品が喜ばれます。古着などはかえって迷惑になりますので、配慮を持って贈りたいものです。

災害によっては、物資を贈るよりも片づけなどの手伝いをしたほうが喜ばれる場合も。また、当面の生活費にあてるため、現金が一番役立つこともあります。金額は5千~1万円程度を目安にするとよいでしょう。目上の人に贈っても失礼にはあたりません。被災したことをあとで知った場合も、現金を贈るとよいでしょう。

災害のお見舞い金

お見舞いの金額は5千～1万円が目安ですが、状況によって考慮します。

贈るときは、白の封筒を使います。中包み（中袋）にお金を入れ、封筒の裏に自分の氏名と金額を書いておくとよいでしょう。

表書きには「災害御見舞」「震災御見舞」「火災御見舞」「水害御見舞」などを使います。

のしと水引は不要です。

お札は新札がよいですが、新札がない場合であっても、汚れたり切れたりしたものは避けます。

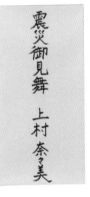

災害御見舞 山口和代

震災御見舞 上村奈々美

災害時の被災地の情報の集め方

- 最初にテレビ、ラジオ、インターネット、新聞などのメディアを通じて情報収集。
- 電話は災害直後には不通になることが多いので、落ち着くまでは連絡しないほうがよい。
- 安否確認には、災害用伝言ダイヤル（171）、災害用伝言版（web171）、携帯電話各社の災害用伝言版、ソーシャルメディアの安否確認サービス（Facebookでは災害時情報センター）などを利用するとよい。
- 現地の役所などに連絡を取ってみる。

陣中見舞い

仕事や試合、展覧会、発表会などで多忙な状況にある人をねぎらう陣中見舞いは、差し入れが一般的です。

頑張っている人を励まし喜ばれるものを

陣中見舞いとは、多忙な状況にある人をねぎらい、応援して激励することをいいます。

スポーツの試合や合宿、イベント会場や準備室、展覧会、発表会など、頑張っている人のところに出向いて、励ましとねぎらいの言葉とともに差し入れをします。展覧会や発表会の場合は「楽屋見舞い」と呼ばれます。

通常、品物か現金を贈りますが、相場はそのときどきで変わるのでとくに決まりはありません。品物には赤白の蝶結びの水引ののし紙をかけ、状況に合った表書きを書きます。肉類や魚介類など、贈り物が「生ぐさ物」の場合、のしはつけません。

相手の状況に合う贈り物を考えて

品物はその場に集まっている人すべてにいきわたることも念頭に置いて数は多めに用意し、先方が喜んでくれるものを選びます。

おすしやサンドイッチなどのすぐに食べられるものや、景気づけのお酒類やおつまみ、お菓子、ジュース、お弁当などもよいでしょう。ビール券や現金も喜ばれます。花を贈る場合は、その場にふさわしい明るく華やかなものを選びましょう。

先方が忙しいときには相手の負担も考えて長居をせず早めに引き上げるか、受付にメッセージとともに品物を預け、渡してもらうようにします。

都合がつかず現地に出向けないときは、品物に励ましの手紙を添えて送るとよいでしょう。

お見舞いのお返しは手紙で結果報告を

アドバイス

陣中見舞いは慣例としてお返しは不要です。しかし、受験や試合の結果が出たら、先方にはあとでお礼と報告を兼ねて手紙を差し上げるとよいでしょう。

陣中見舞いの表書き

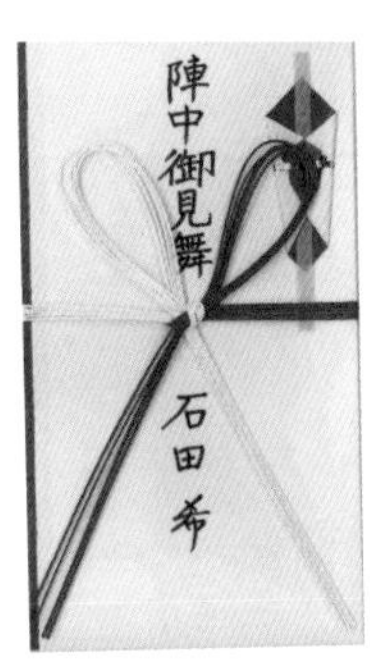

金額

金額はお見舞いの種類によって変わる。一般的には、親族の場合は1万円、友人知人の場合は5千円が相場。発表会の入場券をいただいた場合には同額程度を。現金の代わりにギフト券でもよい。

時期

合宿中や勉強中などのほか、発表会やイベント当日など、相手の都合がよく喜んでくれる時期に。先方は多忙なので、訪問日を事前に相談して決めること。

楽屋御見舞

赤白の蝶結びの水引とのしつきの祝儀袋。楽屋に伺う場合は「楽屋御見舞」、お茶会の場合は「水屋御見舞」に。目上の方へは「楽屋御伺」「水屋御伺」とする。

陣中御見舞

赤白の蝶結びの水引とのしつきの祝儀袋。合宿などには「陣中御見舞」、スポーツの試合には「祝必勝」「祈念必勝」、受験生には「合格を祈っています」など。

好ましい陣中見舞いの品

【イベントや個展には】

お酒類や大勢で食べられる食品などが一般的。食品の場合、手間がかからない個包装のものを選ぶなどの配慮を。また、場が華やぐフラワーアレンジメントも喜ばれる。花を贈る場合は、立て札に「祝ご出演」や「御祝」、「贈り主〇〇より」、宛名「〇〇さん江」などと書く。

【運動選手には】

水分補給や栄養補給になるドリンク類や果物、肉などの食品。食事制限がある場合なども考えられるので臨機応変に。

【受験生には】

菓子類やゼリー飲料など、勉強中にすぐに食べられる食料品が喜ばれる。

品物に添える手紙の文例

状況を気づかい、緊張をほぐすアドバイスを添えて。プレッシャーをかけすぎず、応援している気持ちを素直に伝えましょう。

> 受験勉強を頑張っていることと思います。まだ厳しい寒さが続きます。無理をしすぎずに睡眠をしっかりとって、体調にはくれぐれも気をつけてください。

選挙事務所の陣中見舞いには気をつけて

公職選挙法の改正により、選挙事務所においては基本的に「飲食物（湯茶及びこれに伴い通常用いられる程度の菓子を除く）を提供することができない」とされています。すべてが寄付行為とみなされるため、陣中見舞いとして安易に差し入れをすると先方がその後の処理に困ることもあります。事前に選挙事務所に申し出や相談をしてから行ってください。手紙で奨励したり、手伝いを申し出るなどの方法もあります。

贈り物の種類

日頃の感謝や成長を祝う気持ちを品物に託して伝える贈り物は、相手の立場になって選びましょう。

お中元・お歳暮

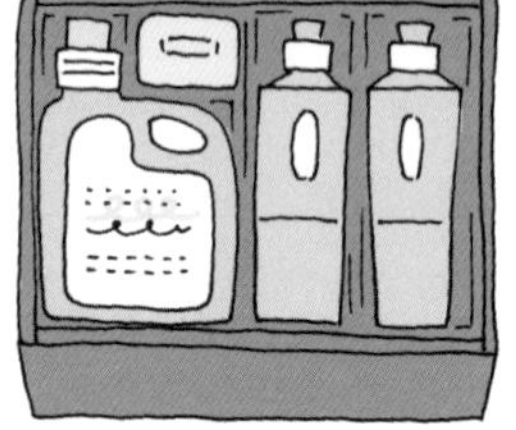

両親や親戚、職場関係など、日頃お世話になっている人に感謝の気持ちを込めて届ける、季節の贈答。

お年玉

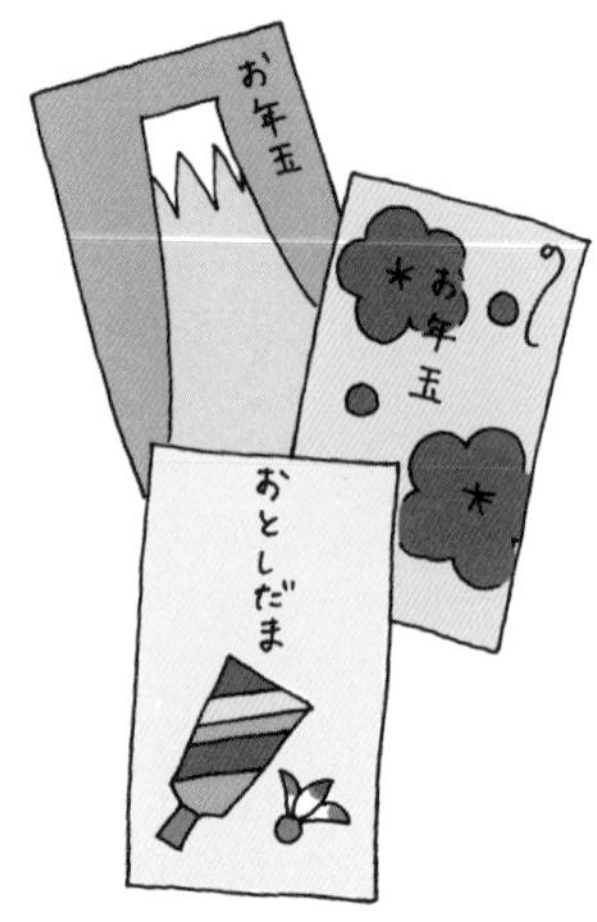

正月の年始まりで、親戚や親しい人の子どもたちに贈る。現金をそのまま渡さず、必ずポチ袋に入れて。

お花

陣中見舞いや発表会

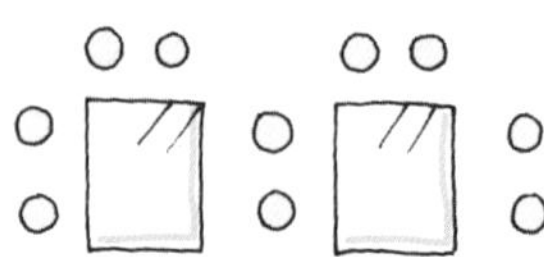

華やかなフラワーアレンジメントや胡蝶蘭の鉢植えなど。花瓶が必要なブーケは避ける。

病気見舞いの場合

香りの強い花や花粉・花びらが落ちる花、鉢植えは避けて、気持ちの和む花を選んで贈る。

父の日ギフト

6月第3日曜日に祝う父の日には、母の日ほどの認知度はないがバラを贈る習わしも。お酒やネクタイ、革製品などが一般的。

母の日ギフト

5月第2日曜日に祝う母の日には、日頃の感謝を込めて赤いカーネーションの花や好みの品を贈る。

お世話になったときのお礼の品

入院でお世話になった
看護師など関係者には

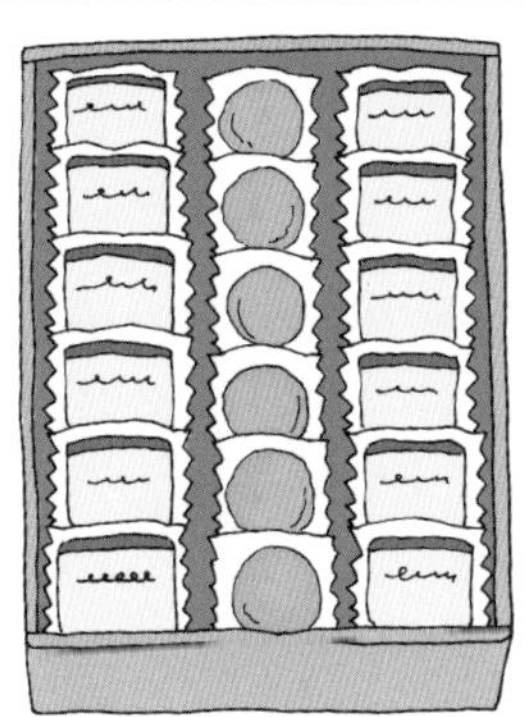

みんなで食べられるように、小分けになったお菓子などを退院前に届ける。金品の謝礼は受け取らない病院が多いので注意を。

受験で塾の先生や家庭教師に
お世話になったときには

合否にかかわらず、お礼の気持ちをきちんと伝えるのが礼儀。5千円程度の商品券やギフトカードを贈るのが一般的。

贈り物の選び方・包み方

贈り物選びのポイントは、相手をよく知ること。一人よがりではなく、喜ばれる品を贈りましょう。

贈る目的を決め相手の好みや生活に配慮する

基本

お祝いや慰め、感謝の気持ちがこもった贈り物をいただくと、自分を気にかけてくれたことにうれしくなるのは、いくつになっても変わりません。贈り物をする立場になったときも、そのうれしい気持ちを思い出し、相手が喜ぶ顔を思い浮かべながら選ぶとよいでしょう。

贈り物を選ぶときは、まず贈る目的をはっきりさせましょう。「感謝」「お祝い」「お礼」「お詫び」などの目的が決まったら、その目的に合った品を選びます。

その際、贈る品が相手の好みに見合っているかどうか、どのような生活スタイルを送っているのか、家族構成はどうか、健康状態は良好かなどを、考慮することが大切です。

たとえば、一人暮らしの人やご夫婦二人しかいないところへ、生鮮食品をたくさん贈ったり、病気で食事制限をしている人へお酒やお菓子などを贈ったりするのは、迷惑になるので気をつけましょう。

小さなお子さんがいる家庭には、グラスなどの割れやすい物を贈るのは避けます。贈り物の定番である花や植物も、アレルギーがある人もいるので、注意しましょう。

覚えておきたい贈り物のタブー

病気見舞いなど：死や病を連想させるもの
- 鉢植え（長く根づく）
- シクラメン（死苦ラメン）

新築や開業祝い：火事を連想させるもの
- ストーブ
- こたつ
- 灰皿

結婚祝い：切る・割れるを連想させるもの
- 包丁、はさみ（切る）
- 鏡、陶磁器（割れる）

縁起の悪い数
- 偶数（ただし、ペア物などはＯＫ。末広がりの８のみは最良数）
- ９（苦を連想）

慶事と弔事に用いるラッピング

キャラメル包み（慶事の場合）

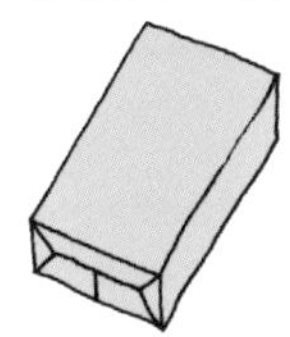

1

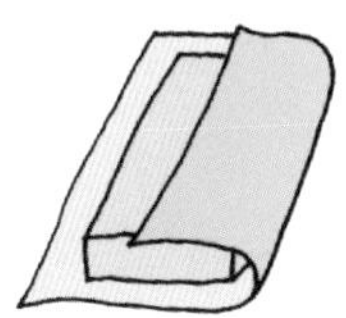

紙の左右が均等になるように、箱を包装紙（裏）の上に裏返しで置く。

2

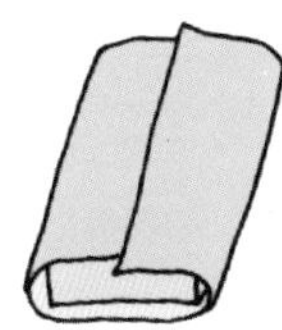

左側の端をかぶせてから右側の端をかぶせ、テープでとめる。※弔事の場合は、右側の端からかぶせる。

3

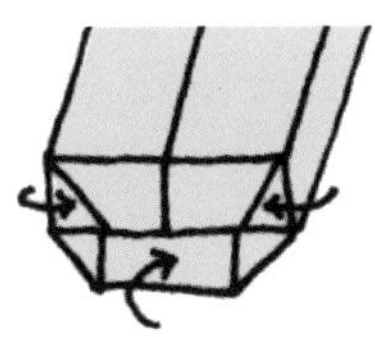

側面の紙を箱の縁に合わせて折り込む。

4

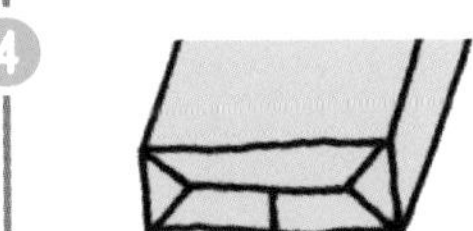

箱の裏面側の紙から折り、もう一方を折り込んで、テープでとめる。反対側も同様に折る。

5

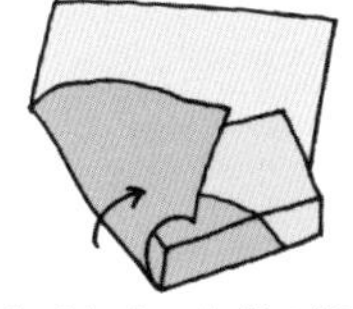

合わせたら、左側の紙を箱の上にかぶせる。

6

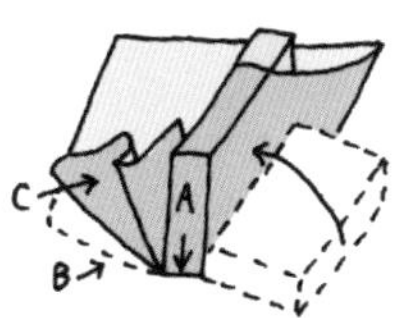

Cを内側へ引っぱりながら、箱のAの線から折り線がはみ出ないように、Bのラインを調整する。

7

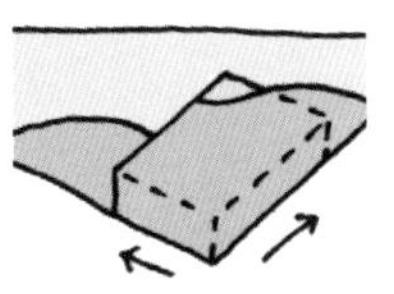

包装紙にたるみがないかどうかを確認する。

8

❸・❹と同様に、残りの包装紙を箱にかぶせていく。

9

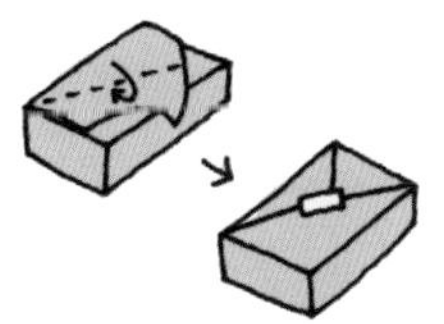

包装紙の端は、箱の対角線上に折り込む。テープを貼るのは1カ所のみにする。

斜め包み（慶事の場合）

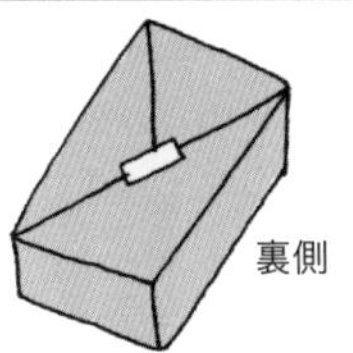

1

裏側を上にして包装紙を広げ、箱の正面を上向きにし、角3点がのるようにする。箱の天（上）を左側、地（下）を右側に。※弔事の場合は、箱の天地を逆にする。

2

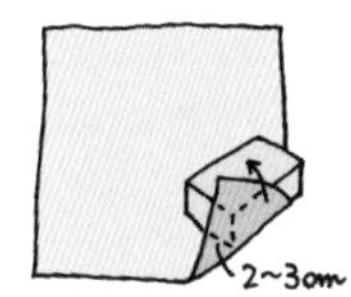

手前の包装紙を、箱の左側に2～3cm余裕を持たせながら、左角にかぶせる。

3

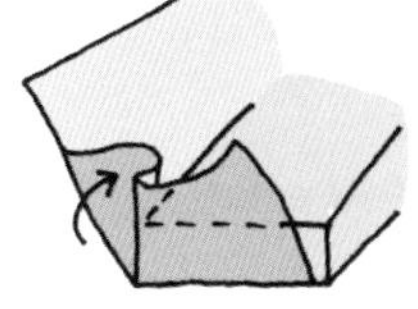

紙がたるまないように、箱の角の線に合わせて折り込む。

4

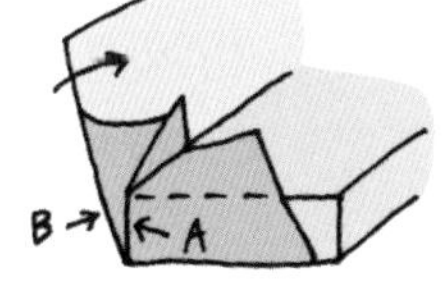

左側の紙を持ち上げながら、Bのラインを箱のAの線に合わせる。

贈り物の贈り方・いただき方

贈り物は、自宅に届けるのがしきたりですが、贈るときは送り状を、いただいたらお礼状を忘れずに。

●贈り方

贈り物を配送する場合は送り状を必ず添えて

基本

できる限り相手の自宅へ贈り物を持参するのが原則です。ただし、忙しさからデパートや店舗から直接、相手先へ配送するケースも増えています。

その際に注意したいのが送り状です。贈り物と送り状を一緒に送る場合もありますが、別々に送る場合には、必ず送り状が先に届くように手配し、品物だけが先に届かないようにするのがマナー。品物だけの送りっぱなしでは、素っ気ない印象を与えてしまいます。

送り状には届く日時や品物の内容を明記する

アドバイス

送り状には、季節のあいさつや感謝の気持ちを述べるとともに、「いつ頃届くか」「どんな品か」「何に対してのお祝い、お礼、お見舞いか」を明記し、押しつけがましい表現にならないように配慮することも重要です（446ページ参照）。旬のものや名産品の場合は、食べ方や保存日数、使い方や由来なども書くと親切です。

親しい仲であれば、送り状ではなくメッセージカードのようなものに感謝の気持ちを書いて、品物に添えるとよいでしょう。

送り状のポイントと文例

送り状には、時候のあいさつや相手の安否を問う言葉に続き、品物の内容と贈った理由、分かればいつ頃届くかも書き添えます。

●一般的な送り状の文例

「○○のしるしに、心ばかりの品を別便にてお送りしました。ご笑納いただければ幸いです」

「○○から配送し、○日に届くとのことです。よろしくお願いいたします」

●旅先から名物や土産を贈る場合の文例

旅の様子や風景などを書き添える。

「今はちょうど、名物の○○が実をつけています」

「3、4日後が食べ頃と聞いております。どうぞご賞味下さい」

手渡しの贈り物は感謝の気持ちを具体的に

基本

目上の方から訪問の上で贈り物をいただいた場合には、「お心づかいありがとうございます。ちょうだいいたします」とお礼を言って、両手で丁重に受け取り、品物をいったん上座に置いて敬意を表します。

友人などの親しい相手であれば、その場で封をあけて喜びを分かち合うのが、最近の風潮になりつつあります。中を見たら、「うれしい」「ありがとう」だけではなく、その品の感想と感謝の気持ちを、できるだけ具体的に伝えましょう。

その場で一緒に食べられるような生菓子なら「おもたせで失礼ですが」と言って、席に出す場合もあります。

贈り物をもらったらお返しよりも礼状を

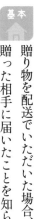

贈り物を配送でいただいた場合、贈った相手に届いたことを知らせるためにも、お礼の電話を当日か翌日までにするようにし、感謝の気持ちを伝えましょう。

お礼状を送る場合は、贈り物をいただいてから3日以内に届くようにするのがマナーです。目上の人には封書が原則ですが、はがきでも失礼ではありません。

お返しは逆にあせらず、10日から1カ月ほど間をあけます。お返しを急ぐと、借りを早く返したいという印象を、相手に与えかねないからです。なお、お返しが必要な場合、不要な場合とがあるので、贈り物をいただいた際には、必ず確認するようにしましょう。

贈り物のお返しがいる場合・不要な場合

お返しが必要

- 結婚祝い（披露宴に招待しなかった人には内祝いとして）
- 出産祝い（内祝いとして）
- 初節句・初誕生日・七五三（祝いの席を設けておもてなしをするか、内祝いとして品物とお礼状を送る）
- 病気見舞い（快気内祝いとして。全快しなかった場合お礼として）
- 香典
- 就職祝い（初任給からお礼を）
- 開店祝い（引き出物）

お返しが不要

- 入園・入学、卒業、成人式（お礼状を必ず送る）
- 長寿祝い（本人が祝宴を主催した場合は引き出物）
- 新築祝い（招待できなかった人には内祝い）
- 昇進、栄転、退職、餞別、災害見舞い、お中元、お歳暮（お礼状のみ）

お年賀・お年玉

年神様からの贈り物としてお供え餅を年少者に分け与えたのがお年玉の始まりといわれています。

年の始まりを祝う風習

基本

新しい年が明けたことを祝う風習を「お年賀」といいます。年始のあいさつをする際には「お年賀」として品物を持参しますが、とくに目上から目下に贈る金品は「お年玉」として定着しています。

お年賀は実家の両親や仲人・媒酌人などのほか、日頃のお付き合いの上でとくにお世話になっている方々に対する年始あいさつとして欠かせないもので、松の内（関東：元旦から7日、関西：元旦から15日）に行うとよいでしょう。あらかじめ先方の都合を伺い、元日や午前中は訪問を控えましょう。

アドバイス

あいさつは玄関先で済ませるのが基本です。上がるようにすすめられても、「今日は予定がありますので」とひと言添えて、丁重にお断りするのがマナー。服装は、男性ならスーツ、女性ならワンピースやツーピース、和装の場合は小紋などのややあらたまったものにします。

年賀の品は清酒や焼き菓子など、日持ちするものが一般的ですが、相手の好みや家族構成、年齢、人数などを十分考慮して、喜んでいただけるものを選ぶことを心がけましょう。金額は500～千円程度を目安に。

水引は赤白の蝶結びでのしをつけ、表書きは「御年賀」「お年始」とします。

お年玉は必ず包んで

お年玉は、身内や親戚の親しい子どもに贈るものですが、両親や祖父母に贈ることもあります。

水引は赤白の蝶結びでのしをつけるのが正式ですが、「お年玉」と表書きをしたポチ袋や小さな祝儀袋に入れるのが一般的です。新札を入れる場合は、表を内側にして三つ折りに。両親や祖父母に贈る場合は、小さな祝儀袋に入れ、表書きは「御慶」「新年御挨拶」とします。

ポチ袋などがない場合は、半紙などに包んで渡します。お札をむき出しで手渡しすることは避けましょう。

お年賀の包み方

贈り物は風呂敷に包んで持参するのが本来のあり方です。

あらたまった新年のごあいさつには風呂敷を利用するとよいでしょう。風呂敷には慶事用・弔事用・手土産に適したものなどがあります。場合によって使い分けましょう。

隠し包み

平包みに次いで、フォーマルな席に用いられる方法です。

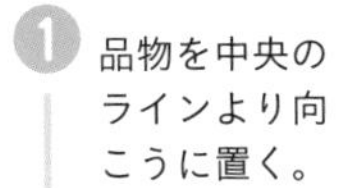

1. 品物を中央のラインより向こうに置く。

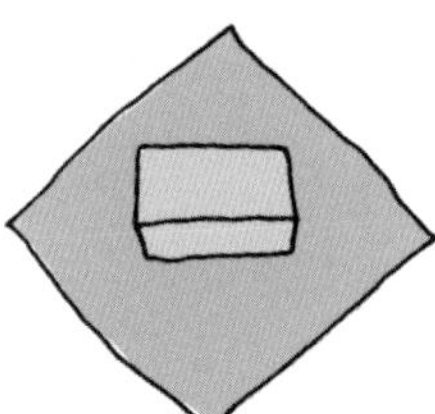

2. 風呂敷の手前の角を向こうの角に合わせて折り、左右の角を結ぶ。

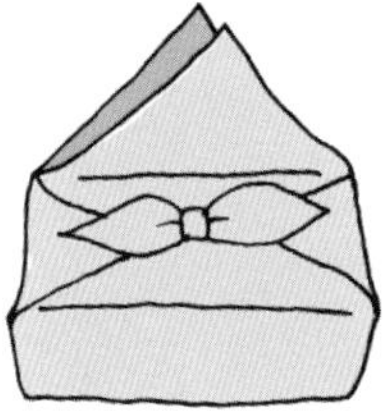

3. 向こう側の布を手前に巻き込んでまとめる。結び目が見えずに美しくまとまる。

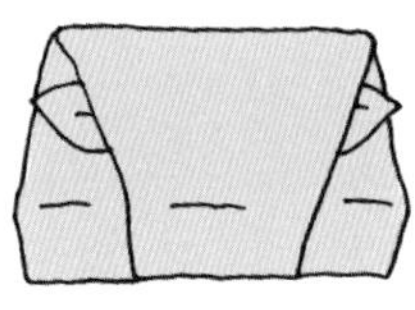

お使い包み

日常の訪問でも使える包み方です。

1. 風呂敷の中央に品物を置いて、手前と向こうの角をかぶせる。

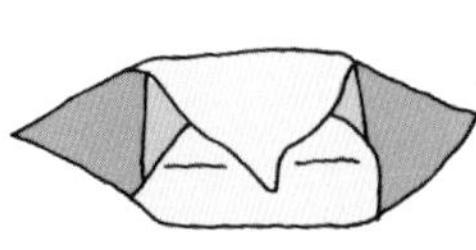

2. 左右の角を結ぶ。

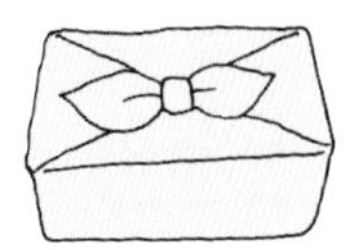

平包み

フォーマルな包み方です。結び目をほどくことがないので、結婚などのお祝い事に用いられます。

1. 手前、左、右の順に風呂敷をかぶせる。

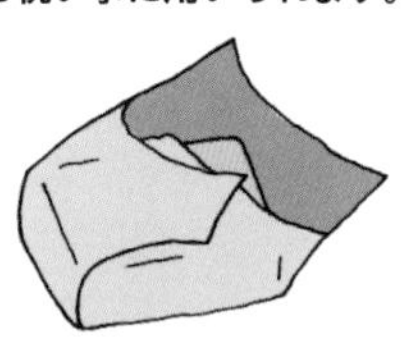

2. 向こうの布を手前に巻き込んでまとめる。

お年玉の金額の目安

年齢	金額
未就学生	500～1000円
小学1・2年生	1000～2000円
小学3・4年生	2000～5000円
小学5・6年生	3000～5000円
中学生	5000～1万円
高校生	5000～1万円
そのほかの学生	1万～2万円

お年玉は本来、目上から目下に渡すものなので、上司など目上の人の子どもに渡すのは失礼とされていますが、「お年賀」として品物で渡すか、「御本料」の表書きにして渡すか、図書カードなどを贈ってもよいでしょう。小さな子どもには、おもちゃやお菓子をお年玉代わりに贈っても喜ばれます。

お中元・お歳暮

ひと言感謝の気持ちを添えて贈りましょう。毎年のことなので、贈ったものなど書きとめておくとよいでしょう。

お世話になっている人へ季節のごあいさつを

基本

お中元は盂蘭盆（うらぼん）の施餓鬼（せがき）の供養が始まりとされ、古代中国で7月15日を中元といったことから、半年の無事を祝って食べ物を贈るのが習わしとなりました。現在は食べ物に限りませんが、7月15日まで（地域によっては8月15日まで）に贈るのが原則です。7月16日以降は「暑中御見舞」「暑中御伺」（目上の人の場合）とし、立秋を過ぎたら「残暑御見舞」「残暑御伺」（目上の人の場合）とします。

お歳暮は、一年の締めくくりに日頃お世話になった方にお礼の気持ちを表すもの。12月20日までに贈り、新年向けの生鮮食品の場合は、年末近くに贈るようにしましょう。元日から1月7日までならお年賀を、1月8日以降なら「寒中御見舞」「寒中御伺」（目上の人の場合）とします。

その季節に喜ばれる食品や実用品など、相手に役立ちそうなものを選びましょう。カタログギフトにして選んでもらうのもひとつの方法です。

アドバイス

本来は持参しますが、店から直接配送しても失礼にはなりません。その際は送り状を品物が届く前に出すか、品物に同梱して感謝の気持ちを表します。お中元・お歳暮を受け取った場合、3日以内にお礼状を出しましょう。目下から目上への感謝のしるしなので、お返しは不要です。

お中元を贈った相手にはお歳暮も贈るのが基本ですが、どちらか一方を贈る場合は、一年の感謝を込めてお歳暮にします。また、通常のお祝い事ではないので、贈る側・贈られる側どちらかが喪中でも、贈って差し支えありません。

贈る時期と金額の目安

【お中元】

7月初旬～15日（地域によっては8月15日まで）。3千～5千円。

【お歳暮】

12月初旬～20日頃（正月用食品の場合は年末まで）。3千～1万円。前年より低くならないよう注意を。

お中元・お歳暮の人気商品

お中元では暑い夏に喜ばれる食品類や夏を快適に過ごすための季節感のある実用品が、
お歳暮では年越しやお正月に役立つ食品類が喜ばれます。

お中元

第1位	洋菓子
第2位	アイスクリーム・ジェラート・ゼリー
第3位	和菓子
第4位	ご当地グルメ
第5位	ハム・ソーセージ
第6位	果物・野菜
第7位	ビール・クラフトビール
第8位	海鮮・魚・水産加工品
第9位	ジュース・ソフトドリンク・コーヒー・紅茶・お茶
第10位	うなぎ

株式会社髙島屋・株式会社ロイヤリティ マーケティング調べ「2019年5月「お中元」に関する調査」

お歳暮

第1位	洋スイーツ・洋菓子
第2位	和菓子
第3位	肉・肉加工品
第4位	魚介・海鮮・水産加工品
第5位	果物・野菜
第6位	飲料・お酒
第7位	調味料・漬物・佃煮・海苔
第8位	カタログギフト
第9位	米・おこわ・麺類
第10位	おせち

株式会社ハースト婦人画報社調べ「2021年 お歳暮に関する調査」

地域によって変わるお中元の時期

年々早まる傾向がありますが、新盆に贈るか旧盆に贈るかによります。東北・関東・北陸では、7月15日を過ぎた場合は8月7日頃の立秋までに「暑中御見舞（御伺）」として贈るのに対し、そのほかの地域は8月終わりまでに「残暑御見舞（御伺）」として贈るのが普通です。

北海道	7月15日～8月15日
東北	7月1日～7月15日
関東	7月1日～7月15日
北陸	7月1日～7月15日
東海	7月15日～8月15日
関西	7月15日～8月15日
中国	7月15日～8月15日
九州	8月初旬～8月15日

花を贈るマナー

花を贈るときは、その場に応じて作法や贈る花の種類があるので気をつけましょう。

基本 TPOに合った花を贈る

花の贈り物は、見た目の華やかさや花言葉の持つ意味などがあるため、贈る側にとって便利な贈り物です。また、贈られる側にとっても大変うれしいものです。

古来ポピュラーな贈答品としてやり取りされることの多い花ですが、目的に応じた作法や花の種類に従い、喜ばれる贈り方を心がけましょう。

開店・開業や新築祝いでは、鉢植えやアレンジメント、観葉植物がよいでしょう。その際には室内の雰囲気に合わせたものを選びます。赤色は火を連想させることから嫌う場合もありますので、避けたほうが無難です。

イベント会場など陣中見舞いには、景気づけの意味でも華やかな雰囲気の豪華なアレンジメントが喜ばれます。誕生日祝いには相手の好きな花や誕生花を贈るのもよいでしょう。

病気見舞いには、香りの強い花や花粉・花びらの落ちる花、葬儀に使われる花、鉢植えは避けましょう。シクラメンやクチナシの花も「死」や「苦」を連想させるのでタブーです。気持ちが和む明るい花を選びましょう。

花を贈るときは、贈り方や花選びなどを花屋さんに相談すると、適切な贈答ができて安心です。

花を贈るタイミング

☑新築祝い
新居が完成してから半月以内に届くように贈る。

☑当選祝い
当選決定後なるべく早く（遅くても1週間以内）に贈る。

☑誕生日祝い
当日もしくは誕生パーティーがある場合はパーティー当日に贈る。

☑四十九日、お盆、法事、ご命日
それぞれの当日に贈る。

☑開店・開業祝い
パーティーがある場合はパーティー当日までに。ない場合は開店・開業の当日に贈るのが一般的。開店当日は忙しい場合があるので前日くらいがよい。もし遅れてしまった場合はなるべく早めに贈る。

☑長寿のお祝い
誕生日当日もしくは、家族や親戚が集まってお祝いする日に贈る。

花の種類

【アレンジメントフラワー】

花器を必要とせず、スペースがあればどこにでも飾ることができるため、お誕生日・結婚式・お礼・記念日・パーティーなどあらゆる贈答に使える。生花ではなくアートフラワーなどを使用する場合もある。

【ブーケ】

発表会の出演者やパーティーの主催者などに贈ると、その場が華やかな雰囲気に。病気見舞いのときには、場合によっては花器を持参するとよい。

【鉢植え】

贈答品としては胡蝶蘭の鉢植えが有名。長期間楽しめるため、贈り物として喜ばれるが、病気見舞いには「根づく」が「寝づく」に通じるためタブーとされている。

【プリザーブドフラワー】

生花を溶液につけ脱水着色したもので、生花に近い状態の花のアレンジメント。水やりが不要で長期保存ができるため、イベント会場や、香り・花粉を嫌う病院のお見舞い向き。

胡蝶蘭の基本

胡蝶蘭の鉢植えは、開店祝い・就任祝いなどの法人向けのお祝いや、新築祝い・還暦祝いなど格式のある場面で使われることが多いものです。理由としては「幸福が飛んでくる」という花言葉や、見栄えがよく、高級感があり、長持ちするのでしばらく飾ってもらえることなどがあげられます。花の色は白、リップ（白い花びらと赤い唇弁が組み合わさったもの）、ピンクが主流です。定番色の白は、お悔やみの場合にも使えます。
本数が増えれば豪華になり、金額も高くなります。鉢植え全体の大きさにも影響するので、贈り先のスペースなども考慮に入れて選ぶようにしましょう。

日常のお礼

日常においても、さまざまな場面でお礼をする機会があります。対応の仕方を覚えておきましょう。

お世話になったときには感謝の気持ちを

基本

日常生活の中でも、お礼を伝えるさまざまな場面があります。とくにお世話になったときには、感謝の気持ちを伝えるとともに、現金や品物などのお礼の品を贈りましょう。

進学したとき

家庭教師や塾の先生には、合否にかかわらず、お礼をしましょう。金額は5千円を目安に。現金は避け、ギフトカードや商品券がよいでしょう。

習い事の先生

発表会を無事終えたときや、資格を取ったときなどには、日頃お世話になっている習い事の先生にお礼として現金を包むのが一般的です。

現金は祝儀袋か白い封筒に入れて、表書きは「御礼」「薄謝」「寸志」にします。金額は習い事によって違うので、長く習っている人に贈り方を尋ねて、それに従うと確実です。

お礼の表書き

【心づけ】

ポチ袋や小型の封筒に入れて。表書きや名前は不要。

【お礼】

赤白の蝶結びの水引にのしつきの祝儀袋か白い封筒に入れる。表書きは「御礼」が一般的。

お世話になった医師へ

本来は必要ありませんが、無事に退院した感謝を表すために治療費以外のお礼を渡すことがあります。商品券や金品のお礼を考えている場合は、謝礼を受け取らない病院が増えているので、規則に従いましょう。

1万〜3万円が目安ですが、金額に決まりはありません。水引は赤白の蝶結びでのしをつけ、表書きは「御礼」とします。看護師にお礼をする場合は、分けられる菓子類をナースステーションに届けるとよいでしょう。

心づけ

旅館に泊まったときの、部屋づきの仲居さんへの心づけは、あくまで感謝の気持ちを表すものなので、とくに決まりはありません。最近では、宿泊費にサービス料が含まれていることが多いので、その場合は心づけを渡す必要はありません。

渡すときは現金をむき出しにせず、懐紙に包むかポチ袋に入れましょう。最初に部屋に案内され説明を受けたあとに、「お世話になります」という言葉とともに両手で渡します。

引越しのとき

転居をする際は、マンションなら管理人と両隣・上下階の住人に、戸建なら両隣と向かい3軒、町内会の世話人などにあいさつをしましょう。

今までの感謝の気持ちを伝えるとともに、相手の負担にならない程度の品物を贈ります。500〜千円程度の、石けんやタオルなどの消耗品や日持ちのするお菓子などが一般的。赤白の蝶結びの水引が印刷されたのし紙をつけ、表書きは「御礼」にします。相手が餞別を気にしないよう、2日前〜前日にあいさつに伺うとよいでしょう。

引越しを手伝ってくれた友人にはお礼の品を渡します。運送業者には「寸志」と書いた祝儀袋かポチ袋に、一人あたり千円程度を目安に入れて一人ずつ渡します。代わりに、飲み物などを出してもよいでしょう。

お祝い・お見舞いのお礼

時代とともにお礼の意味合いも変化しています。なかには、お礼（お返し）が不要な場合もあります。

お礼が不要な場合も

基本

お見舞いやお祝いをいただいた場合には、お返しをするのがマナーです。古くは「祝儀は倍返し、不祝儀は半返し」といわれてきましたが、近年では祝儀のお返しはいただいた金額の3分の1から半分程度、不祝儀は3分の1から半返しが一般的になっています。

ただしお中元・お歳暮・お年賀は日頃のお礼なので、お返しが不要です。

このほかにも目上の人からいただいた餞別や、勤務先からの祝儀や不祝儀、入学や就職祝いに対してもお礼返しは不要ですが、必ず感謝の気持ちを込め

お礼の金額の目安と品物

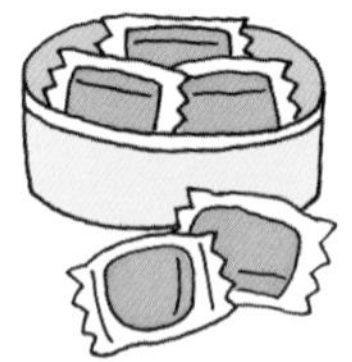

【初節句・初誕生祝い】

いただいたお祝いの半額程度の日用品や食品など。

【出産祝い】

いただいたお祝いの半額程度の日用品、食器、食品など。

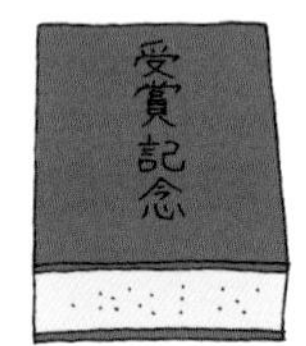

【受賞・受章祝い】

いただいたお祝いの半額程度。賞（章）名や日付を入れた食品や記念品など。

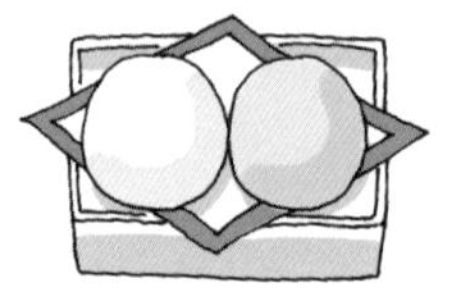

【長寿祝い】

数千～1万円程度。赤飯・紅白饅頭や食器、花瓶などの記念品。

【開業・開店祝い】

数千円程度。業種にちなんだ品や縁起物など。会社名や店舗名を入れて。

【新築・転居祝い】

いただいたお祝いの半額程度の日用品、食器、食品、花器など。

て手書きのお礼状を送りましょう。

病気などで入院した際にいただくお見舞いに対してもお礼返しは不要ですが、病気が全快した場合には快気内祝いを送るのがマナーです。その場合、水引は結びきりにします。

お礼の表書き

祝儀袋を用います。赤白の蝶結びの水引にのしつきで、お礼の場合の表書きは「内祝」とするのが基本です。そのほか、長寿祝いのお礼は「内祝」「還暦（古希、喜寿）内祝」などに、受賞・受章祝いは「内祝」「○○賞（章）受賞（章）記念」などに。子どもがいただいたお祝いのお返しは、水引の下に子どもの名前を入れます。

お礼をするタイミング

昇進・栄転祝い

お返しは不要でお礼状が一般的。お祝いが届いたら早めに。お付き合いの度合いにより「御礼」として品物を渡すこともある。

開業・開店祝い

披露パーティーを開き、引き出物として。

定年・退職祝い

基本的にお礼は不要。お礼状が一般的。後日近況報告を兼ねたお礼の手紙を出す。お付き合いの度合いにより「御礼」「粗品」として品物を渡すこともある。

お中元・お歳暮・お年賀

基本的にお礼は不要でお礼状が一般的。お付き合いの度合いにより、お礼を渡すときは時期をずらして、「暑中御見舞」「残暑御見舞」「御年賀」「寒中御見舞」「御挨拶」などとして贈る。

病気見舞い

退院・床上げ後1～2週間以内に。「快気内祝」「内祝」などとして贈る。

災害見舞い

基本的にお礼は不要で、お礼状が一般的。後日近況報告を兼ねたお礼の手紙を出す。品物を返す場合はすっかり落ち着いたあとに「御礼」「御見舞御礼」として。

出産祝い

お宮参りの頃に。

初節句・初誕生祝い

1週間以内を目安にお礼状を添えて。

七五三祝い

1週間以内を目安にお礼状を添えて。

入園・入学祝い

お返しは不要でお礼状が一般的。お祝いが届いたら早めに本人および親から感謝の気持ちを込めてお礼の手紙を。

卒業・就職・成人祝い

お返しは不要でお礼状が一般的。お祝いが届いたら早めに本人および親から感謝の気持ちを込めてお礼の手紙を。

長寿祝い

パーティーを開いた場合は当日の引き出物として。そのほかの場合は1週間以内に。

受賞・受章祝い

パーティーを開いた場合は当日の引き出物として。そのほかの場合は1週間以内に。手紙や電話には、一段落したらお礼状を。

新築・転居祝い

新居に招待することがお返しなので、身辺が落ち着いたら。

Q&A 贈り物・お礼

Q 職業柄、贈り物を一切いただけません。受け取り拒否をしたいのですが。

A 職業倫理上、贈り物を受け取れない人がいます。それを知っているうえで、相手が贈ってきた場合には、受け取りを拒否してかまいません。それを相手が知らないようなら、理由を説明したうえで、丁寧にお断りしましょう。

単に個人の主義で断りたい場合には、今回のみは受け取って、このような理由で今後は辞退したいと書き添えたお礼状を相手に送ります。

Q 生鮮食品を贈りたいのですが、相手の負担にならないようにするには?

A 生鮮食品は、なるべく早く相手の手元に届くようにすることが大切です。配送なら、宅配便などの期日指定サービスを利用し、配達予定日時を送付状に書き添えたうえで、品物より先に着くように送ります。

送り先の家に昼間はだれもいないのなら、指定時刻を夕方以降にするなど、相手の生活スタイルに合わせた配慮が必要です。

Q 近所の人などにおすそ分けをいただいた場合、容器を返すときのマナーは?

A 容器をきれいに洗って返すのが最低限のマナーですが、感謝の気持ちを表す「お移り」という習慣もあります。もともとは、いただき物を神棚に供え、得られたご利益をおすそ分けするために、「紙」に「神」の意をかけて懐紙や半紙を容器に入れて返していました。現代では、ペーパーナプキンやキャンディなどの小さなお菓子で代用できます。

6章

おもてなし・食事のマナー

末永くよい関係を築いていくためには、敬意を持って相手とお付き合いすることが大切です。訪問するときや、もてなすときは、丁寧な言葉づかいと美しい所作を心がけ、お互いに気持ちよく過ごせるようにしましょう。

訪問のマナー

訪問時には事前に連絡をすることが基本。ビジネスでもプライベートでも相手への敬意を持って行動を。

❶ 訪問する前に

先方と必ず日時の約束をし、行き方は事前によく確認しておきます。手土産は先方の好みも考え、あらかじめ用意しておきましょう。ただし、訪問先の近くで調達するのは失礼にあたります。訪問に応じた服装を心がけて、ビジネスでは5分前、個人宅には5分程度遅れて伺います。

ポイント

- 訪問先の相手の都合を、あらかじめ確認する。
- 初めての訪問先は、事前に道順や所要時間を確認する。
- 手土産を用意する。
- 失礼にならない、カジュアルすぎない服装を準備する。

手土産は風呂敷に包むか、お店の紙袋に入れて持参する。

❷ 玄関先では

チャイムを鳴らす前に、身だしなみのチェックをしましょう。コートを着ている場合は、玄関の外で脱ぎ、きちんと裏返しにたたみます。雨で服やカバンが濡れていたらふいておきましょう。

玄関に会釈をして入り、静かにドアを閉めます。上がることが決まっていたら、玄関では簡単なあいさつをしてから上がり、たたんだコートなどを玄関先に預けるようにします。

ポイント

- 身だしなみが整っているか、チャイムを鳴らす前に確認する。
- コートは玄関に入る前に脱いで、裏返しにたたむ。
- ドアは静かに閉め、あいさつをする。

出迎えの人にお尻を向けないようにドアを閉める。

❸客間でのふるまい

洋室の場合

あいさつは立ったまま行い、手土産を渡します。手土産は袋から出して、正面を相手に向けて言葉とともに渡します。椅子にはすすめられてから座りましょう。

ポイント

- あいさつをするときは必ず立つ。
- 座る前に手土産を渡す。

和室の場合

座布団には座らず、下座に座って、あいさつをします。手土産は袋などから出しておき、言葉を添えて両手で差し出します。座布団にはすすめられてから座ります。

ポイント

- あいさつは、下座に正座をしたままで。
- あいさつをしたら、手土産を渡す。

❹もてなしを受けるときは

お茶やお菓子のもてなしは、好みを聞かれたらはっきり伝え、すすめられたら遠慮なくいただきましょう。用件はお茶やお菓子をいただいてからにしますが、お詫びの場合は口をつける前にするとよいでしょう。

ポイント

- お茶などの好みを聞かれたら、はっきり伝える。
- 用件を伝えるのは、お茶をいただいてからにする。

お菓子は左端からひと口大に切っていただく。

❺おいとまをするときは

長居をせずに適切なタイミングでおいとまを切り出します。訪問時間は1時間くらいを目安にしましょう。

お茶やお菓子をいただいたら、部屋で丁寧にあいさつをし、玄関では簡単なあいさつで済ませます。後日電話や手紙でお礼の気持ちを伝えましょう。

ポイント

- おいとまを切り出すのは、必ず訪問した側から。
- 訪問してから2〜3日以内に、電話や手紙などであらためてお礼を伝える。

訪問した側がタイミングを見計らい、おいとまを告げる。

訪問する前の準備

事前の連絡、手土産の用意、そして訪問するときの服装など、相手の立場に立って準備を進めましょう。

必ず前もって約束し行き方の確認を

どんなに親しい間柄であっても、突然の訪問はマナー違反です。訪問をする際は、前もって用件を先方に伝え、都合のよい日時を決めてから出向きましょう。

親しい間柄なら電話やメールで約束をすれば問題ありません。目上の人の自宅に伺うなど、あらたまった訪問の場合は、いつ頃、どのような目的で訪問したいかを1カ月くらい前までに手紙で伝え、手紙が着いた頃にあらためて電話をしましょう。

訪問の日時を相談するときは、こちらの都合で一方的に決めるのではなく、「できれば○月○日の午後ですとありがたいのですが」というように希望を伝えましょう。だれかと一緒に行きたい場合も、伝えておきます。

約束の時間に遅れないようにするために、あらかじめ行き先の道順や所要時間などを確認し、早めに家を出ましょう。とくに車で訪れる場合は渋滞を想定し、時間に余裕を持って行動を。事前に駐車場の有無も確認しておきましょう。個人宅を訪問する場合は、おもてなしの準備をしている先方の状況を配慮し、5分程度遅れて着くようにしましょう。それ以上遅れる場合は、早めに連絡をします。

手土産は事前に準備を

訪問するときは手土産を持参するのが一般的です。その際は、「間に合わせ」の印象を与えてしまうこともあるので、訪問先の近所で調達することは避け、前もって準備しておきましょう。

先方の家族構成も考慮し、喜ばれるものを選びたいものです。お中元やお歳暮の持参が目的の訪問には手土産は必要ありません。

菓子折りや果物などが無難ですが、人数の少ないお宅には量を注意したり、盛夏には日持ちしないも

のは避けるなど、場合に応じた配慮をしましょう。

高価すぎる手土産も相手に負担をかけることになります。お酒を持参するときは、相手が病気などで禁酒をしていないかどうか確認を。あらたまった訪問の場合は、風呂敷に包んで持参するとよいでしょう。

菓子折りや果物が一般的。盛夏は日持ちしない生菓子などは避ける。

相手を不快にさせない服装を

訪問する目的や相手との関係性にもよりますが、ティーシャツや短パンなどの軽装や、派手すぎる服装はＮＧ。服装は前日までに決め、シワや汚れがないかを確認します。

一度試着し、正座をしたり椅子に座ったりして、動きづらかったり、大きく露出したりするようなら、ふさわしいものに変更しましょう。

とくに夏は、素足でサンダルを履くことが多いですが、素足で家に上がるのはマナー違反なので、靴下やストッキングを必ず履きましょう。穴があいていないか、清潔かどうかもチェックを。また、靴は玄関で必ず脱ぐので汚れが目につきやすいもの。外側も内側も汚れていない靴を履きましょう。

女性の服装

ワンピースやツーピース、和装なら訪問着がよい。和室に通されることも考慮してタイトスカートやミニスカートは避けて。メイクや髪型にも清潔感を意識。

男性の服装

あらたまった訪問にはスーツにネクタイがよいが、ジャケットにネクタイも許容範囲。あらたまった訪問でなくてもティーシャツやジーンズは避けたほうが無難。

玄関先でのマナー

靴を脱ぐ日本の住宅では、玄関先でのふるまいが大切。相手に不愉快な思いをさせないように配慮を。

玄関に入る前に身だしなみをチェック

チャイムを鳴らす前に身だしなみを整えましょう。コートやマフラー、手袋、帽子を玄関先で脱いでから髪や服装を整えます。雨の場合は荷物やコートの水気をふき取っておきます。

ドアは静かに閉めて

ドアが開いたら簡単なあいさつをして中に入ります。相手にお尻を向けないよう体を斜めにして静かにドアを閉めましょう。目線は手元に、後ろ手でドアを閉めないように。

玄関の外であらかじめコート類を脱いで、身だしなみを整える。

傘は玄関の中に持ち込まず、外に立てかけるようにする。

あいさつは簡単に済ませる

基本

玄関先では「こんにちは」「お邪魔いたします」など、簡単なあいさつで済ませ、正式なあいさつは部屋に通されてから行います。上がるつもりがない場合は、「玄関先で失礼します」と述べます。

コートは玄関の隅に置く

玄関の外で脱いだコートは裏返しにたたんで腕にかけておきます。玄関に入ったら、相手の了承を得てから玄関の上がり口の隅に置かせてもらいます。先方が預かってくれる場合は、遠慮なく預けましょう。

玄関の上がり方と靴のそろえ方

❶

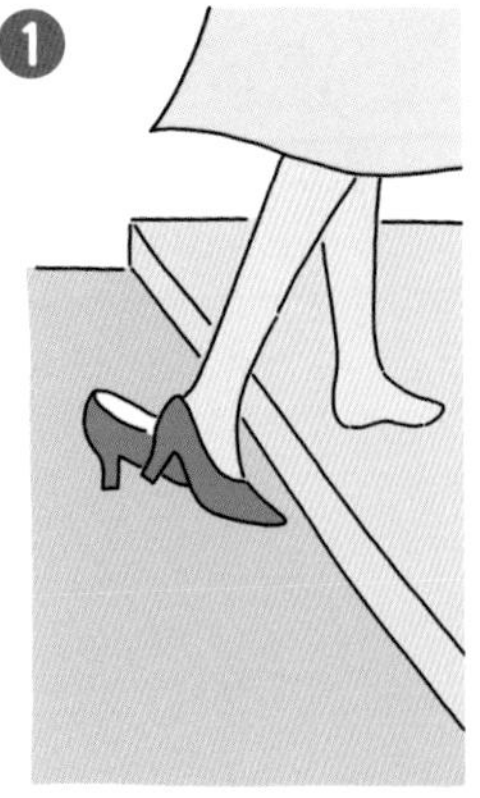

前を向いたまま出迎えの人と離れたほうの足から上がる。

❷

靴をそろえるときは、相手にお尻を向けないように注意。斜めに膝をついて座る。

❸

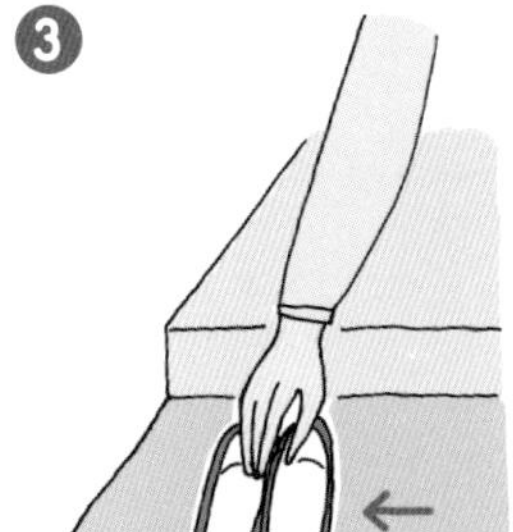

靴の内側をそろえて持って靴の向きを変え、下駄箱のあるほう（下座）に置く。

玄関先で気をつけること

- 雨の日でコートや荷物が濡れていたら、玄関の外であらかじめふく。

- 手土産は部屋に通されてから渡すのがマナー。ただし生花や生鮮食品、アイスクリームなどは玄関先で渡す。
- ドアを閉めるときは、出迎えの人にお尻を向けないように体を斜めにして。後ろ手で閉めるのはNG。

- 玄関では簡単なあいさつを。よい姿勢で、腰から曲げてお辞儀をする。
- コートは持って上がり、断ってから玄関の隅に置かせてもらう。コートかけを使う場合も、ひと言断ってから。
- コートは、「置かせていただいてよろしいですか」と声をかけてから、玄関の隅に置く。

客間に通されたときのマナー

洋室と和室ではあいさつの仕方や座り方が異なるので気をつけましょう。上座と下座を知っておくと便利です。

洋室

あいさつをするときは必ず立ち上がって

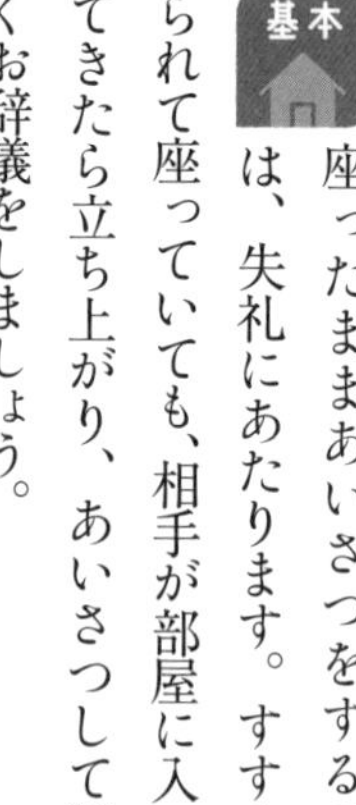

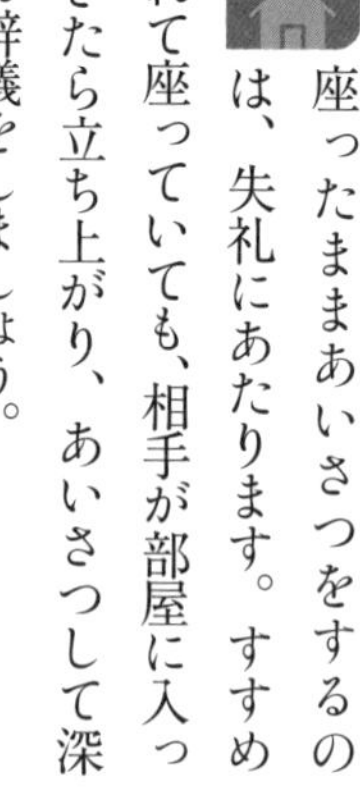

基本　座ったままあいさつをするのは、失礼にあたります。すすめられて座っていても、相手が部屋に入ってきたら立ち上がり、あいさつして深くお辞儀をしましょう。

「今日はお招きいただきありがとうございます」など、状況に応じたあいさつを。

座る前に手土産を渡す

基本　あいさつが済んだら、座る前に手土産を渡します。立ったまま手土産の正面を相手に向けて、言葉を添えて両手で差し出しましょう。

手土産はあらかじめ包んでいた紙袋や風呂敷から取り出して渡します。ただし、紙袋や風呂敷は持ち帰ります。アイスクリームなどの冷蔵品や生花は玄関で渡しましょう。

手土産は必ず両手で持つ。「お口に合うとよいのですが」などのひと言を。

すすめられてから椅子に座る

基本　「どうぞおかけください」と椅子をすすめられてから着席します。すすめられた場所に座りますが、上座と下座を確認しましょう。入り口から遠い順に上座になります。

座るときは背筋を伸ばして、浅めに腰かけます。脚を組んで座ったり、椅子の背に寄りかかったりしないようにしましょう。

女性の場合は、膝を閉じて脚を斜めに伸ばすと美しく見える。

下座に座ったまま丁寧にあいさつを

基本

和室に通されたらすぐに座布団には座らず、入り口近くの下座に控えて待ちます。そして、相手が来たら姿勢を正し、指をそろえて両手を畳につけ、深くお辞儀をします。

あいさつをするときは、低い姿勢と静かな所作を心がけて。あいさつと手土産を渡すまでは、すすめられても座布団には座らないのがマナーです。

「お招きいただきありがとうございます」などあいさつをし、両手をついて深くお辞儀を。

あいさつを済ませたら手土産を渡す

あいさつが済んだら、風呂敷や紙袋から手土産を取り出し、膝の前に置きます。のしの位置を確かめて正面を相手に向け、畳をすべらせるように両手で押し出して差し上げます。

紙袋や風呂敷は手早くたたんで脇に置きます。「ほんの気持ちではございますが」「おいしいと評判でしたので」など、ひと言添えましょう。

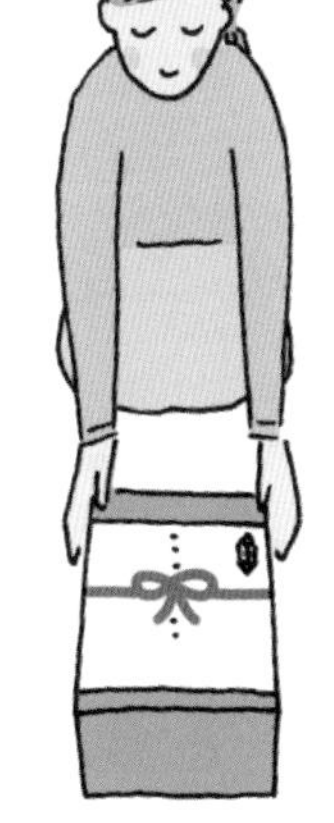

相手に正面を向けて、両手で畳の上をすべらせて押し出す。

座布団にはすすめられてから座る

座布団をすすめられたら、「失礼いたします」とひと言述べ、上座（床の間の前か、床の間がない場合は出入り口から遠い席）でも遠慮せずに座りましょう。両手の拳をつきながら膝からにじり上がり、正座します。

一度にどさっと座らず、少しずつ座るのがマナーです。背筋をしっかり伸ばし、両手はももの上で軽く重ねるようにするとよいでしょう。

両手の拳を座布団につき、膝から少しずつ座るようにする。

茶菓のいただき方

お茶の種類によってマナーもさまざま。カップ&ソーサーを使用する場合と茶碗の場合を紹介します。

飲み物の好みはきちんと伝える

基本

飲み物の好みを聞かれたら、遠慮せずに伝えましょう。曖昧に答えると相手が困ります。

出された飲み物は、熱いものは冷めないうちに、冷たいものはぬるくならないうちにいただきましょう。

用件はお茶をいただいてから

アドバイス

すぐに用件に入るのは避け、お茶をいただき、簡単な話をしてから切り出しましょう。お詫びの場合はお茶には手をつけず、あいさつ後すぐに行います。

カップ&ソーサーの基本

❶

砂糖を入れ、スプーンでかき混ぜる。しずくを切りカップの向こう側にスプーンを置いてから、ミルクを入れる。

❷

紅茶に入れたレモンはスプーンですくいあげたら、のせたまま向こう側に置く。

❸

カップは片手で持つ。テーブルが離れている場合は、もう一方の手でソーサーを持つ。

茶碗の基本

❶

左手を茶碗に添え、右手でふたのつまみを持つ（ふたつきの茶碗の場合）。

❷

ふたの手前を上げ、茶碗の縁でふたの裏の滴を切る。

❸

左手を添えてふたを裏返したら、茶碗の右に仰向けで置く。

❹

左手を茶碗の底に添えて、両手で飲む。飲み終わったらふたを茶碗に戻す。

おいとまするときのマナー

なかなか切り出せないのがおいとまするとき。訪ねてから1時間を目安にあいさつをするようにしましょう。

訪問した側からおいとまを切り出す

基本 おいとまは訪問した側から切り出すのがマナーです。無用な長居は迷惑になるので、訪ねて1時間くらいを目安に、用件が済んで話の区切りがついたときや、お茶のお代わりをすすめられたときなどにタイミングを図って、おいとまを告げます。

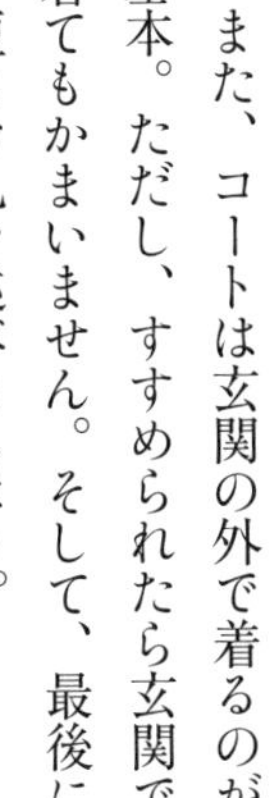

アドバイス 引き留められても社交辞令と受け取り、丁寧にお断りをしましょう。食事をすすめられたら、すでに用意されている場合は喜んでいただきますが、事前に招待されていない場合は遠慮しましょう。

ポイント おいとまのあいさつは、「そろそろ失礼いたします」などと切り出します。洋室なら立ち上がり、和室なら座布団から下りて、丁寧にお辞儀をします。

身支度は玄関の外で

基本 玄関でスリッパを脱いだら、ラックに立てたり重ねたりせずに、玄関に正面を向いて脱いだら、少し腰をかがめて向きを変え、上がり口の脇に置きます。

また、コートは玄関の外で着るのが基本。ただし、すすめられたら玄関で着てもかまいません。そして、最後に手短にお礼を述べましょう。

後日あらためてお礼を伝える

アドバイス 訪問後お礼をするのも大切なマナーです。目上の人にはお礼状を出し、親しい間柄なら電話やメールでお礼を述べます。手紙に限らず、はがきやカードでもよいでしょう。

遅くならないうちに早めのお礼を。2〜3日以内にはお礼状を出すようにしましょう。

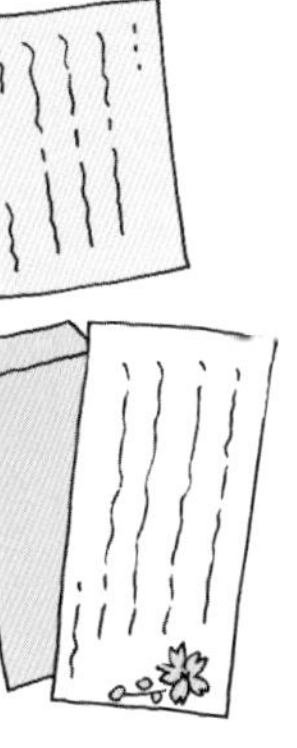
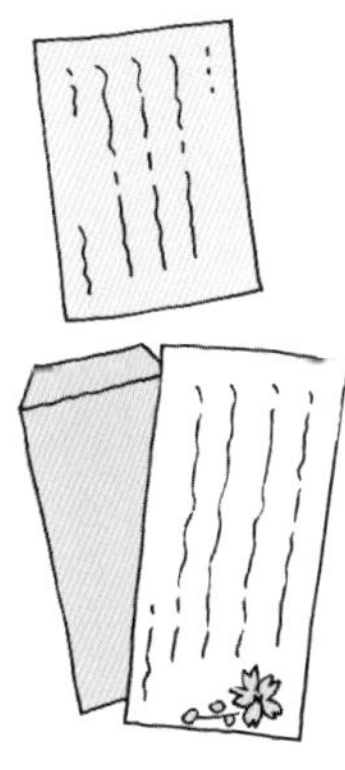

おもてなしのマナー〈基本の流れ〉

訪問を受ける側も、訪れてくれる相手に対して感謝の気持ちを伝えられるように準備を整えましょう。

1 出迎えとあいさつ

チャイムが鳴ったら、お客様をお待たせしないように出迎えます。マンションの場合はエレベーターホールまで迎えに出てもよいでしょう。身だしなみを整えて、笑顔でドアを開けます。玄関でのあいさつは簡単に。コートや大きな荷物がある場合は預かり、別室に置いておきます。客間に案内するときは、お客様の先に立って誘導し、入り口に着いたら、先に入ってもらうようにうながしましょう。

ポイント

- 客間へ案内するときは、先に立って。
- 客間に着いたら、上座に座っていただくようにすすめる。

2 もてなすときは

玄関、客間、トイレ、洗面所を中心に、お客様に喜んでいただくために、念入りに室内を整えておきます。また、お出しする飲み物やお菓子類にも気を配り、お客様の好みに合わせて、暑い日には冷たいものを、寒い日には温かいものを用意しましょう。
手土産をいただいたら、両手で丁寧に受け取り、お礼を伝えます。一緒に食事をする場合は前もって相談を。

ポイント

- 手土産をいただくときは両手で。
- お客様に出すときは、お菓子を先に。
- お出しするお菓子とお客様の手土産が重なったら「お持たせで失礼します」と言って、手土産を出す。

3 お見送りをするときは

お客様が「そろそろ」と言い出したら、一度は引き留めるのが礼儀です。気持ちよく帰っていただけるように、お見送りの最後まで心を配り、おもてなしを終わらせましょう。

ポイント

- 玄関を出てお見送りする。
- コートは玄関の中で着ていただくようにうながす。

最後に訪問や手土産のお礼を丁寧に伝える。

おもてなしのマナー〈準備〉

訪問時間の直前になってあわてないように、1時間前には準備を終わらせるようにして、落ち着いて迎えましょう。

室内を快適に整える

家全体をきれいに清掃し、夏や冬は、快適な温度と湿度に調整して、お客様を迎えましょう。

とくに掃除すべきなのは、玄関・客間・トイレ・洗面所。隅にほこりがたまっていないかなど、丁寧に確認します。また、タオルやマット、石けんなどの備品関係も入念にチェックして、お客様が快適に過ごせるよう、清潔なものをそろえるよう心がけましょう。

あわただしく準備すると、見落としがあるものです。約束の1時間前には完了させ、服装を整えて迎えるようにしましょう。

お茶とお菓子を用意し空間を飾る

お茶とお菓子は、お客様にすぐお出しできるように、食器と一緒にキッチンにあらかじめ準備しておきます。飲み物はお客様の好みに対応できるよう、コーヒー、紅茶、緑茶、ハーブティーなど、数種類を用意しておくとよいでしょう。冷たい飲み物は事前に冷やしておき、熱い飲み物はお出しする直前に準備をします。

また、テーブルやトイレ、玄関などに花を飾ると、明るい空間を演出できます。テーブルには、圧迫感がないよう、背の低い花を飾ります。

《もてなす際のチェックリスト》

- ☐ 玄関まわり：内外の清掃・靴の整理整頓・スリッパの用意
- ☐ 客間：室内の清掃・灰皿の用意・ゴミ箱の清掃
- ☐ トイレ・洗面所：入念な清掃・トイレットペーパーの補充・きれいなタオルの準備・不快なニオイがないかの確認
- ☐ 雨の場合：傘立ての準備・タオルの用意
- ☐ 座布団の用意
- ☐ 換気や室温の調整
- ☐ 子ども連れのお客様の場合：危険なものや壊れやすいものは片づける・子ども用のお菓子や飲み物の準備

おもてなしのマナー〈お出迎え〉

玄関をきれいにして花を飾るなど、家の第一印象を整えて迎えるようにしましょう。

笑顔であいさつをして出迎えを

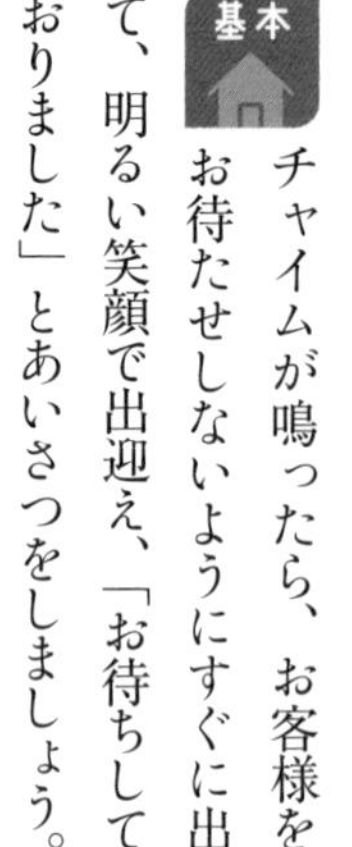

チャイムが鳴ったら、お客様をお待たせしないようにすぐに出て、明るい笑顔で出迎え、「お待ちしておりました」とあいさつをしましょう。そして、「どうぞお上がりください」とひと言かけ、コートや大きな荷物を預かり、スリッパをすすめます。預かるときには、「ようこそおいでくださいました」と、相手を気づかう言葉をかけてもよいでしょう。

　預かったコートは、シワにならないようにハンガーを使い、玄関の近くに掛けておきましょう。

客間への案内はお客様の先に

客間へは先に立って案内をします。洋室の場合はドアを押さえ、和室の場合は低い姿勢でふすまを開け、「どうぞお入りください」と、お客様を先に通します。

　お客様に背中ばかり見せないよう体を斜めにして振り返りながら、「こちらへどうぞ」とゆっくり案内を。

お客様には上座をすすめる

部屋に入ったら、お客様にすぐ席をすすめましょう。「どうぞお座りください」と、上座をすすめるのが基本です。お客様からのあいさつがあった場合はそれに応じます。

　お客様には上座をすすめるのがマナーですが、お客様の人数が多い場合は臨機応変に対応しましょう。

上座と下座の基本

【和室の場合】

床の間
② ①
テーブル
④ ③
出入り口

床の間のある側が上座。出入り口側が下座になる。目上の人、お客様には上座をすすめる。

【洋室の場合】

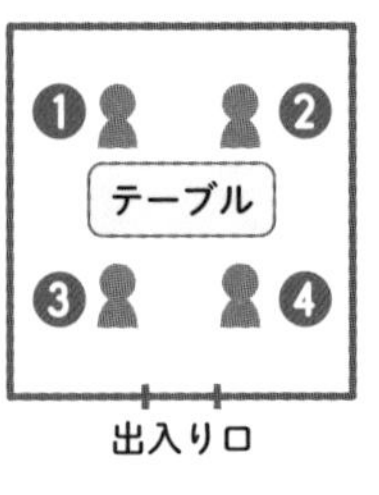

部屋の奥が上座。出入り口が下座。暖炉や絵画がある部屋では、その前が上座になる。

おもてなしのマナー〈お茶とお菓子〉

手土産をいただいたらお礼を言うことを忘れずに。手土産は床に置かないように気をつけましょう。

手土産は両手でいただく

部屋で正式なあいさつをしたあと、お客様が手土産を差し出したら、「おそれいります」などとお礼を述べ、両手で丁重に受け取ります。

手土産はすぐにテーブルや床の間に置くか、お茶の用意などで席を立つときに奥に持っていきます。

和室の場合は、お礼を述べたら両手をついてお辞儀をし、両手で手土産を持ち、上座側の脇に置く。再度両手をついてお礼を。

お茶とお菓子はお盆にのせて

お茶とお菓子は、お盆にのせて運び、お客様から見て、お茶は右、お菓子は左に出します。和室では、お盆を畳に置いて正座をして出し、洋室では、テーブルの端などにお盆を置いてから出します。

おしぼりを出すときは最初に。食器は応対する側も来客用を使います。

和洋問わず、お客様から見てお茶が右、お菓子が左になるように置く。

いただいたお菓子は親しい相手なら出す

いただいたお菓子はその場で出さないのが原則ですが、親しい間柄の場合はひと言断ったうえで、一緒にいただいてもかまいません。

準備していたお菓子と同じようなものをいただいたときには、おもたせをお出しするようにします。

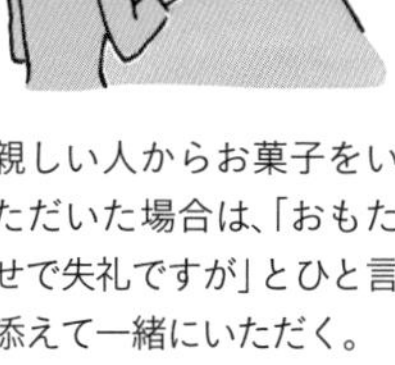
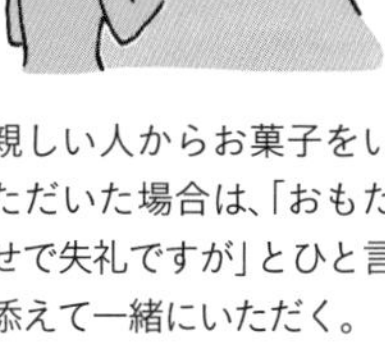

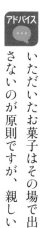

親しい人からお菓子をいただいた場合は、「おもたせで失礼ですが」とひと言添えて一緒にいただく。

お見送りするときのマナー

おいとまを告げるのも、お引き留めするのもタイミングが大切です。無理強いせずにスマートに行いましょう。

一度はお引き留めを

おいとまの申し出があったときは、一度はお引き留めをするのが礼儀です。「お茶をもう一杯いかがですか」とお茶のお代わりをすすめたり、「まだよろしいではないですか」などと言葉でお引き留めをします。ただし、お引き留めは無理強いすることのないように、配慮して行います。

お茶のお代わりは1時間をめどにお声がけします。頻繁に替えると、早く帰るように催促しているように思われてしまいます。お茶を替えるのは、訪問中1~2回程度にしたほうがよいでしょう。

コートは玄関で着るようにすすめる

玄関の外でコートを着るのがマナーですが、「どうぞここでお召しください」と玄関の中でコートを着てもらうようにうながしましょう。玄関に案内したら預かっていたコートを取りに行き、お客様が靴を履き終わった頃を見計らって、声をかけます。

コートは着やすいように、お客様に内側を向けて、広げて持つとよい。

見送るときはお礼を忘れずに

玄関で見送るときは、訪問していただいたことと手土産のお礼を丁寧に述べましょう。目上の人の場合は、門の外で見送ります。

夕立などのひどい雨が降ってきたときは、中で様子を見てもらうよう、少しお引き留めをしましょう。また、交通の便が悪い場合は、タクシーを呼ぶか尋ねたり、帰りのバスの時刻を調べておいたりすると丁寧です。

ドアを閉めてすぐに鍵をかけたり門灯を消したりするのは失礼になるので、気をつけましょう。

お店でのおもてなし

お店選びは、料理のほか、立地や座席にも配慮しましょう。支払いは相手に気をつかわせないようにしましょう。

参加者に配慮したお店選びが大切

お店を選ぶ際には、和食か洋食かなど、参加者の好みを事前に調べておきましょう。苦手な食べ物や、アレルギーの有無も、あわせて聞いておきたい内容です。

年配の人や、足腰の弱い人と食事をする場合は、お座敷よりも、立ったり座ったりの動作が少ないテーブル席のほうがよいでしょう。また、乳幼児を連れている場合には、お座敷のほうが安全です。いずれの場合も一人で判断することはせず、参加者に希望を尋ねるようにしましょう。

アドバイス

お店までのアクセスにも注意しましょう。駅から近いかどうかだけでなく、最寄り駅までの距離や時間など、参加者全員が訪れやすい場所にするのがよいでしょう。どうしても駅から遠くなる場合などは、事前にタクシーを手配するなどの配慮をしておきましょう。

《お店選びのチェックポイント》

- □参加者全員が楽しく食べられる料理かどうか
- □参加者に配慮した座席かどうか
- □アクセスのよさ

スマートな支払い方法

支払いは、招待した側が行います。とはいえ、参加者の目の前でお会計をするのは、相手に気をつかわせてしまうものです。事前に「本日はごちそうさせてください」と伝えたうえで、参加者に見えないところで、さっと済ませてしまいましょう。

また、参加者に金額が分からないようにするのもマナーです。カードや一万円札で支払うと参加者に金額がわかりにくく、会計もスムーズに済ませることができます。事前に支払い方法をお店の人に相談しておくといいでしょう。

食事のマナー

レストランで食事をする場合は服装に気をつけましょう。分からない場合はお店に確認をするとよいでしょう。

大切な約束なら必ず事前の予約を

基本

大切な会食や、記念日などで食事をゆっくり楽しみたいときは、参加者の希望に配慮して、お店を予約します。インターネットで予約できるところも増えているので、早めの予約を心がけ、前日にも電話で確認すると安心です。

予約時には、日時、人数、会食の目的などのほか、個室にしたい、夜景が見える席にしたいなどの要望を細かく伝え、お店のサービス内容も確認します。キャンセルする場合は2～3日前にはお店に伝えましょう。

場合によっては下見を

アドバイス

大切な会食の場合は、あらかじめ下見をしておいたほうがよいでしょう。店の立地、雰囲気、料理、サービスなどを確認し、質問があればお店の人に尋ねます。

《 予約時のチェックリスト 》

【お店に伝えること】

- ▢ 日時
- ▢ 人数
- ▢ 会食の目的
- ▢ 連絡先
- ▢ 氏名
- ▢ 予算
- ▢ 席・個室の希望
- ▢ アレルギーの有無

【確認すること】

- ▢ ドレスコード
- ▢ 利用できる支払い方法
- ▢ 閉店時間
- ▢ メニュー内容
- ▢ 駐車場の有無

あらたまった会食の場合の服装

服装はその場にふさわしいものを心がけて。フォーマルなお店では男性はダークスーツ、女性はワンピースかツーピースが基本です。

とくに女性は、食事中に顔に髪がかからないヘアスタイルにする、グラスやカップに口紅がべったりつかないようなメイクをする、香りがきつい香水は避けるなどの配慮が大切です。指輪やブレスレットは、グラスや漆器を傷つけないデザインのものを選びましょう。

食事中のタブー

食事を楽しむためにはマナーを守ることが大切。大切な宴席で失敗しないために覚えておきましょう。

相手を不快にさせない食事のマナー

お店ではその場の雰囲気にふさわしいマナーを心がけます。みんなが気持ちよく過ごせるように、食事中のタブーを知っておきましょう。

着席するまでのタブー

- 遅刻は厳禁です。余裕を持ってお店に到着するようにしましょう。
- カップルの場合、案内人がいないときは男性がエスコートをして女性の前を進み、先に着席しないこと。
- 大きな荷物があるときは席に持ち込まず、受付で預けましょう。

食事中のタブー

- 楽しく食事をするのはよいことですが、大声で話したり大笑いをしたりして、周りに迷惑をかけないようにしましょう。反対に、会話に参加せず黙々と食べるのは、相手に気をつかわせてしまうので注意を。
- 椅子には姿勢よく座り、足を組んだり投げ出したり、靴を脱ぐのはマナー違反。食事中にテーブルにひじをつくのも、相手にだらしない印象を与えるのでやめましょう。
- 髪にさわったり、口にものを入れたまま話したり、音を立てて食べたり、ゲップをすることも品のないふるまいなのでつつしんで。
- お酒はほどほどにたしなみましょう。相手が飲まないのに何度もすすめたり、デザートになっても飲み続けたりするのは控えます。
- 着信音が鳴り響くと、相手や周囲の人の迷惑になるため、携帯電話はマナーモードにするのが基本です。操作しながら食事をするのも、相手に失礼なのでやめましょう。

大声で笑うなど、周囲の迷惑になる言動は避けて。

西洋料理のマナー

レストランではレディファーストを心がけましょう。着席する場合も女性をエスコートするとよいでしょう。

入店したらクロークに荷物を預ける

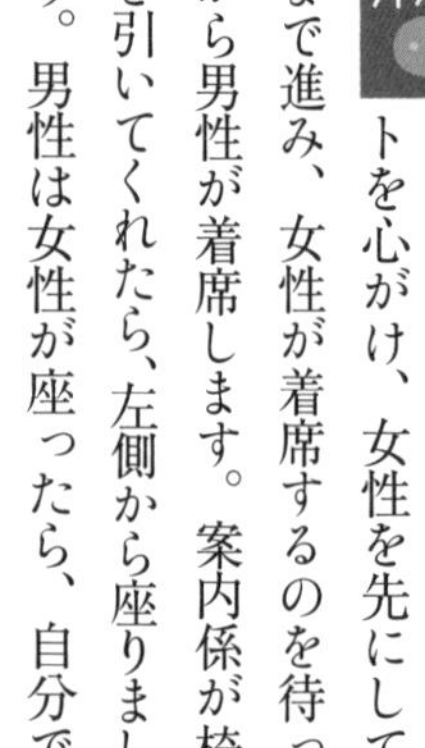

基本 店に到着したら、受付で予約していることを伝えます。コートや荷物がある場合はクロークに預け、席にはバッグのみを持ち込むようにしましょう。すぐに席に着かず、案内係の誘導に従って着席します。

アドバイス レストランではレディファーストを心がけ、女性を先にして席まで進み、女性が着席するのを待ってから男性が着席します。案内係が椅子を引いてくれたら、左側から座りましょう。男性は女性が座ったら、自分で椅子を引いて座ってもかまいません。

着席までの流れ

❶

クロークに荷物やコートを預ける。

❷

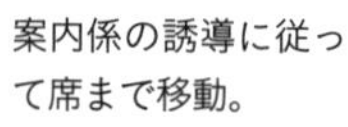

案内係の誘導に従って席まで移動。

❸

着席はレディファースト。女性が席に着いてから男性は着席する。

フルコースの基本構成

伝統的なフランス料理が基本の決まった順序で構成される洋食の正餐。基本的な流れを覚えておくと、とまどいません。

【正式】

1. 先付
2. 前菜
3. スープ
4. 魚料理
5. 氷菓
6. 肉料理
7. デザート
8. コーヒー・小菓子

【略式】

1. 前菜
2. スープ
3. パン
4. 魚料理
5. 肉料理
6. デザート

料理とワインのオーダー

オーダーで分からないことがあれば、係に相談を。男女で食事をする場合、ワイン選びは男性の役割です。

お店の人に相談しながらオーダーを

基本

メニュー表に従って料理をオーダーします。前菜からデザートまで料理すべてが提案されているコース料理と、一品ずつ決めるアラカルトが一般的ですが、複数メニューの中から一品ずつ選ぶプリフィクスという、コース料理とアラカルトの中間的なメニューも増えてきています。

コース料理はお店の味をたっぷり堪能できますが、ボリュームもあります。苦手な食材のこともふまえ、不明な点があれば、気軽にお店の人に相談するとよいでしょう。

ワインのオーダーは男性の役割

基本

料理に合わせてワインを選びましょう。店にソムリエがいる場合は相談するとよいでしょう。

一般的に魚料理には白、肉料理には赤といわれていますが、必ずしも決まりではありません。発泡性のワインは最初から最後まで通して飲めるお酒といわれています。

ワインを選びテイスティングするのは男性の役目です。味の好みや予算をソムリエに伝え選ぶとよいでしょう。ワインはグラスをテーブルに置いたままついでもらいます。

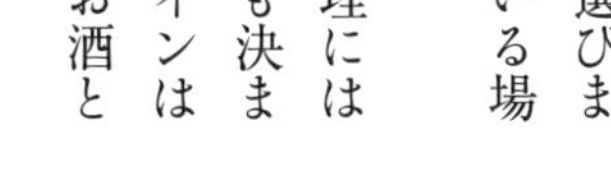

ワイングラスの持ち方

ワイングラスは、グラスのボウルの部分を持つのが国際的に正しいマナーとされています。
日本ではステム（脚）の部分を持つのが一般的ですが、これはテイスティングのときにワインの色や粘性を確認するための持ち方です。また、底部分に手を添えて湯飲み茶碗のようにするのは下品に映ってしまうこともあるので注意。

イタリア料理のコース

アンティパスト（前菜）、プリモ・ピアット（第1の皿　パスタ）、セコンド・ピアット（第2の皿　メインディッシュ）、フロマッジョ（チーズ）、ドルチェ（デザート）とフルッタ（フルーツ）、カフェを基本とし、フランス料理のコースよりもシンプルな構成になっています。
オリーブオイルやトマトを多用し、素材を生かした料理が多いので、日本人でもなじみやすく人気があります。

❶ アンティパスト
前菜。生ハム、クロスティーニ、カルパッチョなど、食欲を刺激する色鮮やかな料理が多い。

❷ プリモ・ピアット
パスタやリゾット、具がたっぷり入ったスープ類など。ボリュームがあるので、食べすぎに注意。

❸ セコンド・ピアット
メインディッシュ。魚料理か肉料理のどちらかを選べる。野菜のつけ合わせ（コントルノ）が提供されることも。

❹ フロマッジョ
食後のチーズ。何種類かのチーズをのせたトレイの中から選べる。

❺ ドルチェとフルッタ
デザートとフルーツ。ティラミス、マチェドニア（フルーツポンチ）、クレーム・カラメル（プリン）など。

❻ カフェ
エスプレッソが定番。消化促進の作用もある。砂糖をたっぷり入れるのが通の飲み方。

基本的なコースの流れを覚えておくと、あらたまった食事の席でもあわてることがありません。

フランス料理のコース

フランス料理のフルコースはかなりのボリュームになります。最近ではこれらを簡略化してコースを組み立てることが多くなっています。

前菜・メインディッシュ・デザートを基本形とし、スープが省略されたり、メインディッシュを魚か肉の一方にしたり、お店によってさまざまです。

❺ グラニテ（またはソルベ）
口直しのための氷菓。

❶ アミューズ・ブーシェ
食前酒とともにいただく、カナッペなどのひと口大の簡単につまめる料理。

❻ ヴィアンド
牛、豚、鶏などの肉料理。鴨、鹿、いのしし、うさぎなどのジビエも含まれる。

❷ オードブル
前菜。食欲を駆り立てるためにスープの前に出される、塩味や酸味が効いた軽い料理。

❼ デセール（アントルメ）
デザート。ケーキやタルト、アイスクリームなど、ワゴンから好きなものを選べる場合も。

❸ ポタージュ
スープの総称。野菜を丸ごと裏ごししたとろみのあるスープと、肉や野菜を煮込んでとった澄んだスープがある。

❽ カフェ・プティフール
コーヒーまたは紅茶が出され、小さな焼き菓子やチョコレートが添えられる。

❹ ポワソン
季節の魚介を使った魚料理。白身魚やエビ、貝類、エスカルゴなども使われる。

ナプキンとカトラリーのマナー

分かっているようで間違いやすいナプキンやカトラリーの使い方。基本を覚えておきましょう。

ナプキンはすぐに広げない

基本

ナプキンは席に着いたとたんに広げず、料理を注文して少し間を置いてから広げるか、同じテーブルの目上の方が広げてから、セッティングされているナプキンを取り、膝の上にかけましょう。

まず二つに折り、輪をおなかのほうに向けて使います。口元についた汚れを拭う場合は、二つ折りの内側で拭い、まわりに汚れが見えないようにします。

やむをえず中座するときは、ナプキンを椅子の上、または椅子の背に置くと中座のサインになります。

ナプキンの基本

二つ折りにし、膝の上にかける。

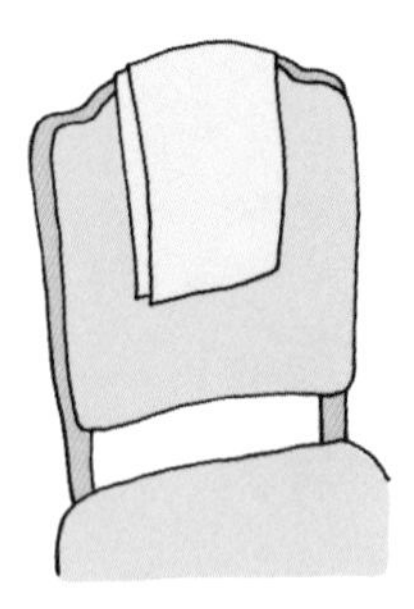

中座の際は、椅子の上か背にかけて。

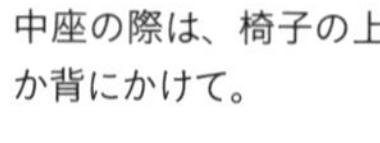

退席するときは、無造作に折りたたみテーブルの上へ。

NG 避けるべきナプキンの使い方

- テーブルの上の汚れをふき取ったり、グラスを拭いたりしない。
- 退席するときに使用したナプキンをきっちりたたんで置くのは、サービスに満足していないことを表すので注意。
- ナプキンを座ったとたんに同時に広げない。
- お店のロゴマークを汚さないように、二つ折りの内側を使う。
- 自分のハンカチを使わない。

カトラリーは料理によって異なる

基本

食事に使用するナイフやフォーク、スプーンの総称をカトラリーといいます。カトラリーは料理によって使う種類が変わります。料理の順番に合わせてテーブルにセットされているので、外側から順番に使いましょう。

テーブルセッティングの例

位置皿（飾り皿）を中心に、右にナイフとスープスプーン、左にフォークを置くのが基本。左奥にはバタークーラー、パン皿とバターナイフ、右奥にはグラスをセットします。

持ち方の基本

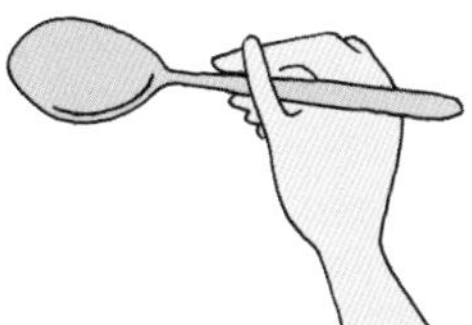

【スプーン】

箸を持つイメージで軽く握る。親指をつねに上にし、残りの指はそろえる。

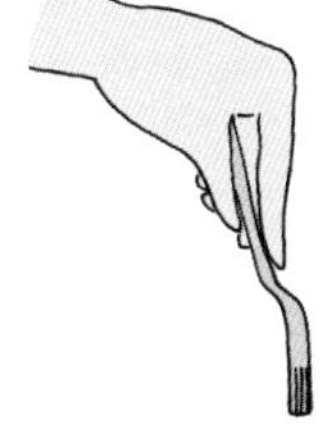

【フォーク】

人差し指を背に添えて残りの指で握り、真上から刺す。すくうときも左手で持つ。

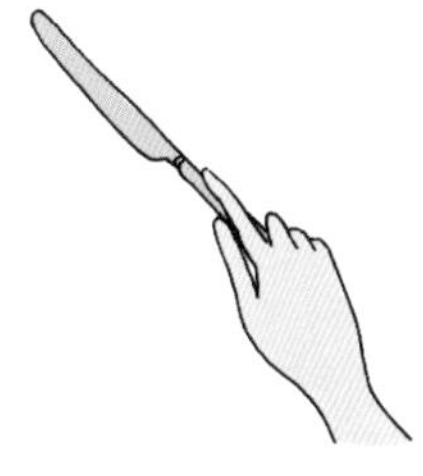

【ナイフ】

人差し指を背に添えて、残りの指でしっかり握り、手前に引くように切る。

カトラリーのNGな使い方

- ナイフやフォークを振り回す。
- ナイフで食べ物を刺したり、口に入れたりする。
- ナイフの刃を外に向けておく。
- 落としたものを自分で拾う（拾うときはお店の人に頼む）。

覚えておきたいカトラリーのサイン

●食事中のサイン

ナイフとフォークを皿の下側にハの字に置く。ナイフの刃は自分に向け、フォークは伏せる。

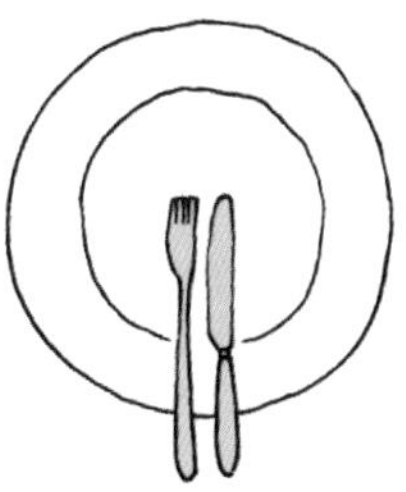

●食べ終わったときのサイン

ナイフは刃を内側に、フォークは上向きにしてそろえて置く。イギリス式は時計の6時30分、フランス式は3時15分の位置。

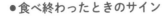

スープとパンのマナー

スープは音を立てずに食べるのがマナー。パンはひと口ずつちぎって口に運ぶようにしましょう。

スープは音を立てないのが鉄則

基本

スープスプーンを使い、手前から向こう（または逆）にすくって飲みます。残り少なくなったら、皿を向こう側（または手前）に傾けてすくいます。最も避けなければならないのは、音を出して食べること。するのはやめましょう。

食べ終わったら、スプーンは上向きにし、器の中に置きます。また、スープが熱いときに、フーフーと息を吹きかけて冷ますのもNG。熱いときは、スプーンで2～3回かきまわしてから食べます。

スープの飲み方の基本

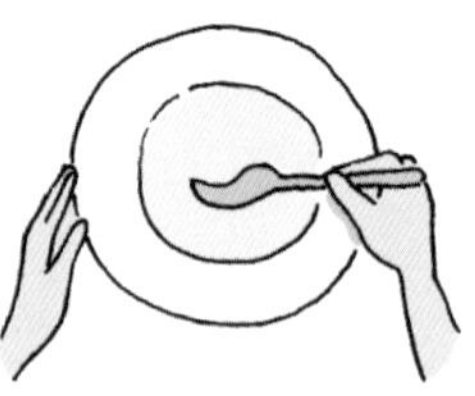

左手を軽く皿に添えて、スプーンを手前から向こう側（英国式）、または向こう側から手前（仏式）へすくう。

持ち手つきのカップ（タスカップ）は、左手を添えてスプーンを使うか、カップを片手で持ち上げて食べる。

スープが少なくなってきたら、すくいやすいよう、手前か向こう側に皿を傾ける。

NG 避けたいスープの食べ方

- ズルズルと音を立てて食べる。
- 口でフーフーと吹いて冷ます。
- スプーンで皿をこすり、不快な音を立てる。
- 持ち手がないのに、皿を両手で持ち、皿に口をつけて食べる。
- スプーンを一定方向に動かさず、ぐるぐるとかき混ぜながらすくって食べる。
- フォーマルな席で、パンをスープに浸して食べる。

パンはひと口ずつちぎって食べる

基本

パンは数種類用意されていることがほとんどです。好きなものを選んでパン皿の上にのせるか、パン皿がない場合はテーブルクロスの上に置きます。食べるときは、ひと口ずつ手でちぎります。また、残さないこともマナー。お代わりができるので、最初から取りすぎないようにしましょう。

食べ始めるのは、スープが終わってから。メインディッシュが終わるまでに食べ切るとよいでしょう。

パンくずの始末はお店の人に任せる。

パンの食べ方の基本

バターをつけるときは、バタークーラーから適量のバターを取り、自分のパン皿に置く。

パンをひと口大にちぎり、バターをつけてひと口で食べる。その都度バターをつける。

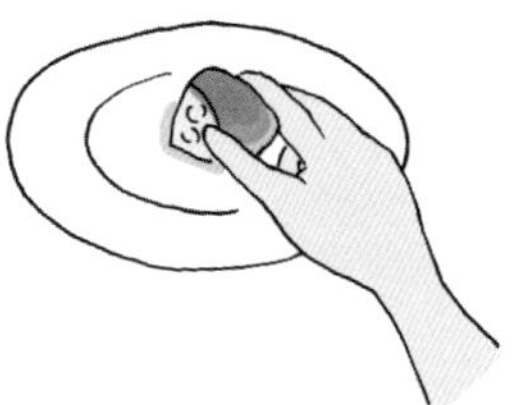

イタリア料理では、ひと口大にちぎったパンを、オリーブオイルにつける。

ライスの食べ方

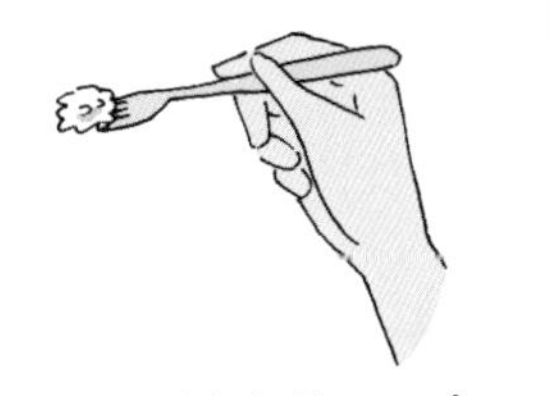

フォークを右手に持ってスプーンのように使い、ライスをすくって食べる。フォークの背にのせて食べることはしない。

NG 避けるべきパンの食べ方

- パンをちぎらずに丸かじりする。
- 最初にパン全体にバターをつけてから食べる。
- パンくずをテーブルの下にはらったり、テーブルの上に集めたりする。
- パンを取りすぎて残す。
- デザートになってもパンを食べる。

それぞれの料理ごとに専用のカトラリーや器があります。おいしくいただくためのマナーを心がけましょう。

前菜

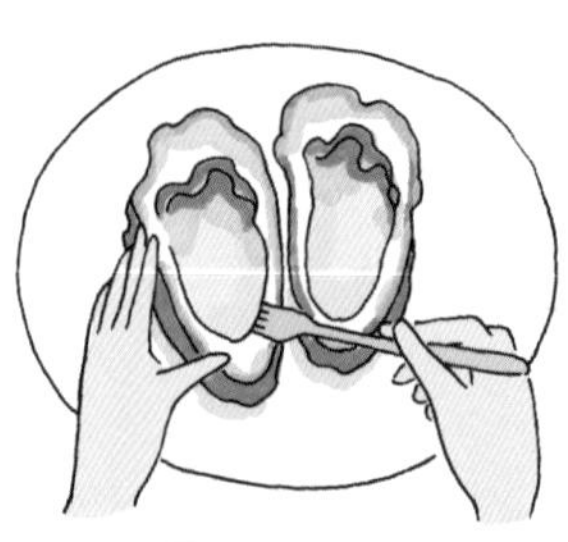

【生ガキ】

汁が飛び散らないようにレモンをしぼる。殻を左手で押さえ、フォークで身を外して食べる。汁は直接殻から飲んでよい。

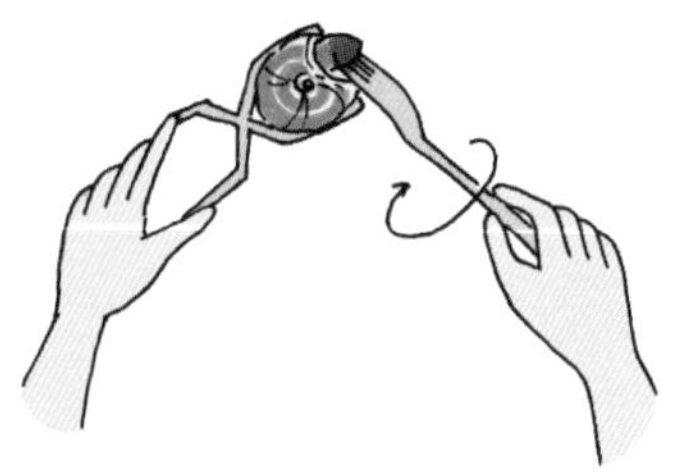

【エスカルゴ】

エスカルゴトングを左手に持ち、エスカルゴを挟む。右手に持ったフォークで身をまわしながらゆっくり引き出す。

【キャビア】

添えられたシェルスプーンを使う。ブリニ（薄焼きのパンケーキ）にサワークリームを塗り、キャビアをのせて食べることが多い。

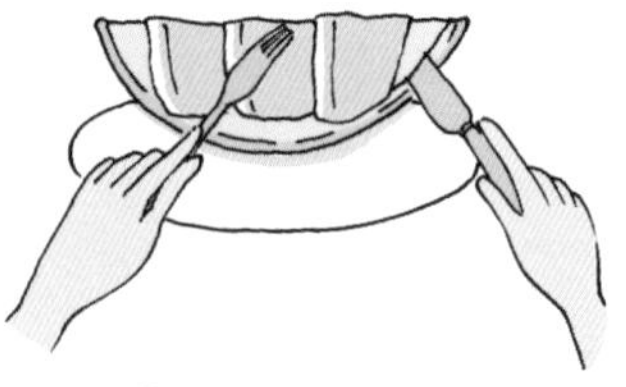

【生ハムメロン】

生ハムをのせたまま、メロンの皮に沿ってナイフを入れ、実を外す。左側からハムとメロンを一緒にひと口大に切り食べる。

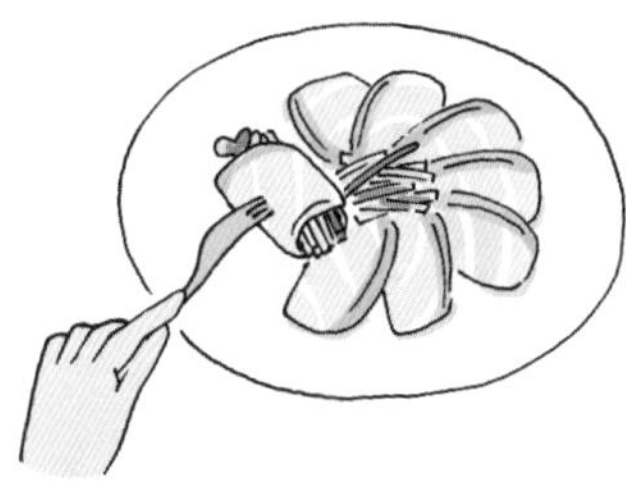

【鮮魚のカルパッチョ】

せん切りの野菜がのっている場合は、魚の切り身に野菜をのせて巻き、フォークで刺すかすくって食べる。

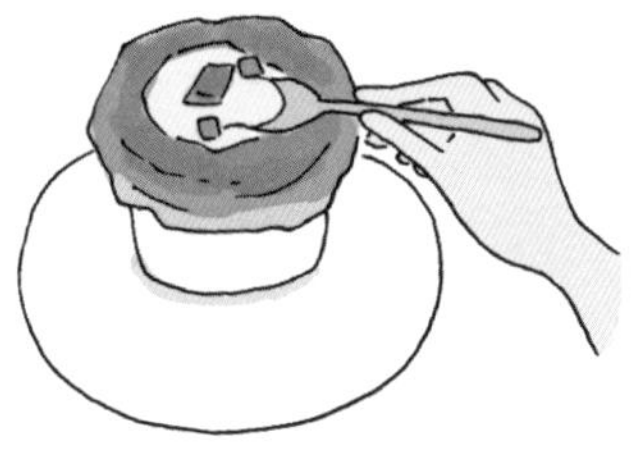

【パイ包みスープ】

手前からスプーンを入れてパイの中央に穴を開け、パイを少しずつくずしてスープと一緒に食べる。

魚料理・肉料理・パスタ

【骨つきの肉】

骨に沿ってナイフを入れ、肉を外す。骨は皿の奥に置き、肉は左側からひと口大に切って食べる。手で持つのはNGだが、フィンガーボウルが用意されている場合や肉に紙が巻いてある場合は、手で持って食べてもよい。

【骨つきの魚】

頭から中骨に沿ってナイフを入れて身を外す。左側からひと口大に切って食べる。上の身を食べ終えたら中骨を外して皿の奥に置き、下の身も同様に食べる。小骨も中骨と一緒に寄せておく。

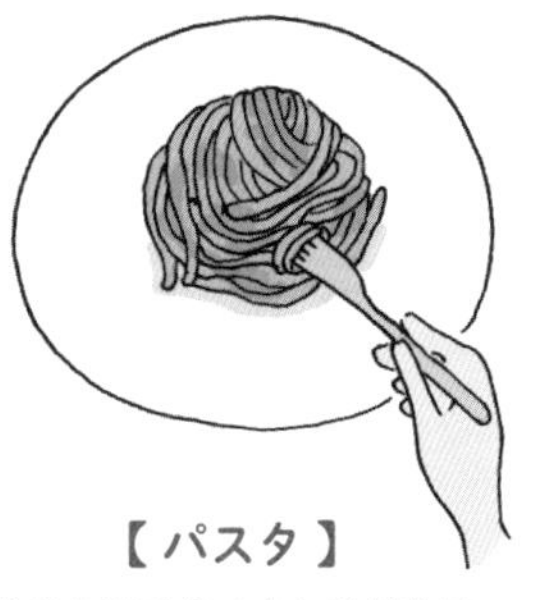

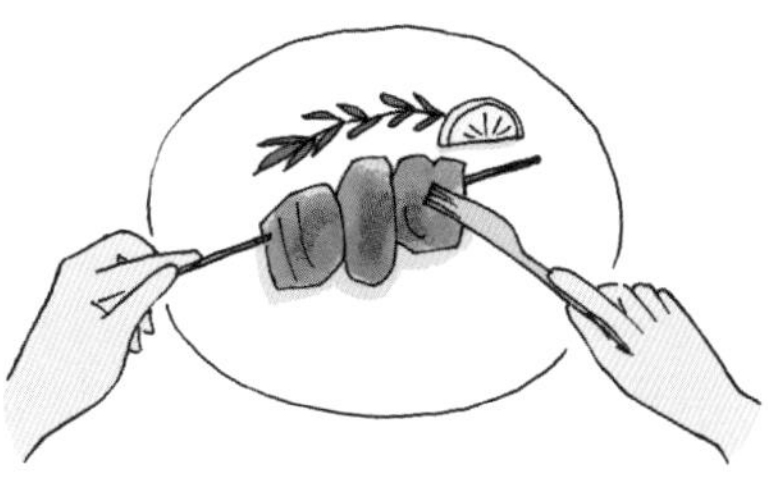

【パスタ】

パスタはひと口で食べられる量をフォークで巻き取って食べる。フォークだけで食べるのが正式。ペンネはフォークですくって食べる。食べにくい場合は刺して食べる。

【ブロシェット（串焼き料理）】

串を左手で持ち、フォークで肉や野菜を全部取り、ひと口大に切って食べる。串が熱いときはナプキンを使う。串をまわしながら外すと取りやすい。

フィンガーボウルとレモンの扱い方

●フィンガーボウルの使い方

肉料理などの手で直接さわる料理や、フルーツのときに出される。使うときは、必ず片手ずつ入れる。指先を入れ、こすり合わせるようにして汚れを落としたら、ナプキンで水気をふく。

●レモンのしぼり方

くし形にカットされたレモンは、フォークを刺してまわし、しぼりかける。もう一方の手で覆い、飛び散らないようにしてしぼるのは和食の場合。輪切りの場合は、フォークで押さえながらナイフで軽く押しつけ、風味を移す。

サラダ・デザート

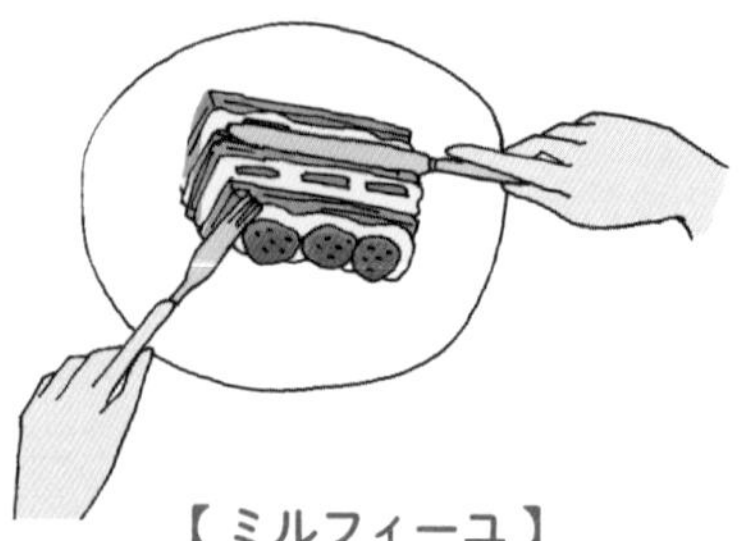

【ミルフィーユ】

まず断面が上になるように横に倒し、真ん中の層にナイフを入れる。フォークで押さえながらナイフを垂直に入れ、左からひと口大に切り分けて食べる。

【サラダ】

大きい野菜は切って食べるか、ナイフとフォークで折りたたみ、フォークで刺して食べる。フォークだけで食べてもよい。豆類など細かいものはフォークですくって食べる。

【アイスクリーム】

手前からスプーンですくって食べる。添えてあるウエハースは、合間に食べることで冷たくなった舌の感覚を元に戻すもの。アイスクリームをつけて食べるのはNG。

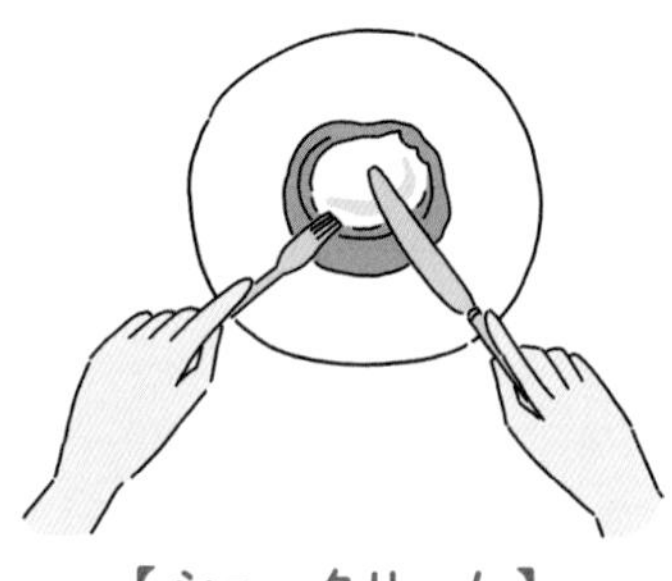

【シュークリーム】

上部のふたを取ってナイフとフォークでひと口サイズに切る。それに中のクリームをつけて食べる。ふたの部分を食べ終えたら、下の部分を切り分けて食べる。

【チーズ】

ナイフとフォークで小さく切って食べる。クラッカーが添えられていれば上にのせ、手で食べる。肉料理のときに頼んだ赤ワインを少し残しておき、一緒に食べるのもよい。

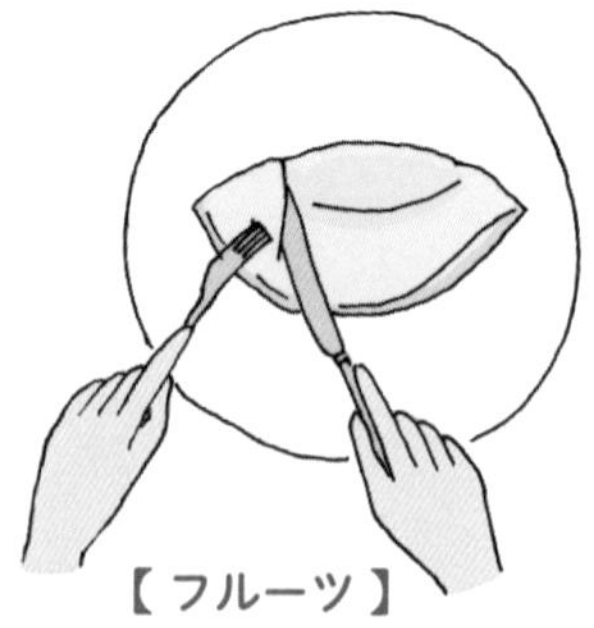

【フルーツ】

メロンは皮に沿ってナイフを入れて身を外し、左からひと口大に切って食べる。バナナは左右を切り落とし、皮に切り込みを入れて開いたら、左からひと口大に切って食べる。

チーズの種類

【ウォッシュ】

発酵中に、外側を塩水や酒で洗いながら熟成させたもの。コクや独特の風味がある。モン・ドール、エポワスなど。

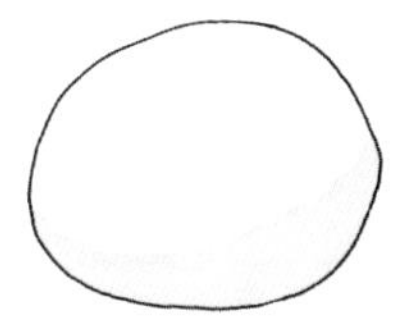

【フレッシュ】

熟成前の、製造工程の最初のもの。クセがなくさっぱりしている。カッテージ、モッツァレッラ、マスカルポーネなど。

【青カビタイプ】

青カビで熟成させたもの。独特の香りやクセがあり、塩味が強い。ロックフォールやゴルゴンゾーラなど。

【セミハード・ハード】

圧縮して水分を除いたもの。セミハードで有名なのはゴーダ。ハードはパルミジャーノ・レッジャーノなど。

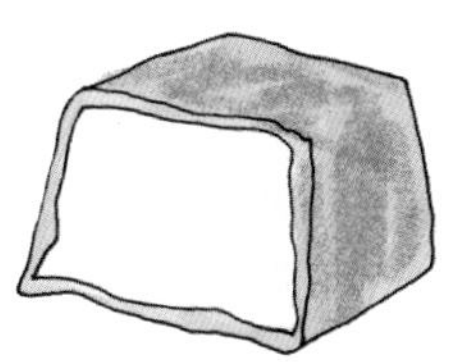

【シェーブル】

山羊の乳が原料。山羊独特の臭みがあり、熟成が進むと刺激的な香りになる。ヴァランセ、サントモールなど。

【白カビタイプ】

白カビで牛乳を短期熟成させたもの。クリーミーで食べやすい。カマンベール、ブリー、バラカなど。

パスタの種類

【ショートパスタ】

マッケローニ：穴の開いた棒状のもの。濃いめのソースやグラタンなどに。

ペンネ：ペン先のように尖った筒状のパスタ。味が染み込みやすいのが特徴。

リガトーニ：波状に筋の入った太めのショートパスタ。濃いめのソースに。

ファルファッレ：イタリア語で「蝶」を意味する。サラダやグラタンなどに。

コンキリエ：イタリア語で「貝」を意味する。サラダやスープに。詰めものをして料理することも。

フジッリ：ソースが絡みやすいらせん状のショートパスタ。どんなソースとも相性がよい。

ほかに、ニョッキ、ラザーニャなどがある。

【ロングパスタ】

カッペリーニ：「髪の毛」「エンジェルヘア」といわれる極細のパスタ。スープや冷製パスタに使われる。

フェデリーニ：直径 1.4 ～ 1.5mm で、軽いソースに合う。

スパゲッティーニ：直径 1.6 ～ 1.7mm で、あらゆるソースに合うメジャーなパスタ。

スパゲッティ：直径 2.0mm くらいで、濃厚なソースに合う。

リングイネ：断面が楕円形をした、「小さな舌」を意味するパスタ。魚介のソースやジェノベーゼに。

タリアテッレ、フェットチーネ：クリームソースと相性がよい、平打ち麺。

立食のマナー

飲食しながら自由に歓談できる立食スタイル。マナーを守り、スマートにふるまいましょう。

お皿の持ち方と服装に注意

基本

多くの人が集まり、自由に歓談できるのが立食のブッフェスタイルパーティーの楽しさです。会場内をスムーズに移動しながら、いろいろな人と交流できるように、服装やお皿の持ち方を工夫して楽しみましょう。

出席者が気持ちよく過ごすために、飲食はできるだけスマートに、譲り合いの気持ちを持って。一度取った料理を残すのは失礼にあたるので、お皿への取りすぎにも注意しましょう。名刺交換をする場合は、ひと通り食事が終わってから行いましょう。

立食パーティーの基本

【料理の取り方】

コースの順に取る。取り皿を持って片手で取るのではなく、脇に置いて、両手で取ると失敗がない。

【服装の選び方】

狭い場所でも動きやすいような服装を。女性の場合は髪をアップにするなど、コンパクトにまとめて。

【食べ終えたら】

取り皿、グラスとも1回ごとに取り替えるので、食べ終えたら食事用テーブルの隅に置く。

【皿とグラスの持ち方】

左手（利き手でないほう）で持つのが基本。取り皿の縁にグラスをのせ、親指と人差し指で支える。

立食パーティーで気をつけたいマナー

- 両手を空けておけるように、女性の場合は、肩に掛けられる小さめのショルダーバッグがおすすめ。

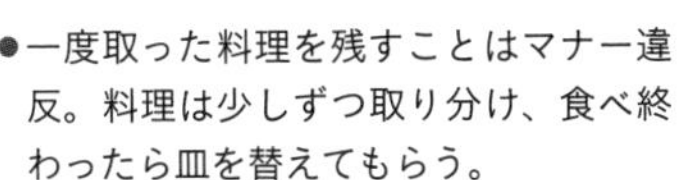

- 一度取った料理を残すことはマナー違反。料理は少しずつ取り分け、食べ終わったら皿を替えてもらう。

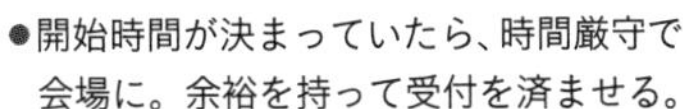

- 開始時間が決まっていたら、時間厳守で会場に。余裕を持って受付を済ませる。

- グラスや皿は胸の高さで持つと、他人とぶつかってこぼすことがない。
- 歓談をするときは、皿はテーブルの上に置き、グラスだけ持つ。食べ歩きや飲み歩きは厳禁。

NG　避けるべきふるまい

●人の分まで料理を取って運ぶ

親切のつもりでも、やってはいけないこと。持ち運ぶ皿は、1人1枚まで。

●料理テーブルに食べ終えた皿を置く

食べ終えた皿は専用の場所か食事用に用意されたテーブルの隅に置く。

●皿にあふれるほど食べ物を取る

見た目もよくないので、皿には2～3品のせるように。

●椅子を占領する

椅子はみんなで共有する。長い時間占領するのはNG。

●料理テーブルからいつまでも離れない

料理は譲り合って取り分け、終わったら素早くテーブルを離れること。

日本料理のマナー

箸の添え方や器、盛りつけ、場のしつらえを鑑賞するのも日本料理特有のもの。基本を覚えておきましょう。

会席料理のマナーが日本料理の基本

日本料理にはさまざまな形があり、日本料理のもとになったといわれる「本膳料理」、宴席料理である「会席料理」、茶の湯で出される「懐石料理」、植物性の食材のみを使う「精進料理」があります。現在最も一般的な「会席料理」でのマナーを中心に、覚えておきましょう。

日本料理の種類

本膳料理

日本料理の原型となるもので、室町時代に武家の礼法から始まり江戸時代に発展しました。儀礼的な料理のため現在では冠婚葬祭にその一部を残すのみとなりました。

会席料理

宴席で広く接する日本料理で本膳料理を簡素化したものといえます。一品ずつ出されることもあります。

懐石料理

茶席で喫茶の前に供される一汁三菜の軽い料理で厳格な作法があります。正式には茶懐石料理といいます。

精進料理

寺院で供物を用いて作った料理に由来し、動物性の食材は一切使わず野菜・豆類などを中心に調理されます。主に弔事のときに用います。

懐紙の使い方

二つ折りの小ぶりの和紙で、懐に携帯することから懐紙といわれるようになりました。和食では基本的にナプキンは用意されていないので、懐紙を使うと便利です。そのほか口や手をふいたり、料理を口に運ぶときに受け皿にします。

魚やエビ類を食べるときには添えて押さえるのに使ったり、食べ終わりの骨などにかぶせておくとよいでしょう。茶事ではお菓子を食べるときに受け皿として必要です。輪のほうを手前にして何枚か重ねて使います。

日本料理店でのふるまいとマナー

【装身具】

指輪やブレスレットは塗り物を傷つけることがあるので、シンプルなもの以外は外しておくこと。

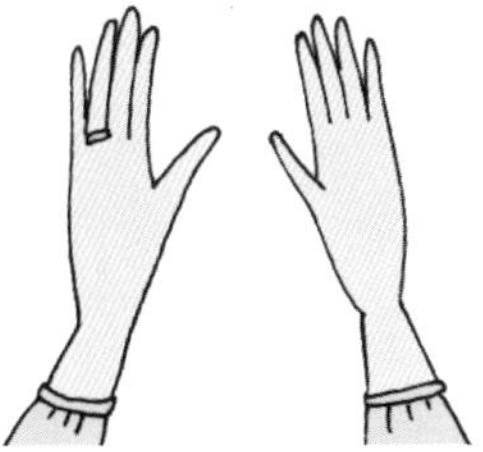

【服装】

和室（座敷）のときは正座しやすい服装を。靴を脱ぐので素足は避け、女性はストッキングなどを着用して。

【座り方】

和室では、敷居や畳の縁を踏まないように。座布団には一度に座らずにじり寄って座る。正座が基本。

【懐紙】

懐紙を用意しておくと、ナプキン代わりにしたり、いろいろな用途に使えて便利。

会席料理と懐石料理の流れの例

会席料理

- ☑ 先付（さきづけ）（お通し）
- ← ☑ 前菜
- ← ☑ 椀物
- ← ☑ 刺身
- ← ☑ 焼き物
- ← ☑ 煮物
- ← ☑ 揚げ物
- ← ☑ 蒸し物
- ← ☑ 酢の物
- ← ☑ ご飯・止め椀・香の物
- ← ☑ 果物（水菓子）

懐石料理

- ☑ ご飯・汁・向付（むこうづけ）
- ← ☑ 日本酒
- ← ☑ 煮物椀
- ← ☑ 焼き物
- ← ☑ 強肴（しいざかな）（預け鉢）
- ← ☑ 箸洗い（小吸い物、すすぎ汁）
- ← ☑ 八寸（はっすん）
- ← ☑ 湯桶（ゆとう）・香の物
- ← ☑ 菓子・濃茶
- ← ☑ 薄茶（干菓子）

箸の使い方

日本料理のマナーのポイントは箸使い。正しい箸使いを身につけ、美しい所作で料理をいただきましょう。

箸使いがマナーの基本

基本

西洋料理では数種類のカトラリーを使い分けますが、日本料理は箸だけで完結することができます。箸を正しく使えると、見た目に美しいだけではなく、食べやすくなるので、きちんと身につけましょう。

箸使いで気をつけるべきポイントは、上げ下げ、持ち方、置き方の3つ。箸先の3センチほどを使うつもりで料理をいただくように心がけると、箸が必要以上に汚れることもなくなります。

箸使いのなかには、「嫌い箸」と呼ばれる望ましくないものもあるので、気をつけましょう。

正しい箸の使い方

【箸と箸置きの置き方】

箸置きは左側に置く。箸置きがないときは、箸袋を折って代用する。

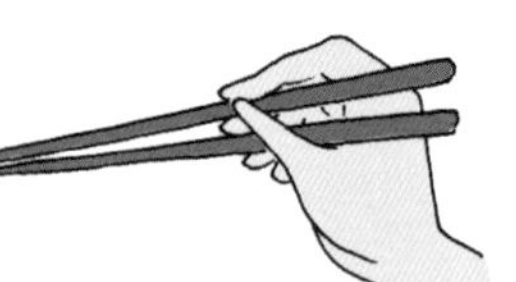

【箸の持ち方】

人差し指と中指で上の箸を挟み、下の箸は親指の付け根と薬指で固定する。上の箸だけを動かす。

箸の取り方

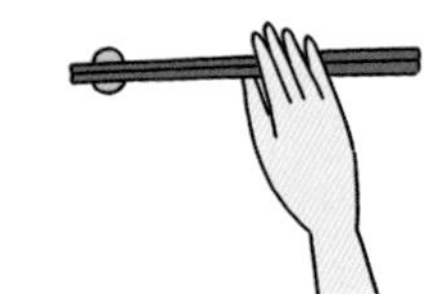

右手で上から箸を取る。親指以外はそろえる。

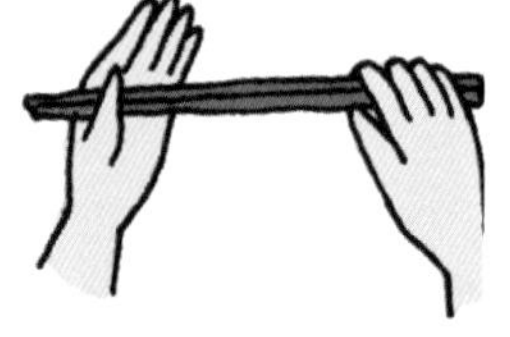

左手を箸先側の下から箸に添える。

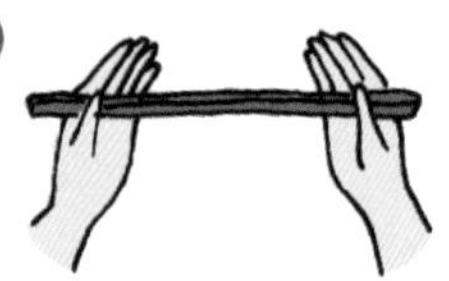

箸に沿って右手を移動し持ち替える。

左手を離し、右手の中指を箸の間に添わせて持つ。

嫌い箸の例

●寄せ箸

箸で器を引き寄せる。

●刺し箸

料理を箸で突き刺す。

●渡し箸

箸を器の上に渡して置く。

●涙箸

汁気の多い料理の汁をたらす。

●迷い箸

何を食べようか箸先をあちこちに動かす。

●ねぶり箸

箸を舐めたり吸ったりする。

●もぎ箸

箸についたご飯粒を口で取る。

●振り上げ箸

箸を持ったまま手振りも交え会話する。

●こみ箸

箸で食べ物を無理やり口に押し込む。

●かき箸

器に口をつけて、料理を箸でかき込む。

●さぐり箸

料理の下のほうから寄り分けて取る。

●持ち箸（もろおこし）

箸を持ちながら器を取る。

●空箸

料理に箸をつけて、食べずに箸を置く。

●移り箸

おかずとご飯を交互に食べずに、おかずからおかずへと箸を移して食べる。

器の持ち方・扱い方

漆器なども用いられる日本料理では、器を傷つけないように扱うこともマナーのひとつです。

小さな器は手で持つのが基本

基本

日本料理では、覆いかぶさるように顔を近づけて食べるのは好ましくありません。お椀や小鉢、茶碗などの小さな器は手に持つのが基本です。刺身や天ぷら、焼き魚などが盛られている中皿や大皿は、テーブルに置いたままでいただきます。

器を移動させる場合は、箸をいったん箸置きに置き、必ず両手で取り上げます。近くに寄せるために引きずらないように気をつけましょう。

また、料理を出されたら、まず器や盛りつけを楽しむことも忘れずに。

器と箸の扱い方

❶ 箸を取り上げてから器を左手で取るのが基本。ただし、器が右側にある場合は右手で、中央にある場合は両手で取り、左手のひらにのせて親指を縁にかけてから、箸を取り上げる。

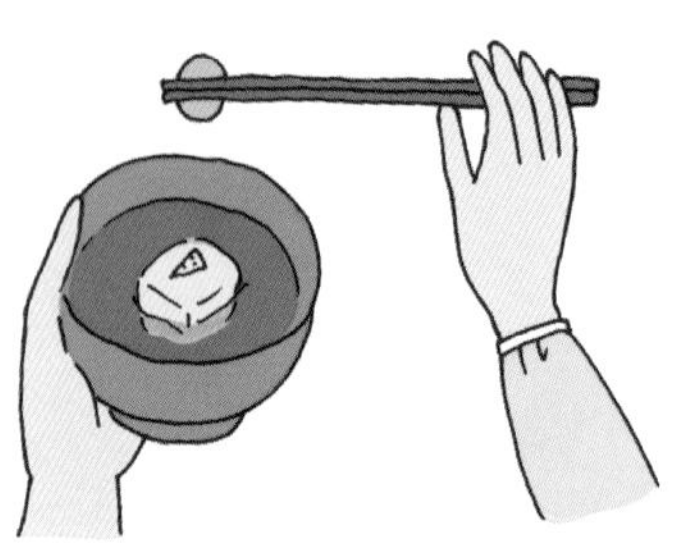

❷ 右手で箸を取り上げ、器を持った左手の薬指と中指（または薬指と小指）の間に箸先を挟む。

❸ 右手を箸に沿ってすべらせ、下から受けるようにして持ち替える。器を置くときは、この順を逆にし、箸から置く。

お椀のふたの取り方

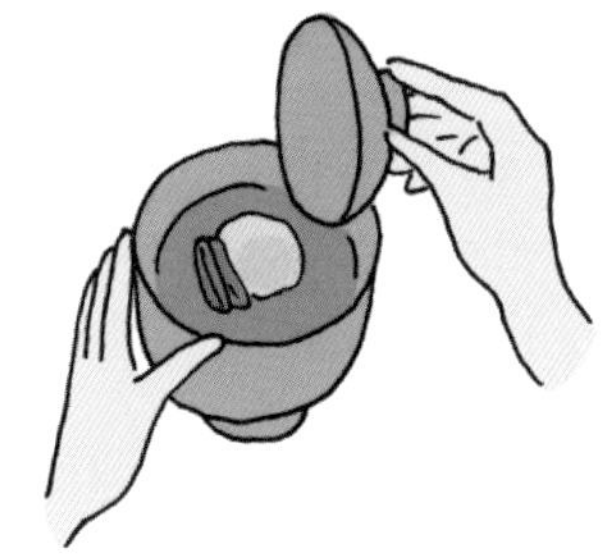

❶ 左手でしっかりお椀を支え、右手の親指・人差し指・中指でふたをつまんで取る。器に水滴を落としてから裏返す。

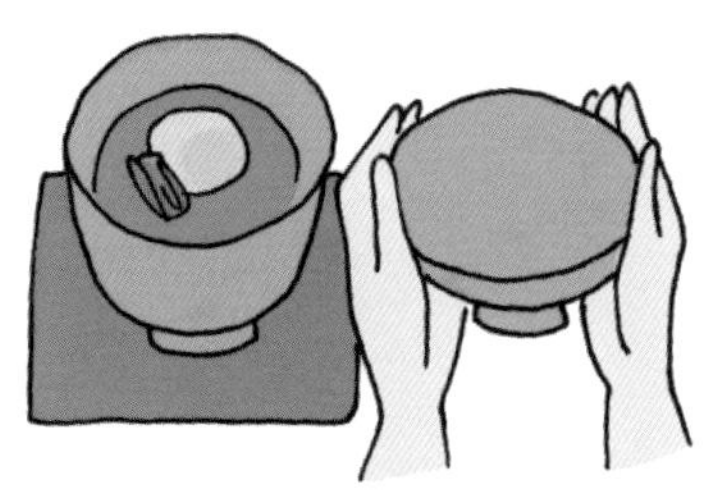

❷ ふたを返して両手で持ち、椀の右側に置く。折敷（食器をのせる盆）がある場合は折敷の外に置く。食べ終わったらふたを戻す。

日本酒の飲み方

日本酒には、主に吟醸酒・純米酒・本醸造酒の３種類があります。吟醸酒はフルーティな香りとさわやかな味わいが特徴で、刺身や野菜の天ぷらなどと好相性。純米酒は米本来の旨味が味わえるコクのある風味なので、筑前煮のような濃いめの料理に。本醸造酒は純米酒よりもまろやかなので、湯豆腐や茶碗蒸しなどのあっさりとした料理に合います。

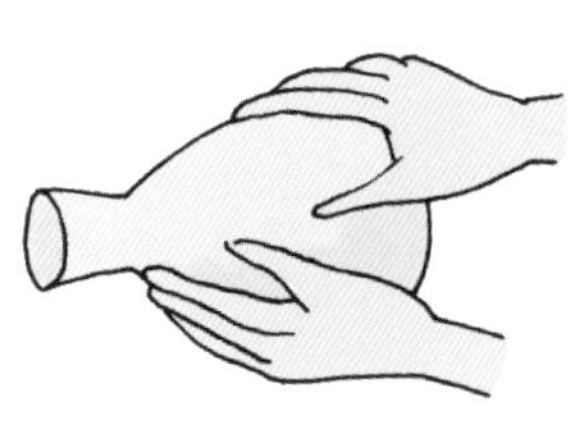

【注ぐとき】

お銚子の中央を右手で持ち、左手を添えて支え、相手の杯に２回に分けて９分めまで注ぐ。

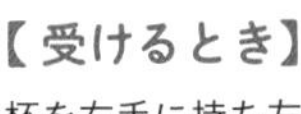

【受けるとき】

杯を右手に持ち左手を軽く下に添える。飲むときも同様に。

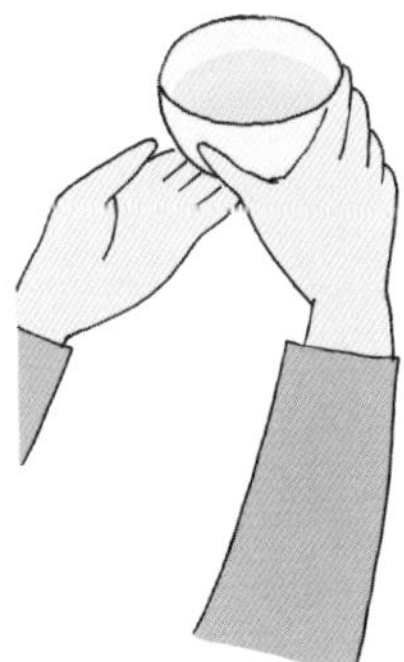

【枡酒】

杯と同様に枡を持ち、角のところから飲む。受け皿にあふれたお酒は、枡に移してから飲む。

食べ方の作法は、見た目の美しさだけでなく、料理をおいしくいただくための方法でもあります。

刺身・焼き物

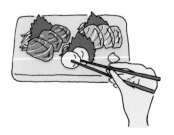

【切り身の魚】

左端から箸でひと口大に切って食べる。皮は残してもよい。小骨や皮は皿の隅にまとめ、懐紙に包むか隠す。はじかみ（芽生姜の酢漬け）があしらわれている場合は最後に食べる。

【刺身】

盛り合わせの場合は、白身魚やイカなどの淡白なものから食べる。刺身にわさびをのせ、しょうゆを少量つける。つまは口直しなので、刺身とは別に食べる。

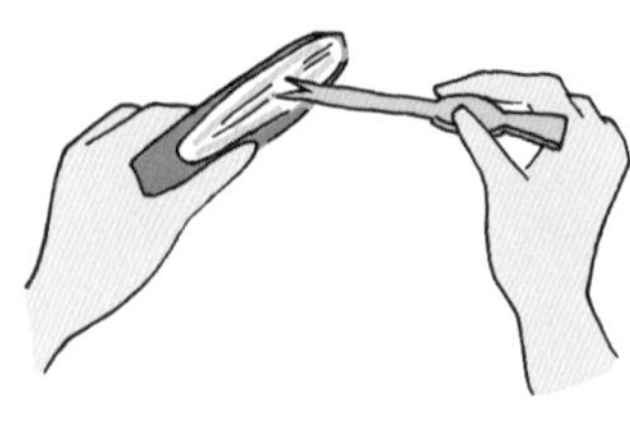

【カニ】

身を取るときは、殻を手で持ってよい。専用のピックなどを使って身を全部取り出し、皿の手前に置いてから箸で食べる。

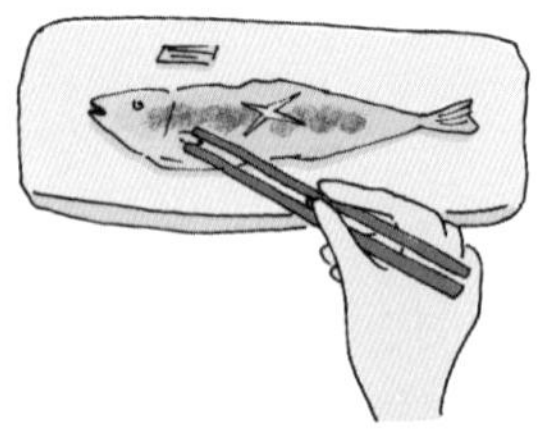

【尾頭つきの魚】

ひれを取り除き、頭に近い背の身からほぐす。懐紙で頭を押さえるとほぐしやすい。表側を食べ終えたら箸で中骨をはずし、皿の向こうに置いてから下側の身を食べる。

【サザエのつぼ焼き】

殻を懐紙でしっかり押さえ、箸か専用の串などで、殻をまわしながら身を取り出す。

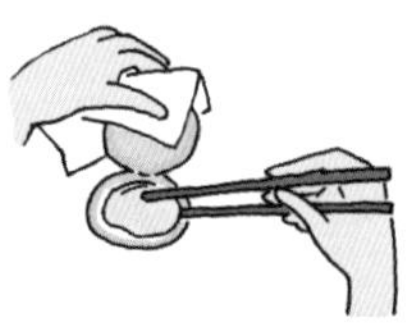

【焼きハマグリ】

懐紙を使って殻を持ち、箸で身を取る。身はいったん皿に置いてから食べる。

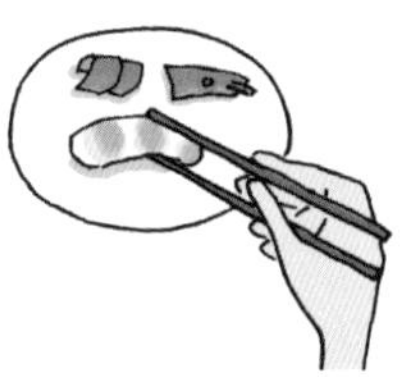

【殻つきのエビ】

殻は手でむく。殻は皿の向こうにまとめ、皿の手前に身を置いて、箸で食べる。

煮物・揚げ物・そのほか

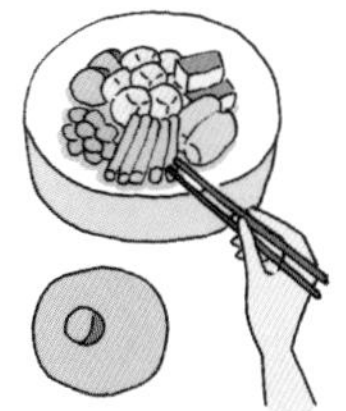

【煮物（大皿に盛られている場合）】

取り箸を使い、大皿の手前に盛りつけられているものから、自分の皿に取る。大きければひと口大に切ってから食べる。

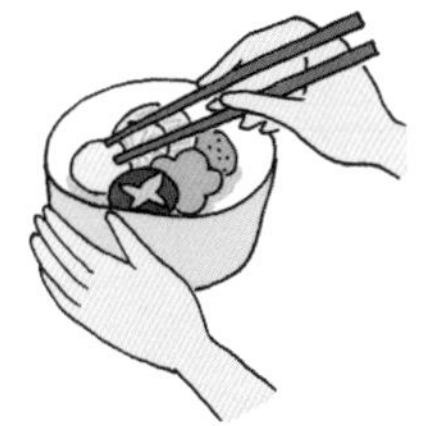

【煮物（炊き合わせ）】

左手を器に添え、箸でひと口大に切ってから食べる。ふたつきの煮物碗は、お椀と同様にふたを取るが、持ち上げてもよい。

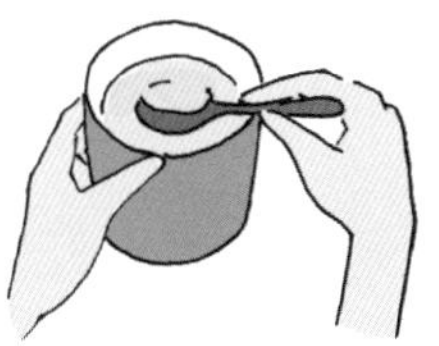

【茶碗蒸し】

ふたを取り、器を両手で持ち上げてから左手で持つ。熱いときは少し冷ます。添えられているスプーンで軽く混ぜ、手前からすくって食べる。

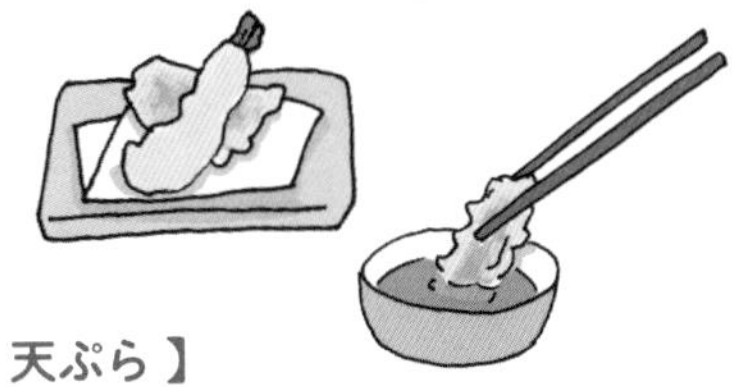

【天ぷら】

手前に盛られた天ぷらから食べる。天つゆに大根おろしを入れ、天つゆの器を持って天ぷらをつける。塩は直接天ぷらにつけるか、箸か手で振る。

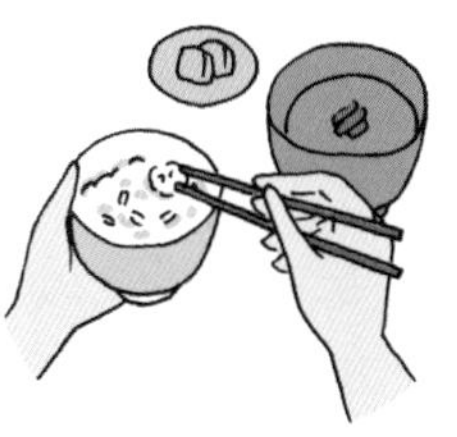

【ご飯・香の物】

ご飯、香の物の順に食べる。香の物をご飯にのせて食べるのはマナー違反。ご飯茶碗を置いてから食べること。

【土瓶蒸し】

すだちを手前に置き、杯を左側に置く。すだちを土瓶の中にしぼり、左手を土瓶の底に添えて土瓶を両手で持つ。杯に汁を注いでひと口味わったら、具も杯に取って食べる。

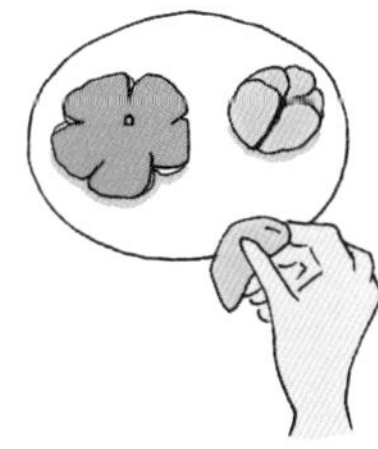

【果物（水菓子）】

みかんは手で食べ、皮は切れ目を元に戻して、むいていないような状態にする。ぶどうの種や皮は懐紙に包む。メロンに切れ目が入っていない場合はひと口大に切ってから食べる。

【ご飯のお代わりの仕方】

ひと口残して箸を置き、差し出された盆に両手で茶碗をのせる。受け取るときも両手で。いったん膳に置いてから、手に持っていただく。

中国料理のマナー

洋食のような形式的なマナーはありませんが、宴席で席を囲むときにはいくつかの決まりごとがあります。

皿は持たないのがルール

基本

中国料理にはあまり厳しいルールはありませんが、箸、れんげ、湯のみ以外は手に持たないでテーブルに置いたままにするのが基本です。

また、あらたまった席の場合、席順を守ることも大切。円卓の場合は席次や取り分け方など、みんなが気持ちよく食事できるためのマナーを覚えておきましょう。

円卓のマナー

基本

中国料理では、大人数で会食するときには、円卓を囲みます。大皿で出される料理をターンテーブルにのせ、時計まわりにまわし、自分の分は自分で取り分けるのがマナー。料理は主賓から取り分け始めます。

全員が均等に料理を取れるように配分を考え、少なめに取りましょう。全員に料理が行き渡ったら食べ始めるようにします。料理が残っていれば、おかわりをしてもかまいません。

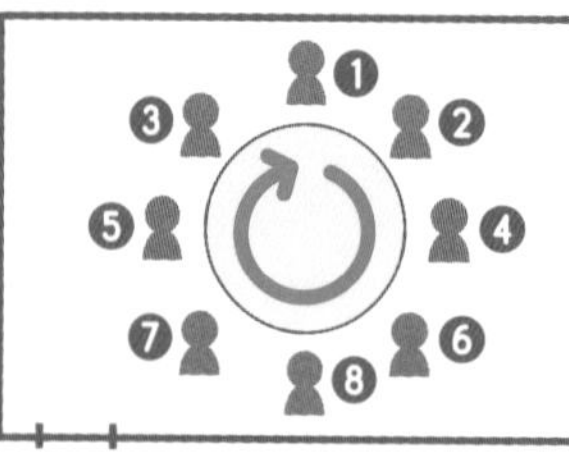

【円卓の上座下座】

円卓の席次は、出入り口から一番遠い席が上座、一番近い席が下座。主賓から見て左隣が2番め、右隣が3番め。ゲストや年長者が上座に座る。主催者は主賓の正面に座る。

NG 避けるべきふるまい

- 料理を取るときに立ち上がったり、身を乗り出したりする。
- ターンテーブルを勢いよくまわす。
- ターンテーブルの近くに、グラス類を置く。
- 食べ終わった取り皿をターンテーブルに置く。
- 音を立てて麺をすすったり、息を吹いて冷ましたりする。

地域性を反映した四大料理が有名

基本

中国料理は、広い国土を反映して、地域によって特徴的な食材や料理があり、多様性に富んでいます。大きくは「広東料理」「北京料理」「四川料理」「上海料理」の四大料理に分けられます。

広東料理は、豊富な山海の幸を生かしたさっぱりとした味つけで、北京料理は、寒い土地柄を反映した濃厚な味つけが特徴。四川料理は唐辛子や山椒を多用し、上海料理は魚介類を中心に、甘く濃厚な味つけで調理をします。

さらに日本でアレンジが加えられたり、フレンチやイタリアンの食材を使ったり、一人に一皿ずつサービスする「ヌーベルシノワ」なども注目を集めています。

中国料理のメニュー例

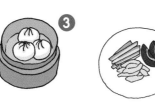

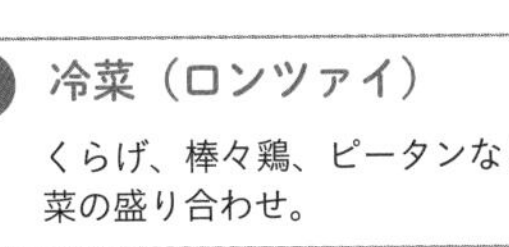

❶ 冷菜（ロンツァイ）
くらげ、棒々鶏、ピータンなどの冷たい前菜の盛り合わせ。

❷ 大菜（ターツァイ）
メインディッシュのこと。スープ（フカヒレの姿煮など、主菜の代わりになるもの）、揚げ物、炒め物、蒸し物、煮込み、あんかけ、焼き物などから偶数皿選ぶ。

❸ 点心（テンシン）
麺類、焼売、餃子、小籠包、饅頭など。

❹ 湯（タン）・飯（ファヌ）
食事の最後に出る、スープ、飯物（チャーハン類など）、粥、漬物など。

❺ 京果（チンクワ）
デザート。杏仁豆腐、タピオカのココナッツミルクなど。

代表的な調理方法

- 溜（リュウ）……あんかけ
- 酢（ツォェイ）……酒蒸し・酒漬け
- 灼（ヂュオ）……ゆでたもの
- 煮（チュ）……煮物
- 燒（シャオ）……炒めたものを弱火で煮込む
- 拌（バン）……和え物
- 湯（タン）……スープ
- 炒（チャオ）……炒め物
- 爆（バオ）……高温の油で一気に炒める
- 煎（チェン）……少量の油で焼く揚げ物
- 炸（チャ）……揚げ物
- 蒸（ジョン）……蒸し物

箸とれんげを使って食べるのが基本。日本料理と違うマナーもあるので気をつけましょう。

中国料理の基本マナー

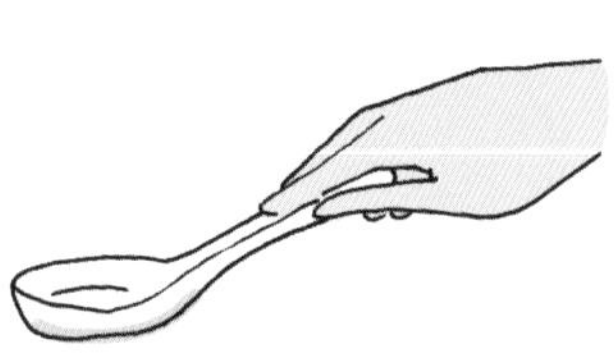

【れんげ】

スープ、チャーハン、お粥などに使う。人差し指をれんげのくぼみに置き、柄を親指と中指で挟むように持つ。れんげ置きに置く。

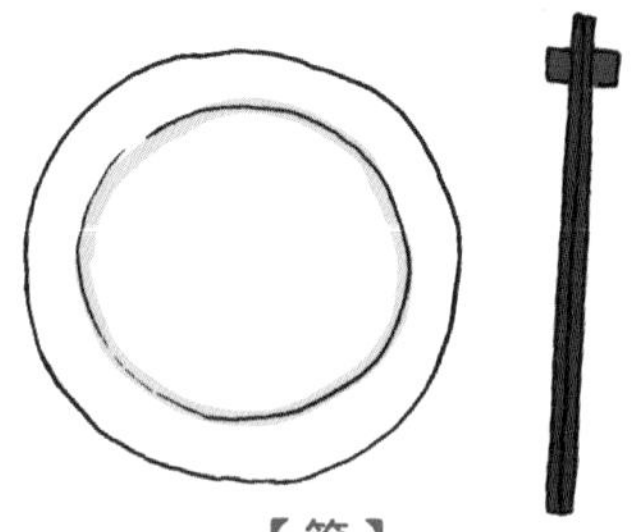

【箸】

箸の使い方は日本料理と同じ。皿の右側に縦に箸置きがセットされるので、料理を食べないときはここに置く。

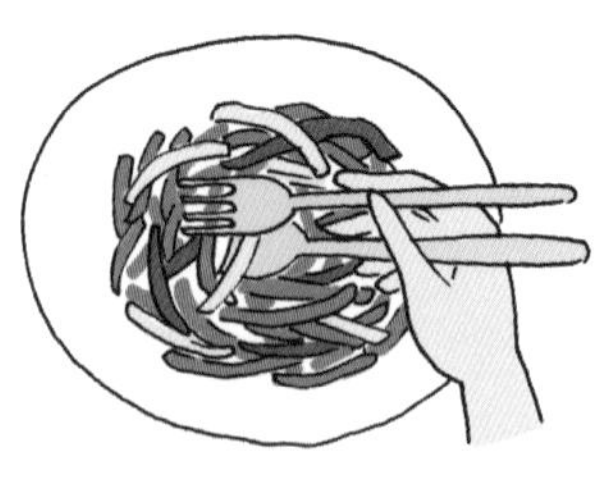

【サーバー】

大皿の料理はサーバーで取り分ける。返すときは、ターンテーブルをまわすじゃまにならないように、皿から大きくはみ出さないように置く。

【食器】

料理ごとに新しい皿に取り替える。皿はテーブルに置いたまま、左手を添えて食べる。小鉢の飯類は手に持って食べてもよい。

小籠包

皮を破らないように注意して箸で取り、れんげの上にのせる。皮を箸で破り、中のスープを飲んでから、皮と具を一緒に食べる。スープは熱いので直接口にせず、れんげを使うこと。

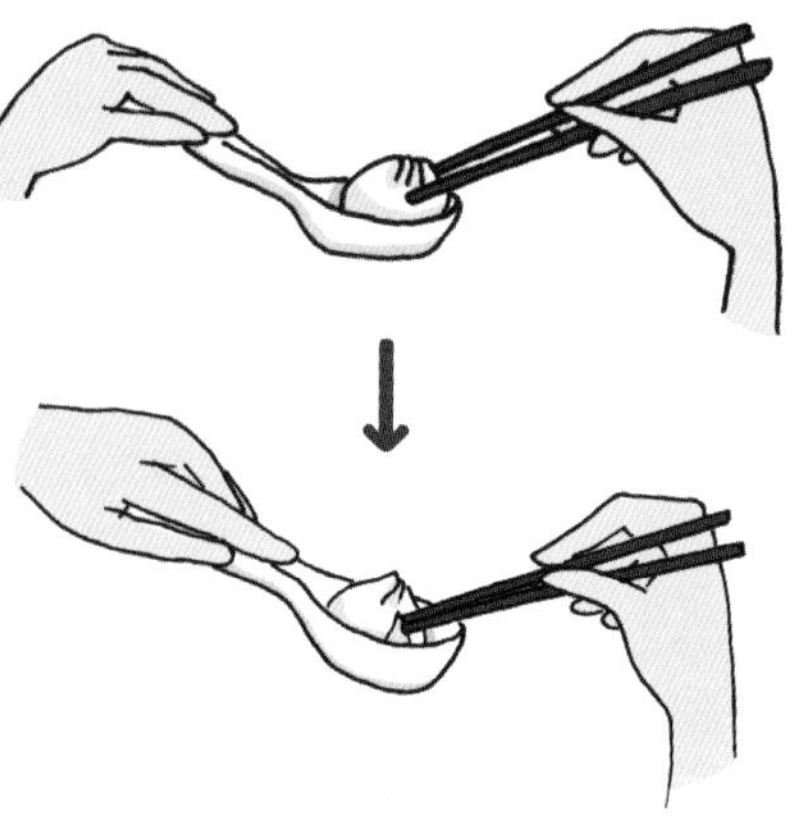

チャーハン

パラパラしているので、れんげを使う。器に左手を添え、少なくなったら手前に傾ける。器に口をつけて食べないこと。

餃子・春巻き

箸で真ん中から割って、ひと口大にしてから食べる。好みで切り口に調味料をつける。

麺類

箸で麺をすくって、汁をれんげで受けながら口に運ぶ。音をズルズルと立てるのはマナー違反。汁を飲むときは、直接飲まずにれんげを使う。いったん箸を置き、れんげに持ち替えて飲む。

杏仁豆腐・タピオカミルク

器に左手を添えて、添えられているれんげやスプーンを使って食べる。

ライチ

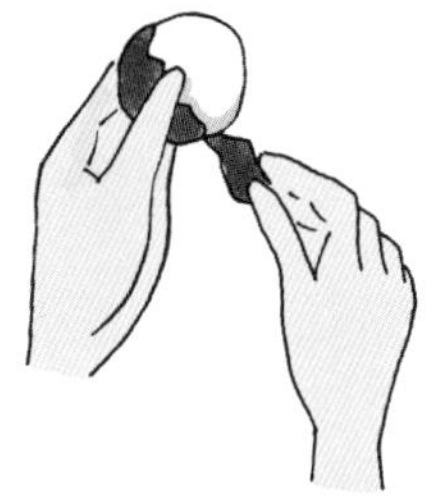

上半分の皮をむき、指で中身を押し出しながら口に入れる。種は口元を隠しながら手で受け、皿に戻す。

中国酒の飲み方

中国酒には黄酒（ホワンチウ）・白酒（パイチウ）・葯酒（ヤオチウ）・啤酒（ビーチウ）・露酒（ロウチウ）があり、その中でさらに細かく分類されます。一般的に飲まれているのは、蒸留酒である白酒の「茅台酒（マオタイチウ）」と、醸造酒である黄酒の「紹興酒（シャオシンチウ）」、混成酒の「桂花陳酒」などです。

とくに有名な「紹興酒」は常温、ロック、お燗で飲みます。レモンをしぼると香りが和らぐので、飲みやすくなります。砂糖を入れる飲み方は日本独特のものです。

また、「紹興酒」は味に深みがあるため、さっぱりした料理よりも、北京料理などのこってりとした濃厚な料理に合います。

Q&A 訪問・おもてなし

Q 訪問先で夕食をいただいたら感謝の気持ちを込めて食器をさげたほうがいいですか?

A お客様をお招きするとき、招待する側は玄関先やトイレ、客間など、お客様が通る場所をきれいに掃除して準備しています。
　ですがキッチンは、お客様にお出しする料理の準備などで整えきれない場合が多くあります。キッチンには入ってほしくない、と思う人も多いですから、食べた後の食器の片づけは自分でせずに、訪問先にお任せしましょう。

Q 急な用事で訪問できなくなってしまいました。どうすればいいですか?

A すぐに電話をかけて、伺えないこととお詫びを伝えましょう。
　忙しい中、時間を割いていただいたのですから、先方に納得してもらえるように、丁寧に理由を説明しましょう。
　数日中にあらためて書面かメールでお詫びをします。その際、急な用事ができて訪問できなくなった経過についても、なるべく詳しく報告しましょう。

Q お客様をお招きするとき、テーブルにはどんな花を飾ればいいですか?

A 季節の花を飾ると、風情があり、会話も弾みます。ただ、背の高い花や大きな花は、お互いの顔が見えず会話の妨げになったり、体が触れて花粉や花びらがテーブルに落ちたりと好ましくありません。背の低い花か、茎を短く切った花、小さめの花を飾りましょう。
　また、青い色は食欲を減退させるため避け、オレンジ色など明るい色を選びましょう。

7章 手紙のマナー

メールやメッセージアプリでのコミュニケーションが主流ですが、手紙は相手を思いやる気持ちを伝える大切な手段。基本ルールを守れば、決して難しいことはありません。また、手軽なメールも、相手のことを第一に考えて送りましょう。

手紙の種類

手紙には、お礼やお詫びなど、さまざまな種類があります。ポイントをしっかり覚えておきましょう。

お祝い

相手を祝う気持ちを表現して

入園・入学、出産、結婚などのお祝い事があったら、あまり時間を置かずに、早めに手紙を送りましょう。明るくやさしい、思いやりのこもった言葉を使って、相手を祝う気持ちをしっかり伝えることが大切です。

お礼

感謝の気持ちをストレートに

手紙の中で書く機会が多いのが、お中元やお歳暮、お見舞い、入学祝いなどのお礼状。いただいたときの家族の反応などを具体的に入れて、感謝の気持ちを素直に表現するのがポイントです。

お見舞い

病気の回復を願って

親戚や知人が、手術や入院など、病気で長期間療養することを知ったら、すぐにお見舞いの手紙を出しましょう。励ますことを第一に、明るく簡潔な文章で、早い回復を願う気持ちを伝えます。

送り状

贈り物をするときのマナー

お中元やお歳暮などの品物をデパートなどから発送する場合は、品物を送った旨を書いた手紙を、品物より先に届くように郵送します。また、自分で贈り物を送るときにもあいさつ状を添えましょう。

お詫び

自分の言葉で謝意を伝える

借りたものを汚してしまったり、子どもが不始末をしてしまったりしたときは、心からの謝意を伝える手紙を送るようにしましょう。形式にとらわれず、自分の言葉でお詫びの気持ちを表現することが大切です。

お悔み

通夜や葬式に参列できないときに

遠方に住んでいたり、出張ですぐに帰宅できなかったりなどの理由で、通夜と葬式のいずれにも出席できない場合は、お悔みの手紙を香典や供物に添えて送りましょう。訃報を聞いたらすぐに出すのも礼儀です。

転居通知

新住所は速やかに知らせる

引越しをしたときは、１カ月以内に親戚や知人、友人に新住所を知らせる通知を出しましょう。手紙ではなく、印刷されたはがきを使うのが一般的ですが、自筆でひと言添えると、丁寧な印象です。

催促・苦情

困っていることを明確に書く

貸したお金やものが返ってこない場合は、自分が困っている事情を説明しながら、返してほしい理由や期限を書いた手紙を送ります。また、ゴミ出しや騒音などの苦情を伝えるときにも、手紙やはがきが有効です。

手紙の書き方

あらたまった手紙を書くときには、基本の構成に沿って書くようにすると、読みやすい文章になります。

手紙の構成には4つのパートがある

基本

手紙は、時候のあいさつなどを入れる前文、「さて」「ところで」などの起こし言葉で始め、最も伝えたい内容を書く主文、相手の健康を祈る言葉を入れる末文、日付や自分の名前を書く後付けの4つのパートで成り立っています。この4つを順番通りに書けば、しっかりとした読みやすい手紙になります。

手紙を書くときの心がまえとマナー

●時機をのがさない
お祝いやお見舞い、お礼の手紙、季節のあいさつ状は、タイミングをのがすと失礼になることもあるので注意。

●相手の気持ちを第一に
お祝いやお悔みの手紙ではもちろん、催促や苦情の手紙でも、相手を思いやる言葉を添えましょう。

●伝えたいことは簡潔に
感情的にならないよう下書きをして、伝えたいポイントを押さえましょう。

●相手との関係性を基準に
相手が目上の人なら、敬語を正しく使い、カジュアルな文面は避けて。「前略」など、使うと失礼にあたる言葉も。

●誤字・脱字に気をつける
書き終えたら誤字・脱字がないか読み返すのを習慣に。誤字・脱字があったら修正液は使わず書き直し、字が分からない場合は辞書を引きましょう。

●手紙はたて書きが正式
日本語はたて書きが正式なので、慶弔や目上の人にはたて書きにします。親しい間柄なら横書きでかまいません。

●あらたまった手紙は万年筆で
あらたまった手紙には黒かブルーブラックの万年筆を使います。そのほかは、水性のボールペンや細いペンで書き、鉛筆は避けましょう。

手紙文の構成

前文

❶拝啓
❷日ごとに秋が深まってまいります。❸ご家族様には益々お元気のことと存じます。❹私どもも変わりなく過ごしております。

基本構成

❶ **頭語**
手紙文特有の冒頭語。一般的な手紙には「拝啓」などを使い、「前略」は目上の人には失礼にあたるので使わない。

❷ **季節のあいさつ**
手紙の書き出しにつける、季節を感じさせる言葉。頭語の下を1文字分あけるか、改行してから書き出す。

主文

⑤雑事にまぎれてご無沙汰しており、まことに申し訳ございません。
⑥さて、毎年この季節になると、兵庫の親戚から栗が送られてきます。先日我が家にも届いたところなのですが、どれもつやつやとして大きく、実りの秋を感じさせられました。今年は天候にとても恵まれ、甘みのある栗がたくさん実ったと、叔父が自慢しておりました。到来物ではございますが、ぜひご賞味ください。

末文

⑦朝夕の冷え込みが増してまいりました。時節柄、お体を大切にお過ごしください。
末筆ながら皆様によろしくお伝えくださいませ。
敬具⑧

後付け

⑨令和○○年○月○日
⑩石田裕人
真由美
⑪小林光子様

副文

⑫追伸　栗はよく洗って水気を切り、新聞紙に包んで冷蔵庫に入れておくのがよいそうですが、生ものですのでできるだけ早くお召し上がりください。

基本構成

③相手の安否を尋ねる
相手が元気であることを喜ぶ形式（「皆様にはお元気のことと存じます」など）と、問う形式（「皆様お変わりございませんか」など）がある。

④自分の安否を伝える
自分の近況を簡潔に知らせる。お悔みの手紙や招待状には書かない。

⑤無沙汰のお詫びやお礼
何カ月も連絡をしていないときのお詫びや日頃のお礼は、改行して書く。手紙の用件がお詫びやお礼の場合は、主文に入れる。

⑥用件
改行し、「さて」「ところで」「つきましては」などの言葉を入れてから主文に入る。

⑦結びのあいさつ
手紙を締めくくる言葉。主文の内容や手紙の性質に合ったあいさつを入れる。季節のあいさつと対応させると丁寧な印象に。

⑧結語
「拝啓」なら「敬具」というように、頭語に対応する結びの言葉を添える。改行するか、最終行の行末から1文字分上に入れる。

⑨日付
改行し、行頭から2～3文字下げて、手紙を書いた日付を書く。フォーマルな手紙や保管が必要な手紙の場合は年号を入れる。

⑩署名
改行して姓名を行末にそろえて書く。

⑪宛名
署名の次の行に書く。日付の頭より上になる位置から書き出し、敬称を必ずつける。

⑫追伸
主文で書き忘れたことや、つけ足したいことなどを書く。目上の人には失礼にあたることもある。

封筒にも書き方の基本があります。見やすい字で正確に書くようにしましょう。

和封筒

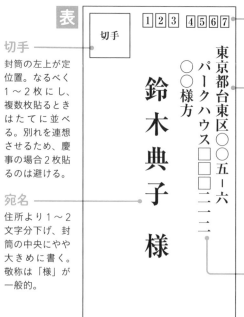

表

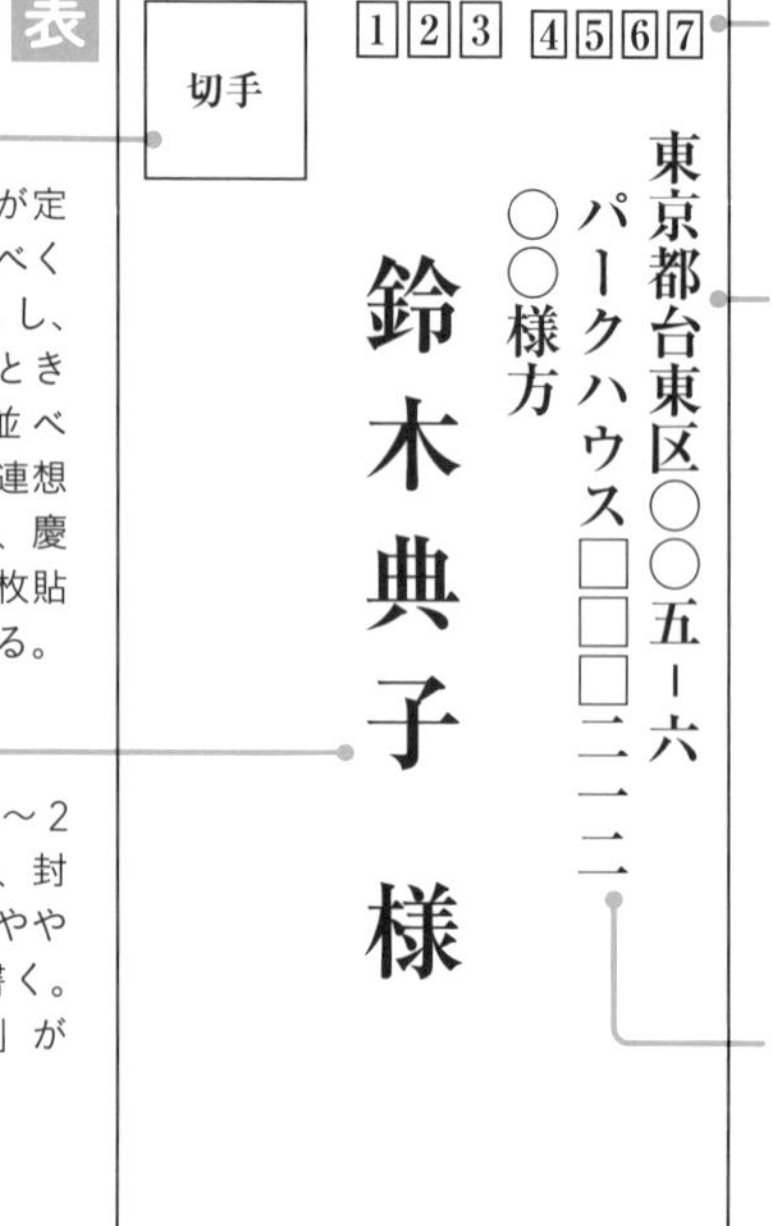

切手
1 2 3 4 5 6 7
東京都台東区○○五ー六
パークハウス□□□二二二
○○様方
鈴木典子 様

切手
封筒の左上が定位置。なるべく1～2枚にし、複数枚貼るときはたてに並べる。別れを連想させるため、慶事の場合2枚貼るのは避ける。

郵便番号
枠がないときは〒マークは入れず、番号だけを書く。

宛先
郵便番号から1文字程度下げて書き始め、1～2行におさめる。2行になるときは、2行目は1文字下げる。番地や建物名の途中で改行しない。「○○様方」を書く場合はここに入れる。

宛名
住所より1～2文字分下げ、封筒の中央にやや大きめに書く。敬称は「様」が一般的。

数字
あらたまった手紙の場合は漢数字を用いる。部屋番号も漢数字で。

裏

〆
七月一日
九八七ー六五四三
さいたま市○○二ー四ー六
アーバンタウン一○三
佐藤芳美

封緘（ふうかん）
「〆」「封」「緘」などが一般的。祝い事の場合は「寿」「賀」にする。テープやホチキスで留めるのはNG。必ず糊づけを。

日付
差出人住所・氏名を中央に書いたときは左上、左側に書いたときは右上に小さめに書く。

差出人住所・氏名
通常は封筒の中央に書くが、左側に郵便番号欄があればその位置に書く。中央の合わせ目を境にし、右に住所、左に氏名を住所よりやや大きく書くとバランスが取れる。郵便番号は住所の右に書く。

洋封筒

郵便番号

郵便番号欄がない場合は、住所の書き出しの上に書く。〒マークは機械が読み取れないので書かない。

宛先

封筒の上３分の１くらいの位置に相手の住所を１～２行で書く。２行目は頭を１～２文字下げる。番地や部屋番号は算用数字でよい。「○○様方」を書く場合はここに入れる。

宛名

封筒の真ん中に氏名と敬称を書く。住所の頭より１～２文字下げて、やや大きめの文字で。

日付

住所の左上に小さめに書く。封緘はとくに書かなくてよく、シールを貼るのは親しい間柄のみにする。

差出人住所・氏名

封筒の下３分の１くらいの位置に書く。氏名は住所より少し大きめに書き、住所と行末をそろえる。

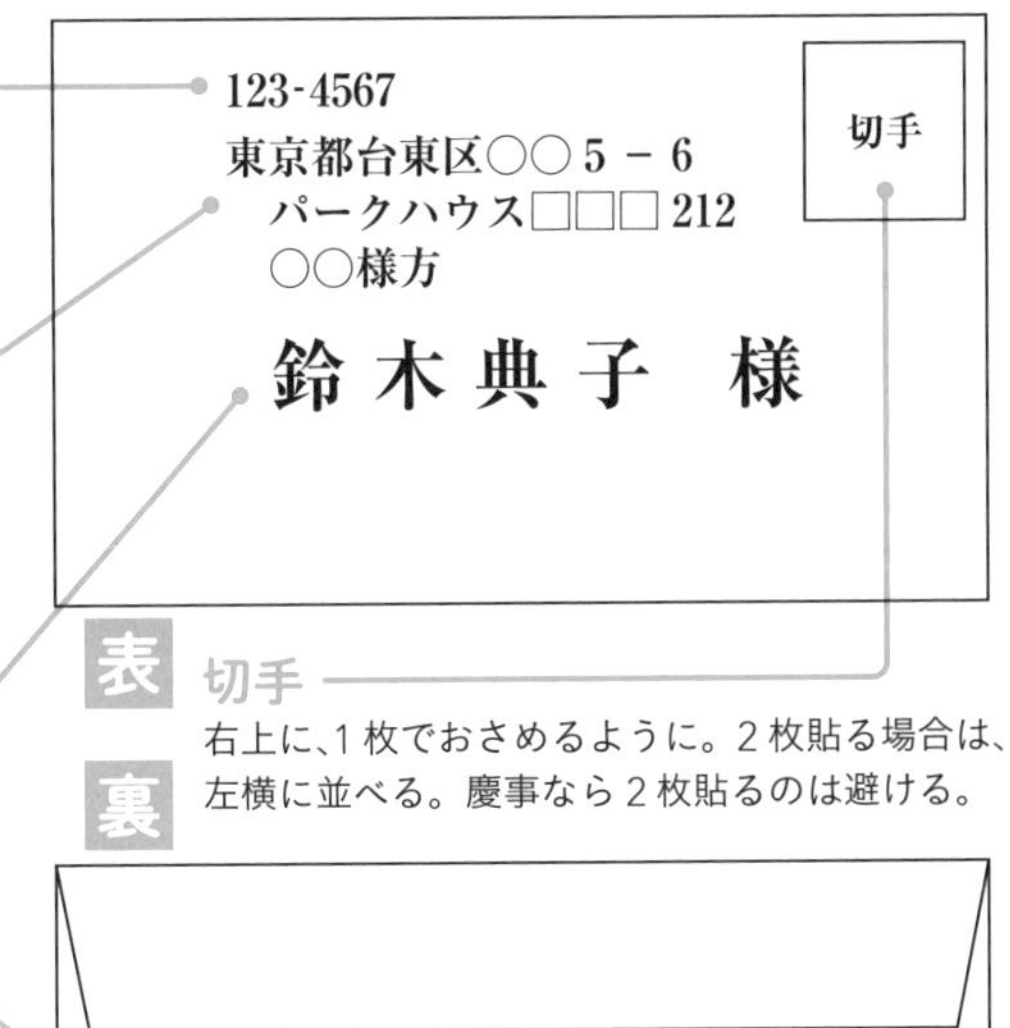

切手

右上に、1枚でおさめるように。２枚貼る場合は、左横に並べる。慶事なら２枚貼るのは避ける。

洋封筒をたて書きにする場合

慶弔などのごくあらたまった手紙の場合は、たて書きに使うことがあります。弔事の場合は、封筒のとじ方が逆になるので、注意を。また、和封筒と同じ使い方になるので封緘を書きます。たて書き、横書きは表裏で必ずそろえましょう。

【封筒裏／弔事】

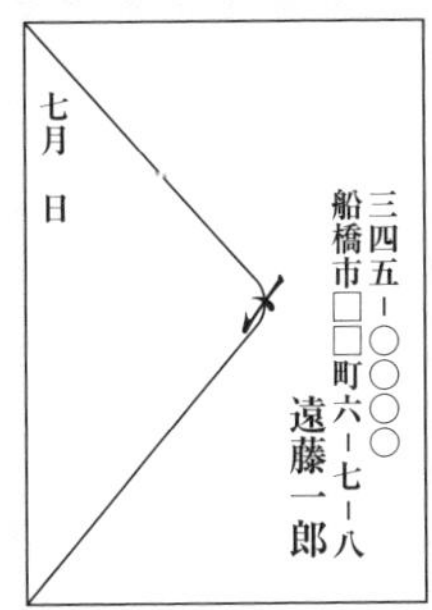

弔事の場合は、左側から閉じる「左封じ」に。表や裏に郵便番号欄が印刷されている封筒は使えないので注意。表裏の書き方が逆にならないように、裏を確認してから表に書く。

【封筒裏】

弔事を除いて、右側から閉じる向きにするのがルール。日付は右上に書き、差出人住所・氏名は封緘の左側に書く。

季節のあいさつ

季節感あふれる言葉を手紙の冒頭に添えるのも、大切なマナー。美しく、礼儀正しい印象になります。

春

2月

- 向春（残寒／余寒／春寒）の候（「候」は「折」または「みぎり」でもよい）
- 立春とは名ばかりで
- 春まだ浅く
- 梅の便りも聞かれるこの頃
- 三寒四温とはよくいったものです

文例 向春の候、皆様にはご健勝のことと存じます。平素は格別のご厚誼をいただき、ありがとうございます。

3月

- 早春（浅春／春分／解氷）の候（「候」は「折」または「みぎり」でもよい）
- 春光穏やかな時節
- 春とはいえまだまだ寒さが残り
- 桜のつぼみもふくらみ
- ひと雨ごとに春が近づき

文例 早春の折、ご家族様には益々お元気のことと存じます。私どももおかげさまで無事に過ごしております。

4月

- 陽春（桜花爛漫／桜花／清和）の候（「候」は「折」または「みぎり」でもよい）
- いよいよ春たけなわです
- 桜も満開となりました
- やさしい春風が吹きはじめました
- まだまだ花冷えのする季節です

文例 いよいよ春たけなわです。皆様にはお変わりございませんか。

秋

8月

- 晩夏（残暑／立秋／向秋）の候（「候」は「折」または「みぎり」でもよい）
- 残暑厳しき候
- 暦の上では秋になりましたが
- 厳しい暑さが続いておりますが
- 夜空に秋の気配を感じる頃

文例 残暑の折、ご家族様には益々ご清栄のこととお喜び申し上げます。

9月

- 初秋（新涼／清涼／秋晴）の候（「候」は「折」または「みぎり」でもよい）
- 夕暮れの涼風は秋を思わせ
- さわやかな秋晴れが続いています
- 日ごとに秋が深まってまいりました
- ようやく朝夕はしのぎやすくなりました

文例 さわやかな秋晴れが続いています。皆様お変わりありませんか。

10月

- 秋冷（紅葉／仲秋／秋霜）の候（「候」は「折」または「みぎり」でもよい）
- 秋たけなわのこの頃
- 菊薫る季節となりました
- 実りの秋を迎えました
- いよいよ紅葉の季節です

文例 紅葉の折、皆様にはますますご健勝のこととお喜び申し上げます。

季節の美しい情緒を表現する決まり文句

その時期の天候に合わせた心情や季節感を表現する季節のあいさつは、四季のある日本ならではの文化として生まれました。すぐに本題に入らず、頭語の次に続いて書き添えるのが礼儀で、そのあとに相手の安否を尋ね、自分の安否や無沙汰へのお詫び、日頃の厚誼（こうぎ）に感謝するあいさつを入れます。旧暦を基本にしているので、8月に秋の言葉を入れるなど、実際の季節とは少し異なる場合も。

夏

5月

○新緑（晩春／若葉／向暑）の候
（「候」は「折」または「みぎり」でもよい）
○若葉の緑も清々しいこの頃
○風薫る五月
○さわやかな五月晴れの毎日
○緑したたる時節

文例
新緑の折、○○様には
お元気でいらっしゃいますでしょうか。

6月

○初夏（入梅／梅雨／麦秋）の候
（「候」は「折」または「みぎり」でもよい）
○梅雨冷えの寒い日が続きますが
○ひと雨ごとにあじさいも鮮やかになります
○今年は空梅雨ですが
○降り続く雨に木々の緑も深まります

文例
梅雨冷えの寒い日が続きますが、
皆様にはご無事でお過ごしのことと存じます。
私も変わりなく暮らしております。

7月

○盛夏（大暑／猛暑／酷暑）の候
（「候」は「折」または「みぎり」でもよい）
○蝉の声に暑さを覚える今日この頃
○日ごとに暑さが厳しく
○うだるような暑さが続いておりますが
○いよいよ夏到来です

文例
いよいよ夏到来です。
皆様いかがお過ごしですか。

冬

11月

○晩秋（暮秋／霜秋／落葉）の候
（「候」は「折」または「みぎり」でもよい）
○初霜の便りも聞かれます
○朝夕めっきり冷え込むようになりました
○落ち葉が舞い散る季節です
○秋の気配がいよいよ深まり

文例
初霜の便りも聞かれますが、
その後お変わりなくお過ごしでしょうか。

12月

○初冬（師走／冬ごもり）の候
（「候」は「折」または「みぎり」でもよい）
○歳末（年末）の候
○いよいよ冬将軍の到来です
○寒さも本格的になってまいりました
○今年も残りわずかとなりました

文例
師走の候、皆様には一段とお健やかに
お過ごしのことと存じます。

1月

○新春（初春／大寒／寒冷）の候
（「候」は「折」または「みぎり」でもよい）
○松の内の賑わいも過ぎ
○穏やかに年が明け
○春が待ち遠しい今日この頃
○厳しい寒さが続きますが

文例
新春の候、ご家族様には
いよいよご健勝のことと存じます。
私もおかげさまで息災に過ごしております。

季節のあいさつを用いない場合

手紙の書き出しに季節のあいさつを入れるのがマナーですが、場合によってはかえって失礼になってしまうこともあるので、注意しましょう。

- 弔事の場合（お悔みの手紙や葬儀の通知など）
- 病気などのお見舞いの手紙
- お詫びの手紙
- 急用を知らせる手紙

書き出しと結びの慣用句

手紙の最初と最後には、内容に合った頭語と結語、あいさつ文を入れましょう。

手紙の内容に合った慣用句を選ぶ

基本 手紙の冒頭には「こんにちは」にあたる頭語を入れ、「さようなら」にあたる結語で締めくくるのがルールです。そして、頭語の次の前文と、結語の前の末文には、あいさつ文を入れましょう。前文には、相手の安否や健康を尋ねたり、自分の状況を知らせたりする慣用句を、末文には、相手の健康を願ったり、言づてをしたりする慣用句を入れます。

ポイント 頭語と結語は手紙の種類によって組み合わせが決まっているので注意が必要です。

頭語と結語の組み合わせ

	頭語	結語
一般的な手紙	拝啓　拝呈　啓上 一筆啓上いたします 一筆申し上げます※ 初めてお手紙を差し上げます※	敬具 敬白　拝具　不一 乱筆お許しください かしこ※
あらたまった手紙	謹啓 謹呈　恭啓　粛啓 謹んで申し上げます※	謹言 謹白　頓首再拝 かしこ※
急ぎの手紙	急啓 急白　急呈 取り急ぎ申し上げます※	草々 不一　不尽　不備 かしこ※
前文省略の手紙	前略 冠省　略啓　寸啓 前文お許しください 前略ごめんください※	草々 匆々　不一　拝答不備 かしこ※
返信の手紙	拝復 復啓　敬復　謹復 お手紙いただきました お手紙拝見いたしました ご返事申し上げます お手紙ありがとうございました※	敬具 敬白　拝具　拝答 かしこ※　ご返事まで※ ごめんください※
再発信の手紙	再啓 再呈　追啓 重ねて申し上げます 失礼ながら再度お便り差し上げます※	敬具 敬白　拝具　再拝 かしこ※

●※は女性のみが使うやわらかな言葉。「ごめんください（ませ）」「さようなら」という表現もある。
●頭語と結語は、同じグループなら自由に組み合わせてもよい。色文字はよく使われる頭語と結語の組み合わせ。

書き出しのあいさつ

相手の安否１

皆(々)様(には) ご家族様(には) ○○様（には)	益々 いよいよ 一段と	お元気 ご清祥（清栄） ご無事でお過ごし	のことと	存じます 拝察いたします (心より) お喜び申し上げます

相手の安否２

皆(々)様(には) ご家族様(には) ○○様（には)	お変わりございませんか（ありませんか） いかがお過ごしでいらっしゃいますか（ですか） お元気でいらっしゃいますか（ですか）

自分の安否

私（ども）も こちらも	おかげさまで	元気に／無事に 変わりなく	過ごしております 暮らしております

無沙汰へのお詫び

日ごろはご無沙汰ばかりで 心ならずもご無沙汰いたしまして 雑事にまぎれてご無沙汰しており	まことに申し訳ございません お許しください 深くお詫び申し上げます

日頃の厚誼(こうぎ)への感謝

日頃はひとかたならぬご高配を賜り 平素は格別のご厚誼をいただき いつもお世話になり	（まことに）ありがとうございます （厚く／心より）お礼申し上げます （深く）感謝しております

※自分の安否は、お悔みの手紙やあいさつ状、招待状には書かない。手紙の目的がお詫びやお礼なら、書き出しのあいさつは入れず、主文に詳しく書く。

結びのあいさつ

用件を結ぶ

まずは／取り急ぎ 遅ればせながら まずは書中にて	お礼／お願い お知らせ お見舞い	申し上げます（ました） まで　のみ（にて失礼いたします） いたします

相手の健康を願う（天候が主体）

時節柄／天候不順の折から 暑さ（寒さ）厳しき折から	お気をつけください／お体大切に（お過ごしください） ご自愛のほどお祈りいたします

相手の健康を願う（相手が主体）

皆様の ご一同様の	ご健康を ご多幸を	お祈り申し上げます（いたします） 祈り上げます

言づて（自分から）

末筆ながら	ご健康を ご無事を	皆様に ○○様に	くれぐれも	よろしくお伝えください（ませ） よろしくお伝えくださいますよう お願い申し上げます

言づて（第三者から）

末筆ながら	夫（主人、妻、家内）からも ○○からも	くれぐれも	よろしくとのことです よろしく申しております

返事を求める

恐れ入りますが／お手数ですが	ご（お）返事（返書）	お待ちしております／お願い申し上げます

今後の厚誼を願う

今後とも／末永く これからも	よろしくご指導くださいますよう（ご指導のほど） お付き合いくださいますよう（お付き合いのほど） ご厚誼賜りますよう	お願いいたします お願い申し上げます

※書き出しと結びのあいさつは、頭語と結語のように対応させる必要はなく、手紙の内容や相手との関係に合わせて選ぶことが大切。

お礼状の文例

先方からお祝いの品や季節のあいさつの贈り物をいただいたら、時機を逃さずにお礼状を送りましょう。

お中元のお礼　知人へ

Ⓐ
拝啓
梅雨明け早々暑い日が続きますが、皆様にはお元気でお過ごしのことと思います。私どもも変わりなく過ごしております。

Ⓑ
さて、本日お心のこもったお品をいただきました。いつもながらのお心づくしに、お礼申し上げます。

Ⓒ
素麺は子どもたちをはじめ家族の大好物で、早速昼食に季節の味を楽しませていただきました。この時期には何よりのお品でございます。本当にありがとうございました。

Ⓓ
まだまだ厳しい暑さが続きますが、くれぐれもお元気でお過ごしください。
取り急ぎお礼のみにて。
敬具

基本構成

- Ⓐ 前文に頭語、時候のあいさつ、書き出しのあいさつを入れる。
- Ⓑ 主文に用件とお礼の言葉を入れる。
- Ⓒ 感謝の気持ちを具体的に述べる。
- Ⓓ 末文に結びのあいさつを入れる。

ポイント

- 品物が届いてから3日以内に出す。
- 品物が無事届いたことも知らせる。
- いただいた品物への感謝の気持ちを、具体的な感想で表現する。
- 親しい相手に送る場合は、家族や自分の近況も報告する。
- 頻繁に連絡を取り合う間柄の場合は、前文のあいさつを省き、お礼だけを書いてもよい。

入学祝いのお礼　叔母夫妻へ

Ⓐ
拝啓
桜の便りがようやく聞かれる頃となりました。
皆様には益々ご健勝でお過ごしのことと、お喜び申し上げます。

Ⓑ
このたびは長女麻衣の中学校入学にあたり、あたたかいお言葉と何よりのお品をいただき、ありがとうございました。
早速、いただきました図書カードで英和辞典などを買い求めさせていただきました。娘も新しいスタートに向かって、心おどらせているようです。いつも気にかけていただき、感謝しております。

Ⓒ
新学期が始まりましたら、娘を連れましてお伺いしたいと思っております。なお、本人からのお礼の言葉を同封いたします。

Ⓓ
叔父様にも、くれぐれもよろしくお伝えください。
時節柄、体調を崩されませんようお祈りいたします。
まずは書中にてお礼申し上げます。
敬具

基本構成

Ⓐ前文に頭語、時候のあいさつ、書き出しのあいさつを入れる。
Ⓑ主文に用件とお礼の言葉を入れる。
Ⓒ本人からの感謝の手紙を同封したことを伝える。
Ⓓ末文に言づて（家族への伝言のお願い）、結びのあいさつ、再度お礼の言葉を入れる。

ポイント

- 相手からのお祝いの気持ちと贈り物両方へのお礼を述べる。
- いただいた贈り物への感謝の気持ちを、具体的な感想で表現する。
- 祝ってもらった事柄についての近況を必ず含める。自慢話にならないように気をつける。
- 贈り物が届いてから3日以内に出す。
- 子どもが小学生以上なら、本人からの手紙を添えると相手に喜ばれる。

入学式

形式にのっとるのが基本ですが、心からのお祝いの気持ちを自分の言葉で表現することも大切です。

結婚祝い　目上の知人へ

Ⓐ
拝啓
早春の候、ご一同様には益々ご清栄のこととお喜び申し上げます。

Ⓑ
このたびのご子息様のご婚儀に際し、心からの祝福を申し上げます。ご本人様はもとより、ご家族の皆様のお喜びもさぞかしと拝察いたします。

Ⓒ
また、私どもまで門出の宴にご招待いただき、まことにありがとうございます。ご返信用のはがきを同封いたしましたが、披露宴でご子息様の晴れ姿を拝見できますことを楽しみにしております。

Ⓓ
つきましては、ご両家の幾久しい幸福を記念し、ささやかなお祝いの品を別便にてお送りしました。ご受納いただけますと幸甚に存じます。

Ⓔ
まずは略儀ながら書中をもちまして、お祝い申し上げます。
敬具

基本構成

Ⓐ前文に頭語、時候あいさつ、書き出しのあいさつを入れる。

Ⓑお祝いの言葉と、本人または家族への言葉を入れる。

Ⓒ披露宴の出欠を入れる。欠席する場合は「やむを得ぬ事情で参列がかないません。どうか悪しからず、ご了承ください」などを入れる。

Ⓓお祝いの品を贈ったら、その旨を伝える。

Ⓔ末文に結びのあいさつを入れる。

ポイント

ⓒ招待状をいただいたら、できるだけ早く返事を出す。

ⓒ人生最大の慶事なので、形式にのっとった格調高い文章がふさわしい。

ⓒ過剰な美辞麗句ではなく、心からの祝福の気持ちを込めて書く。

ⓒ親しい相手に送るなら、形式にはこだわらず、「ご結婚おめでとう」の言葉から始めてもよい。

ⓒ結婚式に招待された場合、返信用のはがきを手紙を同封して送ると、丁寧な印象に。

入学祝い　入学する子の両親へ

Ⓐひと雨ごとに春が近づいてきました。皆様にはお元気でお過ごしのことと思います。

Ⓑこの四月には勇介くんが小学校に入学ですね。本当におめでとうございます。あの小さかった勇介くんが一年生だなんて、月日がたつのは早いものですね。

明るく活発な勇介くんのことですから、お友だちもたくさんでき、小学校でいろいろなことを学んで、益々成長することでしょう。

Ⓒ心ばかりのお祝いですが、商品券を送ります。入学の準備にでも使っていただけるとうれしいです。

Ⓓ勇介くんにも「おめでとう」とお伝えください。

Ⓔまずは、取り急ぎご入学のお祝いまで。

かしこ

基本構成

Ⓐ頭語を省略し、季節のあいさつと安否を喜ぶあいさつで始める（ごく親しい間柄の場合は、あいさつを省略してもよい）。

Ⓑお祝いの言葉を入れる。

Ⓒ本人や家族への言葉を入れ、お祝いの品について触れる。

Ⓓ再びお祝いの言葉を入れる。

Ⓔ末文に結びのあいさつを簡潔に入れる。

ポイント

- 入学前に届くように送る。
- 親しい相手に送る場合は、頭語やあいさつ文を省き、お祝いの言葉から始めると、気持ちが伝わりやすい。
- 小学校入学の場合は親宛が一般的だが、本人への手紙を添える場合は、ひらがなで簡単に書くと喜ばれる。
- 子どもを直接知らない場合は、喜びに共感する気持ちや親の苦労をねぎらう言葉を添えた手紙を親宛に送る。

お祝いの手紙で避けるべき忌み言葉

●結婚祝い
別れる、離れる、切れる、終わる、壊れる、割れる、去る、流れる、断つ、戻る、繰り返す、重ねがさね、薄い、短い、寂しい、再び、再度、またまた・皆々様・近々などの2度繰り返す言葉など

●入学・合格祝い
落ちる、すべる、去る、止まる、破れる、崩れる、倒れる、中止など

●出産祝い
失う、消える、落ちる、流れる、死ぬ、苦しむ、四（死を連想させる）、薄い、浅い、滅びるなど

●長寿のお祝い
死ぬ、病む、寝る、寝つく、倒れる、衰える、枯れる、朽ちる、折れる、終わる、途切れる、ぼける、四（死を連想させる）、九（苦を連想させる）など

●新築・開店祝い
倒れる、つぶれる、壊れる、崩れる、傾く、揺れる、破れる、閉じる、失う、衰える、行き詰まる、負ける、燃える、焼ける、火、煙、赤い（赤字を連想させる）など

送り状の文例

デパートなどから発送するときも自宅から送るときも、贈り物の理由を伝えるあいさつ状を添えましょう。

品物を贈るとき　目上の知人へ

Ⓐ
拝啓
初冬の候、〇〇様には益々ご清祥のことと存じ上げます。
平素は格別のご厚誼をいただき、まことにありがとうございます。
私もおかげさまで変わりなく過ごしております。

Ⓑ
つきましては、今年一年の感謝の気持ちを込めまして、本日〇〇百貨店より心ばかりのお礼のお品をお送りいたしました。ご笑納いただければ幸いに存じます。

Ⓒ
まだまだ寒さも深まってまいりますので、くれぐれもお体大切にお過ごしください。
末筆ながら、奥様にもよろしくお伝えください。
まずは平素のごあいさつを申し上げます。
敬具

基本構成

Ⓐ前文に頭語、時候あいさつ、書き出しのあいさつを入れる。
Ⓑ品物を送った旨を伝える。
Ⓒ末文に結びのあいさつを入れる。

ポイント

- 品物よりも2〜3日早く届くように送る。
- 日頃の感謝の気持ちを丁寧に表現する。
- 親しい人に送る場合は、簡潔に近況も述べる。
- あらたまった相手には品物の説明は控え、「名産品」「逸品」はほめ言葉になるので使わない。

送り状を同梱してもOK

デパートから品物を送る場合でも、送り状を持参して一緒に入れてもらうこともできます。その場合は、封をせずに持参しましょう。封をすると信書になり、同梱することができません。

写真を送るとき　嫁から義父母へ

手紙

Ⓐ
秋晴れの晴天が続いております。お義父さま、お義母さまには、お変わりなくお過ごしのことと思います。私どもも元気で暮らしておりますので、どうぞご安心ください。

Ⓑ
先日幼稚園で運動会があり、美樹が一生懸命ダンスをしているときの写真を同封いたしました。ずいぶん背も伸びて大きくなりましたので、きっと驚かれると思います。年末には家族三人でそちらにまいりたいと思っております。

Ⓒ
朝晩はめっきり冷え込むようになりました。くれぐれもお体を大切になさってください。取り急ぎ、美樹の元気な姿を見ていただきたく、お便りまで。

基本構成

Ⓐ 前文に季節のあいさつ、相手と自分の安否のあいさつを入れる。親しい間柄では頭語は省いてよいが、季節のあいさつは必ず入れる。
Ⓑ 写真の説明を、撮ったときの詳細も含めて説明する。
Ⓒ 末文に結びのあいさつを入れる。

ポイント

● 遠くに住んでいてなかなか会えない場合は、写真の説明に加えて近況も書き添えると親切。

メール

件名　幼稚園の運動会の写真を送りました

お義母さんへ

Ⓐ
こんにちは。ご無沙汰しておりますが、
お元気でいらっしゃいますか？

Ⓑ
先日幼稚園で運動会があり、美樹が一生懸命
ダンスを踊っているときの写真を昨日お送りしました。
ずいぶん背も伸びましたので、きっと驚かれると思います。
年末には家族三人でそちらにまいりたいと思っております。

Ⓒ
朝晩はめっきり冷え込むようになりましたので、
くれぐれもお体を大切になさってください。
お義父さんにもよろしくお伝えください。
取り急ぎ、ご報告いたします。

美智子

基本構成

Ⓐ あいさつ文は簡潔にし、すぐに本文に入る。
Ⓑ 写真の説明を、撮ったときの詳細も含めて説明する。
Ⓒ 最後に結びのあいさつを入れる。

お見舞いの文例

お見舞いの手紙は、相手を励まし、元気づけることが一番大切です。明るい言葉で、簡潔な文章を心がけて。

病気のお見舞い　目上の人へ

手紙

Ⓐ
急啓
このたびはご入院なさいましたこと、少しも存じませず、本当に失礼をいたしました。その後のお具合はいかがでございましょうか。

Ⓑ
日頃壮健な○○様なだけに、思いもよりませんでした。どうぞくれぐれもお大事になさってください。
すぐにもお見舞いに伺うべきところですが、しばらくはご静養に努められると思いますので、いずれ落ち着かれてからと思っております。

Ⓒ
取り急ぎひと言お手紙にてお見舞い申し上げます。
一日も早くご回復なさいますよう、お祈りいたします。
草々

基本構成

Ⓐ緊急の手紙なので、前文やあいさつは省略し、「急啓」に。そのほか、「取り急ぎお見舞い申し上げます」「前略」でもよい。
Ⓑ励ましの言葉や回復を願う言葉を入れながら、お見舞いを述べる。
Ⓒ再びお見舞いの言葉を入れる。

ポイント

●病気や病状については触れず、励ますことを第一に書く。
●家族への心づかいも入れるとよい。

知らせを聞いたらすぐに送る

親戚や知人などが、長期入院をすることを知ったら、ただちにお見舞いの手紙を送るのがマナー。遅れて知った場合はその事情を手紙に書きます。送り先は自宅か、入院している病棟、部屋番号、フルネームを明記して、「○○病院気付」として病院宛に送る。

メール

件名　お見舞い申し上げます

高橋太郎さま

Ⓐ
小林恵子です。
昨日井上さんから高橋さんが入院なさったと伺い、
とても驚きました。
今は回復に向かっていらっしゃるとのこと、ひと安心しました。

Ⓑ
高橋さんはいつもお忙しかったので、
日頃のお疲れも出たのかもしれませんね。
ゆっくり静養なさってください。一日も早い回復を心より
お祈りしております。

落ち着かれましたらあらためて伺いたいと思っておりますが、
取り急ぎメールにてお見舞い申し上げます。

小林恵子
kobayashi@0000.ne.jp
090-0000-0000

基本構成

Ⓐメールなので、前文は省略する。
Ⓑ励ましの言葉や回復を願う言葉を入れながら、お見舞いを述べる。

ポイント

目上の人にお見舞いのメールを送るのはふさわしくないが、親しい間柄ならメールでもかまわない。

相手がお見舞いを断りたい場合、メールでのやり取りなら断りやすい。

メールを送ったあとに、あらためてお見舞いの手紙を出すのがマナー。

励ましの表現にも気をつけて

長期の療養が必要な場合や病気の程度によっては、過度の励ましがプレッシャーになることもあります。また、病気についてあれこれとアドバイスをするのも控えましょう。

お悔みの文例

遠方や出張中などで、通夜、葬儀に参列できない場合は、香典や供物にお悔みの手紙を添えて送りましょう。

父親を亡くした友人へ

メール

件名　お悔み申し上げます

高橋さんへ

Ⓐ
小林です。
お父様のご逝去を知り、
突然のことにただ驚いております。
海外赴任中のため、何のお力にもなれず、
お悔やみにも伺えず、
本当に申し訳なく思っております。
高橋さんはお父様といつも仲良くしていらしたので、
どんなにかお寂しいことと思います。

Ⓑ
本日ささやかながらお花料をお送りしました。
よろしければご霊前にお供えください。

Ⓒ
どれほどお力落としのことと思いますが、
お体だけは大切になさってくださいますように。
お父様のご冥福を心よりお祈り申し上げます。

合掌

小林恵子
kobayashi@0000.ne.jp
090-0000-0000

基本構成

Ⓐ前文は不要。主文で突然の訃報への驚きや、遺族への慰め・励ましを簡潔に述べる。
Ⓑ香典を送った旨を伝える。
Ⓒ最後に再びお悔みを述べる。

ポイント

- ごく親しい友人へ励ましや慰めの言葉をすぐに届けたい場合はメールでもよいが、メールでのお悔みは正式なマナーではないので、目上の人へのメールは避ける。
- 仕事関係の人へメールをする場合は、直接やり取りをしているような、近い間柄の場合のみにする。
- 通夜や葬儀に参列できない場合は、別途手紙を添えた香典を郵送する。
- 仕事関係の人の通夜や葬儀に参列できない場合は、メールではなく弔電を送る。

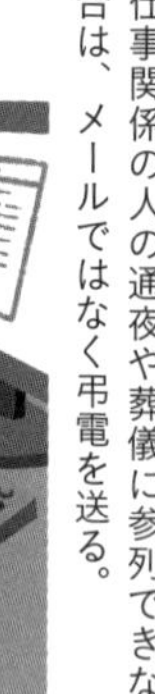

夫を亡くした知人へ

手紙

Ⓐ このたびご主人様が亡くなられたと伺い、突然のことにただ驚くばかりで信じられません。どんなに深いお悲しみでいらっしゃることかと、胸が痛みます。

Ⓑ さぞかしお力落としのこととは存じますが、どうぞくれぐれもお体をお大事になさってください。きっとご主人様がお守りくださることと存じます。

Ⓒ すぐにでもお伺いしてお悔みを申し上げるべきところですが、家庭の事情によりかなわず、お許しください。心ばかりのものを同封いたしますので、お花かお好きなものをご霊前にお供えくださいますよう、お願いいたします。

Ⓓ ご主人様のご冥福を心からお祈りしております。

合掌

基本構成

Ⓐ前文は不要。主文で突然の訃報への驚きを、ややかしこまった決まり文句を用いて、簡潔に述べる。
Ⓑ遺族への慰め・励ましを入れる。
Ⓒ香典を添えた旨を伝える。
Ⓓ末文で再びお悔みを述べる。

ポイント

- 訃報を聞いたらすぐに出す。
- よほど親しい間柄でない限り、一般的な形式にのっとって書く。
- 故人の宗教には注意すること。神道やキリスト教の場合は、「供養」「往生」「冥福」「仏前」「お悔み」などの仏教用語は使わない。「ご霊前」は宗教問わずに使える。
- 忌み言葉は避ける（445ページ参照）。
- 不幸が重なるという意味から二重封筒は避け、封筒も便せんも白無地を使う。
- 人づてに訃報を聞いた場合、亡くなったのはだれか、喪主、葬儀の日程など、必ず確認してから手紙を出すこと。

借りたものを傷つけたり、粗相をしたりしたときは、誠心誠意お詫びの気持ちを伝えましょう。

借りた物のトラブル　知人へ

手紙

Ⓐ 前文失礼いたします。このたびは娘の発表会の際にビデオカメラを拝借させていただき、本当にありがとうございました。実はたいへん申し訳ないことになり、お手紙を差し上げる次第です。

Ⓑ 早速お返しすべきなのですが、発表会中に急に動かなくなってしまいました。会場は混んでおりましたので、どなたかとぶつかったときに不具合が起きたのかもしれません。気をつけていたつもりですが、不注意でした。本当に申し訳ないことをいたしました。

Ⓒ メーカーに相談しましたところ、修理に二週間ほどかかるということでした。ご厚意で貸していただきましたのに、申し訳ございません。戻ってまいりましたら、すぐにお返しに上がりますが、このようなわけでご返却をしばらく延ばしていただきたく、お願い申し上げます。本当に申し訳ございませんでした。

Ⓓ まずは取り急ぎ書面にて、お詫びかたがたお願いを申し上げます。

基本構成

Ⓐ頭語は親しい人宛なら使わなくてよい。使う場合は「急啓」や「前略」を。前文は省略し、貸していただいたお礼から始める。
Ⓑ事情を簡潔に説明し、お詫びを述べる。
Ⓒ対処法や返却について具体的に説明する。
Ⓓ再びお詫びを述べる。

ポイント

・トラブルが起きたらすぐに手紙を出す。
・言い訳をしたり、こちらを正当化したりしようとせず、誠意を持って詫びる。
・トラブルが起こった事情はくどくど書かずに簡潔にし、詫びることに専念する。

弁償の品は連絡をしてから送る

先方に何も知らせないまま、突然お詫びの手紙と弁償の品を送りつけることは絶対にＮＧ。弁償の品を送るときは、まず先方に許しをもらってから、お詫びの手紙を添えて送るようにすること。

メール　借りた物を直接渡す場合

件名　お借りしたビデオカメラのご返却について

高橋太郎さま

Ⓐ
小林恵子です。
このたびは娘の発表会の際に
ビデオカメラを拝借させていただき、
本当にありがとうございました。

Ⓑ
メーカーよりビデオカメラの修理が終わったとの連絡があり、
明日にはお戻しすることができます。
お返しに上がりたいのですが、
明日以降のご都合はいかがでしょうか。

Ⓒ
このたびは、ご厚意で貸していただきましたのに、
本当に申し訳ございませんでした。

小林恵子
kobayashi@0000.ne.jp
090-0000-0000

基本構成

Ⓐ貸していただいたお礼を再度述べる。
Ⓑいつ返却に行けばよいかを簡潔に尋ねる。
Ⓒ最後に再びお詫びを述べる。

メール　借りた物を送る場合

件名　お借りしたビデオカメラのご返却について

高橋太郎さま

Ⓐ
小林恵子です。
このたびは娘の発表会の際にビデオカメラを
拝借させていただき、本当にありがとうございました。

Ⓑ
メーカーよりビデオカメラの修理が終わったとの
連絡がありました。
本来ならばお伺いしてご返却をしなければならないのですが、
実家の父が手術を控えていることから、
どうしてもお伺いすることができません。
たいへん申し訳ないのですが、メーカーから直接
高橋さま宛にお送りさせていただく
手配をとらせていただきました。

Ⓒ
このたびは、ご厚意で貸していただきましたのに、
本当に申し訳ございませんでした。
また落ち着きましてからあらためまして
お詫びに伺いたいと思っております。
今後ともよろしくお願い申し上げます。

小林恵子
kobayashi@0000.ne.jp
090-0000-0000

基本構成

Ⓐ貸していただいたお礼を再度述べる。
Ⓑ直接返却できない理由を伝え、お詫びを述べる。
Ⓒ最後に再びお詫びを述べる。

催促・苦情の手紙文例

催促や苦情の手紙は感情的になってしまいがちですが、冷静な表現で、伝えるべきことをしっかり書きます。

手紙

貸したお金の催促　知人へ

Ⓐ

拝啓

晩冬のみぎり、お元気でお過ごしのことと存じます。

Ⓑ

さて早速で恐縮ですが、昨年十月にご用立てした五十万円の件は、いかがなりましたでしょうか。当初のお約束では、一月末には全額お返しいただけるとのことでございました。

Ⓒ

ほかならぬ○○様のお役に立てるならばと、こちらも無理をして工面いたしました。

Ⓓ

色々とご事情もおありのことと存じますが、私どもの窮状をおくみ取りいただき、何卒至急ご返済いただけますよう、お願い申し上げます。全額はむずかしくても、とりあえずのめどだけでも、速やかにお知らせください。まことに催促がましくて心苦しいのですが、よろしくご配慮ください。まずはお願いいまで。

敬具

基本構成

Ⓐ前文は季節のあいさつのみを入れる。

Ⓑ相手の様子を尋ね、約束が守られないので心配しているというような文面で催促する。

Ⓒ自分が困っている事情を説明する。

Ⓓ相手にどうしてほしいかを明確に書く。場合によっては返済方法の変更などの譲歩を示してもよい。

ポイント

- 返済期限を半月ほど過ぎてから出す。
- 催促というより、返済をお願いしたいという気持ちで書く。感情的にならないように注意する。

騒音の苦情　上階の住人へ

前略失礼いたします。

階下に住む212号室の小林です。騒音のことでお願い申し上げます。

夜10時を過ぎてからの、掃除機や洗濯機を使う騒音に悩まされております。先日もお伺いして遅い時間に掃除機や洗濯機の使用を控えていただくようお願いいたしましたが、未だ改善をしていただけていないようです。

集合住宅ですので騒音はお互い様という部分もありますが、睡眠が妨げられることもあります。

事情をご理解いただき、早急に善処してくださいますよう、重ねてお願い申し上げます。

草々

基本構成

Ⓐ前文は「前略失礼いたします」「前略ごめんください」を入れ、あいさつ文は省く。

Ⓑ迷惑している状況を、はっきり分かりやすく述べる。

Ⓒ今後の付き合いにしこりを残さないためにも、感情的な表現は避け、改善のお願いをする。

ポイント

- 相手に相談する、お願いするつもりで文面をまとめる。
- 近隣への苦情の場合は、直接郵便受けに入れる。
- 解決策は押しつけず、提案する程度にする。

ゴミ出しの苦情　マンションの管理組合

前略失礼いたします。

私はそちらのマンションの裏に住む鈴木と申します。突然のお手紙で申し訳ございませんが、ゴミ出しの件でお願いしたいことがあり、お手紙を差し上げました。

そちらのマンションにお住まいの方だと思うのですが、分別をせずにゴミを捨てる方がいらっしゃるようです。私の家はゴミ集積所のすぐ近くにあるため、回収車に取り残されたゴミのニオイなどで、毎回とても困っております。

事情をご理解いただきまして、何卒マンションの管理組合様から、ゴミ出しのルールについて呼びかけていただけますよう、何卒よろしくお願い申し上げます。

草々

ポイント

- 迷惑している状況を分かりやすく書く。
- 速やかに対処してくれるようにお願いをする。

メールで催促や苦情を伝える場合も、基本は手紙と同様に、感情的にならないように注意しましょう。

貸したものの返却の催促

件名　先日お貸しした
カメラの返却について

A
こんにちは。鈴木です。
先日お貸しした
デジタルカメラなのですが、
実は再来週の日曜日に
娘の運動会があり、
そのときに使いたいと
思っております。
新しいデジタルカメラを
購入する予定だったので、
しばらくは使わないはずだったのですが、
急なお願いで
たいへん申し訳ありません。

B
何かとお忙しいとは存じますが
10日までに宅配便にて
お送りいただければ幸いです。
何卒よろしくお願いいたします。

鈴木太郎
090-0000-0000

基本構成

A あいさつ文は省き、自分が困っている事情を説明する。急な催促であれば、お詫びの文も入れる。

B 返却期日など、相手にしてほしいことを具体的に書く。

ポイント

- 返してほしい理由を簡潔に書く。
- 返却期限と返却方法を明記する。

出欠の返信の催促

件名　歓迎会の出欠の
ご返信のお願い【再送】

日頃はたいへんお世話になっております。

A
7月1日にお送りしました、
△△さんの歓迎会についてのメールは
届いておりますでしょうか。
迷惑メールフォルダに
入っているかもしれないと思い、
再度ご連絡をさせていただきました。

B
△△さんの歓迎会は、
7月30日19時～○○○○にて
行う予定です。

C
お忙しいところたいへん申し訳ないのですが、
○日までに私宛に
ご返信いただけますと助かります。

どうぞよろしくお願いいたします。

鈴木太郎
090-0000-0000

基本構成

A 前回送ったメールが届いているかを確認する。

B 届いていない場合もあるので、前回のメールの内容を簡単に書く。

C 返信の期日を明確に書く。

ポイント

- 件名に【再送】などと入れ、相手が気づきやすいようにする。

騒音の苦情

件名　営業時間中の騒音について

ご担当者さま

A
私は貴店の裏に住む小林と申します。
実は、貴店から漏れて聞こえてくる
音楽に悩まされており、
メールを差し上げました。

B
週末の夜にはライブもなさっているようですが、
楽器の音やお客様の歓声が
拙宅まで聞こえてきます。
私どもには小さな子どもがおり、
夜遅くに音楽が聞こえてくると、
なかなか眠ることができません。

C
営業時間は23時までということですが、
できましたら20時以降は
音量を小さくしていただいたり、
防音設備を強化していただいたりなど、
何らかの対策をお願いできませんでしょうか。

何卒ご検討いただきますよう、
よろしくお願い申し上げます。

小林恵子

基本構成

A あいさつ文は省き、自分がだれで、何に迷惑しているかを端的に述べる。
B 迷惑している状況を、はっきり分かりやすく述べる。
C 解決策を提案し、速やかな対処をお願いする。

ポイント

- 解決策を提案する場合は、無理強いしないようにする。
- 店舗や企業などには、苦情の内容を詳しく伝える。

商品への苦情

件名　□□店での商品につきまして

A
いつも○○町の□□店を
利用させていただいております。
じつは、□□店で
取り扱われている商品につきまして
気になることがあり、ご連絡をいたしました。

B
とくに野菜や果物なのですが、葉がしおれていたり、
皮にカビが生えていたりなど、明らかに古いものが
陳列されていることが多く見受けられます。

C
どうか善処していただきますよう、
よろしくお願いいたします。

小林恵子

基本構成

A あいさつ文は省き、何に対する苦情なのかについて簡単に述べる。
B 迷惑している状況を、はっきり分かりやすく述べる。
C 速やかな対処をお願いする。

ポイント

- 店舗に対し、強く改善を希望するのであれば、無記名ではなく、氏名を書いたほうがよい。

転居通知の文例

印刷したはがきを使うのが一般的。自筆でコメントを添えるのも忘れずに。引越し後、速やかに送りましょう。

一般的な転居通知

はがき

Ⓐ 転居のおしらせ

Ⓑ 春光おだやかな時節となりました。皆様には益々ご健勝のこととお喜び申し上げます。

このたび、子どもの成長に伴い、左記に転居いたしました。豊かな緑に囲まれ、子どもにとっては理想的な環境となりました。お近くへお越しの際は、どうぞお立ち寄りください。

○月吉日

新住所　〒一二三－○○○○
長野県○○市○○町四－五－六
TEL○○○○（○○）○○○○
小林　達也
明子
結衣

基本構成

Ⓐ 文頭に「転居のお知らせ」「引越しました」と、大きめに入れる。

Ⓑ 前文に季節と安否のあいさつを入れる。

ポイント

- 引越してから1カ月以内に出す。
- 転居の理由を書く場合は簡潔にまとめる。
- 自筆でひと言書き添えると、丁寧な印象に。

メール

件名　　転居のお知らせ

ようやく過ごしやすい季節になりましたが、
いかがお過ごしでしょうか。
さて、急なご連絡で恐縮なのですが、
夫の転勤に伴い、長野県に引越しました。
緑に囲まれた環境で、子どもも
のびのびと過ごせているようで、
ひと安心しております。

近くにいらっしゃる際は、ぜひお立ち寄りください。
お待ちしております。
取り急ぎメールで失礼いたします。

新住所
〒000-0000　長野県○○市○○町 1-2-3
電話：○○○○（○○）○○○○
小林明子

ポイント

- 親しい間柄なら、メールで転居を知らせても失礼にあたらない。
- 頭語や結語は不要。季節のあいさつは簡単に書く。
- 転居した理由を簡潔に書く。

年賀状と兼ねる場合

Ⓐ
謹んで新年のお慶びを申し上げます
旧年中は格別のご厚誼を賜りまして
ありがとうございました
本年も何卒よろしくお願い申し上げます
皆様のご多幸をお祈りいたします

令和○年元旦

Ⓑ
なお、昨年十一月に左記に転居いたしました。
遠方ではございますが、
こちらへお出かけの際には、ぜひお立ち寄りください。

新住所　〒一二三－○○○○
長野県○○市○○町四－五－六
TEL ○○○○（○○）○○○○

小林　達也
　　　明子
　　　結衣

基本構成

Ⓐ はじめに賀詞（がし）、旧年中の厚誼への感謝、今後の指導や相手の健康を願うあいさつ文を入れる。
Ⓑ 日付の次の行から転居通知の文面を入れる。

ポイント

10～11月以降に引越した場合のみ、年賀状と兼ねることができる。

はがきの表面の書き方

はがきは内容が見えてしまうので、封書より略式とされていますが、年賀状や暑中（残暑・寒中）見舞い、転居通知、被災見舞いの第一報、品物の送り状は、目上の人でもはがきを使いましょう。

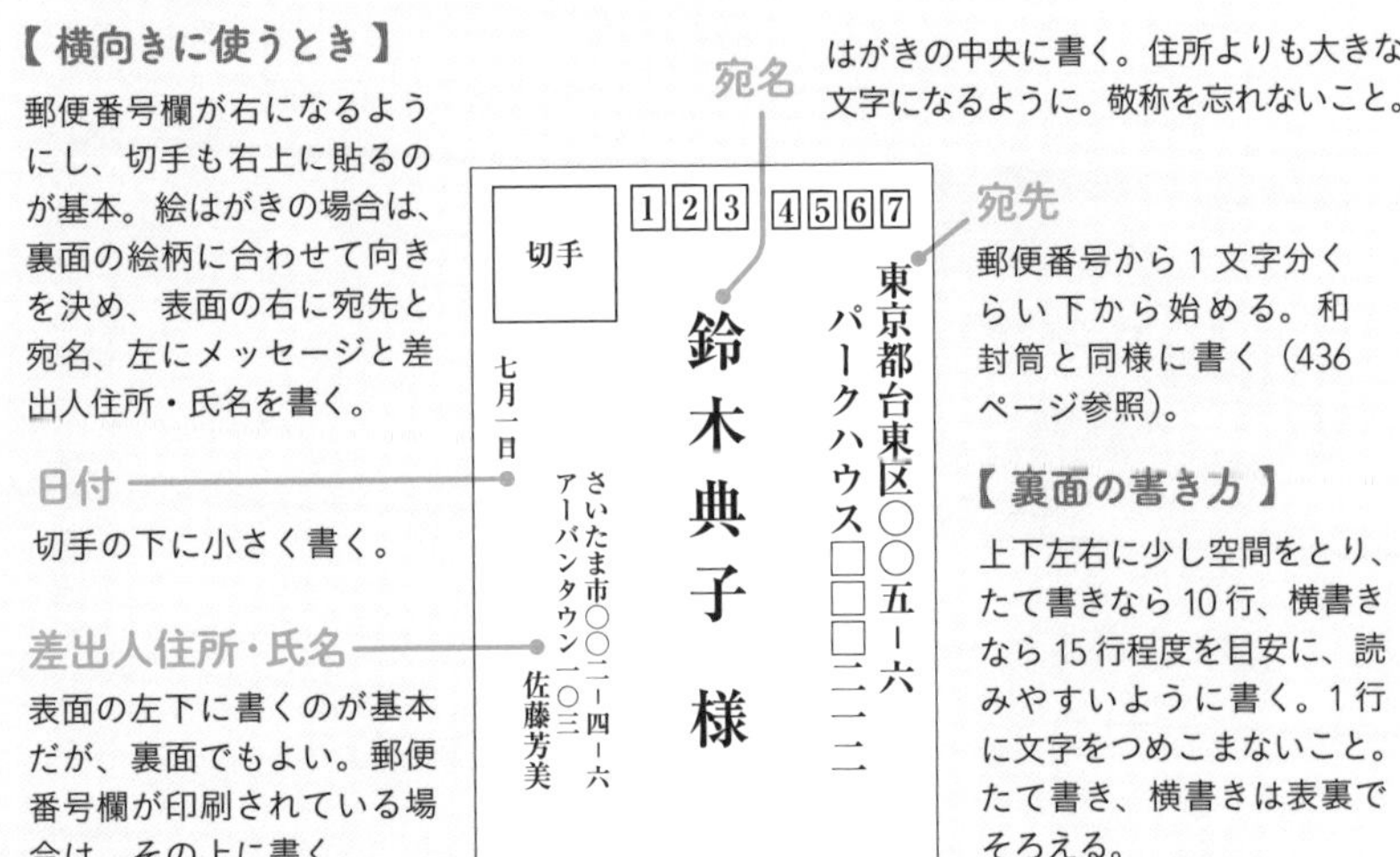

【横向きに使うとき】
郵便番号欄が右になるようにし、切手も右上に貼るのが基本。絵はがきの場合は、裏面の絵柄に合わせて向きを決め、表面の右に宛先と宛名、左にメッセージと差出人住所・氏名を書く。
宛名
はがきの中央に書く。住所よりも大きな文字になるように。敬称を忘れないこと。
1 2 3 4 5 6 7
切手
東京都台東区○○五－六
パークハウス□□□二二二
鈴木典子　様
七月一日
さいたま市○○二－四－六
アーバンタウン一○三
佐藤芳美
宛先
郵便番号から1文字分くらい下から始める。和封筒と同様に書く（436ページ参照）。
日付
切手の下に小さく書く。
差出人住所・氏名
表面の左下に書くのが基本だが、裏面でもよい。郵便番号欄が印刷されている場合は、その上に書く。
【裏面の書き方】
上下左右に少し空間をとり、たて書きなら10行、横書きなら15行程度を目安に、読みやすいように書く。1行に文字をつめこまないこと。たて書き、横書きは表裏でそろえる。

季節のあいさつ状文例

四季の移ろいを感じられる季節の便り。近況報告も兼ねて、日頃のお礼をさりげなく伝えましょう。

暑中見舞い

暑中お見舞い申し上げます

梅雨も明け、夏本番となりました。皆様お元気でお過ごしのこととお喜び申し上げます。あいかわらずのご無沙汰をお許しください。

おかげさまで、私どももも変わりなく、この夏を迎えております。

今年も夏休みはご家族皆様でお過ごしでしょうか。私どもは先日涼を求めて軽井沢へ旅してまいりました。

まだしばらくの間蒸し暑い日が続きそうです。

くれぐれもお体にはお気をつけくださいませ。

基本構成

Ⓐ はじめに「暑中お見舞い申し上げます」を入れる。目上の人に送る場合は「暑中お伺い申し上げます」と書く。頭語は省く。

Ⓑ 前文では季節のあいさつ、相手の安否を尋ねるあいさつ、自分の安否を伝えるあいさつを入れる。

Ⓒ 夏の近況報告を簡潔に入れる。

Ⓓ 末文に結びのあいさつを入れる。結語は省く。

立秋を過ぎると残暑見舞いに

暑中見舞いは梅雨が明ける7月7日頃の小暑から、8月8日頃の立秋までに出します。立秋が過ぎたら残暑見舞いになるので注意しましょう。残暑見舞いは8月31日までに出すのがルールです。

寒中見舞い

A B C D E

寒中お見舞い申し上げます

厳しい寒さが続きますが、皆様にはお変わりございませんか。

さて、このたびはご丁寧な年始のごあいさつをいただき、ありがとうございました。

私どもでは昨年○月に父が他界いたしましたため、年始のごあいさつを控えさせていただきました。こちらの不手際によりお知らせ申し上げず、たいへん失礼をいたしました。

この一年が皆様にとって幸多き年となりますよう、お祈り申し上げます。

厳寒の候、お元気でお過ごしください。

基本構成

A 「寒中お見舞い申し上げます」で始める。頭語、結語は省く。
B 季節のあいさつを入れる。
C 年賀状をいただいたお礼を述べる。
D 喪中欠礼を詫びる。
E 結びのあいさつを入れる。

ポイント

● 寒中見舞いは、松の内（元日～1月7日）が明けた8日から立春（2月4日頃）までに出す。立春を過ぎたら、「余寒お見舞い申し上げます」にする。
● 「賀」にはおめでたいという意味があるため、喪中に年賀状をいただいたときも、「年始状」または「お年始のごあいさつ」とする。

喪中の人に年賀状を出してしまったら

率直にお詫びの気持ちと相手をいたわる言葉を書いて、寒中見舞いを出す。Ⓒ以降の部分に、次のような文章を入れる。「先日はお父さまの喪中を存じ上げず、お年始状を差し上げてしまいました。ご無礼の段、どうかお許しください。ご家族の皆様もさぞご無念のことと拝察いたします。どうぞ気持ちを新たに、本年に向かわれますよう、お祈り申し上げます。厳冬の折、ご自愛ください。取り急ぎ、お詫びとごあいさつを申し上げます」

喪中ではなく、ほかの理由で年賀状を出さなかったら

Ⓓの喪中欠礼を詫びる部分に、「年末より風邪をひいて（年末から旅行に出かけ／仕事に追われなど）、どなた様にも年始のごあいさつがかないませんでした」というような理由を入れる。また、「賀」を使っても問題がないので、文中に「年賀状」を用いてもよい。

メールの基本マナー

連絡手段としてだれもが使っているメール。書き方の基本は手紙と同様に、相手の気持ちを考えることです。

親しい間柄なら メールでもOK

基本

お祝いやお悔み、お見舞いなど、目上の人に対しては、メールではなく手紙を出すのがマナーです。しかし、友人などの親しい間柄なら、手紙を出す前にまずメールで連絡をしてもかまいません。

ただし、親しいからといって何でもメールをすればよいということではありません。たとえば、社内で同じ部署にいる人など、直接コミュニケーションが取れる人の場合は、きちんと口頭でお礼やお悔みを伝えたほうがよいでしょう。

送る前に文面を確認

だらだらとした長文になっていないか、件名は忘れずに入っているか、署名はついているかなどを確認してから送ること。誤字・脱字の多いメールは、相手の心証を損なう可能性もあるので注意を。

送る時間帯に注意

基本

メールは時と場所を選ばず送れますが、早朝や深夜に携帯電話にメールをすると、着信音が鳴って相手に迷惑をかけることも。相手の生活時間帯を考慮し、非常識な時間にメールをするのは避けましょう。

環境を整えて メールのトラブルを回避

アドバイス

メールのトラブルの中で一番困るのがウイルス。パソコンがウイルスに感染すると、勝手にメールが送信されてしまいます。ウイルス感染を防ぐには、プロバイダの提供するフィルタリングサービスやセキュリティソフトの迷惑メール対策機能を利用することが一般的です。

また、メールサーバーの容量制限を超えていると、メールを受信できず、相手に戻ってしまいます。メールの整理はこまめにしましょう。

メールの悪い例

抽象的な件名
件名が抽象的だと、開いてみるまで内容が分からないだけでなく、迷惑メールに間違われることもあるので注意。

頭語・結語は不要
メールの場合は、頭語・結語は入れずに、簡潔にまとめる。

読みやすいように改行を
改行せずに、ダラダラとつなげて書くと読みづらいので、適当な箇所で改行する。

用件はひとつに
メール1件につき、ひとつの事柄を書いた方が分かりやすい。

件名　こんにちは

拝啓
先日の食事会ではお世話になり、どうもありがとうございました。久しぶりにお会いできてとても楽しかったですね。そういえば、そのときに少しお話をした私の友人が、ぜひ今度一緒にお会いしたいと言っておりました。ところで、今度一泊二日の温泉旅行を計画しませんか？みなさんの都合を聞いて調整してみます。朝晩が冷え込むようになってきましたので、お体にはお気をつけて。

メールの基本構成

宛先
相手のアドレスを登録するときは、必ず敬称の「様」をつけるようにする。

件名
メールの内容がひと目で分かる件名にすると、相手に対して親切。

本文
宛名から1行あけ、用件は簡潔にまとめること。1行の文字数が多くなりすぎる場合は改行を。2～5行ごとにブロックに分けると読みやすい。

署名
自分の名前と連絡先を入れる。署名を自動で表示されるように設定しておくと、新規メールを作成する際に便利。

宛先　佐藤芳子様

件名　先日の食事会のお礼

佐藤様

先日はお宅にお招きくださり、
ありがとうございました。

久しぶりにゆっくりとお互いの近況報告ができ、
作っていただいた料理もどれもとても美味しく、
贅沢で楽しい時間を過ごすことができました。
佐藤様のお心遣いに感謝いたします。

次はぜひ私の家にも遊びにきてください。
ご家族の皆様にもよろしくお伝えくださいませ。

鈴木佳代子
〒 123-0000
東京都○○区○○○ 4-5-6
Tel.03-0000-0000
k-suzuki@ ○○○ .ne.jp

ビジネスメールのマナー

用件を分かりやすく伝えるとともに、相手に失礼のないような文章にすることも心がけましょう。

文章の順序で伝わり方に差が出る

ビジネスメールでは、重要な事柄、緊急度の高い事柄、結論など、相手に最も伝えたいことを先に書き、そのあとに理由や原因を述べます。また、時間の流れに沿ったり、相手が興味を持てるように書いたりすることもポイントです。

「5W1H」は伝わりやすい文章の基本

WHEN（いつ）：年・月・日・時間・期間
WHERE（どこで）：場所・会場など
WHO（だれが／だれに）：主催者・参加者・実施者
WHAT（何を）：目的
WHY（なぜ／どうして）：理由・原因・経緯
HOW（どのように）：方法

返信はできるだけ早く

返信がないと「失礼があったのではないか」と相手が不安を感じてしまうことも。24時間以内には送るようにし、すぐに返事ができない場合は、メールを受け取った旨と、○○の事情で返信がいつ頃になるという旨を知らせるようにしましょう。

大切な用件は電話で確認

ビジネスメールは量が多いため、相手が見落としていたり、忙しくてメールを確認していない可能性もあります。相手が確認していると思い込み、仕事を進めてしまうとトラブルの原因にも。とくに重要な内容の場合は、メールを送った旨を電話で伝えるなどの、心くばりが大切です。また、件名に【重要】や【要返信】と記したり、開封確認通知設定をしたりするのは、こちらの都合を相手に押しつけることになり、不快感を与えかねないので注意しましょう。

送信前に最終チェックを

誤字・脱字の多いメールは、失礼なメールとして相手の心証を損なうことも。とくに名前の表記の間違いには要注意。送信する前には、必ず読み直し、添付ファイルをつけ忘れていないかなども確認しましょう。

CcとBccの使い分け

宛先を入力する欄には「To（宛先）」のほかに、「Cc」と「Bcc」があり、使い分けが必要です。

「To」とは 直接やり取りをしている人

アドレスを入力する場合は、ドット（.）を入れ忘れたり、ハイフン（-）とアンダーバー（_）を間違えないようにしましょう。複数名を入力する際は、半角のカンマ（,）やセミコロン（;）で区切ります。また、Toに入れたアドレスや名前は、受信者全員に表示されます。

「Cc」とは 情報を共有してほしい人

Ccはカーボン・コピー（Carbon Copy）の略。情報を共有してほしい人は、Ccに入れます。また、本文の宛名の下に「（Cc：○○様）」と書き、だれがメールを見ているのかを明確にしましょう。Ccでメールを受信した場合は、返信の必要はありません。

「Bcc」とはアドレスを表示したくない場合

Bccとは、ブラインド・カーボン・コピー（Blind Carbon Copy）の略。Bccに入力した宛先は、ToやCcでの受信者には表示されません。念のため上司にメールを見せておきたいときや、一斉メールなどで面識のない社外の複数の人などに送ったりする場合にはBccに入れましょう。

CcとBccの例

宛先	佐藤芳子様
Cc	小林雄二様
Bcc	遠藤部長
件名	新モデルのデザイン案をお送りいたします

株式会社○○○
宣伝部　佐藤芳子様
（Cc：小林様）

社内メールは件名で内容が分かるように

たくさんの社外メールに対応しなくてはならないので、社内メールはごく簡潔にします。件名は「○月○日の会議の時間変更について」「○○の資料を添付します」など具体的に。また、「～申し上げます」など敬語を使いすぎないこと。部署名や内線番号を書いた署名も忘れないようにしましょう。

オンラインでのビジネスマナー

自宅から参加することが多いオンライン会議では、スムーズに参加できるよう、事前準備が重要です。

事前に通信回線をチェック 必ずカメラテストを

基本

多くの職場で利用されるようになったオンライン会議。画面上でのやり取りになるため、対面での会議とは準備すべきこと、注意すべきことが異なります。慣れないうちは余裕を持って準備をしましょう。通信環境と周辺環境、大きく分けてこのふたつへの配慮が必要です。

通信環境においては、会議が始まる直前ではなく、あらかじめインターネット回線が安定しているか確認しましょう。カメラと音声の接続テストをしておくと安心です。周辺環境においては、自分だけが見える設定でカメラをオンにして、部屋のどこまで映るのか、部屋が暗くはないかなどを確認し、カメラの角度を変えながらパソコンを置く位置と自分が座る位置を調整しましょう。部屋を映したくない場合、背景を既存の素材に変更したり、ぼかしたりする機能を使いましょう。

《オンライン会議の事前確認リスト》

- □インターネット接続は正常か
- □カメラ・マイクの接続に問題はないか
- □髪型や服装、メイクに乱れはないか
- □屋外の騒音が入る窓は閉まっているか
- □カメラに収まる範囲が整理整頓されているか
- □見られたくないものがカメラに映っていないか
- □音の出る家電などのサウンドがオフになっているか

大きめの声ではっきり話す

画面上でのやり取りは、対面よりも伝わる情報が少ないため、いつもよりゆっくりはっきりと話し、手元や画面だけではなくカメラを見ながら話すよう心がけましょう。長く話す場合には、ときどき「ここまでで何か質問はありませんか？」など呼びかけて相手の反応をみます。

話を聞くときには、マイクをオフ（ミュート）にして雑音が入らないようにしつつ、頻繁にうなずくなどすると、話す側も伝わっていることが分かるので安心して話し続けることができます。リアクションをするときには、大きめにします。会話をするときには、簡潔に話して、相手と自分の発言がかぶらないようタイミングに気をつけましょう。

アクシデントへの対応

●大きな音がして相手の声が聞こえなかった

緊急車両や選挙カーが通って大きな音がしたり、ネット回線が不安定になったりして一瞬相手の声が聞こえない、という事態は否応なく起こります。そんなときは正直に「音声が聞き取れなかったので、〇〇のあとからもう一度おっしゃっていただけませんか？」と伝えましょう。

●発言のタイミングを得られない

オンラインでは、会話のキャッチボールのタイミングが難しく、本人が気づかないうちに話が長くなってしまったり、一部の人だけで話が進んでしまったりします。発言の必要があるときには、無理に割り込まず、黙って手を上げてホスト役の人に気がついてもらうようにしましょう。

●電話が鳴った

対面での会議と同様に、オンライン会議中は着信音が鳴らないようにしておくこと、もし鳴っても出ないことが基本的なマナーです。どうしても出なければならない電話だった場合は、「申し訳ありません」とひと言断ってから出ましょう。アプリによっては、着信時の表示をタップすると通話に切り替わることもあるので、事前に確認しておきましょう。

●家の呼び鈴が鳴った

家の呼び鈴が予期せず鳴ったとしても、基本的にはインターホンには出ないのがマナーです。宅急便などは、あらかじめ会議の時間に届かないように時間帯指定をしておきましょう。会議開始の待機中や、休憩時間中など、席を外しても大丈夫なタイミングであれば、音声とカメラをオフにして席を立ちましょう。

●子どもが部屋に入ってきた

多くの人が自宅からオンライン会議に参加するため、子どもやペットがオンライン会議をしている部屋に入ってきてしまうことがあります。このようなケースは受け入れられ始めています。相手との関係性にもよりますが、謝罪しつつ抱っこしてもとの部屋に戻すなどしましょう。

SNSのマナー

だれでも気軽に発信できるSNSは、最低限のマナーを守り、トラブルを起こさないようにしましょう。

人とのつながりを広げるSNS

FacebookやTwitterに代表されるコミュニケーションサービスをSNS（ソーシャル・ネットワーキング・サービスの略）と呼びます。

SNSは気軽に楽しめますが、プロフィールや日記、写真などを公開するので、扱いには注意も必要です。ここではFacebookとTwitterの機能と注意点を挙げますが、個人情報の取り扱いや投稿へのコメントなどの注意点は、ほかのサービスにも共通していえることです。

● Facebook

機能豊富な世界最大のSNS

基本

Facebookは、友人同士のコミュニケーションツールとしてはもちろん、ビジネスでも利用されている世界最大のSNSです。

写真や日記を友人に公開するほか、友人の写真や記事を自分の友人にシェアしたり、グループを作ったり、Facebook内の友人同士でメッセージを送信したりすることもできます。登録する際に、実名での登録が規約で義務付けられているのも特徴のひとつです。

自分以外のプライバシーにも注意

実名のほか、職業や学歴などの個人情報が表示されるFacebook。第三者に見られることも考え利用します。

● 投稿へのコメント

相手へのコメントは第三者も見られます。誹謗中傷や悪口はもちろん、プライベートを明かすようなコメントは書かないようにしましょう。

● 写真のタグづけ

友人にタグづけ（その人のプロフィールへのリンクが作成される）をして、一緒に撮った写真を公開する場合は、事前に本人に了解を得ます。

●友達申請

Facebook上で友達になるには、相手に「友達申請」を送ることが必要です。疎遠の相手に申請をするときは、メッセージを添えると親切です。

●更新頻度

Facebookは近況報告向きのツールなので、一日の更新頻度は、1〜2回を目安にしましょう。

トラブルと対処法

●知らない人から友達申請がきたら
知らない人の場合は無視してかまいません。また、知人と同姓同名でも、疎遠になっている人の場合は、なりすましやスパムの可能性があるので、本人に確認を。初期設定で自分に友達申請を送れる人の範囲を「友達の友達まで」に制限すると、知らない人からの申請をブロックできます。

●教えていない人から電話やメールがきたら
アカウント登録のときに入力した電話番号や住所、メールアドレスなどの個人情報を「公開」に設定していると、第三者が閲覧できてしまいます。初期設定を見直し公開範囲を確認しましょう。

●Twitter

気軽につぶやけるシンプルな機能のSNS

基本

「ツイート」と呼ばれる140文字の短文（つぶやき）を投稿できるコミュニケーションサービス。ホームページから名前、メールアドレス、パスワードを入力すればすぐに始められます。

自分のつぶやきをツイートするだけでなく、友人や自分が気になるユーザーを登録（フォロー）すると、その投稿を自分のページ上に時系列に表示されます。フォローには承認は必要なく、フォローの解除も簡単にできます。

個人を特定できる要素は極力省く

Twitterは限られた人しか見られないように初期設定をしない限り、不特定多数の目に触れる可能性があるツールです。

匿名で投稿できますが、家族のことなど、個人情報に関わるツイートは避けたほうが無難です。また、スマートホンから写真をアップするときに、位置情報サービスがオンになっていると、今いる場所が特定されてしまうので、オフにするのを忘れないようにしましょう。

フォローされたくない人にフォローされたら

ブロック機能を使いましょう。ブロックしたことは相手に通知されませんが、フォローできなくなることから気づかれる場合もあるので注意を。

※ SNS の機能は更新される場合があるので、都度ご確認ください。

大人の冠婚葬祭マナー新事典

さくいん　本書で紹介している内容を五十音順に並べています。

岩下宣子

NPOマナー教育サポート協会理事長。現代礼法研究所主宰。共立女子短期大学卒業。全日本作法会の内田宗輝氏、小笠原流の小笠原清信氏のもとでマナーを学ぶ。1985年、現代礼法研究所を設立、主宰となる。マナーデザイナーとして、多数の企業や団体でマナー講座、指導、研修、講演などを行う。『図解 日本人なら知っておきたい しきたり大全』（講談社）、『冠婚葬祭マナーの新常識』（主婦の友社）、『12歳までに身につけたい ルール・マナーの超きほん』（朝日新聞出版）など監修・著書多数。

【STAFF】

デザイン・DTP	スタジオダンク
カバーデザイン	谷由紀恵
カバーイラスト	AOI
イラスト	小春あや・ふじのきのみ・安田ナオミ・渡邉 美里・今井夏子
撮影	スタジオダンク
監修協力	岸田輝美、澤村晶子（NPOマナー教育サポート協会）
執筆協力	ヒロセタカヨ、岡本磨美、高田沙織、伊東亜希子、松川ハナ
編集	スタジオダンク、フィグインク、小口梨乃
校正	関根志野
企画・編集	端香里（朝日新聞出版 生活・文化編集部）

※本書は、当社『きちんと知っておきたい 大人の冠婚葬祭マナー新事典』（2015年8月発行）に加筆して再編集したものです。
※冠婚葬祭のマナーは地域や慣習によって異なります。なお、本書の範囲を超える質問にはお答えできませんので、あらかじめご了承ください。

増補改訂版
きちんと知っておきたい
大人の冠婚葬祭マナー新事典

2023年1月30日　第1刷発行
2023年8月30日　第2刷発行

監　修　岩下宣子
発行者　片桐圭子
発行所　朝日新聞出版
〒104-8011　東京都中央区築地5-3-2
（お問い合わせ）infojitsuyo@asahi.com
印刷所　中央精版印刷株式会社

ISBN　978-4-02-333381-9

定価はカバーに表示してあります。

落丁・乱丁の場合は弊社業務部（電話 03-5540-7800）へご連絡ください。

送料弊社負担にてお取り替えいたします。